光尘
LUXOPUS

达尔文的后花园

HOW SMALL
EXPERIMENTS LED TO
A BIG THEORY

[美] 詹姆斯·T. 科斯塔——著 李果——译
JAMES T. COSTA

国文出版社
·北京·

图书在版编目（CIP）数据

达尔文的后花园：小实验如何撬动大理论 /（美）詹姆斯·T. 科斯塔 (James T. Costa) 著；李果译.
北京：国文出版社，2024. -- ISBN 978-7-5125-1691-5
Ⅰ. K835.616.15；Q111.2
中国国家版本馆CIP数据核字第202426WK11号

北京市版权局著作权合同登记号　图字01-2024-4703号

DARWIN'S BACKYARD: How Small Experiments Led to a Big Theory by James T. Costa
Copyright © 2017 by James T. Costa
Published by arrangement with Aevitas Creative Management through Bardon Chinese Creative Agency Limited
Simplified Chinese translation copyright © (2024) by Beijing Guangchen Culture & Communication Co., Ltd.
ALL RIGHTS RESERVED

达尔文的后花园：小实验如何撬动大理论

作　　者	[美]詹姆斯·T. 科斯塔
译　　者	李　果
责任编辑	张　茜
出版发行	国文出版社
经　　销	国文润华文化传媒（北京）有限责任公司
印　　刷	文畅阁印刷有限公司
开　　本	880 毫米 × 1230 毫米　　32 开
	15.75 印张　　　　　　　　375 千字
版　　次	2024 年 10 月第 1 版
	2024 年 10 月第 1 次印刷
书　　号	ISBN 978-7-5125-1691-5
定　　价	88.00 元

国文出版社
北京市朝阳区东土城路乙 9 号　　邮编：100013
总编室：（010）64270995　　传真：（010）64270995
销售热线：（010）64271187
传真：（010）64271187-800
E-mail: icpc@95777.sina.net

本书中描述的实验并不适合儿童开展。读者在做任何实验时都要慎用常识。实验过程中必须使用恰当的工具，并佩戴防护装备，要明白自己的极限和能力。书中提及的特定产品、服务及其供应商，以及（或者）机构仅供参考，不应将上述资料视为对其性能或表现的背书或担保。在任何情况下，出版社与作者均无法保证本书的准确性与完备性，亦不对书中描述的所有项目或指令之结果做出声明。书中出现的网址乃初次发布时的链接。不应推断我们支持任何第三方网址或与之存在隶属关系。作者与出版社不对第三方（网站、博客、信息页面或其他第三方）的内容负责。本书出售时不附带任何形式的担保，亦不得由销售代表，或书面的销售与宣传材料标明或推论出任何形式的担保。读者全权负责确保其活动符合适用的法律。

版权所有 TK

献给兰德尔·凯恩斯

——像达尔文那般启人心智的朋友和导师

目 录
CONTENTS

前言　　i	令人愉快的开端　　086
	章节实验:开展你自己的

第一章 实验家的养成 001

爱丁堡:令人心有余悸的草苔虫　　003	藤壶实验　　090
剑桥:甲虫、植物研究和地质学101　　009	

第三章 解码河岸:达尔文的生态学 097

达尔文的远航　　019	颇费思量的竞争　　100
烧毁的小屋　　029	发散思维　　103
唐斯的实验家　　039	初涉植物学　　107
章节实验:花谢结子　　041	放眼全球,脚踏实地　　113
	植物学算法　　117

第二章 从藤壶到家鸽 046

当心　　052	杂草丛中　　120
又一座火山爆发　　055	避免可耻的错误　　123
创造变种的整体技艺　　061	章节实验:初涉植物学　　131
藤壶归来　　070	

第四章 嗡嗡作响之地 138

飞鸽传信　　080	已知最神奇的本能　　143
	深奥的问题　　145
	虚得建筑师之名　　153

	咨询亲属	157		杂交还是自交	233
	对物种不良行为的短暂			合法婚姻与非法婚姻	243
	研究	161		痴迷于千屈科植物	250
	章节实验:蜜蜂的蜂房和			章节实验:像达尔文那样	
	泡沫	169		遇见各种花朵	257

第五章	宏大的主题	176	第七章	小题大做之极的花朵	269
大棋局	亚特兰蒂斯的抬升	181	事关设计	美丽的计谋	272
175	抵达终点	187	266	狂兰症	279
	大自然,细心的园丁	196		釜底抽薪	286
	意料之外的迁徙方式	200		从侧翼包抄敌人	294
	章节实验:四处扩散	204		模式、过程和预测	297
				章节实验:兰花谵妄	303

第六章	达尔文、奈特和他们的定律				
植物的		217	第八章	植物的膳食补充剂	310
性生活	不那么神秘的媒介	220	具有意	最有智慧的动物	313
214	小题大做的花朵	226	志的植	茅膏菜的胃	318
			物		
			307		

敏感的植物	323	**第十章 蚯蚓小夜曲** 390	
		梅尔假说	391
世间最奇妙的植物	325	垂钓中的蚯蚓线索	399
水生捕蝇草?	333	蚯蚓归来	406
章节实验:喂饱我,西莫!	337	考古学家的朋友	412
		蚯蚓小夜曲	418
		蚯蚓再现	425

第九章 狡黠而睿智的攀缘植物 344

成为藤本植物的多种方式	350	章节实验:打造你自己的蚯蚓养殖场	428
扭曲	355		
鼓舞人心的旋转	359		
敏感的植物	364	致谢	433
根和嫩枝	367	注释	436
周而复始	377	拓展阅读及相关资源	457
章节实验:功夫不负有心人	380	参考文献	461

但我钟爱愚者的实验。我自己也常做这类实验。

——查尔斯·达尔文

前言

我们只能设想埃玛·达尔文（Emma Darwin）有着约伯（Job）那般的耐心。时光回溯至19世纪50年代的某个时刻，埃玛家的走廊上排列着布满青蛙卵的潮湿纸张，庭院鸽笼里的鸽子也"咕咕"地叫个不停，地窖里挤满了一排排盛有盐水的玻璃罐，种子漂浮在盐水上，空气中则弥漫着鸽子骨架制剂散发的恶臭。而这一切仅仅是个开始：饲养蜗牛的玻璃容器上悬挂着鸭掌，草坪上堆放着残败的花朵，围栏隔开的地块上杂草已被仔细清理，以便研究茁壮生长的幼苗。当然，她那时已和查尔斯·达尔文（Charles Darwin）成家十多年了，无疑对此见怪不怪。她可能也曾对朋友们谈起，他又在做实验。

达尔文的实验似乎只是一位维多利亚时代古怪博物学者的奇特追求而已，却推动了他和我们对生物世界及我们自身在其中之地位的理解。达尔文为他那革命性的进化论思想的关键要素奠定了经验基础。

本书介绍了达尔文鲜为人知的一面。他的进化论思想并非凭空出现。达尔文是一位观察家和实验家，他巧妙而古怪的调查研究也并非那些埋身于实验室的孤僻隐士的研究方案。绝非如此，达尔文

位于伦敦南部肯特郡的唐豪斯,达尔文住了40年的故居。作者供图。

的家就是他的实验室，他和埃玛育有 7 个幸存的子女的大家庭也参与到了他的工作之中，他们都是干练的实地助手。达尔文甚至还以某种方式与他的孩子们一同发表过作品：就在《物种起源》(*On the Origin of Species*) 出版当年，《昆虫学家周刊》(*Entomologist's Weekly Intelligencer*) 上就刊登了关于珍稀甲虫的通告，署名为达尔文、达尔文和达尔文——3 位作者分别是达尔文的儿子弗朗基（Franky，10 岁）、连尼（Lenny，8 岁）和霍勒斯（Horace，7 岁），代为执笔的骄傲父亲一眨眼工夫就写好了此文。达尔文还有一项才能，那就是他可以将管家、家庭教师及表亲、外甥女等人带到自己的田野研究中。他还聚集了大帮朋友和陌生人帮助自己进行观察、实验，并寄回标本，而这些人也是他的宣传媒介。然而，尽管达尔文之名可能家喻户晓，其工作亦同样为人所知，但多数人并不熟悉身为科学家的达尔文，更别提这个活生生的人了。

他的划时代著作被认为是石破天惊的信息汇编，然而，即便是达尔文的忠实拥趸也对他资深观察者、热心回应者、独创理论家、实验家或居家男人的身份浑然不觉。达尔文和家人一同完成的大量实验揭示了这位常常给人刻板印象的人物十分不同——极具烟火气——的一面。无论是热心地接受自己某个孩子的建议，进而测试种子在死鸟体内的生存能力，或是在花园里释放并捕捉嗡嗡作响的大黄蜂，还是因不配合的鱼儿吐出他投喂的种子而向朋友吐露自己的挫败感，达尔文的这些实验总是显得幽默而富有启发性。正如达尔文愿意称呼的那样，它们可能一直都是"愚者的实验"，但正如他的一位朋友指出的，"天才所做的愚者实验常常被证明是通向伟大发现的暗中一跃"。

通过实验和其他调查，达尔文系统地搜集了检验其进化论思想的数据。从19世纪40年代的地质工作开始,他的实验和其他研究都为其相关论证提供了宝贵材料。19世纪50年代,达尔文的研究步伐显著加快,而他的实验则成为从进化论和自然选择的视角窥探自然的幕后工作,可谓前无古人。达尔文将《物种起源》称为"一段漫长的论证",但我们应该退一步,以完全相同的眼光看待其在《物种起源》之后发表的所有作品:一段更为漫长的论证。他在《物种起源》之后又发表了大量论文,出版了约10部著作,主题涉及兰花、驯化、人类进化、攀缘植物、动物行为、食虫植物、花朵结构和蚯蚓等。这些主题的范围十分广泛,但都是支撑某个宏大图景的组成部分,其中有许多涉及数量惊人的朴素实验和其他项目。

除了展现达尔文和昆虫对话、追逐蜜蜂、痴迷捕蝇等带来的乐趣,本书还会为另外一个严肃的观点立论。达尔文的实验寓教于乐:新奇、有趣,有时甚至是滑稽的。的确如此,但它们都集中展现了科学作为一个连续过程的特征。达尔文是一个典型的麦吉弗式人物(MacGyver figure):徜徉在他的故居里布满碎石的思索之路——砂砾小径上(sandwalk)的侦探。他证明了,使用身边的简单工具就能在庭院、花园或林地中真正地洞察自然。此处包含的更深层的信息在于,达尔文的实验提供了科学如何运作的实际示例和模板。这些实验大体上也可在任何校园、庭院、教室或厨房中完成。

任何人都能成为达尔文那样的实验者,学习如何更为仔细地观察自然界。在这方面,达尔文的实验实是150年来距我们咫尺之遥却尚未被开发的资源。而在这个众人皆绞尽脑汁思考如何讲授进化论和科学领域的批判性思维的时代,一个有助于传播科学探究之要义的无价之宝却长期遭受冷落。这个无价之宝正是这一主题的建立者:达尔文

砂砾小径，达尔文那遍布碎石的思索之路。作者供图。

本人。在本书中，我将展示我们如何在达尔文的指引下探索自然，以及更好地理解进化论和科学的运作方式。本书采用了主题式的探讨方法，也因此承载了双重目标。首先，我旨在带领读者从家庭生活的角度更好地理解达尔文的生平及其非凡洞见：他对工作的广泛兴趣，以及亲友和更多的博物学家如何成为达尔文科学之旅的有机组成部分。多数人并不熟悉这个开展朴素实验且极具烟火气的达尔文。然而，若不理解他的这一面，我们就无法充分理解达尔文的生平及其成就。其次，我试图展示达尔文的方法如何与当今时代产生联系：他在自己后花园的实验如何能够成为你家后院的实验。为此，我还提供了"受到达尔文启发的实验"目录，使用这个术语是因为该目录既包含了达尔文的观察项目，也包含了在方法上更为可行的实验。

达尔文对实验的嗜好从何而来？尽管他那严肃的父亲曾为沉溺于搜集昆虫、骑马等爱好的儿子难成大器而感到绝望，但达尔文显然真诚地面对了自己内心的哲学转向——毕竟，他的祖父伊拉斯穆斯·达尔文（Erasmus Darwin）是一位著名的医生和诗人，其别出心裁的思想让诗人塞缪尔·泰勒·柯勒律治（Samuel Taylor Coleridge）生造出"达尔文化"（darwinizing）一词来描述其纵横恣意的思想风格。柯勒律治认为伊拉斯穆斯乃"最具创造力的哲学家"，他的孙子一定也是如此。为了理解这位实验者的进化论，我们的故事将以达尔文小时候和自己亲密的哥哥伊拉斯穆斯（与其祖父同名）初涉科学，以及他们偶尔造成的化学实验灾难为起点。我们还会遇到大学时期的达尔文，从爱丁堡大学到剑桥大学，他一路追寻着对自然世界的理解，其在"小猎犬号"（Beagle）上的经历也十分令人振奋。正是在这一时期，我们会看到查尔斯·莱伊尔（Charles Lyell，1797—1875）的里程碑式著作《地质学原理》（*Principles of Geology*）激发出了达尔文的研究方法。从这次决定性的环球航行归来后的数月之内，达尔文确信物种进化论有其真实性，并且逐渐成了生物学界的莱伊尔。达尔文的好奇心与日俱增，实验的眼光也越看越远，他试图弄明白藤壶和蜜蜂、报春花和鸽子、杂草和蚯蚓的秘密。但在某种意义上，他的眼光并未超出其钟爱的家中花园、林地和草坪的范围，这个家化为另一艘"小猎犬号"，载着家人、朋友等专注的船员航行在唐斯（Downs）地区。马塞尔·普鲁斯特（Marcel Proust）曾写道："探索的真谛并不在于发现新的风景，而在于寻求新的视角。"达尔文的确抵达过新的风景，但一生的大部分时间里，他都只是在学习如何从新的视角看待眼前的事物。在了解身为实验者的达尔文的过程中，我们也能学着从寻常处发现新知。

作者于北卡罗来纳州库洛韦高地

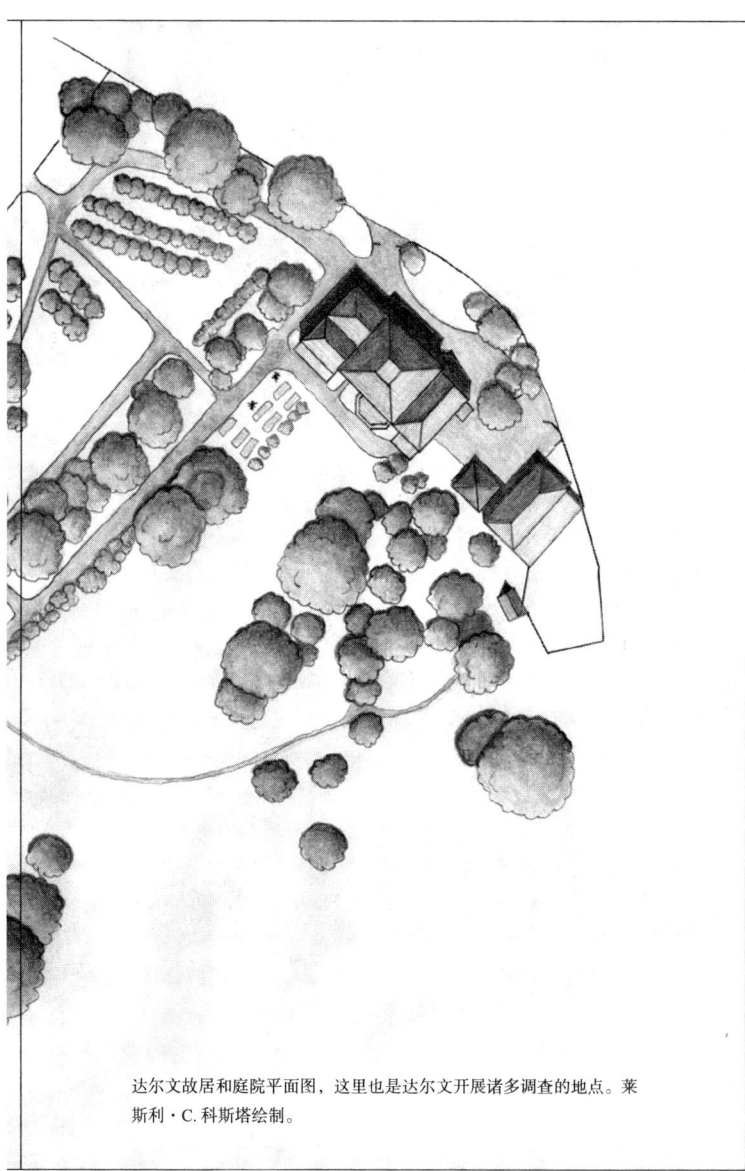

达尔文故居和庭院平面图,这里也是达尔文开展诸多调查的地点。莱斯利·C.科斯塔绘制。

第一章

实验家的养成

查尔斯·达尔文在十一二岁时的绰号是"毒气"。不，这个名号并非来自肠胃气胀，达尔文的同学因其对嘈杂、难闻的化学实验的嗜好而给他起了这个绰号。达尔文和哥哥伊拉斯穆斯会在自家漂亮的红墙宅院花园后的临时"实验室"中做这类实验。正如其名"山峰"一样，这座宅院由他们的父亲罗伯特·达尔文（Robert Darwin）医生建于什鲁斯伯里（Shrewsbury）一处可俯瞰塞文河（River Severn）的山丘上，该地乃英格兰什罗普郡西部城镇中的一个繁荣集市。按照当时的风俗，达尔文家的小孩应寄宿在什鲁斯伯里学校，尽管学校离家很近。伊拉斯穆斯——外号"骨头"，却总是兄弟中的王子——于1822年离开这所学校前往剑桥继续深造，而时年13岁的弟弟则在家门口继续他们那些调查研究。被他们唤作"实验室"的地方离学校仅有几步之遥，达尔文很容易就能将吹管和化学制品带回宿舍，然后在就寝时间后对着煤气灯做"实验",直至校长塞缪尔·巴特勒(Samuel Butler)对此有所耳闻。达尔文从未忘记自己被公然贴上"屡教不改"的标签(意即肤浅的涉猎者,而他认为这并不公正)时遭到的谴责。[1]

化学在当时风头正盛,而且自18世纪后期英国的约瑟夫·普里斯特利(Joseph Priestley)和法国的安托万·拉瓦锡(Antoine Lavoisier)等人在物质本性方面取得令人惊叹的发现以来便一直如此。汉弗莱·戴维(Humphry Davy)曾在伦敦的化学制品展示中让围观群众眼花缭乱,达尔文的外祖父乔赛亚·韦奇伍德(Josiah Wedgwood)则因在自己的陶器厂(伊特鲁里亚作坊)中以新颖的化学方式制造出新型瓷器和釉彩而在欧洲名声大噪。[2] 化学除了创造奇观以外,溶解、熔化及燃烧物质的变化都让物质本身的哲学含意、万物(生物和非生物)之本性成为热度极高的话题。达尔文兄弟可能觉得什鲁斯伯里学校的古典课程无聊透顶(达尔文后来说道:"对于我心智的成长来说,没有什么能比巴特勒博士的学校更糟糕的了。"[3]),但兄弟俩通过化学探索,也算体验了那个科学时代给众人带来的兴奋和惊奇。达尔文后来在自传中写道:"这个主题强烈地吸引了我,我们那时常常工作到深夜。这是我在学校所接受的教育中最好的一部分,因为它切实地向我展示了实验科学的意义。"[4]

"实验科学"(experimental science)对达尔文和伊拉斯穆斯意味着亲自动手的科学:操作、解剖、混合、探测、戳、刺、加热及仔细观察结果等,在经过适当调整后重复上述行为。彼时的实验科学被广泛认为包括了示范和解剖、细致观察和搜集等环节,而不似如今的"实验"一般有着相当严格的定义:谨慎提出假设,细致关注操控、再现和样本大小。19世纪时,科学从业者〔在英国博学家威廉·休厄尔（William Whewell）于 1840 年创造出"科学家"一词以前一直被称为"自然哲学家"］对他们理解事物的程序和方法认知更加深刻了。归纳法是达尔文时代科学探索的核心：收集足够的实例并把它们联系起来，然后推断出一般原理。而从一般原理预测自然现象，并提出具体和可测试的问题以改进原理的演绎法，则主要出现于 20 世纪。然而，现代科学所谓的"假设 – 演绎"法实属用词不当：纯粹的演绎从未取代早期的归纳；相反，众人把归纳和演绎一并用于富有成效的迭代和相互加强的过程之中。正如我们将在本书中看到的那样，达尔文的方法多种多样，有时更偏向归纳法，其他时候则更像是现代标准下的演绎法，而且绝少符合严格实验设计的现代标准。尽管如此，达尔文仍设法掌握了大量世界运行的机制。为了体会他对"实验"的开放态度，我们必须广泛搜集信息，并考虑其多年在实地（庭院、田野和林地）和实验室（书房和温室）中所做考察的多样性，然后用现代意义上有条不紊的、可产生数据的实验进行测试、解剖、示范和比较观察。

在接下来的章节中，除了"实验家"达尔文，我们还会遇到身为收藏家、观察家和理论家的达尔文。这才是达尔文的全部，因为对他而言，即便是观察研究也得亲力亲为。而这一切都始于花园后面那个散发着臭气的孩童实验室。

爱丁堡：令人心有余悸的草苔虫

罗伯特·达尔文发现，在什鲁斯伯里学校学习对儿子来说是时间（和金钱）上的一种浪费。1825 年，伊拉斯穆斯在剑桥完成一门医学课程后,被送到英国医学教育的中心——爱丁堡大学,继续为其将来的医学生涯做准备。罗伯特做出了惊人的决策,他将16岁的达尔文带离当地学校,并把他送往爱丁堡大学。显然,达尔文并不具备语言和古典学的天赋,学习法律是无望了,而且他也不具备学习物理学的数学头脑。罗伯特认为儿子会遵循家族传统成为医生,那为何不早点儿把达尔文送到医学院呢?至少他和哥哥还可以互相帮助。事实证明,这样做并不会达到预期的效果:尽管达尔文和哥哥还是像往常一样热情洋溢,但达尔文发现自己对手术室的恐怖情形毫无兴趣,也没有耐心忍受某些令人厌恶的讲师。然而,罗伯特的这种做法在其他方面却是某种更深层次教育的良好开端:苏格兰启蒙运动的精神仍活跃在爱丁堡,与当时英国大多数地区相比,这里都更具活力和进取精神,其医学职员则十分熟悉来自欧洲大陆的最新观念。

当时的一个重要理念是"哲学解剖学"(philosophical anatomy),其涉及的广泛主题包括动物结构和功能的物质基础、生长和衰败、健康和疾病等。这种理念在一定程度上可算作"生命唯物主义"的产物,主张生命的属性乃物质本身所固有。生命唯物主义结合了路易吉·伽伐尼(Luigi Galvani)早在18世纪八九十年代对电流和生命火花二者共性的示范。伽伐尼是意大利博洛尼亚大学(University of Bologna)的外科教授,他在用青蛙腿做的著名实验中发现了"动物电"(如今又称"电生理"),这表明电流可以刺激肌肉运动。伽伐尼1791年关于这个主题的论著《论肌肉运动中的电力》(*De viribus electricitatis*)则成为玛丽·雪莱(Mary Shelley)的《弗兰肯斯坦》(*Frankenstein*)的重要灵感来源。长期以来被归因于某些神圣精气的动物运动之谜,正逐渐被经验上可检验的电流现象所解释。

让·巴蒂斯特·德·拉马克（Jean Baptiste de Lamarck）是这种想法的支持者。拉马克曾是一位植物学家，后被安排到后革命时期的巴黎，在自然历史博物馆（Muséum d'Histoire Naturelle）中对混乱的无脊椎动物（invertebrates，拉马克创造的术语）展馆进行分析和分类。馆中的动物启发了他的进化学说。他于1801年写道："自然在连续产生各类物种的过程中会逐渐使它们的结构复杂化，最不完美或最简单的物种是起点，最完美的物种则是终点。"拉马克看到了大量无处不在的"最不完美"的动物——无脊椎动物，因为机体结构复杂程度最低，所以最接近生物体的起源。他认为，微生物会通过自发的方式不断繁衍，凭借其生命能量或生命力，它们可在世代不断响应自身适应性需求的过程中，以极其缓慢的速度完善其结构。拉马克认为，无脊椎动物代表了生命结构渐趋完善的早期阶段。凭借其庞大的数量和多样性，它们也成为记录生命结构过渡的最佳群类。正如华兹华斯（Wordsworth）在其关于法国大革命的诗歌中表露出的狂热情绪一样，如果"生命的黎明是乐园，青春才是真正的天堂"，在那个时代成为一个无脊椎动物学家，也如同置身于"真正的天堂"，这刺激了达尔文的祖父伊拉斯穆斯，这位启蒙时代的杰出医生、发明家、政治激进主义者和诗人写下了自己的诗篇：

> 无垠波涛下的有机生命
> 生养于大海珍贵的怀抱；
> 球面镜片都观察不到的微小生命会首先形成，
> 污泥中爬行，或者融入水中；
> 随着后代的兴盛，它们

获得了新的权能和更硕大的肢体；

无数植被自此勃发，

鳍、足、翅类动物的生存领域随之产生。[5]

这是对拉马克式的进化论更为诗意的表达。而早在达尔文出生的 1809 年之前，其祖父的诗歌在英国就已不再流行，其政治观点和对拉马克的同情态度也遭到唾弃。但在爱丁堡则并非如此：即使是在十多年后达尔文和哥哥相会于苏格兰首府的 1825 年，激进的政治观点和科学也仍有一席之地（虽然众人不一定赞成）。[6]

伊拉斯穆斯于 1827 年完成了自己的课程，并前往伦敦的解剖学校继续深造，留下的弟弟也越发不开心了。达尔文开始跟着罗伯特·埃德蒙德·格兰特（Robert Edmond Grant）学习，这位曾经的医生当时已经是大学里声名鹊起的无脊椎动物学家。格兰特在巴黎生活过一段时间，他会去参加拉马克的讲座，并向其他著名的学者学习。比如，他会向埃蒂安·杰夫罗伊·圣希莱尔（Étienne Geoffroy Saint-Hilaire，1772—1844）学习胚胎学，并向乔治·居维叶（Georges Cuvier，1769—1832）学习比较解剖学。杰夫罗伊后来成为拉马克的朋友和捍卫者，而居维叶却对他俩大加嘲讽；他们的仇恨最终于 1830 年爆发为法国科学院（French Academy of Sciences）门前公开的唇枪舌剑——这个情节深深地吸引了达尔文，我会在下一章谈到这一点。

格兰特把达尔文揽入麾下。此后，他还将达尔文介绍给普林尼学会（Plinian Society，几年前为热衷于自然史的学生成立的组织），并邀请达尔文担任自己在威尔纳自然史学会（Wernerian Natural History Society）会议上的嘉宾，大学生通常无法参加这个会议。或许最重要的是，格兰特带达尔文一道探索了福斯湾（Firth of Forth）潮汐池中的海洋无脊椎动物。作为拉马克和杰夫罗伊的粉丝，格兰特研究了微小的凝胶状海洋生物，试图从它们中间发现"进化论的证据，进而寻求统一有机世界和无机世界的一致规律"[7]。格兰特曾致力于研究小群体珊瑚虫、珊瑚藻及类似的海洋生物，并确信这些生物代表了连接植物和动物的中间生命形态。实际上，拉马克一直（错误地）把珊瑚藻归为植物，他拒绝了"动物–植物"可能相互关联的观念。不过，格兰特的想法更接近杰夫罗伊，他们将植物和动物等所有生命视为一个伟大系统的组成部分。格兰特称之为"植形动物"（zoophytes）或"动物–植物"（主要由现在被称为苔藓虫门的生物及类似种群构成，它们是群体无脊椎动物的一种形式）。格兰特证明了它们有着某种可自由游动的幼虫形态（肯定像动物一样），但看起来却像是长有刃状"叶片"、随波浪起伏的植物，并能够通过萌芽的方式繁殖。格兰特说："动物王国和植物王国的起源是如此难分难解，以至于博物学家们目前对许多知名物质的归属领域意见不一。"事实上，"一些有组织的生命……既无根系也无毛细血管，更没有可用于消化的胃，看上去没有明显的器官，与植物或动物相去甚远，但它们以无法察觉的渐变方式连接了植物和动物王国"[8]。

达尔文惊叹于这些黏糊糊的海洋生物的美丽和复杂程度，以及它们的搏动、微微摇曳的触手和多彩的图案。在格兰特的催促下，达尔文用借来的显微镜对它们进行了观测，他在这一过程中学到的东西比预想的多。当然，发现会带来兴奋的感觉，就像他在揭示类似海藻的草苔虫的动物本质时一样，达尔文证明了这种虫类会产生大量可自由游动的"卵细胞"（幼虫形式），并在当地的普林尼学会于 1827 年 3 月 27 日举办的会议上自豪地报告了自己的成果。这是达尔文的第一份科学出版物。但他的发现也带来一个教训，这让他吃了苦头：科学竞争。格兰特觉得海洋无脊椎动物乃自家领地，于是借鉴了达尔文的发现，并最终认为这项研究项目属于自己一人所有。格兰特在未提及达尔文的发现的情况下，早于达尔文数日在威尔纳学会宣读了一篇类似的论文。雪上加霜的是，他在报道草苔虫的发现时并未承认自己学生所起到的作用。达尔文被深深刺痛，却无所畏惧；他决意继续自己的调查研究，并记录了其他几个物种可自由游动的幼虫形态。但他对格兰特已心灰意冷。数周后，格兰特试图聘用达尔文，但这位教授得到的回应是无情的沉默；正如达尔文后来描述的："一天，我们正一起散步，（格兰特）突然对拉马克及其进化论观点大加赞赏。我带着震惊的心情默不作声地听着，根据我的判断，这并未对我的想法产生影响。"[9] 难以置信，格兰特的主张并未给达尔文留下任何印象，但他自此也不再与这位教授在学术上保持亲密关系了。

未满一年，达尔文便离开了爱丁堡；显然，医学并不适合他，窃取他人智力成果的小偷更与他格格不入。他的父亲很可能已束手无策。他又该拿从医学院辍学的儿子怎么办？为什么不送他去剑桥大学？当然不。很明显，英国国教教会是个替代方案：凭借他开朗的言行举止，对赛狗、自然史及乡村漫步（除了在他的临时实验室中的涉猎以外）的爱好，达尔文肯定非常适合受人尊重又不会过于繁忙的乡村教区牧师生活。英国长期有着（并且仍有）一种教区牧师 - 博物学家的可敬传统，这一点体现在约翰·雷（John Ray）和吉尔伯特·怀特（Gilbert White）等人身上。达尔文于 1828 年 1 月抵达剑桥，尽管格兰特和爱丁堡早已被抛诸脑后,但那些有关"植形动物"的经历却如影随形。

剑桥:甲虫、植物研究和地质学 101

达尔文在剑桥大学度过了 3 年时间,他那安逸的房间位于基督学院前的方院中,这个房间据说曾被著有《自然神学》(Natural Theology)的名人威廉·佩里(William Paley,1743—1805)牧师占用。他本打算担任圣职,就此而言,佩里的作品让他由衷地感到欣喜——尤其是佩里那本著名的《自然神学》[又称《自然现象中的神之存在及其属性的证据》(Evidences of the Existence and Attributes of the Deity, Collected from the Appearances of Nature)],达尔文后来称这本著作"是那个阶段我的心智教育中唯一的学术课程,但其用处也最少,直到如今我仍这样认为"[10]。《自然神学》以钟表和钟表匠的著名隐喻作为开篇:自然界中的生物结构和适应能力的复杂程度,迫使我们推断出一位神圣设计师的存在,正如一块钟表的结构和功能让我们不得不推断出一位智慧的钟表匠的存在一样。有那么一段时间,达尔文生活在一群精神饱满但胸无大志的富家子弟中。他后来感叹道,自己在剑桥的时光"比浪费还糟糕",但他当时也有些迷茫。最终,他受当时同在剑桥上学的表兄威廉·达尔文·福克斯(William Darwin Fox)的影响,发现了搜集甲虫的乐趣,这种爱好看似毫无意义,但必然给达尔文带来了生物多样性和变异的直接经验。多年以后,他的进化论同道中人阿尔弗雷德·拉塞尔·华莱士(Alfred Russel Wallace)在回顾自己和达尔文的成就时便认为,这与他们年轻时都是热心的甲虫搜集者这一事实还是有些联系的。这些甲虫异常的多样性使得20世纪的进化遗传学家 J. B. S. 霍尔丹（J. B. S. Haldane）揶揄造物主明显"对甲虫有着过度的偏爱"。后来，这些昆虫发挥的作用给达尔文留下了深刻的印象。同时，有趣的是，"搜集甲虫是我在剑桥最热衷且最令我感到快乐的爱好。"达尔文在其自传中如此写道。[11] 他的朋友阿尔伯特·韦（Albert Way）在其名为"骑在巨型甲虫上的达尔文"的漫画中，对达尔文这种痴迷开了一个善意的玩笑。

实际上，搜集甲虫对达尔文不只是一种乐趣：它几乎还是一项流血的活动。置身于求胜心切的甲虫搜集者之列，达尔文差点儿就对自己出钱雇用的甲虫搜集者大打出手了，因为他发现那个无赖让竞争对手优先挑选了自己找到的宝贝。

他对甲虫的狂热也可能是危险的，就像他在给自己的朋友莱昂纳德·杰宁斯（Leonard Jenyns）的一封信中谈到的情形一样：

> 我必须告诉你初涉昆虫学时我在卡姆河岸遭遇的事情：我在一块树皮下找到两只卡拉比［carabi（一种步行甲虫），我忘了是哪种］，两手各抓住一只，四处搜寻间，我瞧见一只稀有的欧洲步行甲虫（Panagaeus crux major）。我不愿放弃卡拉比，但更不能失去欧洲步行甲虫，陷入绝望的我用牙齿轻轻咬住一只卡拉比。此时，这只讨厌的小东西喷出的酸液流进了我的喉咙，我感到无法形容的恶心和痛苦，最后，我什么都没捞着！[12]

然而，正是从搜集甲虫这件事，我们得以窥见后来被达尔文发展

阿尔伯特·韦描绘出发捕捉甲虫的达尔文的漫画。感谢剑桥大学图书馆主管惠允使用。（图中文字意为：出发吧，查尔斯！）

成某种艺术形式的办事方法,即获取帮助的艺术,这对其后来的成功起了巨大作用。这很可能得自他的表兄福克斯——一位同样热心但不如达尔文狂热的甲虫搜集者。福克斯的想法是,雇用参与者使用装备长期为自己搜集甲虫,同时自己也为他们搜集。多棒的主意——富有的高尔夫球手和猎人都有自己的球童和扛枪者,那为什么富有的甲虫搜集者就不能有搬运捕虫网、箱子和捕捉器的搬运工呢?杰出的达尔文传记作者珍妮特·布朗(Janet Browne)曾深刻地指出:"总有人隐藏在达尔文那些短期内取得的成就背后。"达尔文的研究逐渐朝各个方向推进,但他从未失去自己在剑桥的岁月中培养起来的对甲虫的热情。"每当听说有人捕获了稀有甲虫时,"他后来回忆道,"我就像听见战斗号角的老战马一样。"[13]

但如果说搜集甲虫教会了达尔文某种持之以恒的精神,从而让他更好地处理解剖结构和物种变异的细微之处,那这两种习惯也都受到他在剑桥的另一种爱好的强化:采集并研究植物。抵达剑桥的次年,达尔文遇到了数年前就成为植物学教授的约翰·史蒂文斯·亨斯洛(John Stevens Henslow)牧师。这位教授仅比达尔文大13岁,而且在很多方面都与格兰特教授截然相反:亨斯洛对他的学生总是很热情并加以鼓励。于是,达尔文成了亨斯洛每周乡村植物行的常客,并因此被称为"那个与亨斯洛同行的人",还受到亨斯洛夫人及其孩子们的欢迎,因而成为经常前去与他们共进晚餐的座上宾。亨斯洛的教导中并没有格兰特式的唯物主义或物种转化主义,更不像后者那样对知识领地嫉妒地抱有戒备之心。亨斯洛对法国"哲学解剖学家"的最新思想了然于胸,却把这些思想置于自然神学的背景中加以考察:从神圣计划的角度理解结构和功能、分类和关系。他在剑桥的同事、老师都欣然接受——彼时，科学发达的剑桥有一个完全制度化和教条主义的"智能设计"思维模式，几乎代表了这所大学讲授和研究的所有内容。然而，宗教和科学在其中并无冲突：科学见解被视为造物主计划之谜的组成部分。在此，《圣经》直译主义也不会在困境中绝望地挣扎——众人早已放弃了挣扎，只是剑桥的神学家们仍旧热衷于此。达尔文最终的发现会将他置于与自然神学传统中一些最宝贵的原则相冲突的境地，但那是后来的事情了。就目前而言，他完全欣赏并接受了自然神学，并热切地记诵了佩里的所有作品——这是当时要求阅读的内容。

达尔文在亨斯洛的指导下度过的时光具有多方面的变革性，或许首要的一点就是，他从此超越搜集和分类，重新点燃了自己的科学热情。达尔文钦慕的朋友和搜集甲虫的同伴、比他高一届的同窗约翰·莫里斯·赫伯特（John Maurice Herbert）曾匿名把一个精美的柯丁顿显微镜作为礼物送给他。亨斯洛重新点燃了达尔文早先对微观分析和探索的热情。亨斯洛的植物学教导方法教会了达尔文"专注"并欣赏复杂的结构和个体差异，他还让达尔文理解大局：全球范围内的哲学植物学，它旨在获悉物种可能出现的地理分布模式。欧洲大陆的思想家，如瑞士植物学家奥古斯丁·德·堪多（Augustin de Candolle）和探险家、博物学家亚历山大·冯·洪堡（Alexander von Humboldt）就分别在著作《植物地理学导论》（*Essai élémentaire de Géographie botanique*，1820 年）和《植物地理学》（*Essai sur la géographie des plantes*，1807 年）中明确地展现了某种宏大的视野。这些著作后来被看作建立新科学学科的经典作品；我们将在第五章探讨洪堡和德·堪多的思想，以及达尔文最终的研究计划和他那与地理分布相关的非凡实验。这部分和许多其他成果都来自亨斯洛于 1830—1831 年种下的种子。

正是在亨斯洛的每周聚会上，达尔文结识了剑桥科学界的杰出人物，其中著名的包括天文学家约翰·赫歇尔（John Herschel）和哲学家威廉·休厄尔，两人都对达尔文本人及其不断高涨的自然哲学热情产生了深远影响。在科学实践逐渐变成自觉行为的这段时期，这些思想家正在为科学的方法论哲学构筑框架：我们何以认识自然？理解事物的最佳方式又是什么？赫歇尔因其于 1831 年发表的《自然哲学研究初探》（*Preliminary Discourse on the Study of Natural Philosophy*）而受到赞誉。这篇论文引入了一个归纳式地洞悉自然现象真正成因的路线图，而且提出自然法则在统治自然界方面具有优先性，造物主建立法则，把它当作管理极具规律性的宇宙的手段。赫歇尔的这篇著名论文条理清晰，达尔文为此兴奋不已。"如果你还没读过赫歇尔，"他写信告诉福克斯，"马上读读吧。"[14] 在赫歇尔的论文发表后的 10 年中，休厄尔也在科学哲学方面做出了重要贡献，他出版了《归纳科学的历史》（*History of the Inductive Sciences*，1837 年）和《归纳科学的哲学》（*Philosophy of the Inductive Sciences*，1840 年）。后者不仅介绍了融通（consilience）的观念——这是从直觉层面洞悉自然现象真正成因的有力手段，也是对赫歇尔方法的补充——而且还引入了"科学家"这一术语，并把它当作历史悠久但不甚严密的术语"自然哲学家"的恰当替代词。休厄尔写道："我们不能称研究物理学的人为医生，我会称之为物理学家。我们需要一个恰当的称呼来从整体上描述从事科学研究的人。我倾向于将这类人唤作科学家。因此，我们可能会说，艺术家就是音乐家、画家或诗人，科学家则是数学家、物理学

家或博物学家。"¹⁵

达尔文目睹这些思想家逐字对科学事业加以定义、分析并使其系统化。身为大学生的达尔文当时几乎还不理解这样做的意义，但他清楚自己渴望追随这些人的脚步。因此，就洪堡而言，其著作《新大陆赤道地区旅行记》(Personal Narrative of Travels to the Equinoctial Regions of America) 记录了他与法国人埃梅·邦普兰（Aimé Bonpland）共同探索美洲中部和南部偏远地区的 5 年之旅，这让达尔文和其他同辈的年轻博物学家感到震惊。1831 年 4 月，达尔文在写给福克斯的信中首次激动地透露了他最近的计划："目前，我嘴上说的、心里想的和做梦梦到的，都是我几乎已经想好的前往加那利群岛的计划。我长久以来都渴望看到热带的景观和植被，根据洪堡的记述，美丽的特内里费很有代表性。"¹⁶ 起初，亨斯洛和圣约翰学院的助教马默杜克·拉姆塞（Marmaduke Ramsay）意欲加入本次行程，但这对亨斯洛来说更像是一厢情愿，因为他肩负教授和教区的职责（更不用说他那日渐庞大的家庭了）。达尔文醉心于这场旅行，并且狂热地对姐姐卡洛琳（Caroline）说道：

> 此刻我正在写信，但心已在热带驰骋了：清晨，我将前往温室观察棕榈树，然后回家阅读洪堡的著作。我的热情如此强烈，甚至无法安静地坐在椅子上……在看到特内里费的山峰和高大的龙树以前，我是没法静下心来了；耀眼的沙地平原和阴沉寂静的森林交替占据着我的内心。¹⁷

真正令人满意的是达尔文的地质学研究，而非加那利群岛之旅。

亨斯洛建议，要想真正效法洪堡，就必须学会辨识岩石和矿物，并理解地质构造及其过程。达尔文参加了一些讲座，尽管亨斯洛也会亲自教授达尔文一些地质学的皮毛知识，但他在达尔文的地质学教育中发挥的最重要作用是将其介绍给剑桥大学的教师亚当·塞奇威克（Adam Sedgwick）牧师。

塞奇威克是一名地质学教授，时任伦敦地质学会会长。1831年春，塞奇威克向达尔文介绍了"读景如读书"的观念，即通过学习阅读地貌的方式来发现其中的故事。达尔文端坐在塞奇威克的讲座上，地质学让他充满敬畏，就像植物地理学或植虫类结构内在的宏大图景所隐含的哲学问题带给他的感觉。众人当时讨论的很多问题都与地球的年龄及其广阔的海洋和大陆相关，几乎没人认真对待过地球的历史仅为几千年这种观点，难道它还能有上万、数十万甚至百万年历史？塞奇威克就地球的古老年龄问题举办的一场讲座结束后，达尔文向一位朋友大声说道："塞奇威克的手可真巧，能从时间的银行开具大额支票！"[18]

塞奇威克和亨斯洛一样喜欢与学生们一同到野外郊游，有时会带领60人或者人数更多的马队穿过乡间，然后在沿途裸露的岩石或者其他地质构造上停下来开讲座。而在暑假，他就开展自己的田野调查。幸运的是，那一年他进入了离达尔文家不太远的北威尔士。塞奇威克对追随自己的达尔文尽职尽责。1831年6月，达尔文回到什鲁斯伯里的家，塞奇威克定于8月去接他参加为期3周的短途旅行。达尔文仍然对特内里费岛念念不忘，他对福克斯说："前往加那利的计划进展十分顺利。我现在为它殚精竭虑，目前正在学习西班牙语和地质学。"[19]与此同时，达尔文也在竭尽全力加快自己的节奏，以期打动塞奇威克。在亨斯洛的指导下，达尔文购买了一个质量不错的倾斜仪（用来测量斜坡、地层和其他地质构造的角度），然后把自己卧室中的各种家具朝四面八方倾斜，花几个小时试用了这个设备。他甚至还在田野中试了试手，在写给福克斯的信中，达尔文谈到自己正准备为什罗普郡绘制一张地质图（"我此前并未发现这和我预想的一样容易"），然后徒步行走约25.7千米前往拉那马内赫山研究一处明显的石灰岩构造。这次旅行流传下来的记录展现了一个很难让指南针方位保持笔直的达尔文的形象。研究达尔文的专家迈克尔·罗伯茨（Michael Roberts）根据达尔文在记录中颠倒指南针读数的频率猜测，达尔文可能有阅读障碍症。[20]

塞奇威克于8月2日抵达芒特*，并在当地进行了为期数日的地质考察。而发生在什鲁斯伯里的一个插曲让我们得以深入了解正作为科学家接受训练的达尔文的思想发展情况，也揭示出科学作为一个过程的特征。达尔文向塞奇威克报告说，一位采石工向他展示了发现于当地采砾场中的热带涡形腹足类动物的壳瓣，并认为这一发现会让塞奇威克感到惊奇。塞奇威克驳斥了该壳瓣自然产生于采砾场的看法，称自己认为它是被人遗弃于此，达尔文听闻此言深感震惊。他在自传中写道："我当时十分震惊，塞奇威克竟然没有因为在英格兰中部地表发现热带生物的壳瓣这一美妙的事实而欣喜。"值得注意的是，他继续写道："尽管我已阅读过许多科学书籍，但此前从未有任何事情让我彻底意识到，科学是对事实进行分类并从中得出一般性规律或结论。"[21] 这个情节必然与约翰·赫歇尔的哲学相呼应，从而为洪堡和

---

* The Mount，即达尔文家族居住的宅院，达尔文出生于此。——译者注

其他人的热心研究带来新的视角。达尔文的许多后续调查研究,包括他在实验方面的天资,总是旨在"搜集大量事实后得出一般性规律",一如他在自传中所写。[22]

达尔文与塞奇威克于 8 月 5 日起程前往威尔士以继续达尔文已经延期的"地质学 101"课程。此次考察的主要目的之一是确定裸露的老红砂岩(Old Red Sandstone)的具体位置并绘制地图。老红砂岩是塞奇威克此前已确定属于泥盆纪(Devonian,实际上他早已为这一地质时期创造了这个名字)的沉积构造,根据现代科技测算,泥盆纪距今 3.59 亿~4.19 亿年。二人并未找到老红砂岩,但达尔文学到了很多实用的野外地质学知识。到了考察的最后一段,他们便分头行动,以探索更多地方。达尔文往南前往巴茅斯看望朋友,途中在位于斯诺登尼亚山脉甘德劳山峰(Glyderau Mountains)异常美丽的科沃姆·艾德沃尔(Cwm Idwal)悬谷短暂停留,此处无比清澈的湖泊背靠名为"魔鬼的厨房"(Devil's Kitchen)的巨大石壁,大量漂砾点缀其间。达尔文在此做了一番考察——又多次颠倒了指南针读数——然后忠实地将结果写在信中告知塞奇威克。塞奇威克回信纠正了一些他认为的达尔文对某些地质构造的误解,但总的来说,达尔文作为一名地质学学生仍旧表现出色(尽管他在 10 年后回到科沃姆·艾德沃尔时才意识到自己错过了多少东西,正如我们将看到的那样)。接着,达尔文在看望了朋友之后便起程回家,亨斯洛的来信已在家中恭候多时。加那利群岛之行惨遭取消。不过,亨斯洛为他提供了一个更加非凡的冒险机会:做一个环球航行中的绅士博物学家。

达尔文的远航

从很多方面来看,达尔文几乎没有理由受邀担任这一职务。他几乎从未离开过学校,也并非一位经验丰富的博物学者。事实上,一开始受到邀请的并不是他,而是亨斯洛,并且亨斯洛对此也颇感兴趣。但亨斯洛要照顾家庭,而且他在学校和教区的职责也越来越重。亨斯洛便将邀请函转给了自己的姐夫——经验丰富的博物学家莱昂纳德·杰宁斯,但杰宁斯刚刚被任命为教区牧师。经过一天的考虑,杰宁斯不情愿地拒绝了。于是,二人都想到了达尔文。达尔文父亲的反对意见和船长罗伯特·菲茨罗伊(Robert Fitzroy)最初的疑虑得到平息后,达尔文便接受了自己的任务,作为跟随船长的绅士登上英国皇家海军"小猎犬号"(也译为"贝格尔号"),还在皇家海军调查任务中以非正式的博物学家的身份行使职责。他们于1831年12月27日离开普利茅斯,再次归来则是近5年之后了。

我并不会在这里概述达尔文在"小猎犬号"远航中做过的所有事情——这大大超出了本书的范围。[23] 为了锚定本书的主旨,我们将探究"小猎犬号"远航如何让达尔文做出了后来的实验。与任何从事项目研究的科学家一样,无论实验还是观察,达尔文都会依据自己所学的理论提出问题。身为一名大学生,达尔文才刚刚意识到自然科学中的一些宏大而突出的问题——地球及其地质构造的性质和年代、地质记录的模式、生命的多样性及其分布,以及赫歇尔所谓的(特别)"玄之又玄"的物种及其变异的起源问题。这一时期和在"小猎犬号"远航的大部分时间里,达尔文都在自然神学的框架下思考这些问题及其可能的谜底。远航结束后,看待世界的全新角度释放了达尔文内心的实验冲动，这让他得以提出只有从这种新角度思考自己的各种观察才能提出的全新问题。

达尔文看待世界的新视角起源于格兰特及其对植形动物的研究，并进一步受到亨斯洛、塞奇威克和他后来在剑桥的同事等启人心智的同伴的激发，这些人当时在"小猎犬号"远航中帮了大忙。达尔文尤其受惠于苏格兰地质学家查尔斯·莱伊尔的里程碑式著作《地质学原理》，该书第一卷出版于1830年。为了鼓励即将成为自己同伴的达尔文深入学习地质学，菲茨罗伊船长把莱伊尔的书当作礼物送给了他。达尔文后来回忆说，这就是亨斯洛曾建议他找寻并研习的书，"但绝不要接受其中提倡的观点"。阅读一本书但并不相信其中的观点似乎是个古怪的建议，但这可能反映了当时的实际情况：学术界正就莱伊尔的地球演化及其历史的新模型展开激烈辩论。受过律师职业训练而知道如何辩论的莱伊尔支持了苏格兰同胞詹姆斯·赫顿（James Hutton）的观点，后者把世界历史视为一种永不休止的自然力量，这种力量在周期性过程中缓慢但切实地塑造了地球的地貌。此间并无奇迹，也没有神启的灾难，仅有由水体、火山作用、冰川与陆地的抬升和沉降等自然过程共同形成的不可阻挡的宇宙之力。在赫顿和莱伊尔看来，实情一直如此，且将永远如此。因此，莱伊尔著作的副标题为"参照目前塑造地球地貌的原因解释其过往变迁的尝试"。

达尔文很可能时不时地沉浸在莱伊尔的《地质学原理》之中。"小猎犬号"在达尔文尚未克服晕船之际便已离开了普利茅斯港。同船的人可能会告诉他，他很快就不会晕船了，但很遗憾，他在整个航行过程中都有些不适，而从科学史的角度往回看，这可能是件好事，因为它迫使达尔文一有机会就离船上岸。（事实上，在近5年的航行过程中，达尔文总共仅在船上待了一年半左右。）因此，即将停靠特内里费岛的可能性无疑给达尔文带来了双重喜悦——一来可缓解呕吐的症状，二来终于有机会看到洪堡曾热情赞颂过的景致。瞧，圣克鲁兹港口已隐约可见。遗憾的是，英格兰地区当时暴发的霍乱阻止了"小猎犬号"的船员登陆。当地政府坚持要求这艘英国船舶检疫12天，但赶时间的菲茨罗伊船长不耐烦地起了锚。船长在他的航行回忆录中提道："这令达尔文先生大失所望，他曾梦想攀登当地的山峰。为了看到它，船只得在登岸的地方下锚，然后在尚未得见一星半点特内里费岛的景致时又必须离开，这对达尔文来说实在是场灾难。"[24]不过，圣克鲁兹当局的担忧是有根据的：整个19世纪，接连肆虐世界多地的霍乱等流行病曾造成数百万人丧生。

尽管如此，达尔文也不必再苦等更长时间以首次体验热带岛屿："小猎犬号"于1月中旬访问了佛得角群岛（Cape Verde Islands），而就在其中的圣雅戈岛（St. Jago），达尔文注意到一处醒目的景致：嵌入悬崖壁、距海平面约13.7米的白色贝壳带。他现在正从莱伊尔的视角看待这一现象：海贝一定是逐渐向上累积的，因为一场突如其来的猛烈运动肯定会破坏近乎水平的贝壳层。这种观点与莱伊尔"漫长时期中的缓慢变化"这一理论相符。达尔文写信给亨斯洛说："（圣雅戈岛的）地质十分有趣，我确信它形成的时间很晚：此处存在着一些海岸大范围抬升（这是火山岩源起的极佳时期）的证据，莱伊尔先生可能会对此感兴趣。"[25]

这是他永生难忘的时刻：他首次考察的地方证实了"相较于其他任何他曾经阅读过，或者后来阅读到的其他作者的方法而言，莱伊尔的地质学方法具有非凡的优越性"[26]。在剩下的航行中，达尔文以莱伊尔的《地质学原理》为指导，针对性地考察了许多地方的地质情况。正如莱伊尔后来承认的那样，达尔文响应了他的召唤，明白了新科学的见解和概括可能仍有其局限性，但"它的追随者渴望获得我们劳作的最宝贵成果。同时，在我们探索这个宏伟的研究领域时，首次发现的喜悦属于我们自己……"[27]。

达尔文以特别的热情投入到地质学研究中，他挥舞锤子敲响岩石，并以更高的兴致考察新的景观和地质构造。他又有什么理由不偏爱这种新科学呢？它解答了地球起源及其古老年龄等令人心生敬畏的宏大问题，启发了需要勤加考察并细致观察的科学调查，这些都极好地体现了赫歇尔的归纳法。达尔文在一个又一个笔记本上写满了自己的观察、沉思和理解，对赫歇尔的赞赏也与日俱增。达尔文初次见到热带森林后，曾兴奋地告诉亨斯洛："我从未体会过如此强烈的喜悦——我之前钦佩洪堡，现在则近乎崇拜；他仅凭一己之力就能写出首次进入热带地区的人心中的感觉。"[28]

尽管达尔文越来越将自己视为地质学家，但这并不意味着他对自然史的其他方面疏于用功。他首次在爱丁堡见到的那些神秘的海洋无脊椎动物，就像一张深邃的网一样吸引他的注意力。在锚地之间的公海区域不受晕船的困扰时，达尔文常常会打开自己那张捕获浮游生物的网，看看能发现什么样的海洋生物——根据他记录的第二张网的使用情形，他很可能从罗伯特·格兰特那里学会了织网的手艺。达尔文捕获了大量海洋微生物，"相对于大自然的规模而言，它们是如此渺小，却有着无比优美的形态和丰富的色彩"，他在日记中写道。随之而来的是意料之外的反思："如此之多的美丽生物明显是为十分渺小的目的而生，这真是一种神奇的感觉。"[29]

这些微小的海洋生物对达尔文的思想而言意义非凡。他的动物学笔记包含了一页又一页借助显微镜得到的图像和观察结果，其中最重要者当数"植形动物"，它们现在被认为属于刺胞动物门（Cnidaria，下设多个目，包含单体珊瑚和群体珊瑚）、苔藓动物门（Bryozoa）、多孔动物门（Porifera）和红藻植物门（Rhodophyta，分泌坚硬石灰质外壳的红色藻类）的混杂种群。在1834年6月的一则重要笔记中，达尔文详细记录了对一种奇特生物的观察结果，这种生物与他此前在爱丁堡研究过的草苔虫（一种苔藓动物）类似。在麦哲伦海峡的饥饿港（Port Famine）海底，密集生长着巨型海藻"森林"，这种奇特生物分布于其弯曲的枝叶上。"我检查了这种十分简单的草苔虫的息肉，"达尔文写道，"如此，在未来的某天，我就可能（修正）自己对于格兰特博士论文中整个族类的组织方式不完美的看法。"[30] 此处提到的论文是德意志博物学家奥古斯特·弗里德里希·谢格威格（August Friedrich Scheweigger）写于1826年的一篇文章，由格兰特翻译并发表。该文认为珊瑚乃植物而非动物，这种观点直到19世纪30年代中期仍属主流。达尔文继续从事对此种生物的研究，试图弄清楚他能否发现其具有动物特征的证据——显微镜下有刺激反应的息肉，或是类似他在草苔虫中发现的"卵细胞"。达尔文在"小猎犬号"上写给妹妹凯瑟琳（Catherine）的一封信里提及，船"距离瓦尔帕莱索南部100英里（约160.93千米）"，他描述道："就动物而言，原则上，我最近决定主要研究植形动物或珊瑚：它们是有序世界的庞大组成部分，鲜为人知、缺乏分类，却有着尽管简单但最为奇特的结构。"[31] 在瓦尔帕莱索给亨斯洛写的信中，达尔文称自己观察到了"令人异常震惊"的珊瑚。他确信拉马克、居维叶和其他人提出的分类有误。"在观察了珊瑚这类最模糊的族类的繁殖方式之后，我十分确信，如果它们不是植物，它们就不是植形动物。"[32] 那它们是什么呢？

达尔文的此类想法在整个航行过程中都在变化。所有的一切都令人困惑：他在加拉帕戈斯群岛（Galápagos Islands）搜集了佛手珊瑚（Caryophyllia），这类真正的珊瑚的繁殖方式似乎与薄壳状草苔虫类似，而他在科科斯群岛（Cocos Islands）发现的石状暗礁珊瑚（Madrepora，现称鹿角珊瑚）则更像珊瑚藻。因此，问题在于令人困惑的水螅珊瑚目动物（"我不禁怀疑它们的本质更像珊瑚藻，而非水螅珊瑚"），而达尔文在塔斯马尼亚岛（Tasmania）发现的所谓珊瑚藻则更像植物，它们通过类似发芽过程的细胞分裂进行繁殖。达尔文在其动物学笔记中评论道，珊瑚这种新奇的生长方式"让人想起树木的繁殖"。通过出芽或纤匐枝进行繁殖一定是植物的性状，而珊瑚藻似乎也是这样繁殖。更神奇的是，甚至一些植形动物和真正的珊瑚也是如此。"形成珊瑚的珊瑚虫和形成草皮的植物之间存在相似性，"他思忖道，"形成草皮的植物"通过纤匐枝或匍匐茎进行繁殖。他在数行之后重申："我认为植形动物和植物存在诸多相似之处，珊瑚虫就像芽，芽球则像形成蓓蕾和幼小植物的生殖苞。"[33] 这类记录的意义比字面上丰富很多，植物世界和动物世界的差异在达尔文的脑海中开始变得模糊。这些最简单的动物和原始植物（如果这就是珊瑚藻所处的进化阶段的话）在结构和繁殖模式上有着某种基本的相似性，这种迷人的想法在数年后会与他初步形成的进化论完美吻合。我们会在后文中看到，达尔文最终不仅认为植物和动物拥有共同的祖先，而且为所有生命形式寻找其拥有共同祖先的证据。此外，他还提出了无性别状态的先祖孕育不同性别后代的想法。这些观点并非他在"小猎犬号"航行期间所坚持的，但很

1832年4月3日,"小猎犬号"驶入里约热内卢港。版权归杰伊·马特尼斯所有。理查德·米尔纳拍摄。杰伊·马特尼斯和理查德·米尔纳供图。

明显，彼时已埋下了种子，或者已经萌芽。

远航期间的达尔文绝不是一个进化论者——甚至在登上加拉帕戈斯群岛的时候也不是，这与传言不同。事实上，从达尔文的笔记和评论来看，他当时正努力地在自己熟悉的自然神学框架中理解生物的结构、适应性、分布和彼此之间的关系。然而，我们总能看到达尔文在思考旅途中见闻的意义。因此，我们会看到他忙于思考在澳大利亚发现蚁狮的意义，这些小而凶猛的幼虫会制造陷阱诱捕粗心的爬行昆虫。此刻，这些蚁狮正位于新南威尔士（New South Wales）一处阳光明媚的河岸上，它们与达尔文家乡的种群十分相似，但在这里却带有澳大利亚的异域风情。澳大利亚动物区系是否代表了某种全然独立的创世中心？袋鼠和鸭嘴兽等异类表明似乎有这种可能性，而在当时的术语中应该引入一个还是多个"创世中心"则是众人严肃讨论的话题。澳大利亚蚁狮和欧洲蚁狮的高度相似性向达尔文表明，这些天各一方的动物群存在某种关联。无论其境内的哺乳动物何等奇特，澳大利亚都并非一个单独的创世产物：对于蚁狮，"怀疑者又怎么说呢？怎么可能会有两位工匠同时做出如此美丽、简单且精巧的发明物？这不可能——造物主一定对整个宇宙一视同仁"[34]。但航行即将结束时，我们仍能看到达尔文在思考加拉帕戈斯群岛各种嘲鸫（mockingbird）之间的关系。不同岛上的这种鸟类似乎有差异，但作为一个种群又与一般的大陆物种判然有别：它们是大陆物种的变种，还是大陆物种的姊妹物种？为何如此相似却又截然不同？让新物种如此繁衍兴盛的岛屿又是怎样的？"如果这些叙述存在些许根据，则群岛动物学便值得仔细研究一番了，因为这些情况会破坏物种的稳定性。"[35]

毫无疑问，"小猎犬号"的探险之旅带来了大量实地采集与观察的成果。在达尔文的《"小猎犬号"航海记*》(*Journal of Researches*，1839年)中，"观察"或"查看"等词出现了73次，"检查"一词则出现了48次，而"实验"一词仅出现了4次。但我们的证据表明达尔文很有质疑精神，他会斟酌如此这般的情况是否属实，并忙着设计实验找出答案。例如，我们发现他会去验证，陆生扁形动物被纵向切成两段后可否再生为两个新个体（"切分手术之后的25天里，再生情况更好的半截已经与其他任何标本没有区别了……尽管这是个众所周知的实验，但看着每一个重要器官逐渐产生仍显得有趣。"[36]）。他还测试了食腐类秃鹰是否能通过视觉或嗅觉获取食物："我尝试过……如下实验：用绳子将每只秃鹰并排系好置于墙边，我手拿用白纸裹住的肉块在距离它们约3码（约2.7米）远的地方来回踱步，但什么事情都没发生。"他把肉块包裹一点点往前凑，直到触碰到秃鹰的喙，鸟儿立刻就把肉块撕碎并吞了下去。"在同样的情况下，要想欺骗一条狗则完全不可能。"他在笔记本中如此写道，但在回顾了奥杜邦（Audubon）和其他人的类似实验后，他不得不承认"支持和反对食腐类秃鹰嗅觉敏锐的证据简直平分秋色"[37]。另外一个实验则与珊瑚的性质有关。该实验于"小猎犬号"1836年8月返程途中的最后一站巴西的巴伊亚州（Bahia）展开。达尔文将一些珊瑚放在阳光下，以确定它们是否像能进行光合作用的植物一样释放出气体。"有好几次，我把一簇簇珊瑚藻放在阳光底下，它们似乎也释放出了大量气体；真好奇那都是

---

* 直译为《研究日志》，根据通行译法改为此名。——译者注

些什么气体。"[38] 这让人想起约瑟夫·普里斯特利和贾恩·英根豪斯（Jan Ingen-Housz）于18世纪70年代做过的实验，该实验旨在证明处于相似条件下的植物都能产生氧气泡。而达尔文的另外一些实验则显得有些笨拙。他曾在加拉帕戈斯群岛上数次把海鬣蜥（marine iguana）扔到"很远处海水退潮后留下的深水池中"，然后观察它是否会回到自己一开始逮到它的地方。（泰然自若的海鬣蜥总是会这样做，而我们知道，当达尔文骑到一只巨大的海龟背上晃来晃去时，海龟也不为所动，此情此景让我们回想起阿尔伯特·韦所画的漫画：骑在巨型甲虫上的达尔文。）[39]

达尔文在"小猎犬号"远航过程中的早期"实验"可能连玩带做就完成了，但它们仍体现了一种渴望调查、经验和学习的质疑心态。扔海鬣蜥的达尔文也正是那个敏于察觉任何有趣或不寻常的情况，从而将自己的发现、思考和观察写满一本本笔记本的达尔文。例如，他不停地抛出捕获浮游生物的网（这比捕捉海鬣蜥来得容易），并惊叹于所得的收获，想象着某天能出乎意料地在遥远的大海上捞到一网甲虫。人们可能会想，这没什么大不了的，但那些甲虫在广阔的海洋中干什么呢？之后，他会意识到此类平淡无奇的观察结果对于理解地理分布（我们会在第五章详细讨论）十分重要。另外，达尔文在里约热内卢附近又采集了一些菌类，它们看上去与家乡的类似。他思忖着这个来自欧洲的物种如何能吸引甲虫，就仿佛此刻恰好有一只甲虫飞来落在他手中的菌类上。与澳大利亚蚁狮的情况一样，"我们由此看出两个遥远国度的同族植物、甲虫之间的相似关系，尽管这两个物种本身是不同的"[40]。这句话意味着什么？

达尔文对这一切都充满了惊奇：他会惊讶于"蜘蛛在空中飞

行",无数幼蛛成群结队地在船只索具上的轻薄蛛网上穿行,一阵微风很容易就能把蛛丝吹走;也会惊讶于巴塔哥尼亚(Patagonia)北部沿海地区"蝴蝶如雪片般落下"的惊悚夜晚,当时,这些"数量众多"的昆虫"成片状或絮状纷纷落下,范围远超目之所及";更会惊叹于南大西洋上"壮丽的烟火",圣埃尔莫之火(St. Elmo's fire)*照亮了桅杆和横桁臂,整个海面"变得明亮无比,甚至连企鹅的行踪都因为燃烧的尾迹而变得清晰可见"[41]。"美丽的"和"美丽"等语词在达尔文的《"小猎犬号"航海记》中出现了不下 105 次,"高兴""可喜的"等词则出现了约 37 次。尽管"崇高"一词仅出现了 6 次,但每次都表达了洪堡式的狂喜。后来,达尔文谦卑地(或许还带着一点儿忧虑)将刚出版且题有献词的《"小猎犬号"航海记》送给洪堡后,这位伟人表达了他热情的赞扬和感谢,还就从冰川现象到火山作用,再到气候和洋流等广泛主题提出了问题并做了评论。兴高采烈的达尔文热情地予以回应,他的回复包括不同地区的海域温度数据,更是以自己的钦佩之情总结道:"我曾反复阅读、摘抄《个人记述》中的一些章节,它们令我终生难忘,如今,该书作者予我以如此尊荣,真让人感到满足,这种事放到任何人身上都绝少发生。"[42]

烧毁的小屋

1836 年 10 月乘"小猎犬号"远航归来后,达尔文发现自己已小有名气,这要感谢亨斯洛和其他人在学术圈定期报道他的发现以及他

---

* 一种天气现象——译者注

在搜集和观察方面付出的巨大努力。到了1836年的秋天,达尔文已经硕果累累。他环游世界的实际旅程可能已经结束,但他的智性之旅却变得愈加有趣。归来一个月后,达尔文就被选入伦敦地质学会,又过了一个月,达尔文在剑桥的菲茨威廉街租了一间小房子,用以整理他那些惊人的收藏品和同样惊人的计划。他找来专家分析并描述他的标本,没过多久,他的惊人发现便已见诸论文。理查德·欧文(Richard Owen)比达尔文年长几岁,是比较解剖学领域迅速崛起的学术明星,他立即着手分析达尔文从南美洲带回的哺乳动物化石,并在地质学会嘈杂的会议上宣称达尔文发现了令人瞩目的新物种,即某种直到当时才在南美洲大陆发现的巨型种群。这些化石支持了"演替规律"(Law of Succession),即灭绝种群和目前生活在某些地方的相关种群存在本质上的联系。时任地质学会主席的莱伊尔认为这些发现十分重要,甚至在1837年2月举行的年度主席演讲中也着重讨论了这些发现。(正是在这次会议上,莱伊尔拔擢达尔文为学会理事,这也是达尔文受到高度推崇的又一个表现。)鸟类学家约翰·古尔德(John Gould)的反应几乎和欧文一样快:1837年1月,他在动物学会上接连宣读了两篇与达尔文发现的神奇南美洲鸟类相关的文章,其中一篇讨论了加拉帕戈斯群岛上的神秘雀类。同年2月,他又写了一篇讨论加拉帕戈斯群岛上的嘲鸫的文章。达尔文与古尔德在3月——达尔文在这个月从剑桥搬到了离莱伊尔在伦敦的寓所不远的地方——碰头以后惊讶地发现,实际上他搜集的几乎所有加拉帕戈斯群岛上的鸟类均为该岛所独有,但它们却与南美洲的物种存在近亲关系。

一切才刚刚开始:1837年是达尔文的转折点。这一年伊始,他在1月4日发表了首篇科研论文——《智利海岸近期海拔提升证据的观察报告》，而在同年年底之前，他又阅读了两篇备受好评的文章，并独立完成了与多位作者共同合作的官方版"小猎犬号"远航文集第三卷的写作。事实上，达尔文从 1 月至 9 月一直都在没日没夜地写作，最终写成的《日志和评注》（*Journal and Remarks*）很快就以《"小猎犬号"航海记》单行本的形式再次出版。此外，海军部门还给了达尔文 1000 英镑，以资助他编辑多卷本的航海动物学作品。他也不知道自己怎么就接了最后这项任务，相关作品在 1838—1843 年陆续完成，此间他也经历了如今的编辑面临的棘手问题：错过最后期限，作者不够细致，没完没了地修改，插画师完全按照自己的进度工作。达尔文先是给作者们安排了任务：莱昂纳德·杰宁斯处理鱼类，理查德·欧文处理哺乳动物化石，托马斯·贝尔处理爬行类和两栖动物，约翰·古尔德则答应负责鸟类，乔治·沃特豪斯（George Waterhouse）应付活的哺乳动物。昆虫对任何一位专家而言都是过于庞大和多样的种群，因此关于昆虫的部分被外包给许多位昆虫学家分头研究并出版，尽管亨斯洛曾善意地答应负责整理植物，但到头来还是无暇他顾。

  达尔文试图自己处理海洋无脊椎动物——这也是此类生物在其思考中占据特殊地位的又一证据——但他很快就放弃了这个想法，因此有关这些生物的内容并未单独成卷。与此同时，他还忙于写作各卷的序言，补充相关的注释和观察结果，并监督版画和印刷等工作。这些工作与各卷书籍同样重要，成了其他更令人兴奋的深入研究之背景。这个转折之年的转折时刻出现在 3 月，来自欧文和古尔德的洞见（前者与南美洲的化石和当地的地质变迁相关，后者则与南美洲和加拉帕戈斯群岛的鸟类以及它们之间重要的地理联系相关）突然就与达尔文有关物种随时间变化的观点不谋而合,这种尚属异端的观点立即完美地解释了看似毫无关联的观察结果及其他诸多现象。

接下来,达尔文的后续工作沿着他的身份辟出的两个方向展开:地质学家和秘密的进化论者。作为地质学家的达尔文在地质学会宣读了一篇又一篇论文,以酷似莱伊尔的风格报告了太平洋和印度洋各地区的海拔升降状况,相关结论得自珊瑚形态、与地震相关的火山现象、大陆抬升所形成的山脉和火山,甚至不起眼的蚯蚓所表现出的"地质力量"——他在约40年后的最后一部著作中回顾了这一主题(见第十章)。达尔文将自己的一些文章扩展成完整的作品:1842年的作品与珊瑚礁相关,1844年的作品主题为火山岛,1846年的作品则全面阐述了南美洲的地质学。这些著作是那些勤勉岁月的确凿证明。大度的莱伊尔为达尔文关于珊瑚环礁的新理论感到欣喜,它将珊瑚的形态从岸礁演变为环礁解释为火山岛侵蚀了海平面,而这与莱伊尔自己的海底火山边缘理论恰好相反。[43] 莱伊尔《地质学原理》的部分内容仍有争议,但其首要的主题——"参照目前塑造地球地貌的原因解释其过往变迁"——却在地质学界流行起来,达尔文现在成了他的首席信徒。1837年,《地质学原理》已经出到第5版,此时距离该书第一卷问世仅仅7年,就像当年"小猎犬号"远航之初菲茨罗伊送给他该书初版时一样,达尔文依旧对莱伊尔的愿景兴奋不已。如今,两人已成为密友,但达尔文仍视莱伊尔为导师。数年后,他对莱伊尔的岳父莱昂纳德·霍纳(Leonard Horner)说过的一番话很好地概括了莱伊尔对他的影响:"我总感觉自己的著作半数出自莱伊尔的想法……因为我一直认为,《地质学原理》的最大价值在于它改变了人们的整体心态。因此,见到莱伊尔从未见过的事物时,我仍旧多多少少会以他的角度视之。"[44]

达尔文支持莱伊尔的观点，即地球是动态的，会缓慢而稳定地上升或下沉，不同地方会在不同时期间歇性地发生震动。假设大陆不能横向移动，但由于来自下方的力量，相对单薄且易弯曲的部分地壳会随着压力的增减而抬升或沉降。火山运动和地震看似对局部地区造成了灾难性的影响，但从宏观层面讲，它们让地貌景观逐渐发生了变化。莱伊尔认为，成千上万年间的细微变化最终会累积成巨变，因此，地貌将不可逆转地逐渐演变。达尔文赞同这种观点，当他读到带有莱伊尔风格的地壳上升、火山作用和地震等方面的论文时，便凭借经验说道——他亲眼看到莱伊尔的理论得到证实，他并非一个不切实际的博物学家，达尔文不仅发现了南美洲西海岸曾经发生抬升的明确证据（如高出海面的干燥海洋沉积物，即高于目前海平面数米且包含贝壳和珊瑚的地层），还发现了其目前仍有抬升的证据。1835年2月，达尔文在智利的瓦尔迪维亚（Valdivia）停留时，距离康塞普西翁（Concepción）数英里之遥的地方曾发生地震："我当时正好在岸上的树林里躺着休息。突然间，地震发生了，持续了两分钟，但时间似乎过得特别慢。地面的晃动最为明显……站直并不困难，但晃动让我眩晕。""强烈的地震立即破坏了古老的村落，"达尔文沉思道，"世界———一切坚固稳定的象征，在脚下移动，就像地壳在液体上一样。奇怪的不安之感瞬间袭来，良久的思考也无法获得这种感觉。"[45]

差不多两周之后，"小猎犬号"抵达康塞普西翁，船员们目睹了地震造成的极大破坏。达尔文竭尽所能搜集了这次地震和随之而来的海啸的信息："我感觉几乎无法表达目睹这种景象时的复杂感受，"他写道，"我看到几位官员前来视察，但他们面对眼前的废墟也显得词穷。眼见耗费众人如此多时间和劳动的成果瞬间倾覆，真让人感到痛苦和无助。"[46] 达尔文也注意到了此次地震的地质影响：

> 这次地震最明显的影响（或许更准确地说是原因）便是陆地的永久性抬升。菲茨罗伊船长曾因为精确检查地震造成的全部影响而两次到访圣玛丽亚岛，其结果远比我们在多数场合盲目相信的地质学家的考察可靠得多。[47]

达尔文很清楚，"莱伊尔先生确立的原理"是对的，我们可以"大胆地认为贝壳带上升的问题……已得到解释"。周期性的地震及其伴生的地壳隆起的速度尽管缓慢，但定会让刚刚暴露出来的海洋碎屑越堆越高，并最终为安第斯山脉增添一层地层，但这些碎屑总是携带其源于海底的明确证据。莱伊尔在《地质学原理》中表达的观点就像这些地质构造一样确凿无疑，而达尔文在"小猎犬号"上的敏锐观测也让他跻身首批莱伊尔式地质学家之列。

然而，如果以莱伊尔的视角看待世界的做法给达尔文带来了成就，那么，指出这一视角亦有其缺陷则是重要的——在当时的科学背景下，失败或许是可以理解的，无论如何，这些失败教导我们，科学是一个过程，我们难以从全然不同于自己预期的角度看待事物。在路灯底下寻找丢失的钥匙并不是因为钥匙丢在了那里，而是因为那里光线更好，这则古老的笑话包含了科学作为人类事业的真理：我们常常在便于寻找的地方寻找事物。或者换句话说，我们提出的问题通常由我们习惯的背景框架塑造。达尔文最终取得成功，关键在于他能够以新的视角看待生物世界——他成了生物界的莱伊尔，并在当时社会的舒适区之外寻找关于自然的观点——以及他更令人震惊的关于人类的看法。但有时候，达尔文也不免囿于某些先入为主的想法，从而得出自己期待的结论。

莱伊尔（和达尔文）认为，地壳的抬升和沉降是以某种均衡的方式发生的，因此，一个地区的地壳抬升或多或少会因为另一个地区的地壳沉降而得到补偿。过往的地壳升降的证据紧密交织，正如厚厚的石灰岩和砂砾岩构造常常发现于内陆地区（想想堪萨斯州的海洋化石）所表明的，内陆地区曾受到海洋的侵蚀。达尔文成功解读南美洲地壳抬升的现象后，便决定试着解开自己家乡附近的地质谜团：苏格兰罗伊河谷（Glen Roy）上所谓的"平行滩列"（parallel roads）的起源问题。苏格兰高地西部罗哈珀附近，广阔而绿色的罗伊河谷被3条沿着山坡紧密分布的平行白色阶地环绕。这几条笔直的阶地从远处眺望非常像人工修建的道路，它们也因此得名。"平行滩列"令当时地质学界的领军人物感到困惑，但达尔文认为它们与他在安第斯山脉所见的海洋化石层类似。这位年轻人大胆提出了自己的假设。1838年6月下旬，完成火山现象的相关文章后没几个月，达尔文便前往罗伊河谷仔细考察了8天。他在次年2月宣读的一篇长文中做出了分析。他宣称，"平行滩列"明显源自海洋。他确信这些阶地代表了古海洋的沙滩，它们形成于海洋淹没这片宽阔峡谷的陆地沉降时期。按照他的设想，随着陆地断断续续地抬升，不同"滩列"便在不同高度被切分，海浪的冲刷在山坡上留下了不可磨灭的印记，就像浴缸中的垢圈代表了之前洗澡水的水位一样。"整个国家的陆地都曾缓慢地抬升，"他写道，"这个构造运动中断的次数和滩列的层数一样多。"

达尔文提出的理论十分详尽，其中包括对地壳的流动性、内部结

苏格兰境内罗伊河谷的平行滩列图示,由达尔文大学时代的朋友阿尔伯特·韦绘制。摘自达尔文《"小猎犬号"航海记》(1839年),插图2。

构和强大抬升力作用的论证。他考虑了平行滩列乃湖岸线而非海岸线的对立理论,最后摒弃了它。达尔文对这种假设嗤之以鼻,认为没有任何迹象显示存在大到能够阻挡如此巨型湖泊的障碍物。长约 1.6 千米、高约 0.8 千米的岩壁乃此种假设的必要条件,残留的遗迹也应类似于任何高耸的人造水坝。更重要的是,达尔文提出的冰川运输巨石辅助理论也强化了海洋侵袭假说。又一次,在莱伊尔的引导下,达尔文试图将所谓的漂砾(远离母体材料的巨石)解释为布满岩石的冰山从北极海域向南漂浮、融化之后的残余。达尔文向地质学会宣读罗伊河谷论文的同一年,还宣读了论文《在南纬 61° 的冰山上所见岩石的注释》——这是他在"小猎犬号"远航途中所写的观察报告,现在被引用为进一步支持古海洋侵袭理论的材料。若非如此,漂砾又怎么会到达这么远的内陆?

与此同时,达尔文偏爱的理论也并非能解释所有问题——尤其该地并不存在任何海洋化石,而且整片区域都没有任何此类"滩列"。尽管地形表明,任何古海洋侵袭都不会仅仅局限于罗伊河谷,但他认为,缺乏这类证据并不等于否定这类证据。1839 年 1 月,达尔文入选皇家学会(Royal Society,他的父亲和祖父也曾入选),他决定,进入伦敦首屈一指的科学团体后的第一篇演讲论文以罗伊河谷为主题,于是,在当选后的两周内,达尔文便宣读了由两部分组成的论文的第一部分。

达尔文对自己十分满意,但这种感觉并未持续太久,因为他错误地理解了罗伊河谷,这一点已越发明显。仅仅一年之后的 1840 年,瑞士著名博物学家路易斯·阿加西(Louis Agassiz)因其提出冰川理论的论文在伦敦和格拉斯哥的科学团体中引起一片哗然,这一理论以全新视角看待地貌。在其瑞士同事吉恩·德·卡彭特（Jean de Charpentier）研究的基础之上，阿加西于1837年首次提出了全球冰川假说理论，该理论以瑞士阿尔卑斯山上的冰川及相关地貌情况为依据。起初，阿加西的理论遭到了诸多质疑，但随着地质学家们学会如何解读冰河大规模缓慢流动的证据，它逐渐获得了众人的支持。与如今阿尔卑斯山上的冰川有关的类似构造被发现后，地质学家们便能够将如今的无冰区域联系起来。1840年，阿加西在牛津大学地质学家威廉·巴克兰（William Buckland，莱伊尔的教授）和其他著名地质学家的陪同下游览英国，并向这些英国学者表示，他们自认为了解的众多地貌及其他现象现在可被理解为冰川运动的产物。承认高耸的冰川曾覆盖英国和欧洲广阔地区的想法无疑令人十分诧异。达尔文的海洋理论又苟延残喘了几年，但冰川理论激发了新的实地考察工作，大量观测汇聚于这个解释架构之中：圆形的鹅卵石和其他冲积沉积物的痕迹、带有刮痕的基岩、锅形湖泊、漂砾、冰碛，等等。越发明显的是，罗伊河谷的确曾存在过一个类似大坝的屏障，也就是冰山。

达尔文总认为他就罗伊河谷撰写的论文是自己犯下的"最大错误"，并对此感到十分惭愧。这一事件成了在科学方面自我欺骗的研究案例：成功解读南美洲地貌的经历早已刻在了达尔文的脑海中，这导致他有选择地阅读赞成或反对其海洋侵蚀观念的证据。但他很快就改信了冰川理论。达尔文于1842年回到斯诺登尼亚的科沃姆·艾德沃尔，他最终意识到自己（和阿加西以前的所有人）是如何与这个河谷的真相失之交臂的："烈火烧毁的房屋废墟并不比苏格兰和威尔士境内的山峰更能清楚地讲述它们的故事，这些山峰的峡谷晚近填满的冰流在山峰侧翼形成了刮痕，抛光了其表面，并带来了坡栖砾石。"⁴⁸ 达尔文数年后如此写道。我们关注达尔文所犯的错误并不在于他做错了，而在于这个错误如何让他在随后的科学研究中更加谨慎，至少在公开场合是这样。达尔文不仅必须谨慎而（尽其所能地）客观地测量证据，还采用"震撼与敬畏"的方法整理与他的论证相关的压倒性证据。他后来推迟物种理论的发表很大程度上并非只是因为担心将其公之于众，更应被理解为他决心累积大量的证据并为它们建立联系，如此一来，他的研究就会像所向披靡的"小猎犬号"一样卓然独立了。接下来，达尔文将开展越来越多的实验以寻找自己所需的证据。

唐斯的实验家

尽管身为地质学家的达尔文经历了一些起伏，但是身为隐秘的进化论者，他却在紧锣密鼓地搜集证据。正如他在 1861 年向一位记者解释的那样，"如果观察有用，则它们都应支持或不支持某种理论"。⁴⁹ 事实上，达尔文将这种观念作为工作原则，严格用于自己所谓的"物种研究"之中，而他心中构思的理论，即被他称为"自然选择"（Natural Selection）的过程驱动物种后代逐渐进化的想法，在后来让他感到狼狈的罗伊河谷论文发表时就已发展成熟。在 1838 年的一则令人震惊的注释中，他透露了自己的研究议程：一旦你承认物种可能发生变化，"前人编织的传统信念都会摇摇欲坠，甚至土崩瓦解"。接下来"把目光转向海外，研究渐变，研究种类的统一，研究地理分布，研究古老化石与晚近物种的关系……我们编造的传统失效了！"⁵⁰ 良好的休厄尔融通模式让达尔文意识到，这种异端思想的证据可在不同的领域中找到，于是他决心追寻所有线索，从而尽可能搜集足够多支持或不支持自己理论的信息——那个为他照亮前路，像导航星指引航船一样引导着他的研究的理论。

身为实验家的达尔文逐渐浮出水面。实验需要提出问题，达尔文一成为进化论者，就提出了各式新问题。他突然从不同的角度看待生物体及其结构、分布、分类和行为等，而他笔记本中暗示的"把目光转向海外"也号召他行动起来。到目前为止，我们已经看到达尔文做了大量的短期实验，但现在他因为缺乏数据而必须转而成为专门的"实验家"。此时，我们也看到达尔文开始成为说客和谈判者，要求亲朋好友提供帮助和信息——用现在的话说，他是最早的众包业务管理者。但他能从他人那里获得的信息毕竟有限。以全新的方式看待世界需要提出一些前人从未试图提出的问题，其中一些问题需要仔细观察进而做出解答，其他的则需要实验。

从达尔文早期的进化论笔记中，我们就反复看到他对实验的渴求："许多有趣的实验可以通过（植形动物）和植物的比较进行尝试"，他在笔记本 A 中如此写道；而在笔记本 B 中他谈道，把种子浸润在盐水里并查看是否会出现变异，以及"把陆生贝壳放在盐水里"，都是"令人好奇的实验"。[51] 这两个笔记本和其他笔记本上都写满了实验的想法，他最终保留了一个名为"问题与实验"的笔记本，其中的记录始于 1839 年年中，而多数条目都写于 1844 年，在这一年，达尔文就其进化论思想写下了卷帙浩繁的说明文字（超过 200 页，他关于物种的随笔），但他显然将这些材料用在了自己于 1842 年为相关理论写作的纲要（他关于物种的简述）之中。历史学家指出，"问题与实验"笔记本堪称汇集达尔文关于物种繁殖、变异、杂交和授粉等重要主题的观点和问题的宝库。

讽刺的是，达尔文在"问题与实验"笔记本中提到过许多动物——实际上，在其所有关于进化论的笔记本中都是如此，而让他在接下来的 8 年中几乎全身心投入的则是藤壶。这些无处不在的海洋生物很快成了他琢磨物种变异本质时的专属种群。但达尔文研究藤壶的历程实际上早在数年前就开始了，当时他在巴塔哥尼亚遇到了一个无法辨识的神秘标本。这就是我们下一章的主题。

章节实验：花谢结子

实验者乃观察者和问题的提出者。可被测试的问题，即在通过实验或细致观察等方式可给出合理、可靠答案的框架内提出的问题。观察、提问、实验、解答是科学发展的渐进步骤。然而，一切始于观察。达尔文十分偏爱观察——他会注意物种的颜色、行为、结构和功能，并经常对其适应性感到惊奇。的确，他一生的工作也逐渐变为理解适应性如何产生的长期研究。正如他在《物种起源》中谈到的：

> 不同生物体及其组织的不同部分，以及这些组织部分与生活环境的所有精妙适应性是如何完善的？我们在啄木鸟身上和槲寄生中最常见到的这些美丽的共适应（co-adaptation）现象，也隐约见于依附在四足动物或鸟类毛发中最不起眼的寄生物身上、龙虱的结构中，以及柔和的微风吹起的羽状种子中。总之，我们在每个地方和有机界的各个部分都能看到美丽的适应性。

对于精妙的适应性如何出现这个问题，达尔文给出的答案是通过自然选择。但在研究进化的过程和模式之前，我们必须理解适应性本身。此处就是观察发挥作用的地方。我们受达尔文的启示而开启的实验者历险始于他进行观察的地方。我们将仔细研究"随风飘散的……羽状种子"和其他被风吹散的种子——这是关于适应性结构和功能的实例课程。

A. 准备材料

- 笔记本和铅笔
- 放大镜或解剖显微镜（如果有的话）
- 卷尺或米尺
- 风扇
- 秒表
- 胶带
- 记号笔
- 方格纸
- 比例尺（如果有的话）
- 各种靠风力驱散的种子，例如：

——羽状种子，如乳草（*Asclepias*，马利筋属）、大麻（*Apocynum*，罗布麻属）、蒲公英（*Taraxacum*，蒲公英属）、秋麒麟（*Solidago*，一枝黄花属）、美国梧桐或悬铃木（*Plantanus*，梧桐属）等植物的种子

——具翅种子，如枫树（*Acer*，槭属）、白蜡树（*Fraxinus*，梣属）、郁金香树（*Liriodendron*，鹅掌楸属）、椴木或

菩提树（*Tilia*，椴树属）、松树（*Pinus*，松属）、铁杉（*Tsuga*，铁杉属）等树木的种子

获取种子的注意事项：蒲公英这类杂草十分常见，且全年都会产生种子；上述其他植物则会季节性产生种子，其在北半球的成熟时期为夏末或秋初。你可在本地苗圃和花卉商店寻得。这些种子亦在草原月色苗圃（Prairie Moon Nursery）等在线商店有售。

B. 实验步骤

1. 用放大镜或解剖显微镜仔细观察你手上的种子及其风散机制。
2. 画出种子，注意你搜集的不同羽状种子风散机制的异同。用具翅种子重复这一步骤。
3. 为何你认为所有羽状种子或所有具翅种子的散布结构都不相同，即便每一组都以基本相同的方式散布其种子？

   （简言之，答案为遗传。）
4. 用放大镜或解剖显微镜仔细比较松树、铁杉和白蜡树种子的翅状结构。其中哪两种最为相似？如果你回答"松树和铁杉"，那就对了。想想为什么答案是这个。你可能会说，因为这两种植物都是松柏植物，而白蜡树不是，这就解释了已观察到的相似性和差异性。这个回答在一定程度上也是对的。但达尔文又会如何解释这种情况呢？

（他会从遗传的角度对此做出解释。松树种子和铁杉种子的翅状结构是同源结构，而它们又和白蜡树种子的翅状结构类似——这些类似的结构呈趋同状态：类似的结构由于同样的适应性而在不同的进化系谱中逐渐产生。）

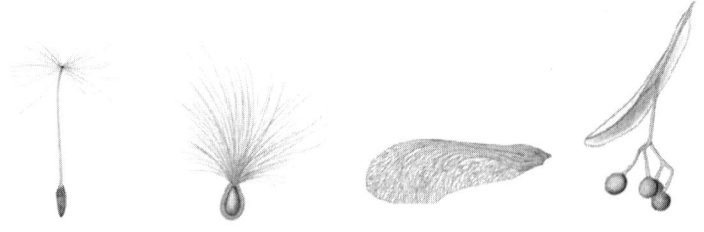

风散种子图示

就不同风散机制将种子带离亲本植株的效果而言,我们如何对它们做出比较?在接下来的实验里,我们会探讨种子大小、结构和风散效率之间的关系。

1. 将风扇安装在距地板上方一米处,风向设置为水平;测试风扇速度以确定可用区域内的有效速度。
2. 将卷尺沿风扇送风方向展开,并使用胶带将其粘贴在地板上。
3. 在风扇前方和上方的标准高度放下种子样本。用胶带标记种子碰到地板之处,并用卷尺记录距离。同类种子重复 5 次这一步骤。
4. 用你搜集到的各类种子重复上述步骤。计算各类种子的平均移动距离。其中哪一种的飞行距离最远?哪一种最近?
5. 如果可以的话,称量实验中用到的每个种子。
6. 通过在风扇前标准高度为两米处抛落各类种子来变更实验。
7. 用秒表记录种子在空中停留的时间。同类种子重复 5 次这一步骤。

8. 用你搜集到的各类种子重复上述步骤。计算各类种子在空中停留的时间。
9. 用曲线图表示各类种子在空中移动的平均距离和停留时间。种子在空中移动的距离与其在空中停留的时间是否存在某种关系？种子的大小或重量是否对风散机制存在影响？羽状种子往往很轻，而且会被动地在气流中飘散。多数具翅种子都较重，但有些可产生升力，从而降低下降的速度并延长飘移的距离。

第二章

从藤壶到家鸽

1835年1月,时年26岁的达尔文和"小猎犬号"上的船友们正于南美洲西海岸沿线航行,他们身处与世隔绝且丛林密布的崎岖海岛之中,积雪覆盖的山峰、智利海岸山脉附近深不见底的海湾和水下的海峡隐约可见。尽管已是仲夏时节,但此地的天气却一点儿也不暖和:这是个"雨水很廉价"的地方,达尔文在日记里沮丧地评论道;这里的雨水"似乎不知疲倦地倾盆而下"。他们在乔诺斯群岛(Chonos Archipelago)上停留的一周为1月8日到14日。"过得异常郁闷,"他写道,"这里的气候非常恶劣,这个国家的氛围也十分单调。"[1] 尽管如此,达尔文仍设法冒着滂沱大雨前往岸边搜集标本,他在海风劲吹的碎石海滩闲逛时,被许多厚实的智利鲍鱼壳所吸引。这些壳上布满小孔,像是射击造成的;达尔文认为这些小孔由某种微生物钻成,便好奇地捡了一些。

回到"小猎犬号"上舒适的客舱兼实验室后，达尔文及时把他的发现记录为第 2495 号标本，并在显微镜下仔细地解剖了一些成熟的个体和另外一些最终被证明是某种奇特寄生藤壶的幼株。这些淡黄色、孔洞上下倒置的藤壶与他以前见过的完全不同。"谁又能认出这些外形奇特的小怪物中的幼小藤壶？"他在自己的标本笔记中如此问道，并最终得出结论："很明显，这种奇特的小动物构成了新的属。"[2] 达尔文当时并不知道自己已经找到了世界上最小的藤壶物种，多年后，他将其命名为微型藤壶（*Cryptophialus minutus*）。达尔文当时也并未意识到这种藤壶远非其所见的那般简单。10 年后，这位当时已确认但仍属隐秘的进化论者会再次审视这些标本并得到惊人的发现，达尔文认为这一发现深刻地影响了他那隐秘的进化论观点。在搜集藤壶数天后的 1 月 19 日晚，高耸的奥索尔诺火山（Volcán Osorno）爆发了，这似乎在一定程度上预示着他那石破天惊的观点行将问世。尽管相隔约 112.7 千米，但"小猎犬号"上惊讶不已的船员们却清楚地看到了火山的爆发，达尔文在其日记中称这是"非常壮观的景象"。[3]

火山爆发及随之而来的地震的破坏力十分可怕，但与此同时，达尔文也不禁注意到这一事件令人惊讶的地质影响：海滩升高了近 3 米，倒霉的近岸海洋生物搁浅在岸上苟延残喘，这简直就是莱伊尔地质过程起作用的明显示范。两周后，他沿着同一片海滩向内陆跋涉，查看位于丛林深处海拔约 106.7 米的牡蛎养殖场：该地过去抬升的证据与刚刚升高的海岸线遥相呼应。此时此刻，达尔文距离以渐进的莱伊尔式地质与地貌变化观念看待物种同样的渐进变化已不太久，到时候他就能领会到神秘的藤壶和地质变迁之谜之间的深刻对应关系。

但在这之前还会发生许多事情。首先，他的"小猎犬号"远航尚有近两年才会结束；他还有两年多的时间领略美丽异常的景观，忍受无边而又乏味的海洋，见识迷人的民族，搜集有趣的事物，以及忍受日复一日的晕船症状。"我厌恶每一波海浪，这种心情是你们这些仅仅见过岸边绿色水域的人没法体会的。"他在一年之后从塔斯马尼亚给表兄威廉·达尔文·福克斯的信中如此写道。[4]但毫无疑问，这场远航是一个转折。达尔文在其日记中断言："对一位年轻的博物学家而言，没有什么事情比在遥远的国度旅行更具启发性……比较的习惯能令他学会概括。"[5]概括乃窥见宏大图景的契机，通过连接不同的线索，归纳性地解开自然的规律。在特定的时间和地点对这个或那个物种、化石或地质构造所做的搜集和观察有着巨大的价值，而且作为一个整体，它们产生的洞见会优于各部分之和。因此，正是藤壶和家养鸽子等看起来不相似的生物最终结合在一个共同的解释框架中：对这些种群的全部特异性状进行系统的结构和发育分析，则会得出自然选择条件下物种间互相促进的进化证据。多年以后，同源盒基因（*Hox* genes）的发现将证明无脊椎动物和脊椎动物——藤壶、家鸽和具有巴巴里血统的奇特鸽子等众多不同的生物——在深层结构上的关联，这种惊人的方法一定也会令达尔文激动不已。为这项研究而设置的机构建立在南美洲遥远而荒凉的巴塔哥尼亚海滩上。

在写给福克斯的那封信里，达尔文还描述了自己如何怀着"既恐惧又满足的滑稽心态"期盼家乡等待他的科学活动。"我想，"他思忖道，"我首选的住处会是剑桥，其次是伦敦。"——这些地方是整理和处理他大量的收藏和笔记的科学中心，当地的博物馆和科学社团近期显示出"对自然史迅速增长的热情"，达尔文确信这一点十分有用。一切终将发生，但这一时期作为他从四处旅行到在唐豪斯永久安定下来的过渡阶段，也会像藤壶一样吸引他。正如身兼牧师、博物学家、历史学家和多产作家等多个角色的查尔斯·金斯利（Charles Kingsley,《水孩子》一书的作者）1855 年在其描写海滨生活的作品中，对藤壶的描述那样：

> 这种生物终其一生都只扎根于一个地方，它在生命的初期会凭借精细的纤毛在各处自由游动，直到生出小颚花之后才会定居下来，它会为自己打造一个不错的石头窝，永久变身为地主，或者依附于土地的农奴。多么神秘的命运安排！[6]

的确很神秘，这些藤壶如同微缩版的农奴（glebae adscriptus），即中世纪时期永久依附于土地并在上面劳作之人。但更深的奥秘在于，何以直到达尔文走上智利南部海滩的数年之前，博物学家们都一直忽略了这些微生物的身份：19 世纪 30 年代之前，它们一直被归为软体动物。

藤壶是节肢动物，现在被归到甲壳纲亚门中的蔓足亚纲中，这意味着与它们亲缘最近的是螃蟹、虾和龙虾，以及其近亲。藤壶的名字来源于其细而绵长的曲腿或须毛［cirripede（蔓足类）来源于拉丁语 *cirrus*，即 curled（卷曲的）或 tufted（成簇状的），就像 cirrus clouds（卷云），以及 *pede*，即 foot（脚）］，它们会挥动细毛扫荡水中的食物颗粒。常见的薄壳类藤壶具有贝壳状的甲壳和分成两部分的瓣膜，外加它们从未经历过变态的错误观念，很可能让博物学家误认为，它们是帽贝或蛤蜊的奇特近亲。直到 1830 年，精通动物学和植物学的英国外科军医约翰·沃恩·汤普森（John Vaughan Thompson,

1779—1847）才在其回忆录作品集《动物学研究和图绘，或无法描述的自然史及不甚明了的动物》(Zoological Researches and Illustrations; or Natural History of Nondescript Or Imperfectly Known Animals)中，揭示出它们惊人的结构和变态特征。若以显微镜观察，这些生物远非不可描述，但当时的人的确对其不甚明了。汤普森弄明白了藤壶惊人的生命史，并指出它们的解剖结构如何与节肢类甲壳动物产生联系。博物学家们对此产生了兴趣，他们适时地研究、确证并拓展了汤普森的发现，但也有研究不支持汤普森的发现。直到19世纪40年代初，尽管这个问题尚未完全解决，但大多数博物学家在此之前便承认了这种生物的真正身份。

汤普森证明了藤壶最初仅是自由游动的单眼幼体，他称之为无节幼体(nauplius)，这种幼虫具备用于游泳的突出结构，类似电影《星际迷航》(Star Trek)中来势汹汹的外星飞船。大约6个月后，成熟的成体就会在某个地方固定下来。介于幼体与成体之间的藤壶则处于过渡期，可到处游动却不进食，汤普森称之为腺介幼虫(cyprid)，此阶段的藤壶如同侦察员，会使用特异的触角探知可永久安定下来的潜在地点。一旦找到合适的地点，腺介幼虫的触角就会产生一种胶状物质，从而首先把头部固定住。这个倒立的生物很快就会变态为成体，而更为强大的物质则会将其加固，因为成体的头部将永久性地附着于基底处。这个成体还会开始分泌钙质护板——某种强化细胞。

现在，我们熟悉的藤壶形象出现了：附着于岩礁、船体、贝壳甚至鲸鱼和海龟身上的小锥体或火山形结构。至少，这是常见的无柄或"橡子"藤壶的模样；其余所有藤壶种群则呈"柄"状或鹅颈状，并用其柔性茎秆附着于基底之上。成体可继续生长一段时间，它们会像

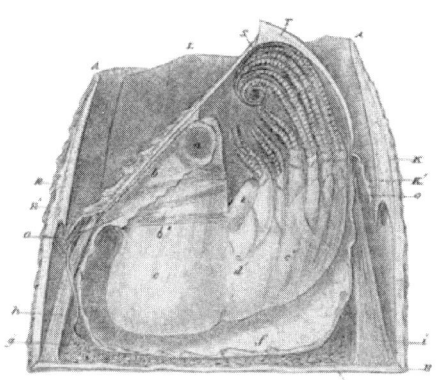

包裹在保护壳中的无柄（橡子）藤壶（*Balanus tintinnabulum*）。请注意其变异的腿或须毛，它们是这些滤食性动物收集食物的结构。摘自达尔文《蔓足亚纲》（1854年），卷二，插图25。

所有节肢动物一样在安全的庇护所内蜕皮，从而在不断变大的过程中撑大护壳。

汤普森关于藤壶的回忆录是"小猎犬号"图书馆［就住在这间舒适的 10×11 英尺（约 10.22 平方米）的尾舱小屋中的达尔文随时可翻阅这本书，他白天在这儿工作，夜里则支起吊床睡觉］里众多书籍中常被翻阅的一本。[7] 汤普森的著作在手，外加受爱丁堡的导师（和进化论者）罗伯特·格兰特激发而对海洋生物产生的强烈兴趣，达尔文很快就熟知了藤壶及其习性。然而，他并不了解那些被钻出来的小孔。完成编目和解剖之后，他便将带孔的鲍鱼壳拾掇好，并在"小猎犬号"向北航行的途中继续关注下一个有趣的藏品了。

当心

达尔文再次想起藤壶是在 1837 年 3 月，正是在这个月，他开始转变为一名生物进化论者。彼时，他刚刚搬至伦敦，并在布鲁姆斯伯里的大马尔伯勒街租了间房子，以方便前往大英博物馆和长兄伊拉斯穆斯的住处。达尔文在地理学和生物学中体会到的相似性——相关物种的地理分布与某地区现存和灭绝物种之间存在不可思议的对应关系——让他兴奋异常，因为他意识到这种对应关系与物种进化相关。这一顿悟激发了他的想象力，驱使他搜寻更多的信息，从事新的观察，以验证其预感。问题很多，但在达尔文最初以生物进化论者身份写下的笔记条目中，我们发现他尤其关注繁殖、变态和生命的统一，他确信这一切都在一定程度上与物种、变异和进化的本质相关，而藤壶则是其着意的前沿和中心。

1837 年 3 月，达尔文从爱丁堡找出了过去的海洋动物学笔记本，并将其翻转过来，从反面开始重新记录笔记。其中，"动物学"标题下的第一则笔记引述了当时关于藤壶变态的争论。[8] 当时，牛津大学的节肢动物专家约翰·奥巴代亚·韦斯特伍德（John Obadiah Westwood）质疑了汤普森对藤壶的结构和生长阶段的解读，并因此质疑了他对藤壶的分类。韦斯特伍德的质疑基于当时动物学界对动物纲类和门类关系的流行看法，即甲壳动物更接近脊椎动物而非昆虫。韦斯特伍德推断，因为许多昆虫都具有变态的特征，而任何脊椎动物都不具备这一特征——比如，任何脊椎动物都不会经历从毛虫到蝴蝶的质变——那么同样，甲壳动物也应该不会在变态方面更像昆虫。并非只有韦斯特伍德这样认为，当时的著名博物学家们竟对汤普森指出的变态证据视而不见，如今看来似乎有些奇怪，但这可能就是先入之见的力量。韦斯特伍德总结道，存在有效的证据表明藤壶乃某种异常的软体动物，介于"节体动物"（节肢动物）和脊椎动物之间。汤普森和韦斯特伍德在皇家学会针锋相对地宣读了各自的论文，并于 1835 年一并将文章发表在该学会的《哲学汇刊》(*Philosophical Transactions*）上，达尔文在笔记本中提到的就是这两篇文章。

达尔文更加重视汤普森的解读，可能是因为汤普森在论证时对藤壶早期生长阶段做了清晰的细分，并注意到这一阶段藤壶表现出节肢动物的特征。这可能是达尔文对物种生长之于物种关系的价值感兴趣的最早迹象。在这场争论中，物种在早期生长阶段出现的特征被用于确定其分类，但后来他会看到物种的早期生长阶段，特别是胚胎期，如何为他了解进化的多样性提供线索。这种想法在 19 世纪 30 年代时仍处于萌芽阶段,达尔文参与到了当时最前沿的讨论之中。在达尔文从"小猎犬号"归来的岁月里,理查德·欧文在与他的多次交谈中都提到了早期生长阶段的效用,应该会令这位更为年轻的博物学家印象深刻。达尔文甚至可能早就听说过这颗皇家外科医学院冉冉升起的明星兼首位终身"亨特讲座"教授——欧文,在1837年春天举办的备受称赞的"亨特讲座"中曾就上述主题详细地做出讲述。同年5月9号,欧文向400多位全神贯注的听众宣称,研究成体动物不足以判断物种间真正的关系。早期生长阶段十分关键:正如今天的昆虫学家通过研究不同昆虫的幼期来洞察它们的关系一样,"如果我们仅仅熟悉藤壶最后的成体阶段,那我们如何了解它们的动物学关系?"[9]然而,正是在这场讲座中,欧文对"进化"这种不足为信的想法嗤之以鼻——如果当时在场,这种公开的谴责会更加坚定达尔文思考进化论的决心。

与地理学、地质学相同,繁殖也成了达尔文思考进化论过程中的核心主题。1837年7月,在回到什鲁斯伯里的家时,达尔文便用一个全新的笔记本为同样持有物种演变观点的祖父的著作《有机生命之法则》(*Zoonomia*)写下大量笔记。在这个笔记本中,他推测了物种关系在时间长河中的本质:某种生命分支模式,这种模式充分体现了系谱内部变异及系谱间联系的核心思想。达尔文证明了自己懂得物种系谱随时间趋异的动态,正如一则评论指出的,节肢动物和脊椎动物这类种群的差异会随时间的推移而不断加大,正如现存各物种越来越不像它们共同的祖先一样。"天晓得这是否与自然一致,"达尔文写道,并以带下划线的警告字样作结:<u>Cuidado</u>——当心。[10]

达尔文至少在公共场合还是很小心的,那不过是出于谨慎,因为他正在成为一颗冉冉升起的明星。但在私人笔记中,达尔文的思考和疑问则随着他苦心钻研各种文献而变得纵横恣意，其阅读范围从作为核心学科的地质学、植物学、动物学到实践中的农业改良和育种，乃至哲学、宗教和文学等，不一而足。他深入研究了盛行的反进化论观点，不仅澄清了其中的关键问题，而且加强了自己的论证。达尔文很了解莱伊尔在其分水岭式的《地质学原理》中提出的大量反进化论主张。该书第 5 版出版于 1837 年，是年达尔文转变为进化论者。在回顾莱伊尔的相关论证时，他在该书页边空白处写道："如果这个理论属实，愿后会无期。"[11]

又一座火山爆发

自古以来，那些持进化论观点的人往往会援引遍布整个生物界的某种关联作为证据：物种或其分类种群可按照某种顺序排列，一般认为排序的依据是"复杂性"（无论其定义如何）的递增。排序的方案各不相同，但其共同点是具有连续性，即所有形式的生命都可由一系列中间物种连接起来——古希腊自然等级的观念已融入基督教思想中。随着世人对地层的深入了解及 18 世纪，尤其是 19 世纪化石记录的出现，众人逐渐意识到物种之间的链条似乎与某种时间序列相对应。因此，人们很容易将生物链及其在地质时期的发展理解为某种神圣计划的展开形式，这一计划以连续的创世（和灭绝）为标志。这是一种目的论观点，不可避免地以人类的出现为主旨，造物的顶峰则以造物主的形象为标准。然而，这种关系链条从进化的角度也很容易解释，就像拉马克（以及后来的达尔文）认为的那样。

相反，反进化论者最重要的论据是某些假定存在的不连续性，即主要动物种群之间的形态学差异十分明显。如果这样的差异的确存在，那么物种经历了进化的说法将从根基上受到打击。于是，卓越而伟大的乔治·居维叶在巴黎提出了"门"（embranchement）的概念。根据"门"的定义，彼此显著不同、各自独立且完全无关联的生物分类学种群呈现出截然不同的形体构型（body plan）。居维叶明确了4种基本的生物形体构型：辐射对称动物（海星、水母及相关物种），软体动物（双壳类、蛞蝓、头足类、藤壶等），有纲类（节肢类动物及相关物种）和脊椎动物（所有带有脊椎的动物，如鱼类、爬行动物、两栖动物、鸟类和哺乳动物等），其中任意两个分类之间绝无交集。当然，考虑到这些分类内部的物种形式多样性，某一门中的某些分类单元可能"近似"另外一门中的分类单元，但各门之间并不存在实际联系或关联，更不用说相互交叉了。例如，藤壶可能具有某些明显"近似"节肢类昆虫的特征，但无论藤壶表现出多少"节肢特征"，它本质上仍是软体动物，并且，一个门绝非衍生自另外一个。

居维叶设计的这个分类系统旨在公开反驳同事拉马克及其备受争议的进化观点。基本的生物分类种群之间并无联系，也不存在某种"交叉"的可能，所谓进化，自然无从谈起。为何进化的概念被视为一种冒犯，这是我们更难以处理的棘手问题，但它足以说明，争论上升到更广阔的战场上，成了一个重要问题，这是唯物主义和自然规律与神的旨意之间的角力，也是无神论与传统宗教之间的博弈。就一些重要方面来说，这是错误的二分法，因为不仅是当时，即使是现在，一些人仍直接将自然规律影响下的物种进化视为上帝的授意。但18世纪末和19世纪初，法国反教权主义革命以及英国革命蓄势待发，世间万物——从社会到物种——不断变革和进化的旗帜高高扬起，接连发生的恐怖事件只会强化保守派通过教会和国家的中央集权来维护社会秩序的立场。因此,"进化"一词本身已逐渐在达尔文那个时代被曲解为无神论的代名词,甚至某种带有煽动意味的字眼。

理查德·欧文肯定也以这种眼光看待进化。他兴奋地采纳了居维叶的分类系统,其后来提出"原型"(archetype,即对特定物种或种群的理想概括形式)的概念便是受居维叶启发。他强烈反对拉马克及其进化论,决定在英国消除这种异端邪说。莱伊尔以同样的信念在《地质学原理》中表达了对拉马克和进化论的反对,尽管他俩的刻薄程度不太一样。达尔文十分清楚欧文的憎恶和莱伊尔的反对,他对自己理论会产生何种社会影响的担忧隐藏在笔记本中的"当心"二字中。

因此,到19世纪30年代,达尔文已经十分重视进化的观念了——这尤其体现在他自己的思想发展过程中。1837年秋,在简短记录了汤普森-韦斯特伍德就甲壳纲动物变态的争论后不久,达尔文便深入研究了另一场更有名的辩论,这场发生于1830年的辩论对其进化理论的核心产生了重要影响。是年,居维叶摆好架势准备与自己的年轻同事兼过去的门徒——巴黎皇家科学院的埃蒂安·杰夫罗伊·圣希莱尔来一场论战。这个问题仅仅关乎生命的统一性。多年来,居维叶和杰夫罗伊主要在私下就居维叶的4个物种分类之间关系的基本问题争论不休。杰夫罗伊和居维叶一样是出色的解剖学家,尽管他并非彻头彻尾的进化论者,但他是拉马克的朋友和支持者,而拉马克在这场辩论开始前一年便已去世。杰夫罗伊提出了一个可能被称为动物学超级蓝图的想法:他想象了一个统一所有物种(所有4个门类)的单一概括性形体构型,这允许一些创造性力量塑造起点相同的各个物种。也许有些物种由其他物种演化而来,并非重新被创造。杰夫罗伊的证据是他在追溯物种发育过程时绘制的解剖学结构——实质上就是我们如今所谓的同源结构。通过一系列令人赞叹的研究，杰夫罗伊建立的工作体系不仅确立了动物形体构型的统一性，而且还确立了看似不同的生命形式之间相互关联的规则和基本结构的意义，他还以此为基础提出了"器官平衡法则"。杰夫罗伊发现，哺乳动物的头骨可以视作各种骨骼的组合，在所谓"较低级"的脊椎动物生命形式中，以及"较高级"的生命形式胚胎发育的早期阶段，骨骼是彼此分离的。"大自然一直使用同样的材料，"杰夫罗伊认为，"仅在改变生命形式时才体现独创性。"早先，居维叶还为他年轻同事的发现而鼓掌称赞，但当杰夫罗伊试图从这些发现中得出一套超前全新形态学理念，进而提出所有动物具有形态统一性时，居维叶提出了反对意见。

这场伟大辩论的导火索是获得杰夫罗伊赞赏的两位年轻博物学家宣读的一篇文章，该文提供的解剖学证据表明，头足类动物构成了软体动物和脊椎动物之间的过渡。居维叶并不买账。这位资深的博物学家对这篇文章的强烈反对惹得杰夫罗伊加入论战。这场辩论很快就因参与其中的学者在1830年春季和夏季在皇家科学院发表论文进行论战而进入公众视野。这一切发生时，巴黎上演了另一起富有戏剧性的事件：政治剧变在七月革命中达到高潮，民众在1830年7月下旬的光荣三日（les Trois Glorieuses）揭竿而起，筑起街垒，迫使专制的国王查理十世（Charles X）退位。这一结局预示着更重要的战斗即将上演：日内瓦一位名叫弗雷德里克·索雷特（Frédéric Soret）的学者曾偶然拜访住在德意志魏玛的年事已高的沃尔夫冈·冯·歌德（Wolfgang von Goethe），据索雷特回忆，巴黎人民起义的消息甫一传至魏玛，"众人便骚动起来"。他描述了自己与歌德会面的场景：

"现在,"(歌德)在我进门之际大声说道,"你对这个大事件有何高见?火山即将爆发,一切都已陷入火焰,纸已经包不住火了!""多么可怕的消息,"我回答说,"但在如此恶劣的境况之下,面对这种政府,我们除了期待此事以王室被驱逐结尾,又能期待什么呢?""我们似乎都误解了对方,我的好朋友,"歌德对我说,"我说的压根不是那些人,而是完全不同的事情。我说的是科学中最要紧之事:居维叶和杰夫罗伊之间的论战,他们已经在皇家科学院撕破脸了。"[12]

索雷特一时语塞。歌德支持哪一方一目了然:作为与杰夫罗伊一样的梦想家,歌德本人也为比较解剖学做出了重要贡献,甚至还提出了与杰夫罗伊的动物形态统一论相似的植物形态统一论。

居维叶和杰夫罗伊的辩论与达尔文作为实验家得出的研究成果有直接的关系,尽管对他来说,要感受到皇家科学院1830年发生的震撼事件的后续影响尚需时日。没有证据表明达尔文知道当时的这场辩论,他的信件和日记中尽是对搜集甲虫、捕鱼、狩猎和骑马等事项的热情讨论。在光荣三日期间,达尔文正准备前往北威尔士旅行。杰夫罗伊曾在其《动物学原理》(*Principles of Zoology*,1830年)中对这场辩论做了描述,还在这部作品中收录了他和居维叶在皇家科学院宣读的论文。达尔文在1837年晚些时候吃力地读完了杰夫罗伊的著作,并记下了带有评论的4页笔记。"(杰夫罗伊)说只存在一种动物:一套器官——其他动物被<u>创造</u>出来,却有无穷无尽的差异。"一则笔记如此写道——注意标记下划线的"创造"一词。他看到了进化的意义,并继续写道:"尽管没有提到繁衍,但必然得出这样的结论。"[13]

达尔文在该书的抄本上标注了几个段落，惊叹号、评论和提示引语散见于页边。从这些内容可以看出哪些段落曾令他感到兴奋——在解释动物躯体"自然发育"（达尔文为这个词加了下划线标记）的部分，杰夫罗伊说："想想尚在母亲子宫中处于胚胎状态的人，他将经历低等物种经历的所有进化过程，他的组织会依次发育为类似蚯蚓、鱼类和鸟类的组织。"[14]

熟知卡尔·恩斯特·冯·贝尔（Karl Ernst von Baer）胚胎学研究的杰夫罗伊确信，胚胎发育各阶段的变化对于自己的所有动物形式相统一的观念十分关键——这种想法明显具有进化上的意义。居维叶对杰夫罗伊"构造的统一"观念不以为然，认为它"违背了感官层面最直接的证据"，并坚称杰夫罗伊指出的相似性仅仅反映了"各部分的一致性"如何简单遵循了各物种"自然角色上的协同性"。在居维叶看来，物种的形式遵循其功能，而非反之。达尔文也兴奋地为这一段做了标记，但他并不同意居维叶声称的"存在的条件"——对环境的适应——解释了物种相似性的主张：相似可能也源自其共同的祖先。至于居维叶完全不屑一顾的"构造的统一"，达尔文写在页边的评论已表明了他的态度："这种统一是由于遗传。"共同的祖先对达尔文来说就是常识。

达尔文对这种现象的兴趣与他对汤普森藤壶研究的兴趣遥相呼应。他注意到杰夫罗伊是如何确认了昆虫和软体动物之间存在巨大差异，以及各种群内部存在不同变种，特定器官系统发育程度的差异及其构成系列的方式。"这解释了各种群之间为何呈现出巨大差异，"这位法国人肯定地说，"考虑到各系列的核心生命体，以及它们在极端情形中表现出的众多关系时尤其如此。" 1837 年秋，达尔文在其笔记本中也提到这一点，并指出藤壶正是处于它所属系列极端情形的种群，他想知道，杰夫罗伊认为这样的系列是线性的还是枝蔓横生的。

创造变种的整体技艺

但是到 19 世纪 30 年代后期，达尔文已在头脑中将藤壶归档了——说成精神层面的搁置或许更为贴切，就像他在"小猎犬号"上标记过的标本被搁置在博物馆坚固的玻璃橱柜中一样。我们将看到，他在近 10 年之后会再次回到这一主题，但现在他越来越多地从家养品种的角度看待繁殖、遗传和变异之谜，这个棘手的谜题一旦解开，关于物种的问题也便迎刃而解了。说它棘手，是因为依照常识和流行观点，我们可从家养品种上获取的信息少之又少。如果家养品种可以作为证据，那么物种就不会发生变化了，正如莱伊尔在《地质学原理》中长篇大论地阐述的那样：家养品种仅在一定程度上可以改变，只要它们被放归野外，就能长回原来的样子。出人意料的是，家畜无法在野外生存；只有加里·拉森（Gary Larson）这样的人能够想象一群群奔跑于野外的贵宾犬。达尔文的第一个预感是，环境以某种方式与个体相互作用并产生变异和物种变化，如果将正在经历自身变异的个体与其他个体相互隔离，则最终会发生大规模的物种进化。

根据这些思路，达尔文最初对驯化的兴趣更多地涉及人类如何通过控制动植物的养殖环境而影响物种变异。但到了 1838 年夏天，他开始有了别的想法：或许可被驯化的物种比我们眼见的要多？他深入研究饲养者的技艺，并向朋友和熟人了解信息，还向所有饲养过某些物种的人取经，如养蜂人和园艺师、养鸽人和畜牧业主、家禽爱好者和养狗人等。而为达尔文的岳父兼舅父乔赛亚工作的马车夫和园丁也能提供很多现成的专业知识。当然，他还仔细阅读了贝克韦尔、亚雷尔、尤亚特、威尔金森、西布莱特和其他英国首次农业革命背后的先驱育种者们的作品。问题在于，其中关于杂交和遗传率等现象的信息往往互相矛盾。很快，达尔文就从这些人的小册子中得出了一个意想不到的见解。

在阅读马尔萨斯（Malthus）作品之前的几个月，达尔文就已经意识到人们会通过择优培育以改善动物品种，这促使他洞察到自然界中也存在选择现象。很难讲他是何时形成这个概念的，但这个概念首次出现无疑是在他关于进化的笔记本 C 的条目 17 中，该则笔记的日期为 1838 年 2 月："由于物理环境变化缓慢，物种的变化也一定很慢，其后代并不像人类那样在育种过程中被挑选出来。"他用自己常用的速记法写下了这些文字。[15] 这是一种极具启发性的比较：相信环境中的物理变化会诱发物种的变化，并意识到"挑选"后代，即对可被养育或不能养育的后代进行选择，是人类创造新变种的方式。他在此处暗示，物种变化速度较慢的部分原因在于，自然界中无人从事挑选工作并加速这一进程。他的这些思路在许多其他笔记条目中都清晰可见，他越来越领会到家养品种与自然界物种及变种之间的相似性了。一切都与挑选的作用有关。

受两本农业改良小册子——约翰·桑德斯·西布莱特（John Saunders Sebright）的《家畜品种的改良艺术》（1809 年）和约翰·威尔金森（John Wilkinson）的《论改良牛种》（1820 年）——的影响，"挑选"成了达尔文思想中自然而然的选择。上述作品忠实地呈现了选择育种的力量，达尔文在 1838 年 3 月对它们做了大量批注。事实上，此处我们谈到的"选择"一词已被西布莱特和威尔金森反复提及，在达尔文加了下划线的笔记中也多次出现。例如，想想西布莱特的如下说法：繁殖的艺术在于"雄性和雌性对彼此的优缺点进行选择，进而共同繁衍"；或者类似"羊毛的细度等所有动物身上都存在的"特征"可通过选择育种加以改善"。的确，气候、土壤和其他环境因素都对羊毛的质量有影响，他也承认这一点，"但并不像通常认为的那么重要"。[16] 西布莱特所用的"选择"一词意指选择育种，一些品种的个体被选来繁殖，其他的则用来下锅。他对通过混合现有品种便能实现改良并得到新品种的普遍误解表示质疑："这种改变可通过选择的方式在任何品种的动物身上实现，对那些从未注意过这一点的人来说几乎难以想象。"他如此说道。"他们会把所有的改良都归结为杂交"，而实际的原因却很简单："仅仅是明智选择的作用。"[17] 选择的力量就在于它本身，威尔金森也强调了这一点：

> 毫无疑问，最坏的品种必须舍弃，而其余的，尤其是最好的那些，则应悉心保存，以便为繁育未来的畜群做准备……最终，通过这样的程序（选择）产生的品种会与它们之前所属畜群的一般情况大不相同，除了熟悉这种程序的人，没人会想到新产生的品种和之前的品种之间尚有一丝关联。一些品种和它们自身特定变种之间存在的差异甚至丝毫不比变种和其他物种之间的差异小。[18]

达尔文激动地在页边处为这段文字划了两条下划线，正如他对另外一段文字所做的那样，彼处，威尔金森强调这些变化"通常是渐进的",接着说"但需缓慢历经数代"。所有这些文字都很振奋人心。在笔记本 C 中,达尔文表示,"西布莱特爵士的小册子最重要",而且"创造变种的整体技艺可从他陈述的事实中推论得出"。[19] 他清楚地看到了家养动物和野生动物的相似性,以及选择对于制造物种多样化的力量。达尔文不合语法的笔记本难以卒读,但他那近乎意识流的速记仍旧表明,达尔文一定体会到了探索带来的能量和兴奋感。

7 月中旬,他使用了一个新的笔记本。其中约 25% 的条目都与驯化相关,而且还记录了他从西布莱特、威尔金森及其他人那里学到的自然界中物种及其变种的相关知识。"家畜的品种一定最为复杂。"他一度感叹道。选择育种仅挑选出少数个体来繁衍后代,但这一过程如何在自然界中发生?他仍然感觉到在新品种的形成过程中,隔离机制通过防止品种杂交起了一定的作用:"英国的许多动物品种表明,生殖隔离会让人种或物种的产生变得很容易。"他在数页之后写道(强调符号出自达尔文本人)。[20] 达尔文总是对物种及其变种的观察或数据十分敏感,他参观乔治·罗狄吉斯(George Loddiges)位于伦敦北部哈克尼的植物园时,就曾对园内玫瑰品种的数量惊讶不已:"罗狄吉斯的花园有 1279 种玫瑰!!!这是生物变异能力的明证。"他于 1838 年 9 月 23 日如此写道。[21] 物种变异足以培育出如此多的玫瑰品种表明,变种是无穷无尽的——相对莱伊尔的变种数量有限理论而言,这实在太多了!而无限的变种意味着无穷的变化能力。

仅在参观罗狄吉斯植物园的前一周,达尔文重读马尔萨斯的作品时获得了自然选择的灵感——他突然就领悟了与农场和田野中持续了无数个世纪的挑选和选择过程相对应的自然界版本。其中的关键就是超级繁殖力。这是一种基于大规模繁衍的繁殖模式。这幅图景将抛彩带迎宾仪式上的每片小纸屑描绘成了彩票。幸运者少之又少，绝大多数彩色纸屑注定随风飘逝。育种者主宰着农场上的成败，而在自然界中，当下的环境需要决定了那些有前途的繁殖体将最终胜出。变异——普遍、丰富、微小且（十分重要的）随机——提供了原材料，马尔萨斯的种群规模压力则成为选择得以起作用的试炼场，它会根据相关环境需求缓慢而无情地改变物种。

  在另一个笔记本中，达尔文简要描述了他向别人解释这一过程的可能方式，如果你愿意的话，可以用驯化为类比做简要说明。首先，他指出产生新品种的方式有两种：一种是靠环境变化，另一种则是挑选后代并防止自由交配。接着他问道："大自然中是否也存在类似的过程？如果的确如此，那大自然就能实现伟大的目的。"他还设问"但大自然又是如何做到的"来引导自己"以刨根问底的方式使难题浮出水面"。他最终说道："我在此给出自己的理论——异常真实的理论。"[22] 理论的确真实，但诸多细节仍待商榷。究竟是什么导致了所有的变异？变异在何种程度上可遗传？怎样遗传？环境在其中起了什么作用？杂交有多普遍？其影响又是什么？为何亲代特征有时会混杂在后代之中，有时候似乎又表现得不均匀？直到 20 世纪，人们受孟德尔（Mendel）的启发，随后深入了解了 DNA 结构和基因表达，其中一些问题才得以解决。达尔文只是开了个头。

  就在达尔文逐渐走进驯化这一新领域的同时，他和埃玛于 1839 年 1 月在女方家乡一座名为梅尔庄园（Maer Hall）的小教堂中结婚，并很快愉快地生活在伦敦的上高尔街（Upper Gower Street），而他对家养品种的思索较此前也更加深入了。他一有机会就会缠着朋友、家人和同事问问题，并搜集了关于家养变种和育种的各种信息，甚至还开始用专门的笔记本记录相关问题和实验。一个被分成几部分、篇幅约40页的薄本向我们展示了他从1839年到1844年的工作方法："植物杂交实验""关于植物的问题""动物繁殖问题""动物杂交实验"等问题列表中的一些常规问题都是直接指向他在剑桥大学的导师亨斯洛等植物学家和园艺家，梅尔、什鲁斯伯里等地的花匠，他父亲和亨利·霍兰德（Henry Holland，达尔文在伦敦的医生）等医生，约翰·古尔德和爱德华·格雷（Edward Gray）等动物学界和博物馆从业者，以及威廉·亚雷尔（William Yarrell）等育种人。[23]

正如达尔文在其自传中所写的，他从自然选择这一观念里"最终获得了开展研究的理论"。尽管他突然就想到了很多问题，也做了实验和其他研究（尤其是第六章中达尔文在杂交方面的工作和当时的授粉工作），但他在接下来的几年里却只能将极少的精力投入物种理论之中。这位决心一举成名的新任丈夫、父亲和雄心勃勃的年轻科学家忙于应付各种事情。自从威廉·伊拉斯穆斯（"多迪"，后称威利）于1840年出生，埃玛在接下来约10年的时间里几乎一直处于怀孕的状态。而在科研前线，达尔文需要成为学术团体中的积极参与者，详细记录"小猎犬号"之旅的任务似乎也永无止境。他的产量异常惊人，包括3卷地质学论著（1842年关于珊瑚礁的作品、1844年关于火山的作品和1846年的南美地质学著作），外加环球航行回忆录（于1839年首次出版），"小猎犬号"远航之旅的动物学卷（鱼类、爬虫和鸟类等）绪论，以及同样重要的多篇地质学和动物学论文。

但在1841年，达尔文的第二个孩子安妮·伊丽莎白（Anne Elizabeth）出生后不久，一种神秘的病症显然成为他工作的头号负担（或者这种病症的出现就是因为工作？），他辞去了地质学会的秘书一职，并退出皇家地理学会委员会。这种疾病将会恶化并在余生中继续折磨他，其表现为反复发作的严重胃肠不适和剧烈头痛的症状。直到今天，人们仍对这种疾病的确切性质争论不休——它是不是达尔文在"小猎犬号"远航过程中感染寄生虫的持续影响？或是一种身心失调反应？——达尔文内心的想法会遭到社会的强烈反对，他会因此不得不远离自己虔诚的妻子，这给他带去了压力。还是过度劳累、过敏，抑或是乳糖、麸质不耐症等代谢性疾病？也可能是某种遗传病？我们可能永远也无从得知。[24] 可以肯定的是，如今所谓的庸医疗法——"水疗法"（浸泡在冷水中或裹上湿毛巾静躺几个小时），加之严格控制思考和运动，对他还是有些效果的。这种强制性的无所事事状态快把达尔文逼疯了，但此种疗法似乎至少在一段时间内起到了积极的作用。

每年夏天，在达尔文的病症最严重地发作之前，全家都会前往梅尔生活一个月稍做调整，而 1842 年，正是在梅尔，达尔文最终成功整合思绪，并写出了到那时为止的理论大纲。他以家养品种做对比展开了这段简短的论述，第一部分的标题为"论家养条件下的变种和选择原理"。这是他持之以恒的写作方式：从两年后写出的这份概要 230 多页的扩充版《论物种》（*Essay*）到"宏大的物种之书"手稿《自然选择》（*Natural Selection*）再到《物种起源》本身，他始终如一地将驯化作为自然界中变异、选择和缓慢而稳定的变化的重要对照，从而建立起自己的自然选择进化论。[25] 这是一种哲学和修辞方法，很可能受到我们在第一章提到过的名人约翰·赫歇尔的启发。在其《自然哲学研究初探》（1830 年）中，赫歇尔这位备受敬仰的天文学家、数学家和哲学家指出，类比是洞见自然界真正原因的一种方式。达尔文曾仔细研读此书，它是多年后他在自传中仅仅引用过的两本书之一，另外一本出自洪堡，它们共同点燃了达尔文的科学热情。他回忆道："没有任何书对我的影响超过这两本。"[26]

等到达尔文于1844年写成其冗长的《论物种》时，他也基本构建好了自己的理论，只是尚缺一些关键细节，正如我们将在下一章中看到的那样，但《论物种》的结构和内容已经和15年后出版的《物种起源》的浓缩版颇为相似。达尔文曾以为这个版本已经足够完整，便雇用当地的一位教师誊写了一个校正本（他自己的手稿基本没经过校正），然后把它函封在一个附有心酸内容信件的信封中，信中要求埃玛毫不拖延地赶在自己将死之前发表这些文章。但如果这个作品已经很完整，且达尔文对其基本正确性已胸有成竹，为何不直接发表呢？学者们围绕这个问题已经争辩、讨论了一个世纪。一些人认为，达尔文出于对该书社会影响的恐惧，或者出于对妻子强烈宗教信仰的尊重而搁置了发表事宜。社会影响的观点可稍加讨论——或许并非巧合，极具争议的《创造的痕迹》(*Vestiges of the Natural History of Creation*)也出版于这一年，进化观念也于1844年被推到风口浪尖，一些重要的博物学家群起而攻之，其中许多都是达尔文科学事业上的朋友、师长和教授。但要说达尔文仅仅是没有准备好出版此书也没错：他还有很多工作要做，可能比他当时所能想到的还多——不仅仅是再次回到藤壶这个主题，此事还与胡克有些关系。

植物学家约瑟夫·道尔顿·胡克（Joseph Dalton Hooker，1817—1911）在詹姆斯·克拉克·罗斯（James Clark Ross）的带领下完成了历时4年的南半球远航，他在旅途中担任助理外科医生兼博物学家，1843年秋天归来之后不久，达尔文便与他熟识起来。（这次远航因为确认了一片广阔的新大陆——南美洲——而备受赞誉。）得知胡克会前往南部地区一处植物群中工作后，达尔文便让亨斯洛将他在加拉帕戈斯群岛采集的植物转交给胡克，以期某天能派上用场。胡克对此心存感激，他们开始写信交流起科学和旅行上的共同兴趣。两人的友谊迅速升温，达尔文甚至在1844年（他撰写《论物种》那年）1月大胆地向胡克袒露了自己内心的秘密。"自从环球远航归来后，我就一直忙于一项十分冒失的工作，而且我知道所有人都会说这件事很愚蠢。"达尔文大胆地说道。他解释了加拉帕戈斯群岛的物种和南美洲的哺乳动物化石给自己带来了多大的震撼，以及他如何决心搜集可能与物种之本质相关的问题。"我阅读了大量农业和园艺方面的书籍，从未停止搜寻的脚步，"他继续说道，"最终，灵光乍现，我几乎确信（这和我一开始提到的观点完全相左）物种并非（就像承认犯了谋杀罪一样）不可改变。"达尔文笔锋一转，随即安全地让自己远离了拉马克那令人讨厌的想法："上帝让我远离了拉马克的'进步的倾向'和'源自动物微弱意愿的适应性'这类胡言乱语。"然而，达尔文不得不承认，他得出的结论与这位法国人的并无多大区别，尽管物种变化的机制十分不同。"我想我已经发现了（此处是推测！）物种精巧地适应各种目的的简单方式。"胡克怎么看呢？达尔文有点儿担心。"你现在可能会抱怨，"他写道，"心想：'我浪费时间写信交往的到底是什么人。'"[27]胡克根本没有轻蔑或不屑一顾，他对此很感兴趣，并邀请这位新朋友再深入谈谈。

藤壶归来

尽管胡克并未对达尔文的物种理论表现得不屑一顾，但他并未立即转变立场。胡克的疑虑最终成了达尔文的无价之宝：这位植物学家见多识广，更是一位狂热（但友好）的批评家，他不断刺激达尔文打磨其论证，捍卫其证据。他帮助达尔文认识到其理论的弱点在哪里。他们互通长信，达尔文会在信中向胡克提出问题，索要数据、观察记录，以及胡克对物种地理分布、变种、分类、结构及其相互关系的判断。他还会仔细翻阅植物学指南，并求助于胡克，请他对这个或那个观察做出评估，甚至还让他留心可能与自己的理论相关的事实。正是在这种情况下，达尔文才写信给胡克表达了自己对弗里德里克·杰拉德（Frédéric Gérard）关于物种及其变异的文章［当时刚发表于《自然历史通用词典》(*Dictionnaire universel d'histoire naturelle*)］感兴趣。达尔文专门挑出了杰拉德耐人寻味的表述，比如物种如何能够发展出某些特征（听起来像是毫不掩饰的进化论），以及这位法国人如何提出倘若"物种"本身的界限时常模糊，那么它们是否还存在的问题，等等。达尔文无知的提问引起了胡克轻蔑的回复，他嗤之以鼻地说，杰拉德"显然不是植物学家"，却是一名"热衷于本地植物群的思想狭隘的研究者"。胡克对不切实际的博物学家没什么耐心，他们做了大量关于可变特性和可疑物种的描绘工作，这些毕竟都是仔细且方法得当的植物学家谨慎讨论的问题，但它们却"被杰拉德这样的人随意研究，这些人并不了解世界上存在的成千上万的物种"。胡克宣称自己"不愿轻易接受如此处理这些主题的人，以及那些并不知道怎样才可称为一个真正的博物学家之人得出的结论"[28]。

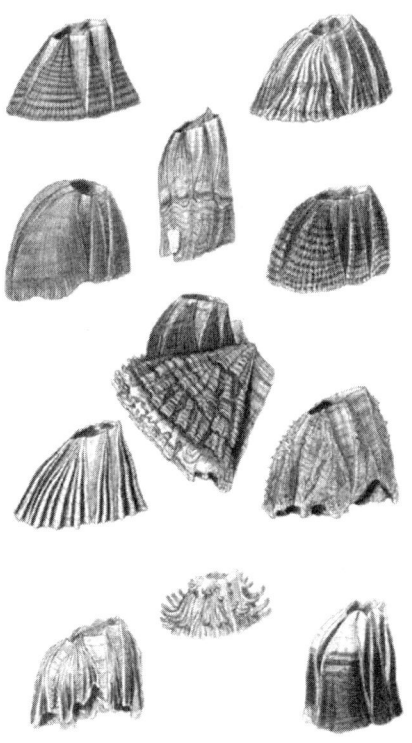

达尔文研究过的一些橡子藤壶。感谢理查德·米尔纳。

达尔文从字里行间意识到，胡克的言外之意是说自己虽然用宏大理论大谈特谈物种和变种，但几乎对自然界中的实际情况一无所知。"没有仔细观察过自然界诸多物种的人对该问题没有发言权，你的这一评论……真实得令人痛苦。"达尔文坦承道。但他继续辩解道："然而，听到欧文（他强烈反对物种有任何突变的可能）说他认为这是个十分不错的主题，我仍感到欣慰。阐释这个问题需要提出大量事实，而迄今为止尚未搜集到这些事实。"达尔文为自己"涉足自然史和地质学多个分支领域"的事实感到宽慰，尽管可能"得不偿失"，但他仍要继续自己的物种理论研究。至少他会改进拉马克的理论，他大胆说道："在我心中，拉马克至少是准确描述物种（至少是无脊椎动物）的唯一例外，他不相信物种会一成不变，但他那聪明而荒谬的工作却让这个主题蒙羞，正如'痕迹先生'**和（未来一些也这样想的其他博物学家也许会说）'D 先生'†所做的那样。"²⁹

胡克旋即回复说，他并非暗示达尔文也是那种不切实际的博物学家。相反，他以恭维的语气写道："我的意思是，我仍然坚持认为能够处理这个主题的人必须已经研究过上百个物种，并且具备在全球大部分地区分辨这些物种（或者分辨来自大多数地区的物种）的眼光。"但达尔文已经意识到了胡克批评的实质。"你对我的物种研究所说的全部好话，"他答复道，"丝毫不能影响我不断积累这一主题的相关事实并做出推测，即便我尚未完全弄清楚我搜集的全部物种。"这次书信往来发生于 1845 年 9 月。³⁰ 此后的一年之内，达尔文便开

---

* 指《创造的痕迹》的作者，该书当时乃匿名出版。——译者注

† 即达尔文本人。——译者注

始深入、系统地研究藤壶，他一开始以为这项工作会耗时一年左右，但实际上用了8年。到最后，他已经"精确地描述"了许多物种，并赢得了"研究物种问题的权利"。

达尔文的藤壶研究在某种程度上因为其他博物学家的鼓励而不断扩展：胡克肯定支持，此外还有皇家外科医学院的理查德·欧文和哈佛大学知名动物学家路易斯·阿加西等人。阿加西曾称藤壶的世界乃"亟须"研究的领域。实质性进展出现在大英博物馆动物学管理员爱德华·格雷同意将馆内的蔓足类藏品悉数借给达尔文之际，这些藏品大部分尚未列入编目。想想看：整个国家的这类收藏尽在掌握中！但这项研究不断扩展的其他原因则是，达尔文有了意想不到的发现，这个发现对他的物种理论意义深远。正如珍妮特·布朗在其著名的达尔文传记中恰当描述的，藤壶研究将成为达尔文"探索未知的繁殖之谜"的又一成果。[31]

达尔文的藤壶研究之旅始于他在乔诺斯群岛海风肆虐的海滩上发现的其他标本。他向胡克展示过这些标本，而胡克曾于1846年秋天来到唐豪斯会见达尔文此前在"小猎犬号"上的船友巴塞洛缪·沙利文（Bartholomew Sulivan）。刚刚从南美洲归来的沙利文已经驾驶自己的船只完成了对马尔维纳斯群岛的详细调查，并取得了其他一些成果。早在1835年首次发现穴居藤壶时，达尔文便在笔记中评论道："这种奇特的小动物构成了一个新的属。"如今，他请求胡克帮助自己为之命名，他们最终将其称为节肢藤壶（*Arthrobalanus*），他们在频繁讨论奇特甲壳类动物时会称其为"节肢藤壶先生"。的确，这种生物显得十分奇特：除了掘洞的习性外，达尔文还称他可以看出两个阴茎。过了一阵子，他最终意识到这位

"先生"实则为女士。而他看到的"阴茎"其实是雌性标本的须毛，即丝状捕食附件。数年后，达尔文才发现这个物种的雄性标本——它竟然是已知最小的雄性藤壶。同时，在胡克提议改进显微镜的光学性能后，达尔文的解剖技术稳步提升。达尔文在一封信中曾 3 次感谢胡克：感谢他提议改进显微镜，感谢他提议在解剖中用豪猪毛取代玻璃管，以及感谢他赠送的"大罐"酸辣酱。在 3 次感谢的文字之间，达尔文开玩笑地说："我每天都会数次想到你。"他还自豪地报告自己设计了一套木板以便在解剖时支撑手腕——"那是个非常棒的发明"。他兴奋地把自己的蔓足类新话题挂在嘴边。"如你所言，"达尔文对胡克说，"纯粹的观察十分令人愉悦……在我受雇撰写地质学观察的多年之后，重操旧业着实令人兴奋。"[32]

时值 1846 年 11 月，达尔文的家庭也以各种方式不断扩大：他和埃玛此前一年曾扩建房子以增加一间教室和两间卧室，因为他们已经有了 4 个孩子（1 岁的乔治、3 岁的埃蒂、5 岁的安妮和 7 岁的威利）以及 1847 年 7 月诞生的贝西。此时，达尔文正潜心于自己的藤壶研究，尽管他也会时不时前往伦敦和牛津参加科学会议，但他仍旧最爱唐豪斯的"纯正乡村味"。他的朋友们也很喜欢这种感觉，达尔文经常邀请他们从伦敦前来享受自己学术工作之余的小假期。与弥漫着喧嚣、烟雾和灰尘的城市相比，这里简直就是田园诗中的景象，尽管有时候必然会有些拥挤：除了家庭成员和家务不断增加，还有新增的学术圈朋友相继来访（还经常带着太太和孩子），像哥哥（尽管他声称自己不喜欢乡村生活）等兄弟姐妹和其他亲戚也会造访。孩子们的姨妈萨拉·韦奇伍德（Sarah Wedgwood）也会经常来，而且她还搬到了唐恩村以便离达尔文和埃玛更近些。达尔文很享受家人和朋友带来的欢乐，但也明白自己不得不常常回到书房，只有在那里他才能平静地研究藤壶。

一年后的 1848 年，欢喜、悲伤和兴奋相继袭来：这个家庭的新成员弗兰基刚于 8 月降生，数月之后，达尔文的父亲罗伯特于什鲁斯伯里辞世。令人兴奋的则是达尔文在藤壶研究中的惊人发现：尽管大多数藤壶种类都属雌雄同体，同时携带着雄性和雌性的生殖器官，但他偶然间发现的一种藤壶（甲壳纲，蔓足亚纲）不仅雌雄异体，而且雄性变成了附着于较大雌性甲壳上的小个体。雄性藤壶的样子十分原始：无眼、无四肢，精囊十分微小。这一发现令人惊讶：雌雄异体已经够奇怪了，而且这个物种的两性在大小和发育程度上的巨大差异几乎无法比较，就好比男人变成睾丸，像扁虱一样附着在女性身上。达尔文在 1848 年 4 月兴奋地致信亨斯洛讲述这"用显微镜才能看到的微小的"雄性藤壶：

但此处的奇特情况是……（雄性）寄生于雌性的甲壳之中，因此，它们会半嵌入式地固定在自己伴侣的肉体之中，余生再也无法动弹。

"这并不奇怪，"他沉思道，"大自然本应把这个属变成单性的（雌雄异体），却把雄性固定在雌性的外层——雄性的器官实则徒有其表。"[33] 的确奇怪，但当他意识到另外一种铠茗荷科（*Scalpellum*）的藤壶不仅雌雄同体，且微小的雄性也寄生在雌性身上，便越发感到奇怪了。既然雄性器官已经内置在雌性体内，为何还会有这些额外的（或者如达尔文所说，补偿性的）雄性？他兴奋地写信给胡克："我曾观察到一些微小的寄生虫附着在铠茗荷科藤壶上，而现在我能够证明它们就是多出的雄性藤壶……因此，我们大约发现了一妻多夫的动物，单个的雌性则付之阙如。"[34] 达尔文正确地认为自己可能将微小的雄性误认为奇怪的寄生虫了，于是回头仔细检查了较早以前的标本，并且确实发现了几个新的、额外的雄性样本。这也让他回想起自己此前误将雌性节肢藤壶的须毛认作两个阴茎的事。如今，达尔文确认雄性节肢藤壶只是微小的附属物，但其性器官的长度却接近自身体长的 9 倍。

达尔文逐渐明白，这类藤壶的性策略具有异常重要的意义：它不仅仅是雌雄同体物种向雄性和雌性变化过程中的进化差异证据。他开始想象，动物和植物一开始都是雌雄同体，此后在亿万年的时间里慢慢分化并形成了如今十分常见的两性格局。为何如此则是另一个问题了，但是性别的分化解释了动植物在解剖学上为何会出现异常的非功能性特征，如雄性哺乳动物有乳头或雌花中存在退化的雄蕊等，对繁殖和授粉的研究也让他在这方面的见解不断增长（见第六章和第七章），即"自然厌恶永恒的自体受精"。性别的形成方式和原因则是另外一条令人兴奋的调查研究思路。达尔文脑中逐渐形成了以自然选择为驱动力的生命进化的统一大理论。"我绝不该如此思考，"他对胡克说道，"我的物种理论未曾让我信服，雌雄同体的物种必须经由不可思议的细微阶段成为双性物种，现在我们得出了这个结论，因为雌雄同体物种身上的雄性器官正在退化，独立的雄性已然形成。"这正是达尔文需要的证据。藤壶奇怪的性行为可能并不是进化的确凿证据，但也有一定说服力：否则要怎样解释如此奇怪的性别安排呢？这当然与自然界有着完美设计的传统观点不符。达尔文在同一封信中半开玩笑地表示，胡克"或许会希望我的藤壶研究和物种理论统统见鬼去。但我并不在意他会说什么，我的物种理论是绝对的真理"[35]。

时光荏苒，达尔文已深深地陷入对世界各处藤壶的研究之中。他追溯了藤壶的同源性，并重建了他心中的"原型"藤壶，以此展示现有藤壶的 17 个身体部位如何从具有 21 个身体部位的原型演化而来，法国动物学家亨利·米尔恩 - 爱德华兹（Henri Milne-Edwards，1800—1885）曾据此原型从总体上确认了甲壳纲。达尔文为自己从多方面发现的变种感到惊讶：不仅个体之间存在丰富的差异，而且从那些令人困惑的额外雄性到那些长有精致须毛的群体，再到缺乏额外雄性的所有藤壶种群，它们身上都存在出乎意料的结构和生命史差异。达尔文将这些种群都归在自己的亚目"无足目"（*Apoda*）中，也就是不长脚的藤壶。"无足目的蔓足类"或许是个自相矛盾的术语，但正如他对莱伊尔的工作感到震惊一样，藤壶也体现了"自然的谋划和奇迹深不可测"[36]。

完成藤壶研究之时，达尔文就已经提出了到当时为止处理活体类和化石类蔓足动物最全面的方法，并最终出版了一套 4 卷本的专著，其中两卷出版于 1851 年，另外两卷出版于 1854 年。[37] 这是一项伟大的成就，他也因此在 1853 年赢得"皇家奖章"这项皇家学会的最高荣誉，那时他的研究成果甚至尚未全部出版。尽管达尔文对藤壶解剖和发育的一些阐释并未经受住时间的考验，但这些见解仍能让我们深入了解达尔文早期的进化论思想和研究方法。珍妮特·布朗指出，藤壶研究时期标志着达尔文对无处不在的个体变异的理解发生了深刻变化。在深入研究藤壶之前，他似乎认为变异主要由环境的变化，以及作用于生殖系统中的其他因素导致。不止个体，达尔文还仔细研究了许多物种群体（尽管只是收藏在博物馆抽屉和罐子里的那些），因此最终对物种身上大大小小几乎所有特性的丰富可变性有了全新的认识。"你问我，研究物种对我的物种变异理论产生了何种影响，"他在写给胡克的信中说道，当时他正身处马尔文，试图以水疗法与新一轮的病痛战斗，"我感到震撼……各个物种身上的各个部分都在某种程度上存在轻微变异：我在对许多个体的同一个器官进行严格比较时总能发现一些细微的变异。"[38] 他开玩笑说，如果不是因为"这种令人困惑的变异"，分类学的工作会更加简单，但他承认这对物种理论是个福音。毕竟，自然选择正是在这些原材料上起作用，而自然选择会完全按照大自然"设想"的方式塑造物种，即便最细微的特性也必定多次出现变异。

也正是在这个时期，达尔文完善了应对后续所有工作的有效研究方法：首先是系统化和彻底的研究，有时偏实验，有时偏观察，但总能察觉到之前未引起注意的现象，提出没人问过的问题，以及在他人无法看到事物变化机制的地方为各种现象建立联系。至关重要的是，他的方法还包括深入钻研可获取的文献，以及建立遍布世界的联络网：这些人包括专业的学者和业余爱好者，贵族和谦卑的博物馆馆员，船长和军官——达尔文感兴趣的领域中的任何人、任何专家，或者可帮助他打听各种新观念，获取标本、观察报告和信息的人。

达尔文历时8年的藤壶研究结束时，他的孩子们已经习惯了他在家从事科研活动。他有7个年龄介于3岁到15岁之间的孩子（本来是8个，但达尔文夫妇于1851年悲痛地失去了长女安妮）。对孩子们而言，达尔文的藤壶研究对他们的生活产生了十分重要的影响。他们家的朋友和邻居约翰·拉伯克爵士（Sir John Lubbock）曾讲述了一件

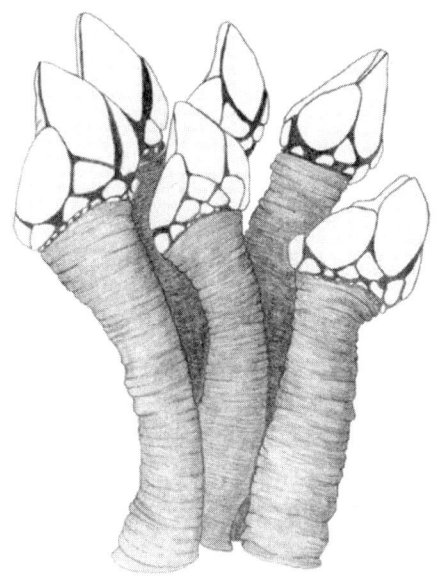

鹅颈或带蒂藤壶。莱斯利·C.科斯塔绘制。

这一时期的逸事：当达尔文带着孩子们前往附近的一位小伙伴家做客时，其中一个孩子环顾四周，却并未发现显微镜或解剖设备，于是就问小伙伴的父亲："那你要在哪里研究藤壶？"就孩子们的全部认知而言，所有人的父亲都会研究藤壶。[39]

飞鸽传信

贯穿达尔文藤壶研究之旅始终的事情是，他还从不同的角度对物种理论进行着大量平行研究，"以便查看这些研究在多大程度上支持或不支持野生物种可变或不可变的想法"，他在1855年对表兄福克斯这样解释。达尔文说，对他的研究最重要的是，"许多人以各种方式帮助了我，他们给了我最可贵的助益"。[40]藤壶已被搁置一旁，在自己对鸽子重燃兴趣之际达尔文现在希望福克斯能够成为第一个助他一臂之力的人。

达尔文很早就认识到家鸽对其理论的重要性。甚至早在19世纪30年代末，他就在一本笔记中评论道，鸽子可以证明动物的变异存在着无限可能："类比肯定允许变异像物种之间的差异那么大——就像鸽子一样。"达尔文写道。[41]在可被达尔文用来记录变种并追溯其适应性和种属，并且既多样化又很少被研究的自然物种里，藤壶可能已经占据了核心位置，但对藤壶的研究却为对某个候补种群的研究奠定了基础，这个种群将因其自身的变异表现充当人为研究案例，自然选择的伟力也由此得到证明。但研究什么才好呢？狗或农场动物不应入选：它们体形太大，而且发育时间太长。达尔文的朋友威廉·亚雷尔敦促他试一试鸽子。当然可以！一个鸽群里就有很多品种,而且小型动物便于大规模养殖,花费也不多。此外,鸽子发育很快,还有个额外好处,就是可以食用。当我说不同品种时,指的就是品种繁多:多到可以轻易地将它们归类为单独的属,更不消说种了,某个国外的博物学家曾对其进行收藏和归类:勾喙帕布鸽和扇尾鸽、球胸鸽和鸾鸽、吹号鸽和信鸽等不一而足。鸽子的头部、喙部、尾羽、嗉囊和足部都经过奇特甚至可说是荒诞的改造,连行为也变得像翻筋斗的杂技演员,神经系统的松动连接会让它们突然在空中翻转。为什么会出现这些奇怪的品种?像信鸽一类便属于鸽中的"上班族",但鸽子育种又由于某种明显的原因而被认为是"幻想":育种者莫名地就会喜欢这种或那种奇怪的变种,并努力开发。这种行为在漫漫历史中可能并非有意为之,但在最近的几个世纪里则实属刻意。达尔文知道,鸽子会告诉我们:常常显得荒诞的变种和其他品种展现了自然选择之力。

  动物学家们传统上认为,所有鸽子品种都得自某个单一的野外种类:原鸽(*Columba livia*),即城市公园和乡村田野中无处不在的岩鸽。果真如此吗?达尔文惊讶地发现,与动物学家不同,大多数鸽友认为鸽子的每个品种都来自某个独特的野生祖先。他意识到,如果大众普遍持此种观点,那么这将会成为自己为物种共同祖先,以及为自然选择的作用立论时面临的诸多障碍之一。但即便是动物学家也几乎对鸽子品种的形成机理一窍不通。他们通常认为新品种一旦出现便已基本成熟,就像红玫瑰丛中突然出现的奇特黄玫瑰一样。著述颇丰的博物学家丹尼尔·杰伊·布朗(Daniel Jay Browne)在其1850年出版的《美国鸟类爱好者》(*The American Bird Fancier*)中就表达了这种观点:"它们来自野生岩鸽(原鸽),都属于同一窝鸽子产生的大量变种……"并且,"它们中大部分的现存形式都归功于人为的干预技术;干预措施将它们从野生岩鸽中分离出来,因为偶发的变异很少发生……通过将鸽群分组并配对——正如'幻想'或'突发奇想'这些字眼提示的——养鸽人时不时就能培育出各式各样的鸽子品种"。[42] 达尔文会将"变异"理解为"变种",鸽群的变异远比布朗想象的更为细微和丰富。受到西布莱特所谓"明智选择"的影响,持续的变异会随时间推移逐渐累积。

达尔文确信,鸽子品种众多并不直接意味着,这些家养的后代品种拥有数量与之相近的野外祖先种群。例如,化石记录并未证实野生犬科动物、牛科动物和马科动物曾大量存在,它们可能只有少数野生祖先。(近期的DNA分析也的确显示,现代的牛、绵羊、猪和山羊可能分别来源于仅两个或很少的祖先物种或亚种。)达尔文需要证明鸽子也是如此。幸运的是,当时众人已经十分认可从胚胎学和发育过程的角度对物种进行分类了,这很大程度上得益于亨利·米尔恩-爱德华兹于1844年发表的讨论分类问题的重要文章。达尔文在研究藤壶的同时就钻研过米尔恩-爱德华兹的作品。现在他意识到,通过比较某些家养品种从出生到成熟阶段的解剖结构,他应该能够证明这些在早期阶段相似的品种如何在发育阶段变得不同。

达尔文以自己特有的热情投入到奇幻鸽子的世界之中,但他并未试图有选择性地亲自养殖鸽子。达尔文更像是一位精美艺术的鉴赏家或知识渊博的批评家,而非艺术家本人,他悉心钻研和观察,并让自己沉浸于养鸽文化中,在集会上结识鸽子迷,然后参观他们的鸽舍并观看表演。达尔文像艺术爱好者一样成了一位收藏家,在此后的两年里,他寻遍英国境内乃至更远地区可获取的所有鸽子品种——总计

达尔文所养16种鸽子中的4只,从左到右依次为:球胸鸽,嗉囊异常发达,足部羽毛就像护脚;英国信鸽,皮毛光滑、飞行能力强的归巢品种,用于传送信件;勾喙帕布鸽,喙部扁而宽,眼圈较大且无毛;扇尾鸽,它那永远保持扇形的尾羽会让人联想到正在炫耀的火鸡。摘自达尔文《家养条件下的动植物变异》(1868年),卷一,图18—21。

16种、90多只鸽子，它们在搭建于唐豪斯花园里的名副其实的鸽舍中发出咕咕的叫声。达尔文还加入了伦敦主要的鸽友俱乐部——鸽子爱好者俱乐部和萨瑟克养鸽协会，并兴致勃勃地给当时正在寄宿学校上学的14岁的威利写信，讲述与自己经常来往的"一群怪人"的奇特经历：

> 我想参加养鸽协会组织的一次会议……我自认为会加入该协会，并且会遇到一群怪人。布伦特先生像一条奇特的小鱼，但我想你妈妈已经对你谈起过他了；晚饭过后，他递给我一支陶土烟斗，并说："这是你的烟斗。"就好像我肯定会抽一样。还有另外一个奇怪的小个子（注意，我开始认为所有的养鸽人都是小个子男人），他给我看了一只可怜的小型波兰母鸽，并说自己不会以低于50镑的价格卖掉它，而且希望卖到200镑，因为这只母鸽长有黑色的冠毛。[43]

伯纳德·布伦特（Bernard Brent）是一位著名鸽友，他和养鸽协会的其他"小个子"一样古怪，但达尔文尊重他们的专业知识，并渴望学到养殖鸽子的门道。

接着就到了1856年2月，达尔文此时还是和之前一样参加养鸽人的活动，他写信给威利说，自己刚刚获得了一些战利品：吹号鸽、修女鸽和浮羽鸽。"我要为我的翻头鸽搭建新家，"他兴奋地说道，"如此一来就可以在夏天将它们放飞。"[44] 有段日子，埃玛带着4个最小的孩子前往姊妹家做客。可能正是从那时开始，埃蒂的宠物猫不知不觉养成了偷吃父亲鸽子的习惯——埃蒂从未原谅这只猫。达尔文对鸽子的狂热一度导致了另一个争论点：处理和制备鸽子骨架时散发的恶臭迫使他把鸽子实验室搬到离房子尽可能远的地方。达尔文曾和管家帕斯洛（Parslow）共同管理制作鸽子骨架用的又脏又臭的大锅，直到他们再也无法忍受，达尔文便决心将制备骨架一事外包。（再一次）因为他的人脉，达尔文很快便搜集到了英国境内和其他地区可获取的几乎所有鸽子骨架。

事实上，每天都会有活体鸽子和鸽子标本送到唐豪斯，达尔文会逐一仔细查看它们。曾在伦敦当过作家、编辑，同时也是养蜂人和养鸽人的威廉·特盖特迈耶（William Tegetmeier，我们将在第四章看到）帮了达尔文大忙。"十分感谢你提供的鸽子尸体，"达尔文在给他的信中谈道，"如果斯堪达隆信鸽死了，请记得我希望你尽快将尸体密封处理，这样马车运到时它们还是新鲜的。"[45] 达尔文大学时代的老朋友托马斯·艾顿（Thomas Eyton）在自己的家族庄园里收藏了大量鸟类皮毛和骨骼，他也收到了达尔文的请求。达尔文向艾顿解释自己已经开始研究鸽子，希望比较它们在不同发育阶段的骨骼结构："我想要得到世界各地的家养鸽子品种。"当然，来而不往非礼也，他和朋友们绅士般地交换着标本和信息，就像达尔文也会为艾顿的犬类骨骼研究提供自己保存的中国品种的狗头一样："我很高兴得知你在研究犬类，这对我的研究而言是个很好的消息，对科学研究本身也极有价值。我几乎可以肯定，我在某个地方存放了一只中国狗头。你想要吗？"（一周后，他回信说自己似乎记错了："我一直在到处寻找狗头……真让人着急。"）[46]

令人愉快的开端

1855 年 3 月——达尔文首次向福克斯表露自己对鸽子的兴趣的前一个月,一位他从未听说过的博物学家阿尔弗雷德·拉塞尔·华莱士正在婆罗洲北部砂拉越的一间小屋里等待雨季的来临。华莱士整理思绪以打发时间,从物种的地理关系中发现了惊人的相似性。物种的地理关系指的是物种在地球和地质学上的分布,以及化石记录随时间的分布情况。他迅速写成一篇论文,并在第一时间寄往伦敦。这篇随后发表于 9 月的文章给出结论:"现存所有物种与此前存在过的相似物种存在地理关系上的一致性。"这就是"砂拉越原则"(Sarawak Law),其进化层面的意义对达尔文之外的所有人而言都一目了然:受到震撼的莱伊尔敦促达尔文赶紧发表他的物种理论。达尔文倒并未受到多大震撼,可能是因为他以为华莱士只是一位收藏家。他还将自己的兴趣进一步扩展到了家禽方面,并把鸡、鸭和火鸡等品种也放了进来,显然,达尔文还写信给华莱士,请他提供东南亚地区的标本。1856 年夏末,华莱士在寄往伦敦的最新包裹上添加了说明:"家鸭品种请送给达尔文先生,他可能还会喜欢丛林公鸡,这里经常驯养此类动物,无疑是家禽的起源地之一。"[47]华莱士也会直接写信给达尔文,后者在回信中会隐晦地提及得出砂拉越原则的那篇文章,并以谨慎的措辞表达赞美,并评论道:"很显然,我发现我们的想法十分相似。"但他只是佯装对物种及其变异感兴趣。达尔文反复提及自己想要获得"任何品种奇特"的家禽,并且提到婆罗洲的"白人酋长"詹姆斯·布鲁克爵士(Sir James Brooke)曾慷慨地寄给他鸽子、家禽和猫皮等物。[48]

但华莱士不只是收藏家——他还是一位坚定的进化论者，收藏只是为了方便自己在旅途中研究"物种问题"。华莱士曾在亚马孙流域度过4年，那时他刚刚踏上长达8年的往返于广阔的马来群岛的旅程，其间在该区域西边的新加坡、马来西亚和东边的巴布亚新几内亚之间来回穿梭。达尔文几乎不知道，华莱士在短短几年间便成功找出了物种变化和自然选择的机制。与此同时，达尔文也在马不停蹄地书写自己宏大的物种著作，并将书名拟为《自然选择》。一切都在稳步推进，巧的是，1858年达尔文刚刚开始撰写关于鸽子的部分时，华莱士便寄来了极具杀伤力的包裹，其中附带的手稿提出了自然选择的构想。达尔文简短的日记条目极富深意："6月14日，鸽子：（中断）。"[49]他受到了极大的打击。

在接下来的几周里，达尔文的情绪波动极大，他吁求莱伊尔和胡克等朋友帮助维护他在自然选择理论上的优先权和荣誉，尽管此时他尚在襁褓中的孩子查尔斯·韦林·达尔文（Charles Waring Darwin）已深陷重疾；达尔文为此刻还在关心理论和优先权等事而对自己产生厌恶之情。朋友们匆忙将达尔文尚未发表的《论物种》中的理论大纲及其他材料组成摘要，并准备将之与华莱士的文章一同在林奈学会上宣读。这两篇文章宣读于7月1日，但华莱士和达尔文均不在场——华莱士尚在旅途中，达尔文则正在参加儿子的葬礼。后来的几周，达尔文逐渐恢复平静，写信给华莱士解释此前发生的一切。此后，他心无旁骛地写完了自己的著作，以巩固优先权。在回信中看到华莱士为自己迄今为止所取得的成就感到高兴后，达尔文释然了。他知道必须出版自己的著作，也知道《自然选择》一书要花很长时间才能写完。1858年秋，达尔文决心缩减篇幅。他自称为"摘要"的这本书就是

《物种起源》。莱伊尔为达尔文推荐了出版人——伦敦的约翰·默里（John Murray）。1859年4月，默里已经拿到该书手稿。

默里邀请了几位同事审阅手稿。其中一位是苏格兰文学编辑惠特维尔·埃尔温（Whitwell Elwin）牧师，这位编辑对其中除鸽子部分以外的所有内容都无动于衷。他建议达尔文删除其余部分，以专门讨论鸽子的著作取而代之，从而为以后详细阐述其非传统观点的著作铺平道路。"即使更宏大的作品已经完成，这也是为其铺路的最佳方式。人人都对鸽子感兴趣。"埃尔温对默里如此说道。[50] 达尔文大吃一惊，但他为默里并未认真考虑这个建议而感到安心。不过埃尔温的建议的确有些道理，达尔文在书中第一章便展开了驯化方面的论述，并将之作为通往后面章节中共同起源和自然选择的过渡。达尔文关于自然选择的许多重要论证都更像推测，而非确凿证据，而他也十分清楚，即将在1859年11月正式出版的《物种起源》实则是自己未完成巨著的摘要部分，其中缺乏实例、数据和旨在让原书无懈可击的对权威资料的引用。最终采取的补救措施则是更为详尽地阐述《物种起源》的主要论据。其实，达尔文的朋友托马斯·亨利·赫胥黎（Thomas Henry Huxley）曾鼓励他在《物种起源》出版后的几个星期内就着手写作。达尔文准备提前行动。"你说中了我的打算，"他向赫胥黎保证道，"我会遵循莱伊尔和默里等人的建议，也就是出版详细的单卷本，我将以家养品种为开端。"[51]

驯化乃《物种起源》一书论证的起点：第一章全是关于人为选择对品种变异的作用，并以此类推自然选择作用机制。接着，达尔文会开始写以驯化为主题的卷册，随后则是专门讨论自然选择案例的卷册（对应《物种起源》中的第二章到第四章），再往后则是反映《物种起源》其余部分的卷册，其中会处理一些疑难问题，并详细阐述自然界中明显的经验模式，从化石到动物行为，再到地理分布和比较解剖学，等等，一连串线索整齐地相互关联，而自然选择导致的后代物种渐变也解释了其中的各种事实。

达尔文只写了这个计划系列中的第一本，而仅这一本就耗时近 10 年：在默里影响下所写的《家养条件下的动植物变异》（*The Variation of Animals and Plants Under Domestication*）于 1868 年出版。此前在《物种起源》中仅占一章的内容现在扩展成了两卷，达尔文钟爱的鸽子主题原先在《物种起源》中仅占十多页，现在也扩展成了单独的两章。达尔文在这些章节中运用的写作技巧值得注意：首先，他详细描述了鸽子品种的特征，突出了它们的多样性及特征的丰富变化，如喙部和骨骼等与岩鸽"亲代形式"相关的性状。除博物学家对于不同属动物的通常关注点之外，达尔文同样为变异提供了令人信服的例子。而在第二章中，他认为所有这些有着惊人多样性的品种都有着单一的起源。最终，达尔文以题为"主要物种之形成方式"的长篇幅终章作结。这里的形成方式指的就是选择，既包括无意识的，也包括有意为之的。正是在达尔文对鸽子的论述部分，我们会看到他曾经为所有生物群体制作的单一进化树。如果说家养品种从总体上代表了一种个案研究，或是共同起源的缩影和自然选择的威力，那么，达尔文对鸽子的研究则是个案研究中的典范。

到 1868 年，达尔文已经能像 19 世纪 50 年代研究藤壶那样在鸽子身上施展自己的才能了：追溯鸽子身上明确的进化痕迹。为何是此时？或许与时机有关。在《物种起源》出版前致力于研究藤壶的岁月里，他可能根本不愿意在做好准备之前就着手出版明显（且有争议的）与进化论相关的论著。但也可能是藤壶在某个重要方面为鸽子家谱奠定了基础，而且的确为达尔文余生的工作锚定了方向。讽刺的是，藤壶研究有时被描绘成令他在出版物种著作时分心的工作。恰恰相反，对藤壶的研究首先引导他了解了解剖学中丰富的变异——而解剖学正是选择得以起作用的最重要领域——同时也让他理解了随后在鸽子身上发现的各种变异。其次，对藤壶的研究是达尔文首次公然的进化论研究，此项研究预示了一种新的研究方法的诞生，这种方法需要有后续的详细研究，以便从进化史的角度理解藤壶生物学的奇特之处，而最重要的是，此项研究还建立起一个遍布世界的专家联络网，达尔文可借此求得各种帮助。达尔文对藤壶和鸽子的研究可能从本质上一直都与实验无关，但这些研究阐明的相关工作方法对我们理解这位实验家十分重要。

章节实验：开展你自己的藤壶实验

达尔文在研究藤壶和鸽子的过程中学到了很多东西，或许最重要的收获就是理解了物种变异以及相互关联的物种如何在某个方面表现出变异：物种的关系可通过观察它们同一个身体部分的不同变化加以追溯。想要通过实践来理解这种想法的话，就像达尔文那样以解剖的方式研究藤壶吧。

A. 材料准备
- 笔记本和铅笔

- 藤壶（圆锥藤壶和/或鹅颈藤壶）
- 帽贝（可选，用于比较）
- 解剖显微镜或质量好的放大镜
- 钳子或镊子
- 移液管或滴管
- 5 厘米长的 C 形夹
- 用于解剖的浅盘或托盘（较浅的蜡底沙丁鱼罐头就很不错：只需将一些石蜡熔化，然后倒入清洗过的沙丁鱼罐头底部，倒入石蜡的厚度为 0.25 厘米）
- 玻璃显微镜载玻片
- 剪刀（小而锋利的那种）
- 纸巾

获取标本的注意事项：如果你的住处离海边并不近，可通过生物供应商获取藤壶和帽贝。

B. 操作步骤

1. 挑选一只圆锥藤壶。请留意，这种藤壶的外骨骼形似火山，6 片彼此重合的坚硬钙质隆突或称壳板长在藤壶内部四周。你能区分所有 6 片壳板吗？
2. 哪个方向是藤壶的上部？圆锥藤壶是以背部贴在底质上的，因此这种藤壶的"火山口"就是它的腹部。
3. "火山口"内部有 4 片活动壳板，又称鳃盖板（其中的门就是鳃盖）。鳃盖的两片较大的风筝状板子又称盾板，每侧各有一片。邻近两个盾板的则是背板，它们大概呈垂直状，因此从上面看呈侧立状。鳃盖板由肌肉牵动张合。

4. 鳃盖张开时形成的狭缝状开口即为壳口。倒立的藤壶会从壳口处伸展其长长的变异的腿（须毛），这是它的进食器官。

5. 用镊子轻轻推开鳃盖，然后用放大镜或解剖显微镜观察内部。壳口内部的空间叫作套腔，这个术语来自软体动物解剖学。[该术语沿用自藤壶还被归类为软体动物的时代。留意圆锥藤壶和帽贝（如果有的话）之间的外在相似性，后者是软体动物。]

6. 使用 C 形夹支开相邻壳板之间的关节：小心地将夹口放在壁板相对的两侧，缓慢地施加压力直到壳板分离。每隔一段时间用夹子在腔体四周重复上述动作，直到所有壳板都已松动。

7. 小心地取出一两片壳板和鳃盖板。为这些盾板和背板绘制草图。

8. 观察套腔内部，留意沿藤壶腹侧（上部！）表面逐渐出现的附肢：这就是须毛。总共有多少对？（你会发现有 6 对。）

9. 小心地取出一对须毛，请留意一对须毛有两个腕（双枝型）。将一根须毛置于载玻片上，往它上面滴一滴水并观察须毛的边缘部分，即刚毛。藤壶的三对须毛负责捕获水中的食物颗粒，另外三对则负责将食物送入嘴里。网上有很多展示藤壶须毛如何在进食过程中起作用的优秀视频。

10. 挑选一只鹅颈藤壶。它与圆锥藤壶最重要的差异就是它长了柄，其主要功能在于将它本身附着在某处，但也容纳了肌肉和卵巢。（一些物种的柄上覆盖的小而圆的钙质板，又称小骨。）你可将柄的上端看作藤壶本体——头状部（$capitulum$）。

11. 请注意，鹅颈藤壶的外骨骼是可活动的，它由几丁质（多数

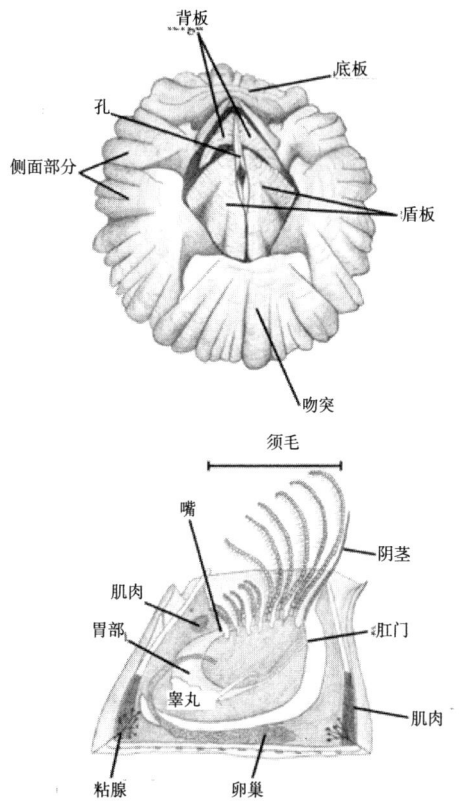

普通圆锥藤壶的外部和内部结构。莱斯利·C.科斯塔绘制。

软体动物的外骨骼都由这种物质构成）薄膜和蛋白质组成。

12. 从藤壶头状部顶端的壳口开始定位鹅颈藤壶的结构。与圆锥藤壶一样，鹅颈藤壶的壳口也是由鳃盖板负责张合。不同的是，鹅颈藤壶中的鳃盖板很大且部分构成了其身体外壳。盾板乃其中最大者，大约位于柄部顶处。背板次之，刚好位于盾板上方，有时候则稍稍靠近盾板侧面。位于背板正下方稍大的板壳名叫脊板。

13. 用镊子或手指小心地拉开藤壶的壳口。其内部便是黑色的套腔，你可以看到套腔里的须毛。

14. 尖锐的背面一侧是这种动物的后部。将藤壶侧放，背部位于右侧，柄部朝向你自己，用剪刀小心地剪开大壳板之间的薄膜，注意剪刀刀刃不要刺入过深。

15. 用镊子提起剪开的薄膜。你会发现一块巨大的肌肉横亘在盾板之间。这就是控制壳口的闭壳肌。切开这块肌肉以打开体壁膜，然后移除体壁膜，从而露出内部的套腔。

16. 观察 6 对大的须毛，每一对都由两根组成。从底部取出一对须毛，并观察卷曲的须毛上覆盖的长长的刚毛。

17. 比较圆锥藤壶和鹅颈藤壶的盾板、背板和须毛。这两个藤壶种群的这些结构具有同源性，它们在形态学上的差异反映了同一物种的变异。

如何做进一步解剖，请参阅如下藤壶解剖指南：*Observing Marine Invertebrates* by Donald P. Abbot (Stanford, CA: Stanford Univ. Press, 1987) 或 *Invertebrate Zoology: A Functional Evolutionary*

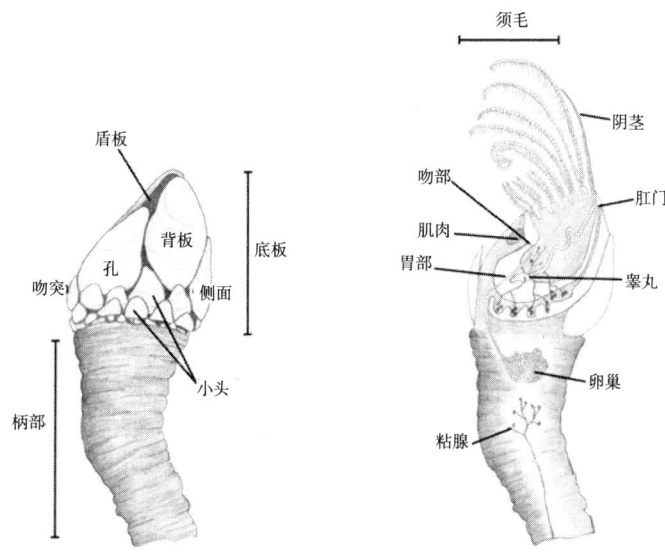

常见鹅颈藤壶的外部和内部解剖结构图。莱斯利·C. 科斯塔绘制。

Approach, 7th edition, by Edward E. Ruppert, Richard S. Fox, and Robert B. Barnes (Belmont, CA: Thomson, Brooks-Cole, 2004).

也见:

M. Lowe and C. J. Boulter, "Darwin's barnacles: Learning from Collections," M. J. Reiss, C. J. Boulter, and D. L. Sanders (eds.), *Darwin-Inspired Learning*. (Rotterdam: Sense Publishers, 2015), 273–284.

第三章

解码河岸：达尔文的生态学

达尔文的《物种起源》中给人留下最深远印象的描述便是那生机盎然、树木交错的河岸。想想河岸或绕林地蜿蜒的乡间小道，它们从侧面展现了大自然的繁荣景象：低矮的爬行植物、芬芳的草本植物，以及在苔藓遍布的地面上竞相生长的灌木丛，其间星罗棋布地点缀着蘑菇和蕾丝状的蕨类植物，地衣和藤蔓争相缠绕树干。鸟儿在灌木和树枝上筑巢，蜘蛛在上面织网；老鼠乱窜，蚂蚁疾行，甲虫和毛毛虫在咀嚼树叶，蜜蜂在啜饮花蜜——好一片生命交织的景象。达尔文在《物种起源》那优美的最后一段里思索的正是这种"树木交错的河岸"，其上"覆盖着无数种类不尽相同的植物，鸟儿在林中放歌，各色昆虫飞来飞去，蚯蚓在潮湿的地面上爬行"[1]。

然后，达尔文思考了树木交错的河岸从何而来。"这些精巧的生命形式彼此之间如此不同，但又以如此复杂的方式相互依存，它们由我们身边起作用的自然法则产生。"达尔文宣称。[2] 这些自然法则全都与繁衍、发育、变异、生存竞争和自然选择等因素相关。在自然选择的精心改造和打磨下，河岸上多种多样且相互依存的所有生命都极尽其所能满足需求并保障生存，从而达至繁荣。更重要的是，达尔文以明晰的生态学视角将河岸视为一个整体，它的极度混乱本身也是自然选择的结果。繁茂的草木及在草木间穿梭爬行的生物极难打理，足以令爱整齐的园丁心生恐惧，达尔文认为这些表象背后实际上存在某种秩序或底层结构。"因此，"他总结道，"从自然界的战争，从饥荒和死亡的角度看，我们能够想象的最高目标就是高等动物的产生。"[3]

现在的观点是："从自然界的战争，从饥荒和死亡的角度看"，自然选择的破坏性就像一场净化之火，自相矛盾般地产生了美丽、适应性和秩序。达尔文知道自己的问题。1838年秋天，自然选择原理在他脑中突然闪现，不久之后他就能意识到这个原理的意义了：马尔萨斯式的人口压力（所谓的"生存竞争"）仅仅意味着规模难以想象的死亡和破坏。指数级的人口增长相当直观，人们随之认为，维持生计的手段将无法支撑人口规模。但达尔文知道，马尔萨斯学说的逻辑结论被应用到自然界时常与经验和常理脱节。1839年3月，达尔文在笔记本中写道："很难相信生物间悄然无声的可怕战争会在宁静的树林和美丽的田野中上演。"[4] 这真让人难以置信，毕竟我们眼中的自然常常是田园牧歌般的平和景象。的确，捕食者捕获猎物，大树倾倒，偶然暴发的虫灾也会让地表寸草不生，但想想你在某个天朗气清的日子前往林中漫步，或在阳光明媚的山丘上野餐的经历：多么宁静、动人的场景。尽管我们知道这些地方充满着繁衍速度惊人的生命，但大自然似乎总是处于某种不变的平衡状态。

唐豪斯附近的兰花堤,这里很可能为达尔文反复思考"树木交错的河岸"提供了长期的意象来源。作者供图。

自然界的确处于某种平衡状态，或许用"僵局"形容更恰当。每个种群的数量只能增长到一定程度，然后，它们要对抗与之争夺生存空间、食物、阳光或其他重要资源的其他物种，还可能遇上伺机而动的捕猎者、害虫和病原体，这些生物会把它们当成扩大自己种群的资源，单一物种还会受到环境的资源限制。每个物种的种群规模大小都会受到这些因素中的一个或全部的限制。达尔文意识到，个体会尽最大努力繁殖，尽管后代很多，死亡率也会很高。这个想法并不令人愉悦，但事实就是如此。树木交错的河岸让达尔文思考，什么证据才有助于解释这一切。这就引出了作为实验家的达尔文，以及他在生态学领域耕耘的时光。但他首先考虑的是如何解释我们周遭的物种竞争，前提是我们能学会看待它的方法。

颇费思量的竞争

达尔文没有必要通过阅读马尔萨斯的作品来了解生存竞争。查尔斯·莱伊尔在《地质学原理》中便谈到这一点，他详细引用法国博物学家奥古斯丁·德·堪多的《植物地理学》（"特定区域的全部植物彼此之间相互斗争"），而且不止一次提到"生存竞争"。但竞争的意象可追溯到比堪多还早的一代人身上：达尔文的祖父伊拉斯穆斯·达尔文就在其史诗《自然之殿》（*The Temple of Nature*，1803年）中写过"相互斗争的世界是座巨大的屠宰场"这样的语句，他还引用卡尔·林奈的话将大自然描绘成"所有生物反对所有生物的战争"（*Bellum omnium in omnes*）。然而重要的是，我们要记住，在达尔文生活的年代，众人从自然神学的角度看待自然，自然神学试图发现自然界内在的和谐与美德，而非强调物种之间宏大的竞争，其观点与智慧、慈爱、仁慈的造物主形象彼此呼应。因此，尽管莱伊尔在《地质学原理》中描绘了物种之间的生存竞争，但他仍会煞费苦心地强调多数和平共处的物种之间普遍存在的均衡与和谐。达尔文主要从剑桥大学基督学院的著名人物威廉·佩里牧师那里了解这种宗教传统（讽刺的是，众人认为达尔文在剑桥求学时住的是佩里此前住过的房间）。佩里以其简明清晰的神学著作闻名，包括《自然神学》《道德和政治哲学原理》(Principles of Moral and Political Philosophy) 等，后者甚至是达尔文学生时代的必读书目，但达尔文也研读过《自然神学》。英国田园牧歌般的景象几乎不得不让人以为自然界一片祥和，但狄更斯生动描绘的马尔萨斯自然景观下城市贫民的恶劣生存条件也同样属实。

《创造的痕迹》于1844年匿名出版，其中描绘的大自然冷漠无情的形象导致群情激愤，书中描绘的物种会在生命变迁的历史中不断迭代，正如书中提倡的进化主义一样。此书花了许多篇幅讨论物种灭绝和个体动物的死亡，而正是这种冷酷的生命史景象，让悲伤的诗人阿尔弗雷德·洛德·坦尼森（Alfred Lord Tennyson）在为朋友亚瑟·哈勒姆所写的挽歌《悼念》(In Memoriam) 中责难这个"尖齿与利爪下血腥的自然"。尽管达尔文钦佩莱伊尔，也接受过佩里的教诲，但他并不同意自然神学的"均衡与和谐"。他也采纳了某种无情的观点：即使是马尔萨斯"充满激情的言辞"也未能充分表达自然界不断上演的"物种战争"的激烈程度，达尔文在一个笔记本中表达了上述观点。他想方设法找寻属于自己的表达方式，一个强有力的隐喻突然闪现："可能会有人说，自然界中有一股力量，如同成千上万的楔子试图打进自然经济的裂缝之中，或者不如说它淘汰了弱势物种，从而形成缝隙。"⁵物种及其变种就像被自然选择这个强大的铁锤反复敲击的楔子——物种越深越牢固地陷入"自然经济",便越能适应自己的生态位或生存环境,而"弱势"物种则会在这一过程中出局。这个缝隙会被其他生命形式填满,竞争不断上演。达尔文后来在行文中插入了一个注释:"所有这些楔子的最终目的,必定是筛选出能够适应环境变化的适当生命结构。"

这是达尔文使用多年的比喻,只是他每次表达这个说法时,"楔子"的数量各异:他在1842年简要表述自己理论的《物种概要》中使用的是"上千个楔子",而在1844年长篇的《论物种》中则成了"上万个锋利的楔子"。⁶他最终坚持使用的是《物种起源》中"上万个楔子"的版本:"自然的面貌可比作屈服面,上万个锋利的楔子紧密集结,反复的击打迫使它们不断深入,有时候某一个楔子被击中,有时候更大的力度又朝另一个楔子打去。"⁷奇怪的是,从1838年到《物种起源》出版的这些年,达尔文一直都使用这个比喻,但在后来的《物种起源》版本中却彻底弃之不用。也许只是因为用过头了。达尔文意识到,只有漫长而深入的思索才能原原本本地展现这个真理,但如何才能让众人试着思考这个真相呢?他绞尽脑汁想要表达这个概念,思考如何才能抓住我们周遭不断激烈上演的"自然战争"的要点,尽管我们多数人都已将其遗忘。达尔文在《物种起源》中写道:"没有比承认普遍存在的生存竞争这一真相更简单的事了,或者也可以说,没有比在脑海中反复思索这个结论更困难的事了。"这需要想象力。他主张,想想树上看似在悠闲歌唱的鸟儿,它们肯定也要果腹才能生存;再想想每只鸟儿为了生存和养育后代都必须吃掉大量的种子和昆虫;或者想想种群增长的事实:"无一例外,每个物种规模的自然增长速度如此之快，如果没有消亡，地球很快就会被单一亲代的子孙占满。"[8]即使是繁殖速度最慢的物种也会在短时间内突破空间和资源的承载力。

我们已经在上一章了解到，达尔文如何从1846年开始沉浸在藤壶的世界中长达8年。但在这段时间里，他也从未停止思考进化理论的具体细节——斗争、灭绝、选择、优势变种、多样化和竞争等。达尔文不仅会思考这一切，更重要的是他还会构思它们彼此关联的方式。此外，他10岁的女儿安妮于1851年夭折，他还得克服悲恸情绪，这次打击可能已经耗尽他对意志坚强而仁慈的造物主抱有的任何希望。女儿的离去让冷酷无情的大自然骤然成为达尔文思考的中心，尽管很悲痛，但他和埃玛仍然挺住了，他也继续投身于工作。其他孩子令他们振作了起来。1850年，莱昂纳德诞生，小名连尼，而在他们失去安妮的同一年，霍勒斯来到了这个家庭。到1851年，达尔文一家已有7个小孩，他们都未满13岁。

发散思维

达尔文关于活体藤壶的第二本专著出版于1854年，他在献词中真诚地写道："谨以此书献给最令人敬重的亨利·米尔恩-爱德华兹教授，作者受这位杰出博物学家的《甲壳虫自然史》及其回忆录和其他自然史作品重大而持久的惠泽，感激之情难以言表。"伟大的法国博物学家亨利·米尔恩-爱德华兹教授在达尔文的这本专题著作出版之前就已经为藤壶研究提供了细致的方案。达尔文从米尔恩-爱德华兹的作品中获得了诸多重要见解，其中一点尤为重要，正中达尔文的心结。1852年，达尔文读到了爱德华兹《普通动物学概论》（*Introduction à la Zoologie générale*）中的关键章节，该书是对整个动物界解剖学和生理学的精要概述。爱德华兹的物种多样性和自然经济的内在关联法则令达尔文震撼不已："大自然在其创造物的种类方面颇为大方，但在改变自己作品的方法方面十分吝啬。"[9]甲虫就是很好的例子，它们可能是动物王国中最大的类群，已命名的甲虫种类数近30万，它们一方面有所不同，但从另一方面讲，每个品种的副本都有着同样的甲虫特征。博物学家们（包括米尔恩－爱德华兹和达尔文）都费尽心机想要弄明白生物体所谓的"高等"和"低等"概念，因为他们想要描绘物种的多样性并为其归类——这是亚里士多德式阶梯思想的残余，照此思路，物种根据假定的完善程度排列（自不必说，人类位于这个阶梯的顶点）。米尔恩－爱德华兹主张，自然范围内的高等或低等极好地体现在生命结构的复杂性上，可通过细胞和组织的分化来衡量。他将这叫作"生理分工"，这个概念吸引了达尔文的注意。

　　生理分工是经济学和制造业的类比概念。在《普通动物学概论》第三章达尔文做过标记的一行文字里，米尔恩－爱德华兹解释了为何"在自然的创造物和人类的制造业中，可完善性通常都由分工达成"。此处的关键词乃"可完善性"。这一概念在经济学中意味着生产效率、人均生产率或总体经济繁荣程度的提升。在米尔恩－爱德华兹的类比中，它指的是生物体复杂性的增加和功能的提升——由于组织和器官完成了生理"劳动"的分工，作为整体的生物体也会繁荣生长。例如，海蜇等腔肠动物只有一个相当于胃的简单液囊，它还可用于呼吸，但在进食和呼吸时这种动物就不如有单独内脏和呼吸器官的动物那么有效率，这意味着有双重用途的组织和器官并不专门化，因此无法高效完成任何事。这限制了生物体的适应可能性。类似地，单一类型的肌肉比多种类型的肌肉（例如骨骼、胃部和心脏等）在内在适应性上更具局限性，后者每种肌肉会专门负责不同的功能。

达尔文把米尔恩-爱德华兹的想法从生物体的组织和器官方面转移到了自然环境中的不同生物体之上：通过这一类比的迁移，他构想出了生态分工的概念。这是个了不起的想法：就像生物体的整体效率随着生理分工的推进而提高一样，达尔文认为，更多的物种可以在任何地方共同生存并实现整体上的繁荣，只要它们略微专于某个方面但又足够不同。这一假设与达尔文脑中的想法一拍即合，而且还帮助达尔文明确了自己在自然选择、物种灭绝、适应性和物种多样性方面的想法。阅读米尔恩-爱德华兹的作品之前，达尔文就已经有了物种在漫长历史中通过隔离和自然选择而变得多样的大致观念。他从居间生命形态的角度研究物种变异，并以此证明生命形态缓慢地变得多样；达尔文对藤壶的研究也从这个角度展开，同时着眼于由雌雄同体的先祖状态进化而来的单性别状态。阅读米尔恩-爱德华兹的作品后，达尔文则更多从劳动分工的角度看待物种的多样化，而他自己的生态分工观点则起了关键作用。即便他千辛万苦地完成了藤壶研究，这一观点仍然萦绕在他的脑海之中，更不用说他还在持续关注变异、家畜、异花授粉和其他看似不那么重要的主题。

1854年11月，达尔文写下了一个想法："有必要证明小而稳定的地区存在许多科与属，否则我们无法证明各纲物种后代的趋异倾向（如果这种表达合适的话），以得出有序世界自然谱系的树形分化结构。"[10]达尔文的意思是，如果一片小区域的环境（如土壤特性、温度、降雨量等）是均质的，你会发现物种极为多样，这种情况表明，该区域存在某种促进物种多样化和共存的趋势或力量（如自然选择）。如若不然，一处小的均质地域只能养活一个或几个物种。达尔文认为这只是早期的情况，但随着时间的推移，竞争和选择的作用会让更多的变异后代继续存在，而那些生态需求过于相似的物种则渐趋灭绝。这种动力机制会导致越来越多不同的变种和物种占据这片小的均质地域。他很快意识到，这种动力机制并不仅仅是自然选择的副产品，事实上，它就是自然选择驱动生命多样进化的关键方式。但他又能提供什么证据来证明这一想法呢？

达尔文回想起了哈特菲尔德那片单调乏味的欧石楠灌丛，它位于苏塞克斯——那里是埃玛的姐姐萨拉·韦奇伍德和达尔文的姐姐夏洛特（Charlotte）的家——以及萨里的利思山，他们一家人刚刚到这里拜访了姐姐卡洛琳和姐夫乔·韦奇伍德。（和达尔文一样，卡洛琳嫁给了自己的一个名叫韦奇伍德的表兄——埃玛的哥哥乔赛亚三世，乔的弟弟。）他比较了欧石楠灌丛单一植物种群和遍地都是的草甸植物群，尽管二者都植物遍布，但达尔文认为，没人会否认后者从总体上可供养更多种植物（和动物）。也许这可用实验加以证明："如果可能的话，我认为化学上的变化应作为生命的度量，即植物吸入的碳酸（二氧化碳）和呼出的氧气量。"然而，说起来容易做起来难——有"毒气"绰号的达尔文的化学时代现已成了遥远的回忆。

1855年的冬天和春天，达尔文对物种多样性的关注随着他对物种及其变种的地理分布问题的兴趣与日俱增。实际上，这两种兴趣恰好相互契合：它们本质上都是空间尺度问题。在个体受到竞争与自然选择直接影响的局部区域，物种的多样化和差异性最终会影响它们在大陆尺度上的地理分布。而且，重要的问题在于物种如何散布开来，就像我们在局部、地区和全球范围所见的那样。达尔文做了一系列实验研究种子的散布问题，令人震惊的是，此前从未有人考虑过这样做。1855 年的整个严冬，达尔文和孩子们都在努力追踪漂浮在人造盐水上的种子的播散过程，他们会往盐水里加入积雪以模拟海水，同时记下漂浮和下沉的种子数量，并在逐渐延长浸泡时间后测试种子的发芽情况。我们会在第五章充分探索这一丰富的实验线索；目前，我们仅需注意，达尔文自那个冬天起便萌发了做田野实验的想法。

初涉植物学

1848 年，柴郡塔珀利的 19 岁的凯瑟琳·索利（Catherine Thorley）来到达尔文家担任家庭教师。她在唐豪斯工作了近 10 年，其间经历了安妮夭折的灰暗时期，也经历了弗兰克、连尼与霍勒斯出生的欢乐时光。尽管青春叛逆的埃蒂使她工作很难做，但总体来说，她还是深受达尔文一家人的喜爱。索利教孩子们学习法语、舞蹈、音乐和礼仪，她也喜欢植物，并对达尔文的工作颇感好奇。因此，对于索利小姐曾在 1855 年 6 月尽心协助达尔文当时反复念叨的工作（前往大帕克兰草地和郊区调查某种开花植物）这件事，我们不必大惊小怪。这个面积约为 4047 平方米的地方位于达尔文的砂砾小径灌木篱墙上方，其所有者为达尔文的朋友和邻居约翰·拉伯克爵士。达尔文在 6 月 5 日写给胡克的信中谈道：

索利小姐和我在闲暇时间也偶尔做些植物学的工作（！），这项工作（收集一块荒废了15年的野地里的所有植物）的确让我很开心，但这块地从荒废前到远古时代都有人在其上耕作；我们也在与之毗邻但有人耕作的土地上采集其中的所有植物，目的只是看看植物的扩散路径和繁殖行为。此后，我们可能需要你帮忙为一些令人困惑的植物命名——为植物命名着实异常困难。[11]

在寄出这封信之前，达尔文惊讶地发现自己头一次识别出了某种杂草，他兴奋地在信中添加了附注："我刚刚第一次认出了一种草类，太好了！太好了！我必须承认，运气偏爱有胆识的人，好运气让我成功。这种草是容易辨识的黄花茅，尽管如此，这仍是一个了不起的发现。我从未料到我这辈子还能认出一种草类。太好了。我真是心满意足。"达尔文或许低估了自己识别植物的能力，不过，芳香怡人的黄花茅遍布欧洲乃至亚欧大陆，的确十分容易辨认。他把其他不认识的植物都寄给了胡克。10天后，达尔文寄出了自己的感谢信："你想象不到你给那3种植物起的名字为我带来多少乐趣：我刚刚准备好了纸张用来晾干并收集所有的草类。如果你遇到一个初学者，希望他学习植物学，那就让他为一小片田野或林地编制完备的草类清单吧。索利小姐和我一致同意，比起面对英国所有植物庞大品种量的可怕深渊，研究一小块地方的植物种类真的会给从事此项活动的人增添意想不到的乐趣。"[12]

达尔文的植物调查持续了一整年，孩子们也常来帮忙。他们的考察方法更随意而少有系统性，比如他们会随机搜索随便什么新的品种，而不是像现代植物学家那样沿样带扫视或详细检查样方*。但这样做符合达尔文的目的：他可能会说此项考察完全是一种消遣，但实际情况却不仅如此。达尔文将田野和林地视为"小型的统一区域"，这些地方的物种多样性究竟如何？到最后，他们仅在大帕克兰草地就发现了可归于 108 个属和 32 个目的 142 种植物。150 年后的 2005 年 6 月，达尔文的三辈后代（年龄从 21 个月到 78 岁不等）齐聚大帕克兰草地，旨在协助来自伦敦自然历史博物馆的植物学家重启达尔文当年的考察活动。[13] 自然历史博物馆的团队于 2005 年至 2007 年的 3 个夏季从事这项考察任务，并于最后一年对植物取样以进行 DNA 编码。他们发现了一些新品种和达尔文的旧相识（包括他曾引以为傲的黄花茅），寻得的植物种、属数量大致接近达尔文和索利的发现，但目数却少一些。为何会这样？这主要反映了植物学分类的变化：在达尔文那个时代，英国的开花植物被归于 86 个目中，而最新的分类则确认了 62 个目。也就是说，达尔文和索利小姐确认的一些目类已并入其他目了。

达尔文应该也会觉得这些结果很有趣，但可能并不会对此感到惊讶。当时的 140 余种植物一直都在相互竞争，扩展领地，但它们也都在世代延续中彼此关联。在达尔文看来，我们所见的景象就像某种慢镜头的快放。我们能在草地上看到物种的多样性，以及十分不同的物种长期紧密地生活在一处狭小而统一的区域，原因就在于，千万年的物种竞争和自然选择导致了物种的多样化，促进了他们的共存，每一种植物都适应了极其细微的环境差异，尽管这些差异在微观地理尺

---

* 即生态调查的方形地。——译者注

度上足够使这些并排生长的植物不产生竞争，无论竞争是出于何种目的。如果你仔细思考这个问题，便会构想出如下生态图景：群落出现并不断进化，群落中的物种也能够相互适应。相互适应并不一定意味着像授粉昆虫和花朵那般直接互动，而是指某种简单的共存，物种以某种方式分配资源，从而能够共同生活在"小型的统一区域"内。

达尔文和索利小姐的植物学考察缺少时间维度。这种特定区域的物种集群会随时间而发生改变，一些物种来了又去，一些会在当地生活很久，另外一些则只是匆匆过客。因为重新关注（全球及局部范围的）物种扩散和种子的生存能力，达尔文开始对上述想法产生了深刻的共鸣——我们将在第五章讨论这个主题。他对物种扩散和种子生存能力的思考，以及对物种变异的兴趣共同将他引向了"种子库"这个概念，即某个特定区域的土壤中遍布由鸟类、风力、水流带来的种子，或是曾在此生长的植物散落的种子。从很大程度上来讲，地上的种子库便是过往植物群落的魂魄。它们甚至在数十年乃至数个世纪之后都仍有生命力。想想古埃及陵墓中发现的莲子，它们历经数千年依旧可以发芽。也许地球的土壤中饱含类似的被埋藏的种子，倘若暴露在恰当的环境中，它们便会萌芽并繁盛生长起来。

在另一种生态学视野中，达尔文意识到物种的集群在发展过程中会改变它们占据的空间环境。在达尔文和索利小姐的大帕克兰草地植物考察活动的半个世纪后，美国植物学家弗里德里克·克莱门茨（Frederic Clements）阐明了生态演替（ecological succession）这一概念，但我们也可在达尔文始于 1855 年夏季的实验中隐约看出这一概念的雏形。例如，达尔文于这一年 7 月注意到，上一年春天拔除多刺灌木的地方长出了黄花野芥子（*Sinapis arvensis*）。野芥子往往会侵入耕地，并在这种开阔的环境下蓬勃生长，但无法在灌木和树木的阴影下存活。达尔文对野芥子的出现感到好奇。也许这种植物是有利地点的快速占领者，又或者它已潜伏此地数年，可以追溯至此地有人耕种之时。为探求真相，达尔文做了实验，并在笔记本中做了如下记录：

> 7月21日。挖了3个2×3平方英尺（约0.56平方米）的坑：去除杂草草皮，向下挖掘深度为1斯皮特（spit，即铲身的长度）。
>
> 8月1日。已出现大量植物种子。十字花科植物点缀其间。
>
> 8月19日。植物幼苗已长到可辨认的程度，但那些带有标记的抽条幼苗最容易辨识（少数植物仍十分幼小）：一个坑中有6种，另一个坑中有10种，第三个坑中有5种，总计21种植物。四周的野草构成了厚厚的藩篱，从这里到距离坑洞120码（约110米）远的三叶草，野芥子到最后都没有出现。[14]

需留心达尔文在抽条时标记幼苗的简单而有效的技巧——我们会再次看到他驾轻就熟地使用这种技巧。在他那小小的试验区迅速生长的21种幼小野芥子植物（没有哪一种可在附近的田地里找到）表明，它们的种子一直都在此地静候适当条件。达尔文开始意识到，土壤中遍布的开花植物、藓类植物、蕨类植物、真菌等繁殖芽体一直都只是在静候时机而已。这一事实加强了他日益增长的"生态"意识，这种意识与时空上的相互关联有关。相互关联会因地理尺度而不同，比如不同物种共存、相互竞争和依赖的河岸；相互关联也会因时间尺度而各异，比如在物种相互交织的河岸上，物种的组合、结构也会随气候、地址和自然选择的无常变化而变化。达尔文在 1837 年隐约透露的物种在空间和时间中的关联方式便深刻地体现了生态关联的地理和时间意义。

如今，达尔文已开始关注物种多样性如何能出现在巴掌大的地方这种问题了。1855 年 8 月，他在笔记本中写下了一条有说服力的评论：

> 众多生命个体拥塞一处，其中一些便会死去，各种生命形态均是如此。新生命形态的诞生会引发（死亡）灭绝，就像年轻生命的降临导致年老者的死亡一样。所有分类都得自同一地区供养的越发多样的不同生命形式。[15]

值得指出的是，我们可从这条简短评注中得出两个深刻的见解。首先，这一陈述揭示，达尔文已了解到激烈的竞争进程迫使物种趋异（其中涉及中间生命形式的灭绝），博物学家使用的分类系统也随之产生。之所以说"所有分类由此产生"，是因为生命多样化的动态进程及相伴产生的灭绝和物种差异解释了生物学分类中的嵌套等级系统。达尔文的多种思路汇聚于此：选择、多样化、地理分布、灭绝、分类，等等。这样的综合着实令人兴奋。

达尔文在写下这条评注前曾重申如下假设：一个地区可供养众多"生命形式"，只要它们各有不同。他还为此添加了一条示例评注。后来，他插入了用以支撑这个假设的案例研究："兰兹角（Lands end）的三叶草。落叶松。珊瑚（岛）。胡克的信息。"每一条评注都隐含了大量信息：第一个案例来自 1847 年的一篇研究论文，该文研究了位于康沃尔郡（Cornwall）彭维斯半岛末端偏远的兰兹角上的植物，C.A. 约翰斯（C. A. Johns）在文中报道自己在一处很小的地方发现了 9 种豆科植物，而该地的面积甚至还没有他的帽子大。达尔文誊写了约翰斯的评论："如果范围再大点，我可能会发现染料木和百脉根。"这两种植物也都是豆科植物，所以约翰斯发现了近 12 种豆科物种共存于一块巴掌大的地方。第二个案例中的"落叶松"指的是大帕克兰草地一端的落叶松林地，这一区域也在达尔文和索利小姐的植物学研究范围之内。"珊瑚岛"指的是达尔文在科科斯群岛（又名基林群岛）上搜集的数据，他曾随"小猎犬号"前往参观这组位于印度洋上的环礁。几年后，亨斯洛曾描写过达尔文在这里收集的植物，现在它们被用来支持达尔文的如下观点：小型统一区域可供养种类多样的大量物种。至于"胡克的信息"则指的是友人约瑟夫·胡克在回答自己的连续问询时所提供的大量信息。

放眼全球，脚踏实地

大概是受他那巴掌大的小型实验地启发，达尔文也将这种方法用在了物种多样化研究之中。接下来的 1856 年 3 月，他在自家后院隔出了一块 3×4 平方英尺（约 1.12 平方米）的草坪，并吩咐不要割除其中的植物。这又是一个小型的统一区域。原本自打房屋建好之后，这一小块地方和草坪的其余部分一样需要定期修剪，而现在它则成了微缩版的大帕克兰草地。"我在其中发现了 20 个物种，它们分属于 18 个属和 8 个目，很明显，这些物种都十分多样化。"达尔文在《自然选择》中如此写道。[16] 他所谓的"小块草坪实验"的结果也恰当地写入了《物种起源》。他大胆推测，把大帕克兰及小块草坪实验的结果推广到整个地区和大陆——达尔文的口号是"放眼全球，脚踏实地"。达尔文主张："如果着眼大局，我们就能看到，有机生命的自然分布有着一致的普遍规律。"他的言下之意是，从讨论荒野、山顶、咸水沼泽、淡水沼泽、湖泊及河流中物种多样性的文献中的数据，我们可发现一种共存关系。他逐渐发现，约翰斯在兰兹角的观察乃某种意外：在约翰斯发现十多种同属植物的小地方达尔文常常能找到可归于多个科和目的物种。多数案例让他相信，统一区域的物种多样性更加丰富是一个普遍规律。

　　为何这种情况会经常发生？达尔文当然确信这是自然选择的结果，但重要的是，这并不仅仅意味着自然选择导致了某个特定区域的物种更加多样化。他的"生态分工"观念绝不局限于此。他认为，小型区域物种数量众多显示出更高的整体生产力。这是"进步"的一种表达，自启蒙运动起这个难以把握的概念便主导了（而且现在仍常常主导着）社会和进化思潮。进步的想法与生产力、效率的提升及资源的增加相关。它是亚当·斯密（Adam Smith）提出的劳动分工、米尔恩－爱德华兹提出的劳动生理分工等思想的内在要求，自然，也是达尔文提出的劳动生态分工思想中所固有的。他确信："任何国家或者全球范围内供养的生命体的绝对数量都是可以增加的，前提是生命体的形式比少数联合共生条件下的更多且大不相同。"[17]

　　达尔文的植物多样性考察和小块草坪实验帮助他阐明了小型的统一区域更多时候真正供养了异常多样的生命形式。合乎逻辑的下一个步骤就是，证明这些区域的生命繁殖率或生物量远高于或大于少数生命形式支配的、规模相对局限的区域。

在达尔文的研究过程中，他获知了几十年前开展于伦敦北部贝德福德郡沃本修道院的一项十分值得关注的实验。苏格兰人乔治·辛克莱（George Sinclair）曾于 1807 年到 1825 年在沃本修道院担任贝德福德郡六世公爵的园丁，负责农业改良的各种实验，其中最重要的实验被称为"草园实验"（Grass Garden Experiment），目的是比较单一种植和混合种植的草类的生产力（衡量标准为牧草产量）。著名的汉弗莱·戴维负责在不同的实验土壤上栽培约 242 个 0.36 平方米的小块地方上的单一或不同组合草类。这种实验可能并不满足复现的现代标准和统计严谨性的其他要求，但它在当时却是前沿的科学农业实验——人们以前从未做过这样的尝试。

辛克莱曾数次发表实验结果，达尔文看到的是辛克莱于 1826 年发表在《卢顿园艺大师》（Loudon's Gardeners Magazine）上的文章，此文描述了园艺实验的计划及其结果。辛克莱在文中谈到沃本修道院的实验如何"清楚地证明了种有许多不同草类的土壤比那些仅仅种植了一两种草类的土壤产出的营养物质更多"。辛克莱接着指出，"这是个奇怪而重要的事实"，但人们在实际操作中却往往忽略了它。接着，他给出了如下数据："如果 1 英亩（约 4046.86 平方米）的优质土地上播种了 3 配克*黑麦草，1 配克苜蓿……则 1 平方英尺（约 0.09 平方米）的这种土地上仅能供养 470 株植物。"然而，"如果在同一片土地上播种 8~20 种不同的草类，而非两种……则同样面积的这类土地可供养上千株植物，牧草和干草的产量也相应地成比例增加"。辛克莱总结道，这就是为何"各种不同的土壤和从高山岩石到水体本身等

---

* peck，容量单位，1配克约为8.8升。——译者注

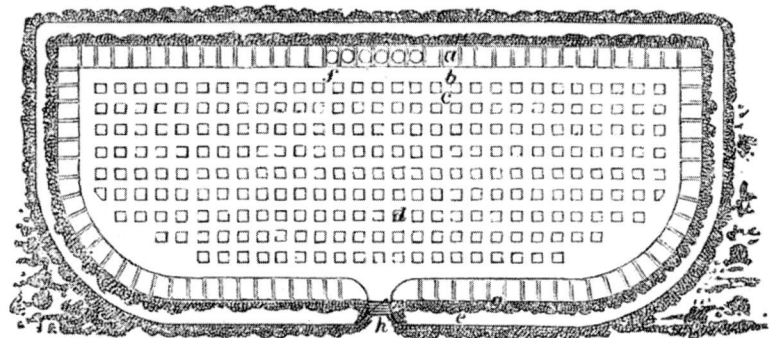

沃本修道院的乔治·辛克莱的草园实验计划:"分配给合适草类的小块土地数量为242块,每块面积为0.36平方米,其四周由铸铁框架包围。宽约89厘米的砂砾路径分别从四周隔开小块草地,这些路径包围的空间就成了草类植物的边界……鹅耳枥做的树篱将这些隔开的小块草地与其余地方隔绝开来,而外侧的玫瑰花则完成了这个草园。"每块0.36平方米的土地上要么移植了天然草皮,要么种植了单一或多种组合的草类。引自辛克莱《卢顿园艺大师》(1826年),第114—115页。

环境都有与其相适配的草类，这些草类为供养动物而生，而它们给土地增添的不同颜色也令人赏心悦目"[18]。

辛克莱通过上述实验发现，当同时播种 8~20 种草类时，每平方英尺的土地上可供养植物的数量增加了不止一倍，达到了每平方英尺 1000 株。单一栽培或接近单一栽培的土地的产出比"混合栽培"（polyculture，姑且杜撰一个术语）更低，达尔文确信这正是劳动生态分工所预期的结果，也是即便最小、最统一的小块草地也能供养异常多样物种的秘密。自然选择造就了这一切。

植物学算法

小块草地实验是达尔文坚持了两年的项目。这一实验与达尔文 19 世纪 50 年代一系列看似与之不相关的兴趣相吻合，二者最重要的差异在于其使用的方法，即初步尝试从植物手册中收集物种及其变种的比例和分布范围。在上一章中我们了解到达尔文的藤壶研究如何让他对丰富的自然变异有了新的认识。他此前总是将这种变化视为自然选择得以起作用的基础，但从 1855 年夏，他开始以统计的方式看待物种的变异，试图做量化处理以找到自然选择的痕迹。达尔文曾受到瑞典植物学家伊莱亚斯·马格纳斯·弗里斯（Elias Magnus Fries）文章中一个隐喻的启发。他曾读到弗里斯的评注：在包含多个物种的属中，"单个物种之间的关系"比它们在物种贫乏的属中的关系紧密得多。"因此，"弗里斯建议，"在前一种情况下我们可以很好地将其余物种囊括在某个类型或主要物种周围，这个物种就像一个中心，其他物种如卫星般环绕其四周。"[19] 达尔文对此感到震惊。后来他告诉胡克，弗里斯的下述评论引导他对比分析大型属和小型属包含的物种多样性："大型属所包含物种之间的关系比小型属的更为紧密。如果的确如此，鉴于物种和变种几乎难以分辨，我得出的结论是，我们在大型属中找到的变种会比在小型属中找到的多。"[20] 达尔文意识到，相反的情况也属实：包含较少物种、范围有限、变种相对匮乏的属正逐渐消失。物种的形成和灭绝之间联系紧密，一些种群的多样化伴随其他种群的缩减。达尔文在一则生动的注释中主张："通过关注较大型的种群，我们能够展望遥远的未来。"[21] 换句话说，现在的大型种群很可能会在未来变得更大。他认为原因主要在于，目前大型属中规模庞大、分布广泛的物种的祖先受自然选择的青睐，才得以倍增至如今的巨大数量。目前，很多大型属内的物种仍受到青睐，自然选择正积极促进其增长、竞争上的成功和种群多样化。因此，我们会看到更多变种与这类属中的物种相互关联。因为随着时间的推移，变种这类"小物种"会相应成为能够产生更多变种的真正物种，如此循环往复。

要想测试这类"以成功促进成功"式的看法正确与否，办法就是量化不同规模种群里的变种数量，这个想法促使达尔文将各种规模的属列成表格并比较其变种数量。不同的品种可被视为自然选择作用于过去的变种所得的产物，它们是否在物种数量更多的属中更为常见？达尔文意识到，植物手册是这些信息的现成概要，各地热心植物学家的努力让任何地区或国家的植物信息都可资获取。胡克建议他阅读关于英国植物的3本手册：巴宾顿的《英国植物学手册》、亨斯洛的《英国植物目录》、沃森和塞姆的《英国植物的伦敦编目》。达尔文自己的办法则是当时已经成熟的调查思路，名为"植物学算法"。博学的亚历山大·冯·洪堡创造并倡导这种办法，而法国的阿尔方斯·德·康多勒（Alphonse de Candolle）和英国的罗伯特·布朗（Robert Brown，1773—1858）等博物学家则紧跟其步伐，植物学算法乃19世纪早期到中期地理植物学领域不可或缺的工具。这种方法简单明了，掩盖了其在当时的重要性。植物学算法在推测物种之间的潜在关系时，会根据海拔、纬度和大陆地区等变量列举不同植物群的种、属信息，从而洞悉自然的运作机制。各大陆上的藓类、蕨类或草类植物与其他植物的比例究竟几何？这种比例是否会随海拔的变化而变化？各地区、各大陆和各海岛上的各属所包含物种的平均数量是否有所不同？17世纪以来的主要探索家和博物学家已经耐心地汇编了全球植物多样性的分类目录和表格。

在亨斯洛的指导下，达尔文已对植物学算法十分熟悉，他的进化主题笔记表明，他以不同的方式运用这种技术。例如，在笔记本B中有一则可能写于1838年早些时候的笔记，达尔文列出了北非、圣赫勒拿（St. Helena）、加那利群岛等地植物的属种比例关系表。他注意到，这些岛屿植物群的"贫瘠程度"与它们到非洲大陆的"距离成正比"。达尔文很快就从就近登陆海岛的冒险旅行者那里理解了这种说法。到目前（19世纪50年代），达尔文已经意识到，正如植物种、属的分布情况可用于阐明生物地理学的基本原则，变种和种、属之间的数量、比例和分布关系也可用于检验自然选择起作用的方式。如果物种目前的地理分布代表了地质、气候或进化史的线索（甚至是判断指标），那么达尔文确信，变种的产生频率和分布也是某种诊断特征。他一本接一本地苦读植物学手册，并且制定了自己的植物学算法版本。除了英国的3个植物群，他还查看了美国、俄国、德国、法国和荷兰的大约9个植物群。

杂草丛中

即使在集中精力阅读植物手册期间,达尔文也在努力撰写《自然选择》,并做相关实验。到 1856 年 10 月中旬,他写完了关于驯化的章节;12 月中旬,在他的第 10 个孩子查尔斯·韦林出生一周后,他写完了关于杂交重要性的另一个章节——我们已在上一章讨论过这两条重要思路。随着 1857 年的到来,他已投入关于变异(完成于 1 月底)、生存竞争(完成于 3 月初)和自然选择(完成于 3 月底)等极重要主题的写作之中。这些主题让达尔文思考,生存竞争和自然选择如何导致他在那些小块草坪实验中发现的不同植物群体的密切共存关系。这意味着,即便(或尤其是)在如此小的空间内,竞争也必然显而易见。他决定用另外一种实验小区查明真相。

1857 年 1 月,他清理了一块约 2×3 英尺(约 0.56 平方米)的旧草坪,这里曾在一两年内被用来种植草莓。他称之为"杂草园"。由于面临无数压力,生物体会随着时间及年龄、体型、繁殖条件、与竞争对手的复杂互动、天敌等因素而做出动态调整,达尔文需要简化上述过程,以便理解在生命的某个阶段出现的死亡等基本问题。达尔文选择了一种有机体(植物)的某个生命阶段(幼苗期),它们处于条件一致、不拥挤的小块样地。达尔文的计划是每天检查苗床,并用金属丝在旁边标记每株草苗自然发芽生长的位置。随着时间的推移,他可以统计金属丝并查看哪些草苗仍然活着,哪些已经死去。达尔文记录了自己的进展:"3 月初,种子开始萌芽,每天都会做标记。3 月 31 日,大约标记了 55 株草苗,其中 25 株已经死去。4 月 10 日,从此前标记的长出两片叶子的草苗处拔出了 59 根金属丝,它们可能被蛞蝓吃了……4月20日，拔出了28根死去（我认为天气对一些草苗不利）草苗旁的金属丝……5月8日，拔出了95根金属丝（我怀疑一些草苗因干旱而死）……6月1日，拔出了70根金属丝。"[22] 到1857年8月初，达尔文发现，357株植物中仅有62株存活下来。蛞蝓和其他昆虫也已经相应地付出了代价。作为对被忽略的周遭物种竞争的描述，这些结果最终出现在《物种起源》中。了解草苗死亡率动向的8个月后，达尔文发现，样地上共长出357株幼苗，其中83%最终都死了。[23]

"我常常凝视一处方形草地很长时间，"达尔文思忖道，"对大约三四十种植物的存活及其相对数起着决定作用的力量震惊了我。"[24] 他在一小块样地上看到了史诗般的斗争，并试图找到其他办法来弄清楚这种情况。达尔文很快意识到，他在乡村漫步时经过的欧石楠灌丛和遇到的平民也在以不同的方式讲述着同样的故事。如果所有人都熟悉这类空间就再好不过了。谁不知道这些荒凉而美丽的、草类和石楠遍布的荒野呢？一些人可能会说他们对石楠了如指掌，但谁又真的对它们了如指掌呢？一旦学会观察之道，看似熟悉的景象实则很陌生。达尔文在长满松树的克鲁克斯伯里山附近的萨里展开了自己的观察活动。放眼望去，上百英亩的土地上留有牛群啃过的痕迹，却看不到一棵松树。然而，在靠近山底的近处观看，到处都能看到树木。自由放养的牛群让树木得到修剪。达尔文认为这些树木是矮树，并估计其中一棵的树龄为26岁。这展现了一个物种（牛群）约束其他物种，从而塑造景观的力量。他还观察了斯塔福德郡（Staffordshire）的另一处荒地，松树遍布这个25年前就被栅栏围起来的地方。这里的整体生态因为没有牛群的影响而发生改变：他数了数，这片封闭区域中的

达尔文在唐豪斯的"草园"实验的复原景象。作者供图。

12种植物并未出现在外面的世界，此外，另有6种食虫鸟类生存于此。这处圈地成为达尔文生态思想的核心部分：大大小小的物种在一张相互关联的网络中相互影响。很明显，林地、石楠丛生之地或庭院里的杂草园中的一切都能在这里看到。

避免可耻的错误

杰出的科学哲学家迈克尔·鲁斯（Michael Ruse）曾将达尔文关于变异、生存竞争和自然选择的章节称作《物种起源》的"演绎核心"。它们结合在一起，共同构建了一段近乎三段论式的论证。达尔文在论证中几乎说出，如果自然界中存在丰富的、可传给后代的变化，且紧张的种群规模压力和竞争持续不断，那么物种就必须依靠这些变化维持生存并成功繁殖。达尔文将这一过程称作"自然选择"，众所周知，他于1838年首次构想了这个观念。但人们不理解达尔文为何认为他最初提出的自然选择概念是不完整的：这种程度的自然选择概念可能足以解释某一种群如何取代另一种群，或物种如何缓慢地发生变异，但它怎样解释生命的多样性是如何产生的呢？

这些章节中的关键要素是达尔文就物种趋异机制提出的案例，他也因此一直在植物学算法（及许多其他事项）上不断取得进展。他一本接一本地阅读植物学手册，并计算出原作者在书中列出的大大小小植物属内变种的总数量。正如他所料，更大的属（包括更多物种的属）往往有更多的变种。3月31日，达尔文在日记中记录，自己已经写完了"自然选择"的章节，其中包含了他当时关于物种趋异或多样化的想法，以及各种来自更大属的相关证据。他自信满满地写作,但时不时就需要休息。疲惫不堪时,他会前往莱恩博士在萨里的摩尔公园建立的水疗温泉,他现在很喜欢那里。安妮去世以后,马尔文的相关设施充满了痛苦的回忆。他在4月写信给莱伊尔时谈道:"最近我的身体很差。"两周后,他回到家里,"5月6日回到家,心情大好。"[25]

他很快就会再次回来。14岁的埃蒂患上某种神秘的疾病已经好几个月。埃玛先是将她带到海滨小镇黑斯廷斯(Hastings)。这样做并不管用,于是他们去了摩尔公园。达尔文在写给胡克的一封长信中提到,他会在6月前往摩尔公园协助埃玛:"我的妻子埃玛和女儿埃蒂已经启程前往摩尔公园;她(埃玛)将在那里待上两周,然后我会在此后的两周和她轮岗。"[26] 10月时,埃蒂终于不用再待在那里了,其间她只在8月短暂地回过一次家,而她那棘手的病情始终让父母担忧。

尽管如此,达尔文仍尽其所能地坚持撰写他那"永恒的物种之书"。到1857年9月底,他已完成第七章和第八章。但他在1857年7月中旬时已经脱离了自己的写作计划,当时他收到邻居约翰·拉伯克的一封信,告知达尔文他的植物学算法的计算全错了。拉伯克指出,达尔文一直相当随意地用"大"或"小"标记物种的属,但更严谨的方法乃是预先确定类别大小,然后再查看每个类别中所见种类的频率。若采取这种方法,达尔文就不必使用"大"属或"小"属的相对概念,取而代之以可在研究中对每个区域的所有属分类的绝对尺度标准。当然,确定"大""小"类别这件事本身是随意的,但至少也应该有统一的标准。一开始,达尔文被拉伯克揭露的事实震惊了。不过他知道拉伯克是正确的,并十分感激他:"你已尽最大可能帮助我理清了想法。如果我在所有研究项目中都像现在一样迷糊，那我将写出一本怎样的书啊！……我发现自己是如此容易头脑发昏，这着实令我震惊，因为我之前已对这个主题思索良久，而且认为自己的方法是恰当的。这真是可怕的错误。你把我从一个十分可耻的愚蠢错误中救了回来。"[27] 达尔文忍不住添加了一则沮丧的附言："这足以让我撕毁所有的手稿，并在绝望中放弃——我需要花几个星期才能仔细检查完所有的材料。但你要知道我对你有多感激。"他立即给胡克写信讲述自己遭受的挫折，并哭诉自己是"全英国最悲惨、最迷茫和最愚蠢之人"[28]。

情况很糟糕，但并不是灾难性的。达尔文按照拉伯克的建议把新西兰的植物群当作测试案例，将其中的植物划分为两组：4个及以上物种组成的属（"大"属）和那些仅由1~3个物种组成的属（"小"属）。他在大属中发现了339个植物种类，在小属中发现了323个植物种类。在大属的339个植物种类中，有51个为变种。按比例来说，如果两组植物的变异发生率相同，那么达尔文应在小属中发现48.5个变种。而实际上，小属中仅有37个变种。这一结果与达尔文的核心论证完全吻合，不仅如此，他还意识到这种比例分析方法可以证明较大的属不仅具有更多变种，而且其变种数量会不成比例地增加。这正是达尔文在寻找的确凿证据。"事情如我所料，"他谨慎地给拉伯克写信，"但这些证据还不具有普遍性，说服力还没强到可以让我对它满怀信心。"[29] 在劝说胡克重新寄出早已归还给他的那些植物学书籍后，达尔文便全身心投入重新计算的任务中了。到完成这项任务时，他已绘制了约200页表格。[30] 实际上，达尔文并未亲自绘制全部表格，他聘请了当地学校的校长埃比尼泽·诺曼（Ebenezer Norman）

为自己完成大量费力的制表工作。达尔文带着物种趋异的更有力证据乃至物种趋异之原理逐渐从应接不暇的表格中脱身。8月，他写信给胡克汇报成果并索要更多的植物学手册时，初次使用了"物种趋异"这个术语："如果一切顺利，那么它对于我将十分重要；在我看来，它解释了所有的分类问题，即生命形式的准分支和亚分支，就像从一个大型属的源头逐渐增加和分叉，诸如此类，正如你会看到的那样。但随后就出现了我所谓的物种趋异原理，我认为可以对此稍做解释，但可能你会因为太长而不看。"[31] 达尔文试图向胡克展开的解释可能过于冗长，但他一个月后给马萨诸塞州的阿萨·格雷（Asa Gray）寄出了一封长信，其中简明地解释了继自然选择的定义之后对他最重要的原理。这段解释值得我们全部引用，尤其是因为他加入了几行关于沃本修道院实验和他自己的生物多样性调查等方面的证据：

> 我相信，另一则可被称为物种趋异的原理是物种起源的重要部分。如果一个地点被十分多样的生命形式占据，那么此地可供养更多生命：一平方码的草地上生存了众多属的生命形式（我曾在这样的草地上发现过可归于18个属的20种生命形式），我们通过这一事实可以理解上述原理——或者，从某个小而统一的岛上可归于许多属和科的植物与昆虫身上，我们也可以理解这一点。我们还可以从自己最了解的高等动物身上理解这一点。实验已经证明，种植了多种草类的样地比只种植了2~3种草类的样地能产出更多牧草。如今每一种有机体的繁衍速度都如此之快，甚至可以说它们都在尽全力增加本种群的数量。因此，任何物种产生变种、亚种或真种之后，其后代亦会全力繁

衍。我认为从上述事实可以看出，每个物种的不同后代都会试图（仅有少数会成功）尽可能多地占据自然分工的不同位置。每个新的变种或物种在形成之初通常都会占据其亲代所在的地方，并将不那么适应环境的亲代排挤出局。我相信，这种情况一直是所有有机生命体分类或排序的起源。这些物种像同一个树干上的分枝和子分枝，旺盛生长的枝条破坏了不那么活跃的分枝，死掉和失掉的分枝粗略地代表了已灭绝的属和科。[32]

这是一幅巨大的生态和进化景象，达尔文的物种趋异新原则是其中的关键。

在 1857 年剩下的日子里，达尔文一本接一本地分析了植物学手册，除了少数例外，他得出的结果都是相同的：较大属包含的种类以不成比例的方式超过了较小属包含的种类。达尔文认为这种现象只有一种解释：属的规模确实是晚近时期物种成功进化的直接指标。正如他所想的，这些广泛分布的大量物种甚至现在仍有丰富的变异，并产生新的变种。达尔文那"可耻的愚蠢错误"也因此有了一些合理性。他的物种趋异原则汇聚了几条关键思路：变异、竞争、生态分工、灭绝、分类，以及小型的统一区域内的物种多样性等。自然选择有利于特定物种变异形式的独特性，而正是由于这些变异的独特性，不同的生命形式才能更稳定地共存。这是一种事实层面的生态分工，起源于自然选择动力，它促进物种系谱的分支随时间推移不断形成。也就是说，生命之树不仅通过自然选择，而且通过自然选择中促进分支生长的趋异动力而生长和扩展。

达尔文的物种趋异原理是一个清晰得令人陶醉的概念。这个概

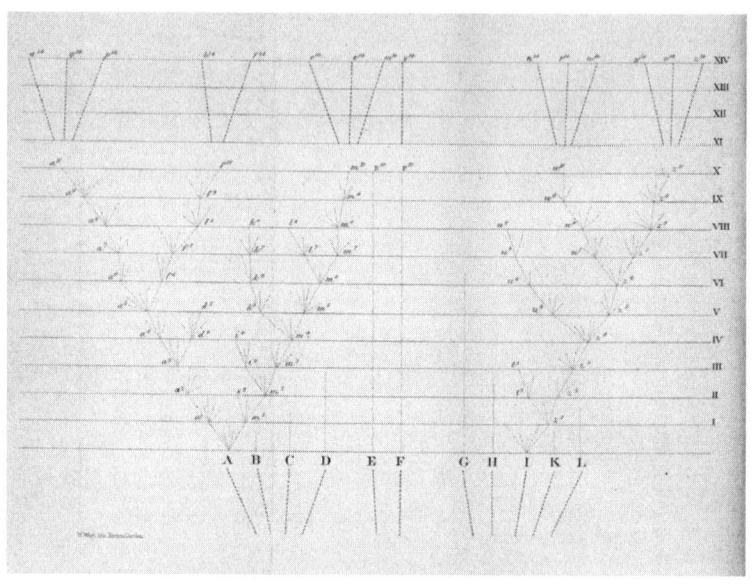

《物种起源》中仅有的一幅图画。它阐明了达尔文的物种趋异原理的结果。纵轴表示以上千或上万世代为计算单位的时间,横轴表示物种的形态学和生态学趋异。此图表示了后代物种如何随时间而逐渐变得与祖辈物种(在图中表示为沿底部排列的大写字母)不同(趋异)。达尔文设想,这一趋异过程产生的生命分支及其重新分叉的系谱构成了生命之树。引自达尔文《物种起源》(1859年),第117页。

念展现的现实是，毁灭和消亡是壮大、适应和多样化不可避免的对立面。意识到事情不仅仅像不断壮大的种群取代小型衰败种群那般简单，达尔文一定深感不安。不，事实一定比上述情况更尖刻——后代变种和物种使其亲代走向了灭绝。他深知这一结论难以被接受。但达尔文承认，事实就是如此。此间并无回头路可走，哪怕稍稍减弱这种趋势也行不通。当时的多数人和现在的人一样，只能"看到自然那面带欢笑的脸庞"，达尔文在《物种起源》中如此写道。"没有比承认普遍存在的生存竞争这一真相更简单的事了，或者……没有比在脑海中反复思索这个结论更困难的事了。"他告诫人们，如果做不到这一点，"整个自然界的分工，物种的分布、稀有、丰富、灭绝和变异等所有事实都会变得模糊乃至被严重误解。"[33]

曾被达尔文奉为英雄且与他为基督学院同侪的佩里一定对此感到震惊。但本着红衣主教切萨雷·巴罗尼奥对伽利略那般的坦诚精神（"《圣经》教导我们如何去往天堂，而不是天堂如何运转"），达尔文坚持自己的信念，认为必须遵循科学真理，无论它们与公认观点或依据《圣经》推测出的真理多么不兼容、不协调。因此，正是达尔文对田野植物学和小块样地实验的兴致帮助他提出了一系列原理——竞争、竞争排斥甚至性状替换（两个领地互有重叠且生态需求类似的物种以形态学趋异的方式相互适应的过程），它们最终成为生态学的核心概念。巨人总是站在巨人的肩膀上，20世纪数学生态学的几位先驱继续详述这些概念，使之更为完善，这些人包括查尔斯·埃尔顿、G.伊芙琳·哈钦森和罗伯特·麦克阿瑟等。

尤其是出生于英国的耶鲁大学生态学家哈钦森，他为达尔文对物种竞争和多样化的双重兴趣带来了经验和理论的新颖视角。恰逢其时地,哈钦森于 1959 年以经典论文《致敬圣罗萨莉亚,或为何动物如此多样?》(*Homage to Santa Rosalia, or why are there so many kinds of animals?*)作为自己就任美国博物学家学会(American Society of Naturalists)主席时的演讲,此时距离世人在林奈学会宣读达尔文和华莱士的文章恰好百年之遥。哈钦森完善了生态位的概念,这一概念现在被称为"哈钦森生态位"(Hutchinsonian niche)。他激励人们关注能量流在食物链和食物网中的核心作用,以及能量流与维持种群稳定性和生物多样性之间的关系。哈钦森像达尔文那样将地方情况推向全球而得出诸多见解,达尔文应该会欣赏这种做法。这一次,哈钦森在离耶鲁大学校园不远的林德利池塘和西西里岛的佩莱格里诺山中的一个小池塘从事相关考察,后一个池塘正是圣罗萨莉亚圣堂被发现的地方。哈钦森小时候在剑桥长大(他的父亲当时在剑桥大学担任矿物学讲师),帮助扩展了达尔文早期的"生态学"观念并将其形式化。鉴于达尔文的幽默感,他应该会对这位著名生态学家与自己家人初次见面时的恶作剧会心一笑。时年 11 岁的哈钦森和他 9 岁的弟弟莱斯利曾对达尔文的儿子乔治(当时的乔治爵士)及其夫人玩了个恶作剧,当时乔治夫妇正一同前往哈钦森家参加晚宴。这些顽皮的男孩把他们的父母和尊贵的宾客都锁在餐厅里,将钥匙扔进花园,还从总闸处关掉了餐厅的灯。如果这是孩子们对这种做法的后果感到好奇而做的"实验",那么实验的结果就不那么美妙了(哈钦森总结道:"故事的后半部分十分压抑。"),而哈钦森年少时构想的另一场"实验"也落得同样的结果:他将朋友克里斯蒂娜推入池塘,观察她是否能在水上漂浮("这是我对自己不擅长的生物流体动力学的早期兴趣。"[34])。谢天谢地,哈钦森后来把他的精力用在钻研达尔文式实验的重要性上了，他试图解开大自然中那令人困惑的"树木交错的河岸"之谜，在这一过程中，他在达尔文的基础上开拓了现代进化生态学的诸多领域。

章节实验：初涉植物学

"我相信一片草叶不亚于星球的运转。"在达尔文制定小块草坪实验的前一年，沃尔特·惠特曼（Walt Whitman）在《草叶集》（*Leaves of Grass*）中写下了这句不朽的话。达尔文应该会同意这句话，而且会在整片草叶中看到更大的意义。对他而言，小块样地可能一直都像富饶的亚马孙流域：无论土地面积多小，竞争、自然选择和适应等原理都同样适用。

1. 达尔文的草坪样地

我们将在自己的小块样地上做类似观察，无论它是草坪还是别的什么地面。我们可能难以完全再现达尔文的实验，因为此前刈草的历史对他的样地很重要。这是因为他认为，如果植物的生长受到放牧或修剪的限制，那么它们会更加多样化，而未经抑制的生长最终会让某些植物在与其他植物的竞争中胜出，从而降低整体的多样性。如果你知道你样地的修剪历史，你的实验会更接近达尔文的实验。无论如何，仔细观察小型的统一区域中的物种数量和产生频率，你仍能学到很多东西。

A. 准备材料
- 笔记本和铅笔
- 卷尺
- 绳子或金属丝
- 花园木桩或木棍（每块样地配备 4 个，用于标记角落）
- 基础的植物鉴定手册，如《杂草野花黄金指南》（*Weeds and Wildflowers Golden Guides*）、《彼得森荒野花草指津》（*Peterson's Field Guide to Wildflowers*）等，或可按地理区域搜索的在线植物鉴定指南

B. 实验步骤

1. 在杂草遍布的区域量出一小块 3 × 4 英尺（0.9 × 1.2 米）的地方，理想的情况是此地并未施过农药或肥料。用花园桩标记各个角落，并用绳子或金属丝把这块地围起来（把绳子或金属丝系在桩上或缠绕花园桩）。你现在就有了一片"小型的统一区域"，就像达尔文 1856 年 3 月在他的后院做的一样。（确保你已告知那些修剪这片区域的人不要动那一小块地方。）

2. 每隔 2~3 周前往样地辨认其中的植物，数出每种植物的数量。尽可能辨认到属或种。辨认不开花的植物可能有些困难，而辨认那些开花的植物也有难度。必要时可根据植物明显不同的形态直接确定其"形态种"或"种类"。如果你能够识别属或种，便很容易确定植物在分类学上所属的科或目。Tropicos 和 efloras 等网站就列出了植物属、种的完整分类。若能为植

物添加标签或做标记则最好不过，这有助于追踪哪些植物已辨认出，哪些植物尚需辨认。
3. 对比你得到的结果与达尔文的实验结果：在植物的生长季，达尔文在草坪样地上发现了 18 个属的 20 种植物。你的样地上的植物和他发现的一样多或者大致相当吗？你的发现或许与达尔文的有所不同，可能差别还挺大。这是因为很多因素会影响局部物种的多样性（土壤特征、当地气候、自上次干扰以来的时间间隔等）。很难说你的实验结果为何与达尔文的相似或不同。事实上，即使在达尔文开展实验的唐豪斯再现这一实验，结果也会有所不同（见下文中的麦克劳克林）。生态环境就是这般变幻莫测。

II. 达尔文的杂草园实验

达尔文意识到，他难以向一般人传达生物体之间无休止的生存竞争，以及这种竞争通过自然选择发挥的创造性作用。理解这一点更加困难，这是因为不同生物体、不同季节、一天中的不同时刻、不同的生命阶段、不同地点和许多其他因素导致这种竞争以不同的方式呈现。我们观察大自然时常常会错过物种之间的竞争，只看到和平与和谐，并误将其当作生命世界的天然状况。达尔文的杂草园实验旨在集中研究一组生物（植物）的特定生命阶段（幼苗期）。他认为，如果可以去掉一组压力，如将其他植物种满杂草园，他就能确定其他作用于这些植物上的破坏性力量（例如霜冻、干旱、昆虫、蛞蝓等），并由此衡量它们随时间推移的累积影响。他的实验是种群生态学的开创

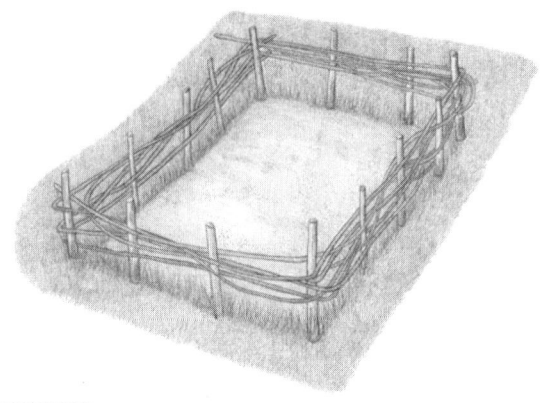

达尔文的草坪样地素描画。

性考察,很容易再现。看看你能否测出植物幼苗的死亡率,并比较你和达尔文的实验结果。

A. **材料准备**
- 笔记本和铅笔
- 卷尺和直尺
- 细绳或绳索
- 花园木桩或木棍(每块地 4 个)
- 细铁丝织网或铝制遮板,在草坪四周竖起一道约 0.3 米高的屏障
- 直径约 3 毫米的木制圆榫,长约 10 厘米的镀锌金属丝或扭绞带
- 油性记号笔
- 剪刀
- 纸张,剪成边长约 1.3 厘米的正方形

B. 实验步骤

1. 在晚冬时节量出一个或多个 3×2 英尺（0.9×0.6 米）的样地，用花园木桩或木棍标出四个角，并用绳子或绳索标记四周（把绳子系在桩上，或者将其环绕）。

2. 清除样地上现存的所有植物，根据需要挖掘土壤，清除多年生植物的根茎。

3. 将细铁丝网置于样地四周，尽可能使其嵌入地面，作为保护样地上的抽芽幼苗免受动物啄食或践踏的屏障。

4. 至少每 2~3 天检查一次样地。幼苗首次出现时，在其附近地面插入一根带有数字的圆榫或金属丝，标明位置，注意不要触碰幼苗，然后在笔记本上记录编号。使用带有不可擦除记号的方形纸逐个标记幼苗，用剪刀或削尖的铅笔在每张有编号的方形纸两端各戳两条小缝或小孔，并将圆榫或金属丝按下图方式穿过缝隙或小孔以固定方形纸。

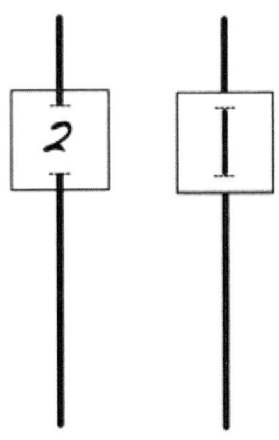

5. 在每株幼苗出现时标记其位置，同时留心观察，注意是否有蛞蝓、蜗牛、昆虫、鸟类等对幼苗有害的物种的活动或存在迹象。以恰当的时间间隔（每周 1~2 次）记录气候和土壤的状况，注意平均气温、降雨量和土壤湿度。随着植物的生长，也请留心是否可以识别其中的任何一种。
6. 普查植物数量的时间点：根据日程安排，一个月 1~2 次，一般间隔 2~4 周，移除那些幼苗不复存在的编号金属丝，这种情况表明幼苗已死。计算并记录经过编号的金属丝数量。记录任何关于气候或其他因素的情况，它们可能有助于解释死去和存活的植物数量。

C. 分析

1. 按照达尔文的做法，每个植物数量普查日需要记录：（1）自上次计数以来死去的幼苗的数量，（2）存活幼苗的数量，（3）截至当天出现过的幼苗总数。
2. 将数据制成一份幼苗存活表，并在其中反映随时间推移而出现的存活幼苗数占累计幼苗总数的比例。例如，达尔文曾记录，截至 1857 年 3 月 31 日，总共出现过 55 株幼苗，其中有 30 株存活，25 株死亡，存活率为 54%。在 1857 年 6 月 1 日的植物数量普查中，达尔文发现仅有 80 株幼苗存活，其他 277 株已经死去，存活率为 22%。到 7 月 1 日，实验中的植物存活率降至 19%，到 8 月 1 日则降至 17%。
3. 绘制你的样本中所有幼苗的存活率曲线，y 轴表示存活率，x 轴表示相应的普查日期。

也见：

K. E. James, "DNA Barcoding Darwin's Meadow," in *Darwin-Inspired Learning*, ed. M. J. Reiss, C. J. Boulter, and D. L. Sanders (Rotterdam: Sense Publishers, 2015), 257–270.

I. McLauchlin, "Charles Darwin's Lawn Plot Experiment," *The London Naturalist* 88 (2009), 107–113.

第四章

嗡嗡作响之地

对达尔文来说,昆虫总有一种特别的魔力和魅力,尤其是甲虫,它是达尔文在自然史收藏方面的初恋。"每当听说有人捕获了稀有甲虫时,"达尔文给自己的朋友和门徒约翰·拉伯克写信时称,"我就像听见战斗号角的老战马一样。"[1] 但在达尔文的进化论思想发展过程中,甲虫的地位屈居于膜翅目(蚂蚁、蜜蜂、黄蜂及其近亲物种)之下。这并不是因为其多样性(甲虫所在门类的物种数量远超膜翅目),而是因为它们惊人的行为和更惊人的生命史。胡蜂(bumblebee)首先引起了达尔文的注意,他称这个种群为"大黄蜂"(humblebee)。胡蜂围绕花朵盘旋时发出嗡嗡声,令人想起花园和草地上慵懒的夏日时光,谁会不熟悉这样的场景?1854 年 9 月——正是在这个月,达尔文写下了自己像久经沙场的老马的感受——这种蜜蜂在达尔文一家人外出那天吸引了儿子乔治的注意。正如杰出天文学家乔治(后来的乔治爵士)

多年后回忆的那样：

> 我一度以某种无意识的方式从事自然史的发现工作……在我八九岁时的八九月的某天，父亲在"砂砾小径"（这样称它是因为有段时间这条小径上覆盖了一层红色的沙子）上踱步，我在小径终点处的老橡树下等他。在父亲回来的路上，我告诉他，树上有大黄蜂窝。父亲说这不可能，但我坚持说有，而且还看到蜜蜂来回进出巢穴。于是，我们便在那里候着，不久，一只嗡嗡作响的蜜蜂飞走了，接着出现了更多的蜜蜂。尽管蜂巢并不起眼，但这个情况引起了父亲的好奇，他决心一探究竟。[2]

乔治发现了一处大黄蜂"嗡嗡作响"的地方。他的父亲既高兴，又困惑——他钟爱自然历史的神秘。这个"嗡嗡作响之地"是蜜蜂短暂造访的驿站，它们成群结队地飞来飞去。达尔文确定这些蜜蜂就是雄性大黄蜂，它们是欧洲和亚欧大陆常见的花园大黄蜂。他和乔治开始观察这些蜜蜂，很快发现树上并非只有这一个嗡嗡作响之地。这些蜜蜂会沿着花园的灌木篱墙和小径飞过固定的路线，并停在沿途的某个地点振翅作响，但它们来自何处，要去哪里，以及为何会在沿途的某一地点振翅作响等问题仍是未解之谜。父子俩还发现，追踪这些飞舞的蜜蜂并非易事。他们需要外勤助理，于是其他的孩子很快加入其中。除了乔治，威利（15岁）、埃蒂（11岁）、贝西（7岁）、弗兰基（6岁），甚至年仅4岁的小连尼都参加了这项活动。

随着时间的推移，他们在约274米的距离内绘制出11个嗡嗡作响之地。在一次调查活动中，达尔文以蜜蜂飞行路径上嗡嗡作响的地方为间隔点安排孩子们值守，这样他们就可以尽可能地追踪蜜蜂，同时可以密切观察这些地方。"这些飞行路径，"达尔文后来写道，"在相当长的时间内一直保持不变，而嗡嗡作响之地则固定在直径 2.5 厘米的区域内。我可以通过安排五六个孩子各驻守一个嗡嗡作响之地证明这一点。当某个孩子看到蜜蜂在某处嗡嗡地盘旋时，他就向最远处的人喊道：'这里有只蜜蜂。'其他人也跟着照做，于是，'这里有只蜜蜂'的叫声就会随着蜜蜂的飞行不间断地顺次从孩子们那里传到我所在的嗡嗡作响之地。"³ 这种昆虫飞得太快，无法远距离追踪。为了便于观察，达尔文将面粉撒粉器绑在一根棍子末端，自己站在蜜蜂飞行路径尽头的一个嗡嗡作响之地，在蜜蜂飞来时往它们身上撒面粉。于是，他们就能确切地辨认出蜜蜂是否沾上了面粉。乔治回忆道："蜜蜂通体变白之后，我们可观察到的蜜蜂飞行范围大了许多。我们会在大约 274 米的范围内追踪蜜蜂，然后它们会像果园墙角上的亮点一样消失不见。"还有一次，达尔文跟随蜜蜂来到一个长满灌木丛的干涸沟渠，在那里看见蜜蜂沿着多刺灌木交错的地面缓缓飞行。成人无法穿过这些疯长的灌木，于是达尔文整饬了他的队伍："我只能沿着这条沟渠跟随几个紧贴地面匍匐前进的孩子，但即便如此，我也只能追踪蜜蜂到 23 米开外的地方。"⁴ 但孩子们似乎并不介意。事实上，他们发现这是一次伟大的冒险。连尼记得他们如何研究这些嗡嗡作响之地："一半像玩游戏，一半像科学探索；就我们参与其中的游戏部分而言，我的父亲就像个孩子。"⁵

未解之谜还有很多：蜜蜂如何识别这些嗡嗡作响之地？而且，只有新近的大黄蜂蜂后能度过冬天，后代的大黄蜂又如何与之前的蜜蜂一样回到同样的地点？达尔文一直坚持做田野笔记，其中记录了他和孩子们3年来的观察结果。他注意到，大黄蜂似乎更喜欢沿树篱和小径飞行，并喜欢在树木的根部嗡嗡作响，他得出结论，相同的路线和嗡嗡作响之地一定对蜜蜂有某种吸引力。尽管如此，他仍然无法看出这些闹哄哄的地方有什么特别之处。他曾尝试通过去除植被和撒面粉的方式改变这些地点的外观，但蜜蜂仍知道这些地点的位置。

上述情况表明，这些蜜蜂并不是靠视觉找到这些地点的。达尔文及其年轻的外勤助理用另一个实验证明了这一点。这次，他们用一张网遮住了大黄蜂嗡嗡作响的地方，尽管如此，蜜蜂仍会在这些地方停留。"网罩并未阻止蜜蜂的到来，因此它们并非受视觉上的引导。"达尔文在笔记中写道。[6]

到底是怎么回事？达尔文始终没有弄明白。直到20世纪，博物学家才真正知晓蜜蜂使用的标记物：信息素，即从专门腺体中分泌的靠空气传播的化学信号。但当时达尔文并未意识到自己多么接近真相。他在1856年7月的田野笔记中提出疑问："独自飞出蜂巢的蜜蜂到底如何找到同一个地方呢？它们像去往某些角落的狗吗？"自然，狗会用尿液标记自己的领地——运用气味对其他狗说些什么。后来的研究表明，蜜蜂也使用化学信号，它们会用下颚腺体的分泌物标记自己振翅作响的地方。然而，蜜蜂并非领地占有型物种。巡航飞行并振翅作响的蜜蜂全都是雄蜂，对达尔文来说，这可能意味着此种行为与寻找配偶有些关系。多情的雄性沿巡逻的固定路径以气味标记（对它们而言）显眼的物体或地点，希望吸引新的蜂后。不同的物种会在不同的高度建立自己的飞行路径。达尔文和孩子们很走运，普通的花园大黄蜂是低空飞行员，否则他们可能完全错过这些嗡嗡作响之地。他们最终并未解开这个谜团，但这无关紧要。连尼（后来的莱昂纳德少

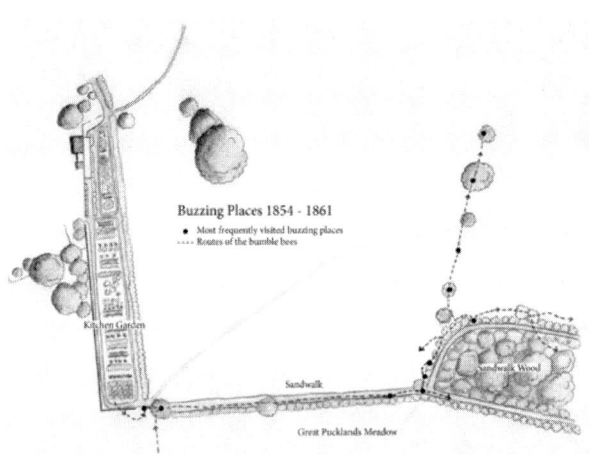

雄性大黄蜂飞过唐豪斯的路线及沿途振翅作响之处的示意草图，1854—1861年。摘录自莱斯利·C. 科斯塔《自由人》（*Freeman*），1968年，第180页。

校，曾是军人、国会议员和经济学家）回忆，父亲热衷于探明真相的精神给他和他的兄弟姐妹留下了深刻的印象。"他对我们观察的蜜蜂习性一无所知，但他从未想过隐藏自己的无知，不过这可能并未带来积极的教育效果。"[7]

我们并不清楚达尔文为何结束了对大黄蜂振翅作响之地的考察活动，只是大约在同一时间（1858年年初），达尔文的注意力越来越多地被另一个喧嚣的地方吸引：蜂巢和蜜蜂建造的蜡质蜂房。

已知最神奇的本能

1858年年初，达尔文投身于与蜜蜂及其他蜂类建造的蜂房相关的实验、图表和计算之中。这是他最新的爱好，也消耗了他很多精力。为何选择研究蜜蜂？因为蜜蜂就像配备了最新精密工具的建筑师，能够精确地建造蜂房和蜂巢，它们一直被视为代表动物界天生智慧之最的著名物种。它们由此提出了一个特殊的挑战，因其行为并不符合自然主义的解释。这种昆虫已经是足够神秘且极具象征意义的动物。在政治哲学家眼中，它们是完美的君主政体或共和国之典范，民俗学则视其为勤劳的模范，它们更是那些强调集体智慧胜过个人的共同体无法抗拒的吉祥物。除此之外，它们还被誉为造物主之设计的鲜活证明。

威廉·柯比（William Kirby，教区牧师，也是和斯彭思共同撰写权威昆虫学教材的昆虫学家，达尔文非常熟悉其作品）将蜜蜂描绘成"得到天启的数学家，在几何学家出现之前，它们就计算出了能够占据最小空间而不减损其容量的蜂巢形式，而在化学家出现之前，它们便发现了用植物的甜味分泌物制成蜂蜡的办法。在智慧之泉的引领下，它们用纯粹的物质建造了自己的六边形蜂房"。[8] 大律师、政治家和知识分子亨利·布鲁哈姆勋爵（Henry Lord Brougham）在写于1839年的《论与自然神学相关的科学主题》（*Dissertations on Subjects of Science Connected with Natural Theology*）中也流露出类似的想法。他提出了一个让人将蜜蜂和佩利手表及制表匠联系起来的主张：我们在蜜蜂那里见到的"纪律严明的劳动"只能在"设计监督"指导下的人群中看到。因此，蜜蜂也必定由这样一种监督指导。达尔文在这篇论文的抄本上做了很多页边注，其中一处潦草地写道，蜜蜂的蜂房"十分神奇——这是与动物的身体适应性同样神奇的心智适应性，就像一双眼睛，如果我的理论适用于其中一只，那它也适用于另外一只"。事实上，自然神学家认为蜜蜂的建筑在行为层面等同于眼睛。达尔文深知威廉·佩里曾引用的中世纪传教士圣斯特姆（Saint Sturm）的话："审视眼睛乃治愈无神论的良方。"达尔文知道，如果他无法用自然选择解释像眼睛或蜂巢这样神奇的结构，那么他的理论就有致命缺陷。

蜜蜂及其近亲的能力十分突出，其中一些不为达尔文及其同时代人所熟知。这些昆虫展现了自然界中最复杂的社会活动形式，它们的每个种群本质上都是由蜂后领导的庞大家族。只有蜂后能生育，而它无数的后代都不具备繁殖功能，而尽力帮助蜂后养育更多兄弟姐妹。这个家族由雌性主导，雄性仅短暂存在，并很少被生出。蜜蜂的一生都围绕蜂巢打转，每个蜂巢由两层蜂房相接组成，每层蜂房开口方向相反。蜂巢主要由雌蜂腹部下方的特殊腺体分泌的蜡构成，既是育婴室又是食品橱：一些蜂房用于育雏，另一些则成了蜜罐。一窝中等大小的蜂巢的蜂房数很容易就可达到 10 万或更多，它们往往分布在多个蜂巢中。如此规模的蜂巢需要超过 1 千克的蜂蜡建造，所提供的空间足够容纳上千只蜜蜂，还能储存 20 千克或更多的蜂蜜（昆虫学家喜欢说，蜂蜜可能是世界上首个储存类食品）。蜂蜜是蜂群冬季的食物来源，由蜜蜂的唾液分泌物与经蒸发作用改良的花蜜形成，但在享用加了蜂蜜的吐司或茶水时，你最好不要想象自己在品尝蜜蜂的唾液。富含蛋白质的花粉主要用于喂养后代，与蜂蜜混合后就成为"蜂粮"。

人们很难高估蜜蜂的强大诱惑力，也很难不从人类的视角将其视为解决建筑问题的工程师或建筑师。但蜜蜂并没有构想设计或思考某个问题的抽象概念，更不用说谋划解决方案的能力了。

深奥的问题

1858 年开始调查蜜蜂行为之前，达尔文也像蜜蜂一样忙碌着。1857 年，房屋改造工作被排上日程，他们要在房顶再新建一间带有卧室的餐厅，以满足不断扩大的家庭需要。对埃蒂健康的担忧也一直存在。她时不时会去海边——达尔文夫妇希望海边的空气能缓解她的病情。而在研究方面，达尔文这一年都在监督他的草坪实验地和杂草园实验，观察欧石楠灌丛的植物多样性，从而计算（及疯狂地重新计算）其植物学算法。但毫无疑问，达尔文还做了更多的研究——比如用不同品种的鸡杂交以研究其毛色形成的模式，他还记录了马皮毛上的条纹图案模式，并继续在盐水中进行干燥植物漂浮的实验。他通过所有这些研究循序渐进地分步完成了他的巨著《自然选择》——其中 6 章完成于 1857 年，这部分的最后一章"杂交"完成于 12 月 29 日。

新年的钟声才敲响不久，达尔文就已经投入下一章"动物的精神力量和本能"的写作了。也正是从此时开始，他迷上了蜜蜂。

在其最早关于蜜蜂的笔记中，达尔文只是提到，鉴于蜂房的几何学特征，蜜蜂必须有一种对其进行测量的本能。这一本能现在成了他迫在眉睫需要研究的问题。整个1857年，达尔文都在收集各种蜜蜂建造的蜂房的相关信息，但随着他于1858年开始写作关于本能的章节，达尔文逐渐对蜂房和蜂巢——由蜡质琥珀色的六边形构成的完美网状物——有了更深入的思考。据说他后来写道，这些昆虫"实际上解决了一个深奥的问题"。蜜蜂是如何形成这种规律性，来协调它们的筑巢过程，并选择使用六边形这种最可能最大化单位面积中蜂房数量的形状的？正如自古典时期以来的几何学家们理解的那样，六边形是蜂巢组合的最优解。[9]而达尔文及其同代人面临的问题则是，这些蜜蜂是如何"知晓"这一点的（如果这样说有意义的话）？自然神学家的主张是，它们受到了神启。

达尔文试图解开这些非凡昆虫筑巢行为背后的谜团，并将它们请下神坛（或者至少打开神坛的一两个缺口——毕竟他也是蜜蜂的崇拜者）。达尔文很快就找到了事半功倍的办法。首先，他试图证明，团队合作本身并非建造蜂房所必需的。相反，多个单独个体各自专注于自身工作的行为最终产生了众多相互协调的六边形蜂房（这一过程让人想起亚当·斯密所说的"看不见的手"）。其次，达尔文有一种预感，即回顾不同种类的蜜蜂的蜂巢建筑结构，他会发现不那么复杂的蜂巢，就像蜜蜂的完美蜂巢进化之路上的过渡形式（尽管并不必然就构成了真正的进化序列）。达尔文确信，高度复杂的巢穴结构并非与自然界其余部分毫无关联，正如自然神学家（及这些人的精神后裔——如今的智慧设计论者）相信的那样。过渡的系列指向一个从简单到更加复杂的逐步展开过程。

每关注一个新的"兴趣"，达尔文都会仔细研究这个主题，详尽地收集相关文献，并从自己认识的人那里汲取相关信息。他很快就了解到自己的朋友、大英博物馆的博物学家乔治·沃特豪斯于1835年发表了关于蜜蜂的百科全书式文章，此人还曾经描述过达尔文从"小猎犬号"之行中带回的哺乳动物和昆虫标本。沃特豪斯的文章为达尔文埋下了思想的种子：他认为六边形的蜂巢最初为圆柱形，圆形结构很容易以绕固定点旋转的方式形成。这就是动物世界中的圆形或圆柱形结构如此普遍的原因，从鸟巢到地洞，再到切叶蜂和切叶蚁切下的叶圆片都是如此。"我们观察到，"沃特豪斯写道，"几乎所有昆虫（也许我们可以说几乎所有动物）的作品都是以圆圈或扇形圈的形式出现的。几乎所有不同种类蜜蜂的蜂房均为此种结构。"[10] 因此，用大量蜂蜡从事建筑工作的蜜蜂"很可能"会按照圆柱体的形状构造蜂房。沃特豪斯继续写道："假设三个圆柱体相互接触，每只忙于建造这些圆柱形蜂房的蜜蜂就会将接触点的蜂蜡切掉。"因为每个圆柱体往往都会被其他6个（这是相同大小的圆形可绕同样直径的圆形对称排列的唯一数量）圆柱体包围，而每一对圆柱体相互接触后，其接触面上的蜜蜡就会被移除，于是接触面变为平面，六边形由此形成。此处描述的是简化版本：蜂房的建造还有更多数学细节信息，沃特豪斯还详细讨论了蜂房菱形基面的形成方式，以及蜂房是如何在蜂巢中形成背对背的构造层的——其讨论远比我们此处的详细。

达尔文被沃特豪斯的论述吸引住了。他写信给沃特豪斯，希望了解更多信息，包括蜡质蜂房的构建和某个单独蜂群的更多细节。

他认为自己朋友的描述基本正确，但还不够。如何比较不同种类蜜蜂建造的蜂房？建造蜂房的步骤又是怎样的？被其他蜂房围绕的、居于蜂巢中央的蜂房是否有着与其他蜂房相同的各边构造？每个蜂房都仅由一只蜜蜂建造吗？此时的达尔文手头有很多工作要做，但尽管如此，他也无法停止思考蜂房的问题。在1858年2月末写给胡克的一封近乎意识流的信件中，达尔文像自己喜欢在花园里观察的那些蜜蜂一样，从一个话题不断切入另一个话题。胡克是否知道新西兰的何种蜜蜂是授粉者？他是否会回答自己附上的分类问题？他是否能再次借出康多勒植物学作品的第10、11和12卷？物种是因为它们真的十分相似，还是因为它们与其他属的物种相比差别较小而被归于同一属？但达尔文用以结束全信的一个评论透露出他真正关心的问题："此致，我写下这段附言的部分，目的在于让自己不去思考蜂房，因为我试图从各种奇妙的角度理解看似简单的筑巢步骤，这让我沉迷其中。请原谅你这位难以忍受但热情的朋友。"一周后，达尔文再次致信胡克，感谢他提供的植物学著作和其他信息，并宣称自己最近一直"极度关注蜜蜂的筑巢本能"。[11]

达尔文并非唯一对蜜蜂的筑巢本能感兴趣的人。著名期刊《田野、农场和花园：乡村绅士新闻》(*The Field, the Farm, the Garden: The Country Gentleman's Newspaper*) 的编辑威廉·泰格迈尔（William Tegetmeier，1816—1912）是家禽和奇特鸽子领域的权威，他曾与达尔文就家禽和鸽子等相关主题交流多年。达尔文惊讶地发现这位与自己通信的朋友也是个蜜蜂爱好者。泰格迈尔会定期在昆虫学会的会议上展示新的蜂巢设计样式，他还想出了在各种结构位置放入蜜蜂可能用到的蜡块的主意，以更好地理解其筑巢行为。泰格迈尔的聪明才智

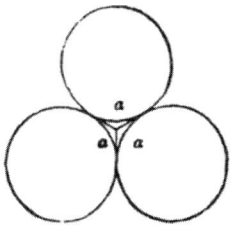 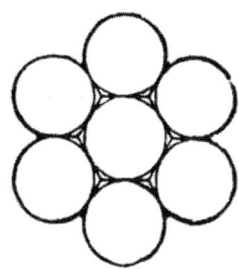

乔治·沃特豪斯为自己提出的六边形蜂房起源假设提供的图解说明。（左图）蜂房一开始为圆柱体（蜜蜂在建造蜂房的时候绕固定点旋转便很容易构建这种形状）。然后，蜜蜂便在圆柱相接处挖出空隙，圆柱之间的平整面由此形成（边a、边a和边a）。（右图）随着这一进程与周围蜂房的形成同步发生，每个蜂房周围的平整面便会共同形成一个六边形。摘自沃特豪斯《蜜蜂》（1835年），图7和图16。

对达尔文很有帮助，但后者此时仍在努力掌握蜂巢的几何学知识。哥哥伊拉斯穆斯试图提供帮助——尽管很懒惰，但他确实很有数学天赋。而达尔文却坦率地感叹道，他的"脑袋并没有足够的空间来掌握或理解数学"。达尔文也可能是因为看到兄长可能会让问题变得更加复杂而非得到阐明才这样说的，后者寄给他的计算方式是这样的："c 处的钝角位于纸面之上（因此记为）Kc= 圆⊙经过钝角∠ s 的半径 Kb=12 倍圆心的距离 = 圆心到菱形的距离……"[12] 唷！达尔文此时的感觉可能比钝角更迟钝。

达尔文和老友威廉·哈洛斯·米勒（William Hallowes Miller）相处起来就要好些，后者是剑桥大学的晶体学家和矿物学教授。米勒比达尔文那惯用平面和角度的哥哥更能帮助他理解蜜蜂的几何学——"这是我的理论需要解释的最深奥的本能了"，就像他对胡克感叹的那样。达尔文对米勒提出了一系列问题，在经历了最初的失误后，这位朋友为他带来了令人振奋的结果。米勒甚至指导达尔文构造一个基面为菱形的十二面体纸质蜂房模型——一种 12 面的多角形物体，每一面均为四边菱形。米勒说，如果这个十二面体的某些轴线得到延伸，那么这个结构就会变成达尔文熟悉的蜂房造型。

达尔文迎难而上。就在华莱士关于特尔纳特岛的论文寄达唐豪斯之前的几周内，达尔文一直徘徊于胜利和失败之间。5 月初，他向当时正在导师指导下准备剑桥入学考试的长子威利宣称，他已经"建立了蜂巢理论"。但数周之后，达尔文再次给威利写信，称他已对蜂房"悲痛欲绝"。事情的起因是瑞士博物学家弗朗索瓦·胡贝尔（François Huber）首次出版于 1792 年的《蜜蜂新观察》(Nouvelles Observations sur les Abeilles)。达尔文在该书后来的版本中读到，尽管胡贝尔早年失明，但他仍对蜜蜂研究做出了重要贡献，胡贝尔在书中提出，某些蜂房的侧面在周围其他蜂房建造之前便已有棱有角了。达尔文在书的页边惊恐地写道："这对我的理论是致命一击。"他唯一希望的便是胡贝尔错了。

达尔文不得不使用从邻居处借来的"庞大的蜂巢观测台"以亲自观察蜂房的建筑过程。他对威利宣称："我要前去一探究竟，因为我不能让自己所有的工作付诸东流。"这就是达尔文坚持不懈态度的真实写照。他的朋友约翰·英尼斯（John Innes，当地的一名教区牧师）为其提供了帮助，仅仅一个星期之后，达尔文便兴致盎然地投身于养蜂活动之中了。埃玛对此印象深刻："想想你爸爸变得多么胆大"，她写信给威利感叹达尔文是如何"独自走进蜂群之中……他和英尼斯先生的养蜂工作服上印着精致的图案，帽檐边上还配有面纱"。

与很多一开始就占据领先地位的研究主题不同，这是达尔文不断追赶的一个研究领域。养蜂是一种古老的技艺，这一行业后来经历了蜂巢设计、蜂蜜提取技术和其他养殖技术方面的诸多创新。人们难以在一夜之间成为养蜂专家，尽管达尔文的实践热情一如既往，但他仍非常仰赖其他比自己更在行的朋友提供帮助和建议，尤其是沃特豪斯、英尼斯和泰格迈尔等人。大约在1858年6月初，达尔文和英尼斯都穿上了养蜂套装，泰格迈尔建议为蜜蜂提供未经加工的蜂蜡，以此观察蜂房建造的最初阶段。如果蜂房从一开始就是凹面的小碗状（就像把试管弯曲的底部压在软蜡上形成的印记那样），那么事实则与达尔文的想法一致，即蜜蜂最初构建的蜂房为圆柱形，后来才修改成六边形。达尔文对此进行了测试。

他的理论行得通！达尔文写信给泰格迈尔透露了这则消息："我

在人造蜡上发现了一些半球形底座——万岁！我衷心感谢你提供的这个重要建议。"数周之后，达尔文便因两岁大的查尔斯·韦林的病情及华莱士的手稿而陷入忧虑：韦林感染了猩红热并可能因此夭折，而华莱士则似乎想要抢先取得达尔文毕生向往的成就了。而对蜜蜂的思考则有助于他保持镇定。泰格迈尔也一直在做实验，在伦敦昆虫学会1858年7月5日的会议上，他以论文的形式报告了自己的最新成果。泰格迈尔还展示了自己最新的蜂房观测台，其每侧由三面玻璃板组成。每当他为蜜蜂提供一块蜂蜡后，它们便会建造带有凹面基底的圆柱状蜂房。随着蜜蜂不断在蜂巢边缘处修建新的蜂房，他发现那些已经被其他蜂房环绕的旧蜂房外部边缘逐渐变成了六边形。

至此，众人以为问题已得到解决，但一些博物学家显然异常坚信蜜蜂自一开始便修建了完美的六边形蜂巢，更重要的是，这一"事实"证明蜜蜂曾受到神启。大英博物馆的动物学负责人兼伦敦昆虫学会的主席约翰·爱德华·格雷（John Edward Gray）便直言不讳地表达了自己对这种观点的不耐烦："自然神学家们试图证明，六边形而非圆柱状蜂房的形成表明这种昆虫在很大程度上拥有神授的智慧，这是他们提出的最大谎言。"[13]大英博物馆的膜翅目专家弗雷德里克·史密斯（Frederick Smith，我们在后文会对他有更多的了解）称他并不准备就其中一种观点进行争辩，而是指出，他并未成功地将纸质圆柱体变成六边形，而一些黄蜂则从一开始便构造六边形蜂房，很像建造六边形烟囱一样自下而上地建造蜂房。此时，泰格迈尔也宣布了自己的下一轮实验，这次他使用了着色蜂蜡以详加追踪蜜蜂如何挖掘巢穴、从哪里挖掘巢穴，以及被挖出蜂蜡的用途，等等。

这一想法乃受人启发所得，又启发别人：达尔文很快就掌握了这项技术。被选作着色剂的朱草自古以来便是红色染料的常见来源。这种由植物根部制成的染料可以将胭脂、口红和其他化妆品染成红色，它也是木材着色剂（"红木"），甚至还可放入咖喱番茄炖羊肉（Rogan Josh）等食物中，而这道菜肴的名字就得自印度语中的朱草"Ratan Jot"一词。那个夏天，达尔文和泰格迈尔给蜜蜂的蜡块涂了一层薄薄的红色，这种标记可以让他们了解蜜蜂在建造蜂巢时的行为。

虚得建筑师之名

1858 年 9 月初，泰格迈尔造访达尔文，讨论蜜蜂并比对他们彼此的笔记。达尔文很开心自己的朋友优先报告他们的发现，而非他平时发表观点时"致编辑"的套路和风格。此时的达尔文正沉浸在 6 月底的丧子之痛中，心烦意乱，而且还在痛苦地挣扎着，做出是否放弃他那"物种巨著"《自然选择》的抉择，如果放弃，那么在华莱士随之而来的论文面前，如何确保以最好的方式公布自己的理论，从而取得优先权。当月晚些时候，泰格迈尔在英国科学促进会（British Association）于利兹（Leeds）举办的会议中提交了一篇论文，其中描述了他和达尔文用红色蜡块做的实验。经过多次调整及不断重复，他们的实验证明："蜜蜂无论何时都以半球状挖掘蜂蜡，而挖出的蜂蜡通常被用于修建蜂房的墙壁，这些蜂房在相互接触之前总呈圆柱状。"

泰格迈尔用红色蜡块追踪蜜蜂行为的想法恰好是达尔文钟爱的那种简单有效的实验方法。达尔文在几次实验中都很好地运用了红色蜡块技术。有一次，他为蜜蜂提供了一块涂有薄薄一层红色的厚蜡块。

这次实验揭示出，蜜蜂在建造新的蜂巢时首先要做的事情便是挖掘圆形的小坑。随着挖掘深度的增加和挖掘范围的扩大，这些圆坑就变成浅碗或杯状的凹陷，其大小与蜂房的直径差不多。相邻蜜蜂的挖掘活动出现交集时，蜜蜂就开始在不断增多的蜂房之间竖起一道平整的蜡墙。但后来达尔文注意到一件十分有趣的事情：在这种单层蜂巢中，六边形蜡墙位于蜡块凹陷边缘的顶部，而且它并不具备双面蜂巢通常的三面锥状底部基面结构。这是因为蜡块很厚，蜜蜂不可能以平常的方式建造背对背的蜂巢结构。然而，当达尔文把一块较薄的红色蜡块置于蜂巢中后，蜜蜂们便开始在其两侧挖掘圆坑了。然而，两侧的蜂房并非按照完全相反的样式排列，而是呈相互抵消状，一侧的某个蜂房刚好位于另外一侧三个蜂房的交叉处。每一个蜂房与相反一侧的另外三个蜂房共享一块平整的基面——因此，蜂房底部为三面锥状结构而非碗状结构。这种构造的蜂房比它们直接背靠背排列更坚固，因为每个蜂房都由相反一侧的三个蜂房的墙面支撑。

然而，达尔文在这个实验中为蜜蜂准备的蜡块很薄，以至于它们只能对其有限利用。实验中的蜜蜂正忙于建造蜂房的锥状底部结构，它们可能一旦闯入另一个蜂房前就停止挖掘，从这一现象中，我们明显可以看出这一过程的些许端倪。而在另外一个实验中，达尔文在蜂房边缘处盖上了一层薄薄的红色蜡块。"我总是发现，"他写道，"蜜蜂会将这些染了色的蜡块以原子级别排列的最精密方式，从一开始放置的地方带到蜂房不断生长的边缘周围。"换句话说，蜜蜂会不断地修缮和重建蜂房，它们会随着蜂巢的不断扩大而协调蜂蜡的配置。这种不断试错的过程会持续改进它们的筑巢技能。尽管认为蜜蜂的蜂房并不完美，达尔文应该也会对如下情况感到好奇：80年后，数学家们发现，菱形四边基面的六边形蜂房比金字塔基面的蜂房更能有效地填充蜂巢。[14]

1859年年初，在泰格迈尔的论文发表之际，达尔文也已经完全整理好了用于解释自己理论的作品：一本简明的著作——无论如何，相对于《自然选择》的应有长度来说还算简明。一番思虑过后，达尔文将其命名为《物种起源》。在该书的第7章，达尔文总结了他和泰格迈尔的实验，认为蜜蜂的六边形蜂房出自最初的圆形蜂房，经过蜜蜂的苦心经营和布置演化而来。"无论你设想蜜蜂具备何种本能，"达尔文在《物种起源》中写道，"一开始似乎都很难想象它们如何能够制造出所有蜂房必需的角度和平面，我们甚至都难以察觉这些角度和平面制造于何时。但其中的困难并不像一开始设想的那样大：我认为，所有这些美丽的作品都得自少数几个非常简单的本能。"现代生物学家会赞同这一看法。蜂巢的独特样式很可能是蜜蜂在筑巢过程中依据的特定规则、蜂蜡的物理特性和蜂房外形等多种因素共同作用的结果。"共识主动性"（stigmergy）这个有趣的假设认为，巢穴结构本身的特性触发了昆虫筑巢师的某些特定建造规则，即建造过程及行为的每一个步骤都会刺激产生下一步行为的自组织形式。这个引人入胜的观念成功地解释了蜜蜂和白蚁的巢穴的建造，它是牛津大学的进化生物学家理查德·道金斯（Richard Dawkins）提出的"扩展的表现型"（extended phenotype）概念的一种表达方式。在这一观念中，蜂巢是蜜蜂自身行为的延伸。蜂巢的物理结构会影响蜜蜂的生存和繁殖成效，其整个建造行为都由蜜蜂的遗传基因特性决定，自然选择当然也会对其产生影响。并且，自然选择改变蜂巢建筑样式的最简单方式便是改变蜜蜂筑巢时遵循的简单行为规则——就像稍微更改旅行线路

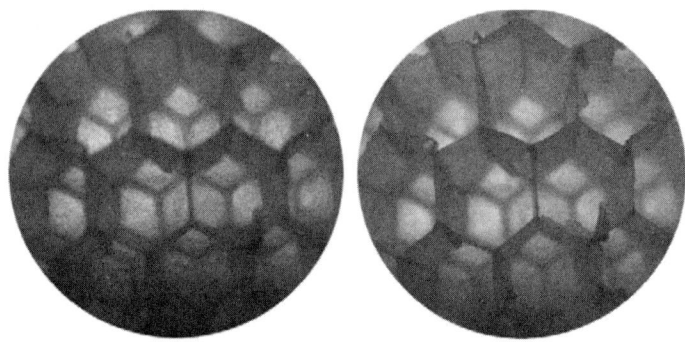

蜂巢的三维结构细节展示。（左图）蜂房的三面金字塔基面，每一面都是三个相对蜂房的一个基面。（右图）六边形蜂房，它展现了蜂房侧面之间夹角为120°。作者供图。

（比如只是在某个交叉路口走岔了）就会去往明显不同的终点一样，筑巢规则最初的小小改变也会产生明显不同的建筑结构。这就是达尔文理解的大局的由来。他想知道是否有证据表明简单筑巢行为规则的改变可以导致这种"已知最神奇的本能"。达尔文认为的确如此。

咨询亲属

甚至在潜心研究蜂巢几何学之前，达尔文就开始尽可能多地收集蜜蜂的作品了——他一般是写信联系远近各处的人，恳求他们寄送相关标本。正如单个蜂群从圆形或圆柱形开始阶段性地建造其六边形蜂房一样，达尔文认为，这种阶梯式的过程反映了蜜蜂复杂行为方式可能的进化轨迹。在类似冯·贝尔的"发展规律"行为版本中，早期发展阶段被认为反映了物种的先祖状态，他确信六边形蜂房最初的圆柱形阶段意味着，这些蜜蜂的祖先仅建造圆形或圆柱形蜂房。因此，蜜蜂代表了蜂房比较接近当前的更先进发展阶段。为何自然选择会偏爱它？其中的基本观念是，自然选择会在生存竞争的过程中对蜜蜂的祖先起作用，提高其繁衍成功率，从而最大化单位面积中的蜂房数量，同时节省了建造蜂房所需的蜂蜡用量。更多的蜂房意味着蜂群可在一定时间内养育更多后代，而且用于储存蜂蜜的空间也自然更多（这对蜂群度过冬季而言至关重要）。关键是，建造六边形蜂房所需的蜂蜡更少。

达尔文问泰格迈尔，蜜蜂制造蜂蜡会消耗多少能量。蜜蜂的通货是食物，主要是它们制作的蜂蜜形式的糖类。泰格迈尔通过计算得出，每制作 0.45 千克蜂蜡需要 6.8 千克糖，这可能是基于他每个季节喂养蜂群的糖分量,及其间蜂群规模的平均增长等数据粗略计算得出的结果。我们目前的估计是蜜蜂每合成 1 克蜂蜡需耗费 6 克蜂蜜。为了理解这对蜂群的能量预算意味着什么,我将在此给出一只蜜蜂制作 6 克蜂蜜付出的代价。每一朵花都仅会产生少量花蜜。平均而言,某种植物每次可储存 30 毫克的花蜜,因此,除了多次采集以填补收成外,蜜蜂们需收获超过 200 株装满花蜜的植物才能制造 6 克蜂蜜。六边形蜂巢意味着所需的蜂蜡更少,从而可省更多的能量——节省的能量可用于繁育后代、保持蜂巢卫生,以及为冬季储存更多食物。值得指出的是,像蜜蜂一样越冬的昆虫并不常见:它们并不休眠,而是通过新陈代谢的方式燃烧蜂蜜产生热量,从而创造一个温暖的微环境。这是代价高昂的生活方式(与我们人类很像)。

达尔文确信,自然选择作用于蜜蜂先祖的方式,在于它支持了六边形蜂巢的进化以节省蜜蜂的能量。因此,达尔文需要证明更简单、效率更低的过渡蜂房形式也是可能存在的。他希望找到蜜蜂的"旁系后代",即近亲物种,以便查看是否能找到这种渐变。达尔文以自己的老朋友大黄蜂为起点。

大黄蜂在分类学上与蜜蜂不同属(它属于熊蜂属),但它们都属于蜜蜂科。它们和蜜蜂一样都是社会性物种,但在某些重要的方面有所不同。大黄蜂种群仅可存活一年,它们一般在地上筑巢。正如达尔文知道的那样,大黄蜂会建造大致呈球形的大小不一、随机排列的蜂房,它们会在里面抚育后代和储存蜂蜜。大黄蜂乃是它们的生物学近亲的完美对照物种,但达尔文需要找到位于它们之间的物种。当了解到所谓的"墨西哥蜜蜂"(Melipona domestica)会将初为球形的蜂房改为圆柱形的蜂房,并且在蜂房相交的地方建造平整外墙后,达尔文十分激动。有"皇室贵妇"之称的无刺蜜蜂与蜜蜂和大黄蜂同科,但属于不同亚科,它们已被墨西哥土著居民半驯养了数百年(如果不是上千年的话),它们在当地又被称作"皇家玛雅蜜蜂"(Royal Mayan bee)。达尔文在瑞士蜜蜂学家弗朗索瓦·胡贝尔的儿子皮埃尔·胡贝尔(Pierre Huber)的一篇文章中读到了对这种蜜蜂的描述,我们在本章前面部分已经提过老胡贝尔了。小胡贝尔和他父亲一样是一位杰出的昆虫学家,他发表的一篇论文以详细的图表展现了蜜蜂的蜂巢,以及墨西哥土著居民为了养殖蜂群而创造的独特"蜂巢"。这些土著人基本上会使用凿空的原木或树枝,两头塞住,悬挂在树上或自家屋檐上。达尔文更感兴趣的是蜂房的切割图,它显示出初具雏形的蜂巢里面紧凑地排列着圆形的蜂房,除了蜂房交接处,其余的蜂房壁则呈曲面。蜂房壁平整的地方不可避免地呈现出多个蜂房相互接触产生的多面形态。这正是达尔文寻找的中间形态的蜂巢排列形式:其中的蜂房鳞次栉比,相邻的蜂房共享一道蜂房壁,如此一来就比大黄蜂建造的独立蜂房更节省蜂蜡。

达尔文在《物种起源》中争辩道:"我想到,如果墨西哥蜜蜂在建造其球形蜂房的时候为其留出间距,并将这些蜂房造成同等大小且对称分布的两层结构,所得的结构很可能就与蜜蜂蜂巢的一样完美了。"为了支持这一观点,达尔文将一些计算结果寄给了自己的数学家朋友米勒教授,后者表示赞同。达尔文在《物种起源》中描述了自己及泰格迈尔的实验,并以对六边形蜂巢进化的激动人心的概括作结:"因此,我相信,所有蜜蜂已知的最神奇的本能,都可通过自然选择对其简单本能的大量、连续、微小的修改方式加以解释。"自然选择以"缓慢但日臻完美"的方式起作用,这会导致蜜蜂更有规律地建造蜂房:

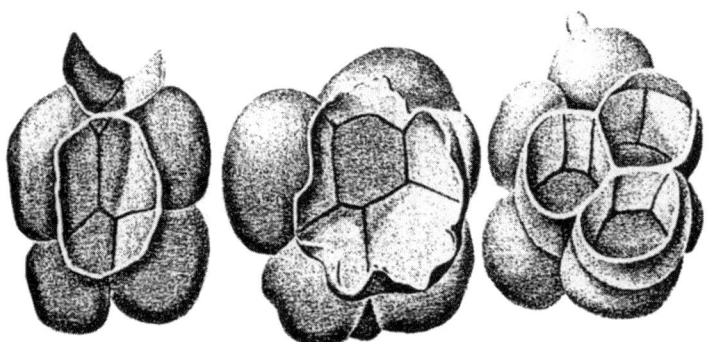

墨西哥蜜蜂蜂房的三个示例,它们被切开,展现了蜂房交接处延伸出的多面蜂房壁。摘自皮埃尔·胡贝尔发表于1836年的论文:《墨西哥国内蜜蜂评注》中的图3。

那些在分泌蜂蜡过程中浪费蜂蜜最少的蜂群取得了最大的成功,它们会将自己新获得的节省的本能遗传给新的蜂群,后者也相应地会在生存竞争中获得最大的成功机会。[15]

达尔文并不希望众人照字面意思理解"大黄蜂—墨西哥蜜蜂—蜜蜂"的进化序列。也即,他并不是说大黄蜂会进化成墨西哥蜜蜂,后者又会相应地产生蜜蜂。相反,大黄蜂和墨西哥蜜蜂的蜂房建筑样式揭示了蜜蜂祖先的筑巢行为应该是什么样的,并且还展现了现代蜂巢的进化路径。达尔文的观点是,即便最复杂、最难以处理的结构或行为,适应性也必定存在简化的中间阶段。正如他就一个不同但相关的主题谈到的那样:"一个系列会给人以某种实际发生了的过程的印象。"[16]

对物种不良行为的短暂研究

蜜蜂的筑巢行为是达尔文在理解本能时探讨的三个难题之一。另外两个则是蓄奴蚁和杜鹃——二者都是巢寄生的奇特例子——它们的情况似乎也都亟待解释。达尔文发现自己会从对蜜蜂的研究中分心思考这两个物种,这很可能是因为它们也有更深的意义。他会以类似寻找存在过渡性行为的蜜蜂近亲的方式来研究这两个物种。我将其称为达尔文对一些物种不良行为的短暂研究。

杜鹃(Cuculus canorus)的情况早在数百年前便为人所知。这种广泛分布于欧洲的鸟类属于巢寄生物种,它们没有能力养育自己的雏鸟,甚至都不会筑巢。[它们让其他鸟类为自己抚育后代的倾向是"戴绿帽"(cuckold)一词的由来。]这种寄生行为的极端形式是如何产生的？将欧洲和北美杜鹃科其他物种的行为信息汇总后，达尔文发现了这个物种孵育寄生的程度和形式上的变化，这与进化的序列观念一致。在杜鹃科物种范围的一端，达尔文发现机会主义的寄生物种偶尔会实施"鸟蛋倾销"（暗中在其他鸟类的巢中下蛋）——它们下蛋的鸟窝不止一处，这样有助于增加成功的希望并分散幼鸟被认出的风险，从而增大这个寄生物种的繁衍成功度。这种现象如今被称为"兼性巢寄生"（facultative brood parasitism），常见于北美黄嘴杜鹃。这种鸟类通常会抚育自己的幼鸟，但如果机会成熟，它还会在其他黄嘴杜鹃甚至别的物种的巢内下蛋。达尔文注意到，欧洲杜鹃则位于其研究范围的另外一个极端：这个寄生物种不仅完全依靠宿主养育后代，而且其幼鸟总会除掉宿主的后代并独占后者的照料。这种情况则是专性巢寄生（obligate brood parasitism）的极端形式。达尔文设想了一种情景：如今的杜鹃科鸟类的遥远先祖最初尝到了意外将鸟蛋下到其他鸟类巢穴中的好处。自然选择可能支持了兼性巢寄生行为这种机会主义的进化。这种情况反过来又可能为见于欧洲杜鹃身上的巢寄生极端形式的进化奠定了基础，鸟儿在这种情况下可免于花费时间和精力建造自己的巢穴，从而完全专注于寻找其他鸟类的巢穴实施寄生行为。

吸引达尔文注意的另外一种"不良行为"则是当时刚刚发现的蓄奴蚁。与杜鹃的行为类似，蚂蚁蓄奴的极端形式则完全依靠某种宿主养育其后代。问题再次出现：如何将这种专性巢寄生解释为某种渐进过程？达尔文再次寄希望于找到这种蚂蚁的"旁系亲属"，从而根据其旁系亲属的行为建立某种过渡情况。从意外的寄生行为到偶然或机会主义的寄生行为（兼性巢寄生行为），再到完全依赖的极端寄生形式（专性巢寄生行为），达尔文试图找寻相关物种行为的自然变化，以此建立某种可能的进化路径。

达尔文从柯比和斯彭思的《昆虫学导论》(Introduction to Entomology，于 1818 年首次出版）中稍微了解了蓄奴蚁。许多人都目睹过某些蚂蚁的掠夺性袭击行为，并设想这些蚂蚁是在为领土或储备食物相互竞争，但其实他们并不了解实情。亨利·戴维·梭罗（Henry David Thoreau）于 1846 年在其位于瓦尔登湖湖畔的小屋附近目睹了一场战斗："这些不顾一切的军团遍布树林中所有的山丘和谷地，地上满是死去和垂死挣扎的蚂蚁。"他在《瓦尔登湖》中如此写道。梭罗将这种场景视为引发了人类冲突的大屠杀，并认为这是一场"两败俱伤的战争，一方是红色的共和党，一方是黑色的帝国主义者"。[17]

鉴于梭罗强烈的反奴隶制度情结，如果他读过柯比和斯彭思的著作，他可能会以别样的视角看待这场冲突。两位作者预见到了读者对昆虫的此类惊人行为的怀疑。他们问道，当读者被告知"某些蚂蚁从巢穴外出从事掠夺行为，而且它们只是为了奋力掠夺奴隶这一个目的"时会做何反应？柯比和斯彭思相信皮埃尔·胡贝尔是"这种几乎令人难以置信的自然变异行为的发现者"。胡贝尔发现，有两种蚂蚁会主动袭击附近其他蚂蚁的巢穴：悍蚁（Formica rufescens）和血红林蚁（F. sanguinea，其名字的含义为"血红色蚂蚁"——因为它们呈红色，且该名与其行为相呼应）。这些蚂蚁会入侵其猎物的巢穴，杀死任何反抗的成年蚂蚁并"催眠"幼蚁，进而像海盗一样将这些幼蚁战利品带回自己的巢穴。然而，幼蚁的命运并非成为零食；入侵者会允许它们长大，并为这些奴隶印刻（在科学的意义上）自己属于这个群体的信念，这些奴隶便会承担起这个种群的所有工作，就像在做

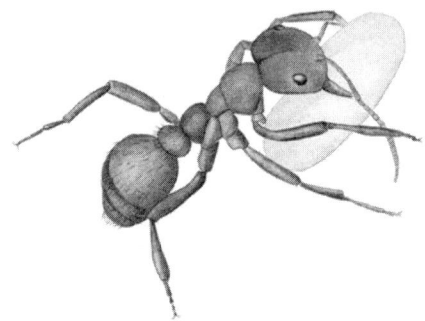

达尔文研究的一种名为血红林蚁的蓄奴蚁。莱斯利·C.科斯塔绘制。

自己的事情一样——我是说所有的工作：筑巢、清洁、觅食、抚育奴隶主的后代，甚至在奴隶主蚁群受到威胁时战斗至死。胡贝尔通过实验表明，悍蚁完全依赖"奴隶"蚁群，因此它们完全无法自食其力，甚至没有了奴隶蚁群的照料就会死去。相反，血红林蚁多少会做点事情，尽管不多。相对于无法独自存活的"专性"奴隶主悍蚁而言，血红林蚁似乎是个机会主义（或说是兼性）的蓄奴者，在时机出现前它们会一直劳作。

早期的观察者将此种现象称为"奴隶制"的事实很有深意：他们禁不住将这种现象比作人类的奴隶制，但这种比较在很多方面显得无力——尤其是，这些蚁群的互动属于物种之间的层面，而人类的奴隶制则涉及同一个物种内部的成员。尽管如此，这种标签甚至已经渗透到科学文献之中，描述这种现象的首选科学术语乃蚁群的奴役现象（dulosis）一词。众人不可避免地将其与人类社会进行对比的思路引起了达尔文的深刻共鸣——他和他的家人都是激进的废奴主义者，这一骄傲的反奴役激进主义家族传统可追溯至其外祖父乔赛亚·韦奇伍德一世，他曾用那著名的废奴主义浮雕胸针为此项事业募集资金，这枚胸针上刻有受缚的非洲人和"难道我们不属同类，毫无手足之情？"这种振聋发聩的呼告。英国境内及其附属领土内的奴隶制度直到1833年才彻底废除，但达尔文随"小猎犬号"抵达巴西的时候亲眼看见了这种制度的残暴。达尔文并不是那种从拟人化的角度看待自然的人，但他仍然不可遏制地认为这些施行奴役行为的蚂蚁的掠夺本能是"可憎的"。

胡贝尔发现的这两种蓄奴蚁有一种不见于英国，另外一种又很少见，因此，当地的博物学家们几乎没有研究过这种现象。此后，达尔文读到了大英博物馆的昆虫学专家弗里德里克·史密斯的一篇论文。史密斯在文中谈道，血红林蚁在英格兰南部沿海的汉普郡（Hampshire）分布较广，他曾在该地目睹过这些蚁群发动的袭击。达尔文于1858年2月底给史密斯写信请教了一系列问题，例如：史密斯是否见到过那些非蓄奴蚁侵袭别的蚁群的巢穴？史密斯回答说没有。达尔文想知道，血红林蚁是"经常且一定会驯养奴隶"呢，还是仅仅偶尔为之？史密斯认为它们总是如此——"我从未见过哪个血红林蚁群体的巢穴中没有大量别种蚁群的"。那些总会受到"奴役"的蚁群会供养自己巢穴中的蚁后呢，还是这些蚁后依靠工蚁带回的食物过活？史密斯对此并不确定。[18] 达尔文还询问了鉴别这些物种的办法。他想亲眼见到一次这种袭击。史密斯告诉他，早晨或傍晚乃观测蚁群袭击的最佳时机，而夏季尤佳，此时蚁巢内脆弱的蚁蛹极易捕获。

1858年4月，达尔文向南前往摩尔公园暂住数周，接受莱恩博士的治疗——真是个完美的放松机会。他写信给埃玛说自己走了一大段路之后躺在草地上睡着了，醒来发现"一群鸟儿在身边鸣唱，松鼠在林子里跑来跑去，啄木鸟发出咯咯的笑声，我从未见过如此怡人的田园风光，我当时根本无心思索野兽或鸟儿是如何生成的。"[19] 达尔文描绘了一幅田园牧歌式的景象，但野兽和鸟类的起源问题却从未远离他的视线。这个公园乃观察蚂蚁的绝佳地点，达尔文在写给埃玛的另一封信中描述了自己如何在"公园内闲逛数小时之久，通过观察蚂蚁获得片刻消遣：我十分希望自己能发现稀有的蓄养奴隶的物种"。[20]

达尔文将自己获得的标本寄给史密斯确认。他想知道不同种群的蚂蚁是否会认出彼此及如何认出彼此，并为此做了个简单的移植实验：某个蚁群的蚂蚁突然出现在另外一个蚁群中会是什么情况？正如达尔文的笔记显示的那样，闯入者的结局并不好："我几次三番从山蚁（*F. rufa*，一种红木蚁）的巢穴中取出几只放到别的蚁群之中，它们总是显得极度焦躁，并且瞬间就受到其他蚁群的攻击；相反，我把它们放回自己的巢穴区域后，它们即刻便认出了自己的同伴，后者也马上认出了它们。"[21] 达尔文在摩尔公园写给威利的信中对这个实验做出了评论，并在信中说，尽管每个蚁丘都生活着成千上万的蚂蚁，"但每只蚂蚁都识得自己所有的同伴，因为它们会对来自别的蚁巢的闯入者施以无情的报复。"[22] 达尔文并未对他眼前的蚂蚁进行过多研究，但约翰·拉伯克（此人将自己家族中更为传统的银行业和政治追求巧妙地融入了实验昆虫学之中）继续研究了相关问题，他于19世纪80年代就蚁群的识别和其他交流方式等问题进行了大量实验（见第十章）。就像达尔文一直未能理解的大黄蜂振翅作响之所的谜团一样，理解这些问题的关键便是昆虫们的化学标记。

达尔文于5月初回到家，并重新拾起此前的蜜蜂研究工作。随着蜂房研究的起起伏伏，蚂蚁已经有一段时间没有出现在他的脑海中了。但在1858年6月末和7月初的动荡事件发生后，他又趁着随家人前往南方休假之机顺便寻找蓄奴蚁。他们一家人在哈特菲尔德拜访埃玛的姐姐时停留了一星期，接着便前往怀特岛上的桑当（Sandown）。达尔文在哈特菲尔德写信给自己的老友胡克，他先是感谢胡克在处理华莱士的手稿时做出的"精心安排"，然后他还提到自己在抵达怀特岛后将开始编辑那本物种之书的摘要。达尔文当时计划写一篇较长的评论文章，但前景不容乐观。"我会着手摘要的写作，"达尔文写道，"尽管我并不知道，到底应该如何在期刊的30页限制内写出一篇摘要，但我会尽力而为。"他还提到一个更加有趣的主题，并告诉胡克"观察蓄奴蚁让我感到惬意,因为我忍不住怀疑这些奇妙的故事,但我现在看到了一群掠劫失败的蚂蚁,也曾见过蓄奴蚁从一处蚁穴前往另一处奴隶蚁群的巢穴,并将这些奴隶……衔在嘴里运走"[23]。

他们一家人很快就到达了怀特岛。达尔文开始撰写摘要,但他不久便放弃了发表期刊论文的想法,并最终决定撰写后来的《物种起源》一书。在探索沙质荒地和林地的过程中,达尔文获得了见证另一场奴隶秘密突袭的回报。他指出:"只有在最大和中等规模的蚁群中才能见到蚁蛹。"[24] 此后一年里,达尔文只要一有机会便从事此类观察,相关结果后来都写入了《物种起源》。在某种情况下,发动掠夺的蚁群过于依赖其猎物以至于无法养活自己,对于这种极端生活方式的演化应作何理解?其中的关键问题是,驯养奴隶的行为在物种之间和某个物种内部是否会有所不同?在两轮田野观察的过程中,达尔文发现这种行为的确会出现一定程度的变化。这意味着自然选择会对这种行为起作用,正如蜂房的情况一样,此种行为的过渡系列至少是可能存在的。达尔文在《物种起源》中写道:"我并不会假装猜测血红林蚁通过何种进化步骤产生了这种本能。"[25] 但他毕竟做出了猜测:如果少数被当作食物捕获的蚁蛹逃脱了此种命运,一旦它们长成成虫并转而帮助捕获它们的蚁群,宿主种群相对于它们的竞争种群便会获得足够的益处,自然选择可能就会因此偏爱为增加劳动力而非食物而发动的掠夺行为。达尔文认为,一旦蚁群获得了这种本能,自然选择便会循序渐进地对其进行修正,乃至于达到蚁群"十分依赖"奴隶的程度。因此,他就实现了自己的目标,即为蚂蚁蓄奴提出了一个合理的逐渐进化的方案,正如他对寄生性杜鹃所做的解读一样。现代生物学家同意，达尔文对蚁群奴役现象的设想基本正确——这是对"正常"觅食行为和掠夺活动的详细说明，其中涉及捕获蚁蛹作为食物的情况。但达尔文的看法则更进一步："最终，这可能并非某种逻辑推理，但根据我的想象，将此种本能看作杜鹃幼鸟排挤掉其寄养鸟类的兄弟姐妹、蚂蚁的蓄奴行为、姬蜂科的幼虫在毛毛虫的活体中得到喂养等类似现象则更令人满意。这并非特别的赋予或某种受造本能，而是同一个通用规律的微小后果，它会导致所有生物体的本能以各种不同的方式获得提升，由此，最强者存活，最弱者死去。"[26]

最后一句话可能会令读者感到不舒服，但作为深刻体会过爱女因病过世的难言悲痛之人，达尔文宁愿不将生活的苦痛——包括那些寄生物种为其他物种带来的苦痛——归咎于某位仁慈的神灵，无论他的牧师朋友多么极力主张所有这些事情背后都有其安排，一切都是最好的。他无法接受这种想法。一个重要的暗示也在于，神圣设计并不包括奴隶制这种观念，这与奴隶制度的支持者以自然界中出现的这种"特殊制度"作为辩护理由完全背道而驰。[27]

行为特征可驯化培育的事实表明，某些本能或行为可由自然选择形成。达尔文确信这一点对整个动物王国都有效，从繁忙的蜜蜂的最"神奇"行为到讨厌的杜鹃和蓄奴蚁的最"可憎"行为都被囊括其中。他希望众人能广泛承认关于物种的这个事实：好的、坏的及丑陋的等等诸如此类的行为都产生于自然选择的逐步进化过程。

章节实验：蜜蜂的蜂房和泡沫

除非你自己或者你的好友是养蜂人，否则我们难以做出达尔文那样的蜂房建造实验，但次优选择则是解剖一些蜂窝。首先，你需要在网上购买一些六边形蜂巢。在 BBC 的纪录片节目《密码》（The Code）中，牛津大学的数学家马库斯·杜·索托伊（Marcus du Sautoy）解释了为何蜂房的六边形构造比其他两种多边形构造（正方形和等边三角形）更节省空间，并能够彼此无缝衔接。

I. 蜂巢解剖

A. 材料准备

- 蜂巢（可在网上购买，一些健康食品店或者农贸市集上会将之与蜂蜜一起打包售卖）
- 剃刀片、工艺刀或锋利的削皮刀
- 托盘、碟子或浅底餐具

B. 实验步骤

1. 将蜂巢中的蜂蜜尽可能多地倒入碗中，尽量节省蜂蜜，留待日后享用。可将蜂巢放入盛有温水的碗中溶解剩余的蜂蜜，每 10 分钟换一次水，直到大部分蜂蜜都消失不见。由于蜂巢十分易碎，切记轻拿轻放。
2. 蜂巢最好成块研究，这样你可以看到多个蜂房如何彼此连接。蜂巢由两层背靠背的蜂房层组成。注意，蜂房并不是完全水平排列的，而是略微向上倾斜。
3. 将蜂巢置于光线下方，并注意金字塔形的蜂房基面的三个小平面由对侧的三个蜂房的其中一个共享——换言之，你需要留意蜂巢一侧的蜂房是如何集中了对侧3个相交的蜂房的。
4. 试着切下任意一侧的一个或一对蜂房。这并不容易做到，但单独的一个或一对蜂房可帮助你更好地认识蜂房的形状。请注意沿着长轴的六边形菱柱及三面菱形的锥状底座。底座的形状很重要，三面底座的每一面都是其完整蜂巢内部对侧三个蜂房的基面之一。

II. 用类比法探索蜂房的几何结构

数学家乔尔·哈斯（Joel Hass）及其同事在奋力为"双泡猜想"（Double Bubble Conjecture）提供形式证明的过程中可能已经体会过了莎翁级别的艰苦卓绝，这个猜想主张两个相接气泡包围的空间被最小可能表面积隔绝开。两个气泡共享的面积最小意味着这个区域溶入的肥皂量最少。当蜜蜂在两个相邻的蜂房之间建造共用的墙面时，它们也会节省建筑材料。而最经济的状态则是平整的墙面，因此，一开始被周围六个蜂房围绕的圆形或圆柱状蜂房就会变成正六边形。墙面共享原理可用气泡加以证明——这是探索蜂房几何构造的有趣但有些杂乱的方式。

A. 材料准备

- 塑料吸管
- 塑料板或大型人造黄油容器盖子
- 制作气泡溶液的通用方案，将以下成分混合在一起，并让溶液在室温下放置几个小时：

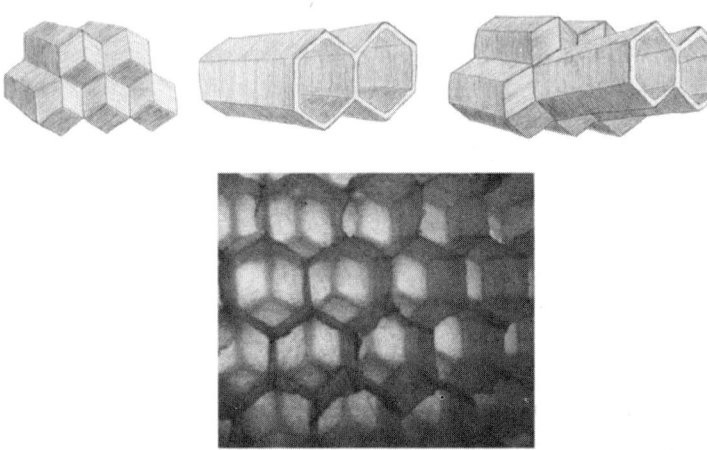

蜂房的六边形菱柱结构，每个菱柱的底部都以三面锥状结尾，如左上角的图片和下方照片所示。请注意，蜂巢每一侧的蜂房都与对面一侧三个蜂房的某个面相接，如顶部中间和右侧的图片所示。莱斯利·C.科斯塔绘制和拍摄。

1. 500 毫升水
2. 500 毫升强生®婴儿洗发水
3. 10 毫升甘油 *

* 许多此类配方都要求添加少量甘油或玉米淀粉以增加强度，请不要过量添加。还需注意的是，硬水（矿物含量高）难以起泡。如果你所在的地区水质较硬，尝试使用蒸馏水，许多杂货店有售。

B. 实验步骤

1. 先练习制作泡泡。将少量泡沫溶液倒入塑料板或人造黄油容器的塑料盖上。
2. 用吸管轻轻地往塑料板上的气泡溶液中吹气以产生气泡。移动吸管继续吹起气泡以形成一簇气泡。
3. 观察这簇气泡如何相互交接，特别是气泡之间共享表面形成的角度。
4. 让我们更有条理地做到以下几点：再次从没有气泡的溶液表面开始吹起两个同样大小的气泡，轻轻将它们放到一处并相互连接。由此产生的双气泡看起来应该如下图所示，它们有着同一个平整的表面。两个气泡的尺寸越接近，它们共享的表面越平整——这就是它们共享的最小表面积。

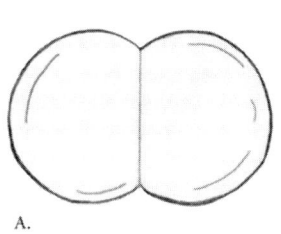

A.

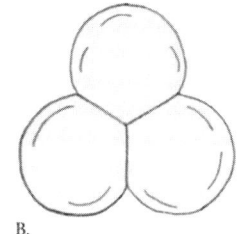

B.

5. 接下来，尝试用第三个大小相当的气泡接触先前已经连接的双气泡。由此产生的三个气泡应该看起来像上图的图 B。三个气泡之间共享的泡壁会形成字母 Y 的形状，每两个气泡之间的夹角为 120°（360° 除以 3）。从侧面拍摄这三重气泡并对之进行测量可能最为容易，然后，在打印出的照片中测量它们共享泡壁的角度。为何三重气泡形成的夹角为 120° 而非别的角度？因为每个气泡施加的压力相同，从而它们之间的泡壁会变得平整。

6. 尝试往平整的溶液表面添加更多气泡直到形成气泡簇。它们会重新排列自身以形成多个"Y"状的 120° 角。这些 120° 角的网络就形成了一个六边形图案，就像蜂房一样——二者的原因也一样：这是能以最少量的建造材料（我们的例子中则为气泡溶液）建造墙壁从而产生最多蜂房的结构。

第五章

大棋局

时值 1855 年 5 月初,达尔文过得比较糟糕。他当时一直在伦敦动物园给金鱼投喂浸泡过的小米、生菜、卷心菜、亚麻、大麦和洋葱等作物的种子。这件事一开始还挺顺利:"它们会把食物衔在嘴里几秒钟。"达尔文在笔记中写道。但很快局面就暗淡起来,这些金鱼并不愿意参与到他的研究之中;半分钟左右之后,鱼儿用力吐出这些种子,达尔文也无法诱导它们再次进食。他闷闷不乐地给他的表兄威廉·达尔文·福克斯写信:"今天我做的所有实验都让我倍感沮丧……自然界的一切都和我唱反调,它们并不按照我所希望的那样做,目前我只想重拾过去的藤壶研究,别无他求。"[1]

那么,是什么原因导致我们这位令人敬仰的中年博物学家一心想要金鱼进食?像往常一样,奇怪现象的背后总有其原因。达尔文确信动植物的可移动性比他的很多同事们意识到的高出很多,他当时正忙于设计各种实验证明这个观点。给金鱼投喂种子只是其中之一。[2] 他认为,鸟类捕食刚吃过植物种子的鱼可能是植物向各处散布的常见方式,只是众人没有想到这一点而已。看来完全合理的情况是,一旦鸟类将鱼类包含种子的残骸(很可能多数种子都尚未被消化)带往某个较远的地方——如某个遥远海岛的海滨,或者某个高耸山脉之外的峡谷地区——鸟类就有效地发挥了传播种子的作用:携带种子飞往距离较远且方便种子成熟之地,这样,这些种子可能会发芽并形成新的植物种群。但此类情况的前提是鱼的确会吃种子,但那些讨厌的鱼并没有这样做。

幸运的是,达尔文关于种子扩散的考察并非全都错了。在《物种起源》出版前的多年时间里,达尔文就动物种群和植物种子的迁移与扩散开展了范围大得惊人的实验。毕竟,解释物种的地理分布乃达尔文进化论思想的关键,从种子扩散及其缓慢散布的模式到动植物种群在时间长河中随着气候周期的兴衰,这些都令达尔文感到困惑。尽管如此,他在唐豪斯从事的研究仍具备全球视野——达尔文兴奋地说道,这是"一盘大棋,世界本身则是棋盘"。[3]

宏大的主题

物种的地理分布问题乃达尔文时代最重要的问题。博物学家知道物种并非随机分布——大陆乃至地区范围内的物种都有着明显的差异,但何种因素导致了物种的分布模式?18世纪到19世纪早期的博物学家首先想知道,从各地区物种的丰富性来看,地球是否可以被划分为一些不同的造物中心。无论各类物种的来源如何,无论它们是经由某种特殊的创造还是某种神秘的自然过程，热带地区和遥远海岛的情况都显得很特别——海岛的情况比大陆更特殊，因为虽然大陆物种的绝对数量可能更多，但海岛上却往往有着更多的特有现象（独特的物种），其多样性也体现在更高的分类层级上，比如属、科甚至目等。

与此相关的问题则是造物中心是单个还是多个的争论；也即，是否所有物种都产生于同一个地理区域并由此散布到世界各地，还是说所有物种都同时或先后产生于不同地区？一些早期的生物地理学家试图用自己对《圣经》的信仰（尤其是挪亚时代的大洪水）调和物种分布之谜，他们支持单一起源论；例如，瑞典博物学家林奈便认为挪亚的方舟曾停留在高耸的山峰之上。洪水退却，袒露的地表上会有一系列可供挪亚方舟上的各类物种栖息的气候区，从高山苔原和北方森林到草原和低地森林等不一而足。首先，不必在意山顶处的严苛条件——这只是林奈的计划中的大量困难之一。重要问题在于，他认为所有物种都是从单个区域散布到了世界各地。

当然，所有此类物种单一起源而后扩散的模式遇到的问题和它试图回答的一样多，比如：究竟有多少陆地物种后来占据了遥远的海岛？为何世人往往会在毗邻的地理区域发现彼此关联的物种？以及，我们如何解释某个大陆上的物种与该大陆上已灭绝的物种化石存在关联的情况？大多数博物学家都摒弃了基于宗教的解释——甚至那些以别的方式诉诸物种神圣起源的解释也一并遭到拒斥。其替代方案则是多中心受造论，二者的差异且待分说。物种的不同种群可能产生于世界的不同地区，这导致了明显可见的区域特征：比如，有袋类动物主要分布于澳大利亚，熊和猫主要分布于北半球地区，偏远海岛则拥有别处见不到的物种集合。查尔斯·莱伊尔倾向于多个起源中心的观念,因为它很好地解释了岛屿上的特有物种。但同一个物种是否可能同时起源于不同的地区,或者它们是先后出现在不同地方的?解释物种的区域差异只是一方面;另外一方面则是物种的地区相似性。种群的广泛分布提出了自己的难题,例如,我们如何解释在欧洲的山脉和北美的阿巴拉契亚山脉地区,或者欧洲大陆和深入海洋的马德拉群岛等地区生存着同一物种?

正是为了获取物种分布的更详细信息,18世纪末和19世纪初的一些博物学家逐渐成了探险家。像普鲁士的博学之人亚历山大·冯·洪堡和他的植物学家朋友埃梅·邦普兰等人便特别关注美洲热带植物的分布情况,他们还试图量化这些植物种群随海拔和纬度变化而展现出的相似之处和差异性。洪堡试图通过揭示物种分布的基本模式来窥探造物主的计划。

19世纪20年代晚期,达尔文还是亨斯洛指导下的剑桥大学本科生,他当时正忙于思考大量紧迫的哲学问题,但这些问题可能没有哪一个比"物种受造中心"及其与物种起源之谜的关系更为紧迫。这位牧师身份的博物学教授让达尔文坚信,详细比较研究物种的地理分布可回答这一问题。也许这就是为何如此多的博物学家都认为旅行乃获取各种信息的必要阶段,因为这是获取关于不同物种一手知识的不二法门,而细致的观察和收集也要求辨别各种模式。这便是洪堡去往新世界的原因,他那激动人心的作品又反过来激励了一整代年轻而热切的博物学家。达尔文亦不例外。

在"小猎犬号"的整个航行过程中达尔文都非常重视物种的地理分布及其意义。例如,回顾第一章我们便知,在航程的最后一年里,

亚历山大·冯·洪堡绘制的位于安第斯山脉的钦博拉索火山示意图,摘自其作品《植物地理学》(*Essai sur la géographie des plantes*,首次出版于1807年)。该图开创了垂直带谱的横截面表示法,图中显示了植物群落从低处的热带地区一直到山顶的极寒地区的过渡。洪堡激发了达尔文出国看看的想法。

达尔文就试图以思索澳大利亚的奇特动物区系的方式回答这一问题："我一直躺在一个阳光明媚的河岸,并思考了这个国家的动物与世界其余地区相比的奇怪特征,"他在 1836 年 1 月的日记中如此写道,"一位不相信任何超出自身理性事物的人都有可能感叹说,一定是两位不同的造物主在分别创造物种。"达尔文找到的蚁狮幼虫尽管与其家乡的类似物种不同,但二者明显相互关联,这让他想到了世界各地物种的相似性而非差异性。"可能有哪两位工匠突然想到同一个计划吗?这压根不可想象。唯一的造物主一定在整个宇宙中起着同样的作用。"[4]

达尔文的"唯一的造物主"并不必然意味着每个物种均产生于同一个地区,但很可能这就是他所相信的。当然,达尔文在"小猎犬号"之行中阅读过的划时代著作《地质学原理》的作者莱伊尔也作如是观。莱伊尔在该书第二卷中写道:"每个物种可能都起源于一对祖先……物种可能是在它们能够繁衍和存活,从而能够在地球上占据一席之地的时期和范围内接连被创造出的。"[5] 达尔文于 1832 年 11 月收到了他热切期盼的《地质学原理》第二卷,当时"小猎犬号"正停泊在南美洲的蒙得维的亚(Monte Video)。在热切支持了莱伊尔第一卷中的观点(后来又被称为地球演化的均变论)——从目前正起作用的地质学力量理解地球的演化——之后,达尔文又对莱伊尔在卷二中关于物种的长篇大论兴趣盎然了。看来奇怪的是,地质学著作居然会对物种变异和杂交、它们的栖息地和生物地理学、物种的迁徙和扩散等主题着墨甚多,但这样做只是为了强调莱伊尔和其他博物学家的核心信念:对地球及其上生活的生命必须一并加以研究,如此我们才能深入了解关于起源(地球、生命、物种和我们自己的起源等)的终极哲学和神学问题。正是基于这种精神,莱伊尔全面回顾了当时的人们对物种地理分布及"物种原始引入"理论的理解——所有这些都强烈地吸引了达尔文的注意。后来的一位观察家、地质学家约翰·韦斯利·贾德（John Wesley Judd）甚至认为，达尔文阅读《地质学原理》卷二实则对他解决物种起源之谜而言至关重要。即便《地质学原理》并未激发达尔文对物种起源的兴趣，它肯定也为达尔文凝练了问题，提供了研究议程。

《地质学原理》卷二很可能激发了达尔文对物种扩散的兴趣。物种单一起源的想法要求物种具备极高的扩散能力。否则物种又如何可以长期占据广大、有时甚至相互隔绝的区域范围，特别是，同样的陆地物种为何可能出现在遥远的海岛？莱伊尔以其特有的形式全面回顾了植物和动物凭借风力、水力和其他方式——从动物运输（无论种子在体内还是体外：在胃里或黏附在皮毛上）到漂浮的植物及其残骸、旋风和冰山等偶然运输方式——的全球迁徙过程。对达尔文来说，这一切似乎都很合理，尽管正如我们接下来会看到的那样，这种观点并未阻止其他博物学家从简单的迁徙扩散出发解释这些模式，而非提出任何别的假设机制。随之出现了一场文雅的辩论，达尔文为此在一段时间内与自己的导师对立。如今几乎没有学生会相信物种的地理分布曾是个令人头疼的问题。对达尔文来说，这是个"宏大的主题，几乎是造物法则的基石"。[6]

亚特兰蒂斯的抬升

莱伊尔眼中的地球史伴随着陆地和海洋的升降，以及同样的气候波动。世人以为大陆无法移动，但似乎有充足的证据表明，如果陆地的高度在漫长的地质时期逐渐变化，最终的变化会十分巨大。陆地处于不断流动的状态，而物种兴衰的地理范围也会随之发生变化。正如莱伊尔在《地质学原理》中所说：

> 每一次洪水和山体滑坡、每一波由飓风或地震引发而拍向海岸的巨浪、每一堆火山喷发的灰烬都会将某个遥远的国度掩埋在深达数英尺的地下；每一次流沙的推进、每一次主河道改变导致盐水向淡水的转变、每一个河口的潮起潮落带来的永久性变化——这些和其他无数的原因在数个世纪中将植物和动物从其先前占领的地方赶走。[7]

莱伊尔很清楚，上帝赋予了动植物扩散的"多种计谋"，并以此协调无生命世界的波动状况，这些波动也是他事先规定好的。否则，我们现在就不会在物种最不可能出现、最遥远的恶劣环境中见到它们了。在提到有生命世界和无生命世界的和谐平衡时，莱伊尔总会强调地球与其上生存的生命紧密结合在一起的观点。

莱伊尔也认为物种的扩散经由地貌和气候的变化而得以增强，无论是基于偶然还是刻意的设计。物种的扩散通道开启又闭合，火山岛就像物种渡海时的垫脚石，它们形成之后又会受到海水的侵蚀而沉入海底，山脉会在陆地上升起，从而成为某些物种扩散的障碍或其他物种迁徙的山脊线。海洋会侵蚀陆地，然后撤退，气候会在冰期和暖期之间循环。莱伊尔眼中的地球是一片抬升和沉降保持平衡的广大地区：例如，南美洲西海岸的山脉隆起后，其东海岸便缓缓沉入海中。这是一个宏大的视野，它深刻地影响了达尔文和其他博物学家。但一些人并不相信物种本身就擅长往更大的范围扩散。他们认为，多数物种需要帮助，至少当它们遇到广阔的大洋盆地时便是如此。海岛垫脚石似乎可满足这一要求，但后来升起的（无双关语意）某个思想流派却将这种观点推向了极致，他们主张现在已经沉没的大陆地区很大程度上可在海洋盆地中寻得。

这种观点的主要代表便是马恩岛（Manx）的博物学家爱德华·福布斯（Edward Forbes，1815—1854），此人是一位聪明而富有创造力的思想家，如今他最知名的事迹是提出理论时总会犯错，这有些不公平。也许福布斯最大的失误在于，他支持以前存在一片很大的大陆或大陆桥，但后来却毫无征兆地消失了的观点。公平地说，这个想法有些事实因素。福布斯在1846年出版了一本冗长的回忆录，旨在解释物种分布范围的间断特征，比如苏格兰、斯堪的纳维亚和瑞士的严寒与高山植物区系的相似之处。为何严寒地区的植物（如某些虎耳草属植物）也会出现在阿尔卑斯山的高处，且两个地区间被大片该植物不宜生长的栖息地隔绝开来？福布斯给出的解释是大片陆地在最近的冰川期中不断沉降，此后又逐渐抬升。沉降期间，海洋覆盖了大陆地区，而任何更高的地区——威尔士和苏格兰远古山脉的山顶及更年轻但年代仍算久远的阿尔卑斯山——则成为寒冷海域中的群岛。在如此寒冷的气候中，北部的物种很容易就能向南扩散至这些作为跳板的海岛上。福布斯指出，随着气候转暖，海洋会因为陆地的隆起而后退，于是就剩下了不连续的物种种群：北极的物种只能在阿尔卑斯山的最高海拔处生存，因此困在这里的物种离它们的主要分布区域实则很远，这些地区位于远得多的北方低海拔地区。

这种分布模式实则很合理，而且非常有影响力。从本质上讲，它与现代的解释相去不远——冰川时期的寒冷气候的确造成了物种分布的间断性，但其大背景并非欧洲大陆的沉降和淹没。达尔文早在1842年便在其物种理论概要中提出了这种观念。他以讨论物种的地理分布为起点，并强调各种障碍的重要性，但随即便转而讨论高山植被，并提出了与福布斯一样的气候变迁理论来解释高海拔植物随气候循环而兴衰的情况。达尔文的解释模式并不涉及大陆的整体沉降和隆起，而是直接诉诸自然的气候波动对物种的环境需要所起的作用。在寒冷时期，高纬度地区的物种就会南移，高海拔地区的物种便会向低海拔地区迁徙。随着气候变暖和高山冰雪的退缩，"寒带的动物群就会占据此前的冰区，而来自不同温带地区的大量植物便会占据低海拔地区，寒带物种的岛屿分布形式由此形成。"[8]1844年，达尔文在他那篇长长的《论物种》中详细阐述了这一观点，并且他还在《物种起源》中专门拿出一部分篇幅讨论这一观点。达尔文完全信任福布斯，尽管他也会因为自己没有首先发表这一观点而沮丧："我仅在某个重要方面先人一步，我的虚荣心总令我感到遗憾，"他多年后在自传中如此写道，"也即，从冰川期的角度解释同一植物及一些别的动物分布于遥远山峰和极寒地区的原因。这个观点令我十分满意，因此我把它完整地写出来，并且我相信胡克在福布斯发表相关文章的多年前便已了解它了。在我们有分歧的几个点上，我仍然认为自己是正确的。"[9]

　　福布斯解释模式的某些方面在今天仍然成立，但并不是他关于陆地隆起和沉降的观点。他的解释模式在这个方面颇成问题，但福布斯的真正错误则来自其写于1846年的回忆录中的相关部分。在完美解释了高山和极寒地区物种分布的间断性后，福布斯转而讨论大陆物种和岛屿物种的关系：为何某些陆地物种也会散布到马德拉群岛或亚速尔群岛等深入海洋的岛屿上？"隔绝地区遍布动物和植物的模式有三种，"他写道，"其一是该地区发生过特别的物种创造过程。其二是这些物种被某种自然作用带到了这些地区。其三则是它们在隔绝之前便已迁徙至此。"[10] 福布斯反对第一种模式，他指出，除了少数例外，隔绝地区的植物区系和动物群都与大陆物种一致，这意味着同一物种在多个地点的特殊创造模式讲不通。福布斯还因为第二种模式的不充分而将其排除，他认为少数机动性较强的物种或许能够以这种方式加以解释，但如果风力和水力解释了大陆和岛屿区域存在大量的相同物种的原因，难道这些地区的情况不应该完全相似吗？福布斯认为最合理的解释是，物种在孤岛形成之前从其"相邻岛屿"迁移过来，这也使他的寒带物种迁徙模式讲得通了。他还推断大陆和这些遥远岛屿之间必然存在一些相互连接的陆地，或者至少存在一些零散分布的过渡岛屿。

从现代的角度看，我们会同意福布斯所坚持的物种的起源中心为单个而非多个的观点。我们也会承认，海平面会随冰川期涨落，海水降得足够低之后，暴露出的大陆架便会将那些位于大陆架之上的遥远岛屿和大陆相互连接。当海面再次上升，低地被淹，高地再次成为岛屿——它们被十分恰当地称为陆桥岛屿（land-bridge island）。（请注意，像山顶等看似孤立的栖息地基本上也是陆桥岛屿——气候周期的循环会开启和关闭陆上迁徙走廊。）动植物便可再次自由地在连成片的陆地区域迁徙，而当海面再次上升，许多物种便被困在了那些变成岛屿的地方。

这种动态过程与那些从未与陆地有过任何连接的真正大洋岛屿的

状况完全不同。在后一种情况中，物种对这些大洋岛屿的占领很大程度上取决于运气，以及它们与最近陆地的距离、盛行的风向和洋流等因素。我们预计陆桥岛屿和大陆之间有着大量相同物种，因为大陆物种会随着连接它们的陆地的出现和消失而不断迁徙至这些岛屿之上。最后一次发生这种情况的时间是仅仅 1.2 万 ~1.5 万年前，也即最后一次冰川面积最大的时期。福布斯被眼前物种的相似性所打动，认为偶然的物种扩散不太可能造成如此程度的相似性，这是对的。然而，他却把关联大陆的陆桥观念推到了极端，并提出了欧洲大陆大范围延伸至深海，甚至在某些情况下横跨了整个大西洋的想法。福布斯将亚速尔群岛、马德拉群岛、冰岛等其他大西洋岛屿视为这一区域此前大陆板块的残余，不可避免地，这种大西洋中的远古大陆曾将西欧、北非及其边缘岛屿和北美大陆相互连接的观念，会与亚特兰蒂斯这个神秘消失的大陆扯上关系。令达尔文震惊的是，不少博物学家都采纳了这个观点，一些人甚至开始恣意提出各种陆地桥和破碎大陆的假说，达尔文也为此分散了注意力。

达尔文也反对物种的多中心起源论，他同意福布斯所谓的气候波动影响了物种迁徙的观点。这种观点又被称为"双通量"（dual flux）——地质过程导致气候和物种的协同变化。但达尔文并未看到海洋曾漫过欧洲内陆乃至将阿尔卑斯山变成岛屿的证据，而且也没有证据表明广大的欧洲大陆地区曾经延伸至深海——自然，这种情况并非发生在晚近的地质时期。达尔文坚持认为，气候状况引发的物种分布变化，而非大陆的抬升，解释了物种抵达山顶的现象。至于岛屿上的情况，达尔文确信福布斯及其追随者大大弱化了物种散布的作用。

抵达终点

尽管达尔文是莱伊尔的地壳大面积缓慢抬升和沉降观点的支持者，但他坚信，福布斯及其他人提出的类似的大陆扩张观点并无必要。不仅不必要——他还觉得这种想法有巨大缺陷，这很可能是达尔文越发深入思考福布斯的自我反驳式假设（孤立岛屿区域可能因为"某些自然力量"而"遍布"动植物）后的有感而发。达尔文在1837年坚信进化论思想后不久，便意识到了阻碍的重要性，在1842年的《物种概要》中，他思考了"新的生命形式"在岛屿上可能的诞生方式。"对此，地质学家们会求助于创世论者。"达尔文总结道——这显然不是令他满意的解释。他偏爱的解释十分明确："讨论一个或多个创造中心，强烈地暗示物种扩散的条件和地质变化的程度。"[11]

尽管《物种概要》仅仅提到了冰山、洋流和风暴等物种扩散的条件，但达尔文1844年的《论物种》却对此进行了详细的讨论。达尔文呼吁，"鉴于我们对物种诸多奇特扩散可能的无知"[12]，我们不要过于仓促地断定岛屿物种必须在当地创造出来。或者，就此而言，物种需要陆桥或跳板以抵达这些岛屿。的确，跳板，即达尔文所谓的"中间地带"（intermediate spots）可能会起到一定的作用，并且在某些情况下必不可少，但他的想象力早已飞驰到洪水、洋流、旋风和飓风等自然力量对物种的长距离搬运的场景之中：鸟类、胃里或皮毛上可能有种子的会游泳的四足动物，根部嵌有种子的漂浮树木，腿上附着了种子或卵的昆虫和冰山等，都会对物种的扩散起作用。

福布斯于1846年发表了他的大陆延伸观点，此时已是达尔文写作《论物种》两年之后。此后，博物学家们便开始在几乎所有大洋盆地寻找远古大陆和陆桥的证据了。达尔文的朋友约瑟夫·道尔顿·胡克援用南部大洋中的巨大陆地作为我们如今称为冈瓦纳植物群（Gondwanan flora）分布的最可能解释，它们分布于南部大陆和环南极洲群岛。胡克并非完全错了——名为冈瓦纳大陆的南部大陆的确存在，但它由现存大陆组合而成，而非沉陷至海底深处的单个大陆。这一观点到一个多世纪之后才被公认，因此，当时的达尔文对此越发不耐烦起来，在提到亚特兰蒂斯的时候尤其如此。失望之余，他暴躁地向胡克表达了自己的不满：

> 我对大西洋大陆失望至极，伍德沃德的记录尤其让我不满……他似乎并不怀疑太平洋和大西洋上的所有岛屿都是远古大陆的残余，也不曾怀疑这些远古大陆都是在现有物种生活的时期沉入海底的：我怒不可遏地写信给莱伊尔表示抗议，并在信中总结了福布斯、您（领头的罪人！）、沃拉斯顿和伍德沃德等人近些年共同提出的陆地经由小幅度完美延伸而创造新大陆的假说！我对这个问题已相当恼怒了，如果我没有错的话，而我确信自己会是对的。[13]

达尔文对这个主题感到"恼怒"的同时，也用自己特有的幽默风格在一封信中总结道："我必须试着停止恼怒，努力让自己变得谦虚，允许你们所有人像厨师做煎饼那样容易地制造新大陆。"在众人从大陆连续升降的角度解释所有生物地理学的疑难面前，这种幽默只是稍稍掩盖了达尔文的挫败，同样的幽默也体现在他写给当时的地质学权威莱伊尔的一封信中。达尔文认为莱伊尔鼓吹众人从事的大陆扩张研究毫无意义。他宣称:"(我)对您的很多门徒在地质学研究上的大跃进感到悲喜交加。"

在此,可怜的福布斯(刚刚过世)为北美洲制造了一个新大陆,同时他还为马尾藻海制造了另外一个大陆。胡克则为新西兰到南美洲及环凯尔盖朗群岛陆地(Kerguelen Land)的区域新建了一个大陆。沃拉斯顿在谈到马德拉群岛和桑托(P. Santo)等地时则将它们视为此前大陆的"确切见证者"……为何不把这个大陆扩展至包含太平洋和大西洋上所有岛屿的程度呢?而这一切都发生在晚近物种的生活时期!如果你们一意孤行,如果地质学家们因此受到惩罚而抬不起头来,我伟大的导师,我相信你也会沦落到同样的境地。为何你的门徒[*]以锲而不舍的方式击败了自古以来所有持灾变说[†]观点的人。你将活成灾变说者的伟大领袖![14]

"不必对此做出回应,我只是想自我安慰一下。"达尔文总结道。他可能只是半开玩笑地对莱伊尔讲了上述想法,但另一面则真心实意。个体物种或其种子、卵和孢子实现长距离扩散要简单得多!不可思议的是,在鸟儿翅膀或海浪的辅助下,陆生繁殖体可能抵达大洋深处星星点点的遥远海岛,从整个地质时期的角度看,甚至这些奇特且

---

[*] 此处应意指达尔文本人。——译者注

[†] 与渐变论相反的观点,它认为地球的状况很大程度上由全球范围内的突发、短期事件塑造。——译者注

极不可能发生的事情也会成为必然。一次成功的物种迁移便让这一切得以成为可能。对达尔文而言，此种想法不只是更为简单的解释，而且也可经检验加以证实。

事实上，达尔文当时已经开始着手一个雄心勃勃的实验项目。就像他早期的藤壶研究一样，此时他设想的实验也受到胡克的启发，后者在几年前立下的战书中坚持认为，物种扩散本身不足以解释火地岛、塔斯马尼亚岛和新西兰等地植物群之间的相似之处："恐怕这些植物种群不能归于某些可运输种子的物种，而且它们也并未表现出任何运输能力。"[15] 他在1847年6月写给达尔文的信中如此说道，但仍向后者保证将进行"诚实的调查"。这让达尔文感到失望。

胡克曾于1839年到1843年作为助理外科医生和博物学家跟随罗斯领导的探险队登上"皇家海军幽冥号"（HMS Erebus，后来在富兰克林不幸的北极探险中消失不见的正是这艘船，其残骸于2014年才被加拿大政府发现），前往南极洲和亚南极群岛从事考察活动。在接下来的15年中，胡克写下了他纪念碑式的三卷本著作《南极植物群落：南极远航途中的植物学》（*Flora Antarctica: The Botany of the Antarctic Voyage*）。到胡克完成该书第三卷《新西兰植物群落》（*Flora Novae-Zelandiae*）的1853年，他已经仔细权衡过支持和反对大陆扩张假说的各种证据，并最终采纳了大陆扩张假说。达尔文的物种扩散理论面临诸多困难：胡克认为，这些零星的植物种群并不足以产生偶尔得到运输的种子，而且这些种子也并不适合跨洋运输，因为它们的"生命力很微弱"，并且"外壳柔软易碎"。此外，多日浸泡在盐水中的种子最后萌芽的机会又有几何？以处在遥远南冰洋的凯尔盖朗群岛为例："当地的植物幼苗极为罕见，"胡克指出，"如果这些种子不被鸟儿吃掉，就会烂在地里或者被冲走……如果这样的死亡率还让它们抵达了其所在的岛屿，那么，作为单独个体的种子在经历了约上千英里运输之后的（生存）机会也实在渺茫，因为这些地方可利用的土地已被别的物种抢先占据。"[16] 胡克总结说，不，物种经由大洋扩散的成功机会很小；我们必须对物种扩散至海岛的现象提出别的解释。横跨长期沉没的陆桥的物种迁徙似乎是唯一合理的候选解释。

几年间，达尔文和胡克就这个问题往复交锋多次，在此期间达尔文试图向胡克证明其观点中的谬误。1855 年 3 月，达尔文开始了他所谓的"种子盐渍实验"，即用自制的盐水测试种子的浮力和活力。他将各类种子——卷心菜、水芹、萝卜、生菜、胡萝卜和洋葱等植物的种子——放入盛有由积雪融水制成的盐水的地窖水槽中，以确保盐水像海水那样冰冷。然后，他尝试以别的方式进行了同样的实验，即把盛有植物种子的小开口瓶置于室外的阴凉处。这两个实验都很成功："经过一周的浸泡，这些种子全都发芽了，这完全出乎我的预料（我已经猜到你会怎么嘲笑我了）。"他欢呼道。[17] 达尔文"居心不良"地告诉胡克，他一开始本打算不告诉胡克这个实验成功了，并且希望充满疑虑的胡克会打赌说，自己会吃掉达尔文浸泡过的种子长出的植物。胡克本会有一道十分丰富的沙拉——除了卷心菜，其他浸泡过的种子状态都不错。达尔文很兴奋，因为他的数据表明，物种经由洋流的长距离扩散的确是可能的。此后他还种下了这些种子以证明它们不仅可以在海上远距离漂浮，而且一旦抵达陆地便会顺利地生长。胡克对此印象深刻。与此同时，达尔文也在《园丁纪事》(Gardeners' Chronicle)周刊上以图片的方式发布了信息征集请求，并且他还坚持不懈地对自己的实验进行了长期的简短报道。这引起了与他相识很

> *Does Sea-water Kill Seeds?*—I have begun making some few experiments on the effects of immersion in sea-water on the germinating powers of seeds, in the hope of being able to throw a very little light on the distribution of plants, more especially in regard to the same species being found in many cases in far outlying islands and on the mainland. Will any of your readers be so kind as to inform me whether such experiments have already been tried? And, secondly, what class of seeds, or particular species, they have any reason to suppose would be eminently liable to be killed by sea-water? The results at which I have already arrived are too few and unimportant to be worth mentioning. *Charles Darwin, Down, Farnborough, Kent, April 11.*

达尔文于1855年4月14日发表于《园丁纪事》上的关于盐水浸泡对种子影响的信息征集函（第15期，第242页）。数年间，他在这本及其他杂志上提出了一些公开征询，恳请读者提供信息或呼吁他们再现达尔文自己的实验并分享相关结果——这简直就是19世纪的众包形式。

久的植物学记者迈尔斯·贝克莱牧师（Rev. Miles Berkeley）的注意，后者提议也要亲自进行种子浸泡实验。二人收集了大量有价值的数据，贝克莱宣称成功在盐水中漂浮并发芽的种子共计53种。

其间，因为苦于朋友托马斯·沃拉斯顿提出的连接欧洲大陆和亚速尔群岛的陆桥想法，达尔文专门用亚速尔群岛上的物种做了一系列"种子盐渍"实验。他在1855年夏天写信给亨斯洛，希望后者及其孩子们在其家乡希彻姆附近采集与亚速尔群岛上同样的植物种子，如此，达尔文便可以测试它们被盐水浸泡之后的发芽率。他会奖励孩子们几先令以感谢他们的帮助。"这个实验似乎值得尝试。你觉得呢？"[18]达尔文鼓起勇气向亨斯洛提议。到那年秋天，亨斯洛和他的女儿们便为达尔文提供了22种可在亚速尔岛上发现的物种，达尔文高兴地把奖金寄给了亨斯洛那些"优秀的小植物学家"。

达尔文的幽默和谦逊常常体现在他和亨斯洛、胡克及其他人就"种子盐渍"实验往来的诸多信件中。不仅如此，随着测试物种数量的不断增多，他也无法掩藏一次次证明胡克错误之后的喜悦。这些测试成了达尔文和孩子们的一项游戏，他们从对胡克实验的每一次反驳中获得乐趣。紧接着，胡克寄送给达尔文的观察报告让后者不得不重新思考其整个实验：许多植物种子并未漂浮在盐水上。达尔文忽略了多数种子沉入了水槽底部的事实，这让他大失所望。"为了证明你的得意打乱了我的实验，"他给胡克写信说道，"我向你保证我已经足够混乱了——正如你仔细观察到的，那些可怕的种子如果沉下去便不会浮上来了……令人苦恼的是，如果这些可恶的种子沉下去了，我就白费心思在这些忘恩负义的无赖身上撒盐了。"[19]

达尔文提出了一个新的实验，以测试种子、花朵乃至已经开花、带有种荚或结有果实的整株植物是否会在海水中漂浮并发芽。这些实验全都开展于 1855 年夏季,并一直持续到了是年秋季。到当年 10 月,达尔文的热情似乎正在消退,正如他在写给胡克的信中谈到的那样:"我对这项研究感到厌烦……但请注意,辣椒和芹菜种子在 137 天的浸泡之后终于发芽了。"[20] 胡克被达尔文的实验逗乐之后也对此着迷了起来,并向他提供了采自英国邱园(Kew Gardens)*的各类种子和果实。虽然种子沉没的问题一开始似乎摧毁了达尔文关于物种经由洋流远距离扩散的主张,但他一直坚持不懈,最后的结果让他自己和胡克都备感惊讶。"我就快完成种子在盐水中的漂浮实验了,"两年后,他于 1857 年 4 月写信给胡克,"94 种浸泡的种子中有 72 种在 10 天内沉没,但其中 7 种植物的平均漂浮时间为 67 天。然后我让所有这些种子(每类种子都多少带些果壳和枝叶)变干燥并再次实验,这一次,94 类种子中的 62 种在 10 天内沉没,因此,通常说来干燥并无多大作用,但……有时候却能产生巨大影响。"[21] 经过干燥的芦笋便是其中之一,它在新鲜的时候会漂浮 23 天左右,干燥之后则最多可漂浮 86 天之久,而且仍旧可以"完好地发芽"。经过达尔文的计算,洋流可将这些漂浮的芦笋带往超过 2800 英里(约 4506.16 千米)的地方。他得出结论说,实验的植物中约有 1/10 在干燥后平均可漂浮 30 天,以洋流的平均速度为每天 33 英里(约 53.11 千米)计算,这些种子可轻易地漂洋过海。至此,胡克也像达尔文的孩子那样热切地接受了他最新的实验结果。尽管达尔文的种子盐渍实验大获成功,但事实证明,他在给胡克的那封信中仍过于乐观地估计了植物的漂浮能力。达尔文最终不得不承认,

---

* 伦敦市郊的著名植物园。——译者注

总的来说，果实对种子的包裹是种子漂浮的障碍而非其助力。

达尔文尚未准备好分享的则是此项实验产生的各种附带结果，其中一些是经孩子们的建议而得到的。他的一个儿子提出了一个富有想象力的实验，达尔文在写给胡克的另一封信中将此实验重述了一番："我必须告诉你另一个深刻的实验！"8岁的弗兰基认为，如果吃了种子的鸟儿在海上死亡（如因为被闪电或冰雹击中等），其尸体仍可以漂浮一段时间。"说干就干。"达尔文说。鸽舍里一只倒霉的鸽子"在盐水中漂浮了30天，种子的长势也很好"。预计到此前持怀疑态度的胡克会如何回复，达尔文决定先发制人："你会说海鸥和角鲨将吃掉鸟儿的尸体，而且十有八九会出现这种情况，但仍有一两只侥幸得脱的残骸：我就在海上漂流木上见过死去的陆生鸟类。"[22] 然而，海里的鱼并非都善解人意。达尔文设想鱼可能会吃掉散落在海中的种子，然后要么游到很远的地方，要么被鸟吃掉，接着，这种胃部装着之前的鱼和种子的鸟又会飞到某个遥远的海岸，种子可能就会在这些地方被排出，并惊人地生长起来。本章开头援引的达尔文致其表兄福克斯的信件，为读者提供了投喂鱼种子的实验如何开展的大致想法，但并不完善。

达尔文仍对眼下的这个实验坚持不懈，就像对待他的许多其他研究项目一样。他招募了形形色色的助手以满足自己对种子散布实验的痴迷，从朋友到家人、同事、熟人及世界各地的博物学家同行，等等，不一而足。1857年年初，在达尔文的建议下，动物学会花园水族馆的管理员尝试给小鱼投喂小麦种子。管理员报告，这回成功了，更重要的是："协会中一位钓鱼能手告诉我，他剖开钓到的鲃鱼后发现其体内有一些小麦……他说自己是在小麦掉进河水的水磨附近钓到这种鱼的。"[23] 因此，还是有些鱼会吃漂浮的种子。埃玛的姐姐夏洛特和其丈夫查尔斯·兰顿的儿子,达尔文的外甥埃德蒙·兰顿(Edmund Langton)热心地在家里尝试这个实验,但并没有像动物园管理员那样取得成功。他认为问题出在天气上,并向自己的舅舅保证,在天气更暖和时将再实验一次。意识到两汤匙左右的池塘污泥中都可能生长出数十种植物之后,达尔文认为苍鹭、鸭子和其他水鸟那沾满泥巴的爪子也可能将种子带到遥远的地方。他恳求大学时代的朋友、鸭子和水鸟的研究者托马斯·艾顿在他的什罗普郡庄园为水鸟洗脚,并将脏水寄给自己。尽管艾顿不同意这位朋友的进化论思想,但他却乐于提供帮助。

大自然,细心的园丁

达尔文长期以来都在思考这类实验的意义。10年前,在19世纪40年代中期,他在名为"问题和实验"(Q & E)的笔记中记录了几个与物种散布相关的研究:"将家鸭、黑鸭、水鸡扔向遍布浮萍的池塘中的狗子,狗子游走了……每类种子都必然能够扩散。"还有,"将附着了黏性物质的纸张在平整的地方摊开,在有风时观察风是否会吹走很多种子……将纸张排成正方形以利于考察,重要的是在犁过的田地中央和山上。"[24] 我们并不清楚达尔文是否跟进了这些想法,但这个笔记本中还记录了另一个他后来继续研究的实验:观察捕食者是否会将其吃掉的猎物体内的种子扩散开。1856年10月,达尔文将一些嗉囊中装有种子的鸟类带到了动物学会,并用它们投喂老鹰和猫头鹰。动物园管理员取回了这些猛禽的粪便,并好心地分离出了其中的种子。达尔文随后播种了这些种子,并在他的实验笔记中记录了相关结果:"12月13日,雪鹀吃掉鸟儿18小时后拉出的粪球,计有5株燕麦、1株小麦、1株大麻、2株小米发芽。"[25]因此,捕猎的鸟类的确可以扩散它们吃掉的鸟儿体内的种子。

这本实验笔记是达尔文在那个时期所做实验的最全面记录,这些记录本身十分完备,读来也引人入胜,其中涉及达尔文对鱼类、老鼠、鸽子、鹈鹕、鹳、鹰甚至豚鼠的研究。如果没有这些调查研究,达尔文便会一事无成。他从未打算让他人阅读这些实验笔记,但我们十分幸运地获取了它们,因为这是了解达尔文的工作方法的途径。

达尔文的创造力并不限于种子传播的多种方式。他将池塘和湖泊想象成陆地上的岛屿,并假设水生植物或动物会以各种方式占领这些水域。就像许多其他自然过程一样,他想象某种平凡、普通和可靠的机制会让这一切发生。那又该如何理解水禽作为种子扩散的中介角色呢?无数的鸭子和鹅会在一生中抵达数不清的池塘和湖泊,它们在这一过程中也会不经意地将各类种子、藻类、昆虫、卵和蜗牛等生物带往这些地方。数十年乃至数百年的点滴累积后,池塘生物也会随着水禽们的这种集体活动遍布各处水域。逻辑上的确如此,但达尔文需要找到相关证据。事实证明,人们很少能找到水禽偶尔携带水生生物的迹象。因此,除了检查苍鹭和其他涉水鸟类的泥足是否携带种子以外,达尔文还于1856年6月将视线转向了明显最可能携带种子的水生生物:无处不在的浮萍。这种不起眼的植物很容易被误认为藻类,它们就像绿色纸屑一样覆盖于湖泊和池塘的表面。缺乏茎和叶的微小浮萍(最常见的浮萍属物种)是最小的开花植物。如果鸭子会携带任何水生物种,浮萍必居其一。十分滑稽的是,达尔文曾将一对鸭子倒置于盛有遍布浮萍的锅中,并仔细查看了它们身上挂满了多少浮萍。的确，浮萍并非浪得虚名："6月17日，它的确粘在了鸭子的羽毛上。"[26] 达尔文在其实验笔记中如此写道。我们可能也会有同样的期待，但科学上却没有任何的想当然。

这是个简单的实验，也取得了积极的结果。但达尔文需要证明不单单是植物或种子可从一个地方被带往另外一个地方。他设计了一个实验，旨在确定水蜗牛离开淡水、浸入盐水后还能存活到何种程度。达尔文说，陆生蜗牛如何抵达遥远海岛的问题"简直折磨人"。在某个此类实验中，他将蜗牛浸入盐水中长达一星期。达尔文写信给胡克说，让他感到宽慰和喜悦的是，两次试验中的蜗牛都恢复了活力。"我感觉背上的千钧重担终于落地了。"[27] 达尔文仅需证明在与自然条件类似的环境下生物也能存活。他并不需要证明大部分软体动物都能在这样的条件下存活，而只要证明有些软体动物长期浸泡在盐水中仍可存活便已足够。

达尔文的青蛙卵实验并未取得同样的成功——埃玛也没有。在一个实验中，他将许多附有青蛙卵的潮湿纸张放在靠近书房的走廊各处，以查看它们能保持多久活力。3天后，纸上的蛙卵都干枯了，置于水中后也并未恢复活力。这种情况可让我们深入了解达尔文在唐豪斯的奇特家庭生活，以及实验如何在这个家庭中长存的。我们并未找到埃玛对自己家变成野外观测站之后做何感想的记录，但很可能她不仅从容地接受了现状，而且也做起了实验。

失败并未让达尔文认为他的观点是错误的。相反，他得到了许多帮助。他对鱼类扩散问题感到困惑时会写信给爱丁堡的外科医生和博物学家约翰·戴维（John Davy，著名化学家汉弗莱·戴维爵士的兄弟），请求他做实验检验鱼卵离开水后的活力。戴维帮忙做了一系列实验，研究受精的鲑鱼卵在时间长短不同、温度不一的状况下，暴露在空气中和浸泡在水中（淡水和盐水）分别能存活多久。他的结论是，水分对鱼卵在传播过程中的存活至关重要；顺便一说，这并非淡水鱼可能传播的唯一途径：戴维告诉达尔文，他在爱丁堡皇家学会听到一种解释说，一种鲑鱼鱼苗可在仅有水覆盖的情况下存活72小时，而且它小到可以附着在鸟类的爪或羽毛上。戴维总结，他的结果证实了达尔文关于淡水鱼的扩散假设，并且还可揭示鲑鱼等洄游鱼类的地理分布。达尔文很高兴，并且将戴维的报告转给了皇家学会。[28] 但他如果想要牢固地确立这一假设，则需要证明更多物种的迁徙可能性。

1857年3月到4月，达尔文正忙着做一些唐豪斯有史以来最奇怪的实验。达尔文有一个水族馆，他开玩笑地称之为"蜗牛饲养场"，其中的两三种淡水蜗牛状态良好。达尔文往里面放置了一对晾干的鸭脚。他想看看蜗牛是否会爬上鸭脚，更重要的是，这些爬上鸭脚的蜗牛在离开水的情况下能存活多久。他第一次尝试这个实验时，一只扁卷螺（*Planorbis*，扁卷螺属，一种呼吸新鲜空气的淡水蜗牛，看起来有点儿像微型菊石）紧紧握住了鸭脚，并且在鸭脚从蜗牛饲养场中移除后仍在馆壁上存活了约20个小时。达尔文又试了一次，这次他用的是椎实螺（*Lymnaea*），并且把鸭脚移到了一个小瓶中，如此，便可为蜗牛制造一点潮湿的环境。此后达尔文再次进行了这个实验，每次他都发现这些小蜗牛离开水之后可存活17~20个小时。很明显，淡水蜗牛可以在水禽足部这种无水环境中迁徙一段距离，尤其是，水禽飞行时收起双足后形成的内部环境仍较为潮湿。他在《物种起源》中记述了自己的鸭脚实验结果，并指出，在20小时内，"一只水鸭或苍鹭至少能飞行六七百英里（965.61千米~1126.54千米），并且一定会在池塘或小溪旁停留，如果在海上飞行，则可能被吹到某个海岛或其他遥远的地方。"[29]

达尔文对这个主题的研究并未就此结束。10 年后，他仍专注于此。当时他把一只干燥的鹅脚放在田间，并计算在约一天时间内会有多少只蜗牛和蛞蝓爬上去。（它们在 5 小时内便爬下去了。）又过了 10 年，1878 年，达尔文在《自然》杂志上发表了一篇简短通讯，报道了一则物种远距离扩散的奇特记录，一位马萨诸塞州的通信者打中了一只水鸭的翅膀，他发现一只活的淡水蛤蜊紧紧地夹在这只水鸭的中指上。"毫无疑问，如果这只水鸭未被击中，这只蛤蜊本会被带往某个距其出生地数英里远的池塘或河流，那样它就能传播自己的种群了。"达尔文的通信者如此写道。[30]《自然》杂志的读者也有样学样，很多人写信给达尔文告诉他类似的情况。达尔文将这些信息连同自己进一步的观察报告一并编辑成文，发表在 1882 年 4 月初的《自然》杂志上——这也是他有生之年最后一次发表作品，因为在这个月末达尔文便逝世了。[31] 通过这种方式，数十年都从未离开家园的达尔文累积了丰富的观察结果，比他自己能观察到的还多。

意料之外的迁徙方式

任何特定的物种扩散事件都不太可能，达尔文确信物种会在时机成熟的时候强烈地倾向于四处迁徙，无论是通过随气候循环和陆地、海洋的升降而打开或关闭的栖息地走廊，还是通过风力、水力乃至飞禽翅膀的作用等方式。达尔文想挫败大陆扩张论者，尽管会用上述令人鼓舞的解释反对自己的朋友莱伊尔，而莱伊尔也对达尔文反对自己观点所用到的新颖办法——观察和实验——颇感兴趣。实际上，莱伊尔本人在受到达尔文的启发后也亲自收集了一些物种扩散的信息。1856 年 4 月，莱伊尔拜访唐豪斯，并对达尔文的种子漂浮实验的最新结果做了记录，5 月他就有新的消息要告诉达尔文。莱伊尔一位朋友的朋友发现了一只附着在水生甲虫身上的淡水帽贝。"这揭示了，定居的软体动物从一个流域迁往另一个流域的可能方式，"他写信给达尔文谈道，"毛跗牙甲虫（*Hydrobius*，一种水生甲虫）在有利的风向条件下能飞行多远？"[32] 与达尔文的水鸭类似，这只甲虫的翅膀上携带了一只软体动物。莱伊尔跟进了水生甲虫对另外一个物种的运输服务的报道，这一次，众人发现甲虫的翅膀下携带了水生蜘蛛的卵囊。"我们及时地发现了十分意想不到的物种迁徙方式。"他惊叹道。

达尔文倡导的"偶发扩散"（chance dispersal）观点最终在生物地理学领域占据了主导地位，尽管一个世纪之后，这个观点的批评者仍大有人在，一些人反驳说物种的跨洋扩散"是关于不可能、罕见、神秘和奇迹事件的科学"（正如鱼类学家加雷斯·纳尔逊讽刺的那样）。[33] 作为对世人在自然环境中检验物种散布情况之困难程度的反对，同时也是对人们从板块构造论和大陆漂移假说的角度解释物种地理分布的反驳，这种抨击在 20 世纪 70 年代屡见不鲜。讽刺的是，古老的大陆扩张假说却包含了一个重要的真理：重新排列及有时连续的大陆而非长期沉没的陆桥，解释了某些物种群体的分布。但偶发的远距离扩散从未消失。尽管这类事件不太可能且很罕见，但它们远非神秘事件，也绝不是奇迹。

大量与莱伊尔的水生甲虫类似的例子已被世人记录在案，甚至更为罕见的——至少更难出现的——远距离"漂浮运输"也已被令人信服地证实了。例如，1995 年秋季，人们在加勒比地区跟踪了数周

珠蚌蛤蜊附着在一只水鸭的足部。摘自达尔文《甲壳动物的迁徙》（1878年），第121页。

内连续发生的两次过境飓风。紧接着，某种并不生活在某个岛屿上的鬣蜥出现在了这个岛上，并且处于繁殖状态。爬虫学者艾伦·岑斯基（Ellen Censky）及其同事令人信服地解释了鬣蜥来自西部更远处的一个岛屿，它们经由连根拔起的大树与其他杂物一并抵达了自己的新家。[34] 然而，正是分子技术展现的前所未有的遗传证据宝库，使得物种长距离扩散重新回到了人们眼前[35]，这些证据证明，许多案例中涉及的隔洋相望的物种之间的关系可从大洋扩散（而非板块漂移）的角度得到最好的解释。无疑，偶发扩散是那些从未与陆地相连的遥远火山岛上生机盎然背后的规律。达尔文收集的葫芦（长有软毛的刺瓜藤属植物）就提供了一个很好的例子。1835 年，达尔文在加拉帕戈斯群岛的弗罗里亚纳岛采集了这种葫芦（自那以后世人便再没见过这种植物，也许它因为暴躁牲畜的践踏而灭绝了）。175 年后，一个由德国和英国植物学家组成的团队对其进行的 DNA 分析表明，它最近的亲属分布于北美和墨西哥，而另外一种加拉帕戈斯群岛的葫芦则可能来自秘鲁和厄瓜多尔。[36] 这两个物种的祖先于不同的时间飘到了这些岛上，也许这两个时间点相隔数千年甚至数百万年。

　　达尔文的偶发扩散观念解释的物种地理分布基本上是正确的——正如他在《物种起源》中谈到的那样："大自然就像一个细心的园丁，她会从种有特定作物的地方取下其种子，并将其播种在另一个同样适合它们的地方。"[37] 达尔文的观点并非总能得到证实，但他在检验自己观点时表现出的坚韧和创造力，却是世人追求科学知识事业中的重要一课。与他的许多其他追求一样，达尔文在收集物种扩散证据过程中的长期冒险，以及他以朴素的方式开展的各种奇特实验都表明，探索自然奥秘往往都需要一点创造力和谋略。

章节实验：四处扩散

I. 沉没或者漂浮：盐水里的种子

达尔文的"种子盐渍"实验首先旨在确定泡在盐水里的种子能保持多久的活性，其次是弄清楚种子可在盐水中漂浮多长时间才会沉没。他使用包括菜园中的蔬菜、常见杂草和热带植物的种子多次重复了这个实验。

A. 材料准备

1. 盐水。根据你的实验规模准备 1~10 加仑（3.8~38 升）盐水。我们更希望使用接近海水的盐水。你可以像达尔文一样用市场上买到的盐和矿物制剂轻松制成人造海水。你也可以从众多在线水族馆供应商或者本地宠物店、水族馆供应店中购买混合盐。还可以按照如下配方制作盐水：

   每 3 加仑（11.4 升）淡水中溶入：

   • 10.5 盎司（298 克）纯（不加碘）食盐

   • 1.5 盎司（43 克）氯化镁

   • 1 盎司（28 克）泻盐（Epsom salt）

   • 0.5 盎司（14 克）建筑石膏

   这些化学物质和矿物会为淡水提供海水的所有特性，并适合海洋生物。如果想要打造一个养鱼的水族馆，那就必须注意淡水的质量及其盐度。由于我们只是用盐水做种子漂浮的实验，所以无须担心这一点。顺便说一句，即便你生活在海边，也最好使用人造盐水，因为海水中充满了藻类和其他会腐烂、变质的微生物，它们会污染水体。

B. 其他材料

- 笔记本和铅笔
- 至少 6 类种子（如各种植物和野花种子包）
- 500 毫升的烧杯或烧瓶（甚至可以是梅森玻璃罐），每种植物一个。1 升或 2 升饮料瓶的底部也可以。
- 移液器或玻璃吸管
- 勺子
- 钳子或镊子
- 塑料包裹膜
- 标签带和记号笔
- 盆栽土壤
- 栽培种子的设备：培养皿或类似器皿，一个或多个种子发芽坪（理想情况下，分成单独的种植单位）或纸杯，以及盆栽土壤

C. 操作步骤

1. 根据其体积，在水族箱、大玻璃瓶或大烧瓶中制备盐水，并置于室温环境中。用每个烧杯或烧瓶量出 300 毫升盐水。（如果你使用的烧杯或烧瓶没有 300 毫升的量度标记，请用标签带做出标记并用它作为水位参考。）选择一个不受阳光直射的地方以免烧杯受到干扰。将所有烧杯放在这个地方，

放好之后，用手指或镊子将单个物种的 10 粒种子小心地放（别扔）在烧杯的水面上，并在杯身标记日期、时间及植物种类。用剩下的种子重复这个步骤，每个烧杯放入一类种子。（如果种子下沉，请不必担心，我们将在下文讨论这个问题。）然后，使用塑料包裹膜宽松地覆盖在每个烧杯或烧瓶瓶口；在此期间会蒸发掉一些水分，可用移液管或玻璃吸管补充蒸发的水分。这样做的时候，请小心地沿着容器内壁注水，以尽量减少水面的扰动。（如果有很多同伴一道开展这个实验，在不同的地方重复这一实验则再好不过，你们最后可以对比每个组的结果。）

2. 每天记录种子的状态，并记下每个容器中漂浮种子和沉没种子的数量。这个步骤可以一直持续下去，就像达尔文每隔一段时间便移出种子以查看它们浸入盐水后还能保持活性多久，但多数人在规定的时间（一周、两周或三周，或者你愿意的任何时间段）内开展这个实验会更实际些。每类种子更大规模的重复实验可在其浸泡一周或两周之后进行。或者，所有的重复实验都可在同样的时间段内进行，由此可获得种子在重复实验中的描述性统计。

3. 在实验确定的时间段结束时，请记录每类种子的漂浮和沉没数量。首先使用勺子从每个容器中取出漂浮的种子，注意不要让这些种子沉没了。然后取出沉没的种子，并将它们分开放置。接着，用淡水冲洗种子，并用下列两种方法之一种植它们：

　　纸巾种植法。将一张纸巾置于备好的饮料瓶底部，用水将其浸透，再放上种子。然后，用另外一张浸透的纸巾放在前一张纸巾之上，再往它上面铺上种子。为塑料瓶底部盖上盖子以保持水分。确保所有的塑料瓶上都有标签（标记种类、漂浮的种子、沉没的种子及日期等信息）。

　　土壤种植法。小心地在发芽坪上相邻的种植单位中播种每一类种子。（如果这块平地上没有区分出单独的种植单位，就用绳子为其划出格子。）分别种植漂浮的种子和沉没的种子。必要时，请浇水，并用塑料包裹膜将发芽坪或杯子盖住。

4. 播种完所有的种子后，请将塑料瓶、发芽坪或杯子置于阴凉处（不能被阳光直射）或置于植物生长灯下。每天监测并记录每类种子的发芽数量（植物种类、漂浮种子的发芽数、沉没种子的发芽数，等等）。

记录不同种类的种子和盐水的暴露时间（一周或两周，等等）：

（a）漂浮种子发芽（及未发芽）的数量和百分比。

（b）沉没种子发芽（及未发芽）的数量和百分比。

5. 本实验结束时，请将数据制成表格，注明实验期间沉没种子和漂浮种子分别的百分比及两类种子发芽的百分比。实验的结果可以让我们回顾下达尔文最初的疑难：物种是如何占领遥远海岛的？从我们受到达尔文启发的实验中可以得出有关两类种子在盐水中的漂浮和活力的结论。首先，某些植物的种子可在很长时间内仍保持漂浮状态。你的实验持续了多长时间？这些种子在这段时间里会随着洋流漂流多远？达尔文在写给胡克的一封信中指出："许多洋流时速为1英里（约1.61千米），甚至种子在一星期内也会漂流168英里

（约 270.37 千米）——据说湾流的速度为每天 50 到 60 英里（80.47~96.56 千米）。"事实上，这些数据对于某些洋流来说是过低的估计：湾流水面速度的最大估值为 5.6 英里每小时（约 9.01 千米/时），因此它每天运输漂浮种子的距离为 130 英里（约 209.21 千米）！试着动手计算一下。

6. 对于达尔文的目的而言，沉没的种子似乎并未呈现什么信息。然而，它们也为我们提供了种子在盐水中暴露到何种程度（无论是漂浮还是沉没）之后仍保有活力的洞见。与漂浮的种子相比，你的实验中的沉没种子的发芽比例又是多少？

II. 物种经鸟类运输：达尔文的鸭脚实验

淡水蜗牛出现在许多岛屿上的情况让达尔文感到震惊，他试图从海上和空中的角度调查物种的传播途径：漂浮或筏运，或者鸟类的空运等。实验表明，淡水蜗牛无法在盐水中长期生存，所以达尔文确信它们是通过空中通道抵达的。水禽可以携带水生蜗牛吗？蜗牛或其他生物可能爬到水鸭和鹅的脚上，当鸭子睡着，它们的脚在水中晃动时尤其可能发生这种情况。为了测试这种情况，达尔文将视线转向了自己的"蜗牛饲养场"——一个养殖了不同大小蜗牛的水族馆——他往里面悬挂了晾干的鸭脚。达尔文发现一些初生的蜗牛很快就爬了上去。它们会坚持多久呢？正如他后来在《物种起源》里描述的："这些刚孵出来的软体动物虽然都是水生物种，却在潮湿空气中的鸭脚上存活了 12~20 小时；一只水鸭或苍鹭则至少可在这段时间内飞行六七百英里（965.61~1126.54 千米），并且一定会在池塘或小溪旁停留；如果在海上飞行，则可能被吹到某个海岛或任何其他遥远的地方。"这便是令达尔文感到骄傲的鸭脚实验。我们也来看看，究竟多少水生生物会爬上我们制作的"鸭脚"模型。

A. 准备材料

- 直径约5毫米的木钉，切成约15厘米长
- 地毯钉
- 各种尺寸的小型渔具砝码
- 乒乓球或软木塞
- 使用下文中的附带草图将一种或多种耐水材料（例如牛仔布、魔术贴、帆布等）切成鸭脚形状
- 浅锅
- 喷瓶、移液管或玻璃吸管
- 放大镜或解剖显微镜
- 培养皿
- 小刀、钉子或木螺钉，以便仔细地在乒乓球或软木塞上打孔
- 硅黏固剂或橡胶黏合剂

B. 实验步骤

制作你的鸭脚模型：

1. 以下面绘制（或者你自己绘制）的草图为模板，将鸭脚轮廓临摹到织物或其他用于模拟鸭蹼的材料上。
2. 用小刀或钉子在乒乓球对称的两面分别钻出一个足以插入木钉的小孔。然后，用木钉插入并穿过乒乓球，并在一端（"顶

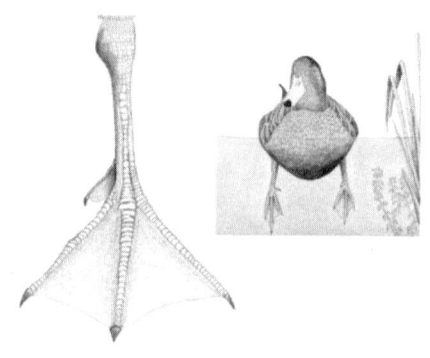

部")小孔处往外凸出两厘米左右。

3. 往木钉和球面接触的地方涂抹硅黏固剂或橡胶黏合剂，以此将木钉固定在乒乓球中，并防止漏水。如果你用的是软木塞，那就在其一端约 6 毫米深的地方开一个孔，并将木钉牢牢地插入其中。

4. 用图钉将鸭"脚"固定在木钉更长一端（"鸭腿"）的底部。（注意：你可以制作多种模型，每种模型都可以使用不同的材料制作足部；然后可比较不同材料黏附生物的性能。）

5. 我们的目的是让鸭脚模型浮在水面上，"足部"和"脚部"悬置在水中。因为木钉鸭"腿"本身就有浮力，因此我们可能需要在模型底部添加一个较小的渔具砝码以固定鸭"脚"。将鸭脚模型尽可能深地放入水中测试，并让鸭"腿"直立，鸭足在下。根据需要往模型底部添加额外的砝码，从而让模型可以直立浮在水面上，但注意不要增加太多的重量导致模型完全下沉。模型的重量达到平衡后，你的鸭脚就准备好了！

最后，用图钉将钓鱼线或灯线钉在鸭脚模型的顶部。

部署鸭脚模型：

1. 就像钓鱼时的下线过程一样，你可将鸭脚小心地扔进池塘或湖泊的水中，然后将钓鱼线系好，防止它漂走。

2. 让你的鸭脚模型在池塘中至少漂浮 2 或 3 天（持续时间并不固定）。回收模型的时候，请准备一个平底锅或密封袋，在模型离开水面后旋即将其接住。请不要额外往锅里或密封袋中加水，将鸭脚模型从水中取出后直接放入锅里或袋中。回到家后，用喷瓶仔细清理锅上的带蹼鸭"脚"。

3. 使用放大镜或解剖显微镜检查"脚"上是否有任何植物或动物存在的迹象。类似地，锅中的水也可用移液管或玻璃吸管吸出并转移至培养皿或类似器皿中，然后用解剖显微镜观察。你可能难以分辨藻类、原生生物等微型生物和海洋废弃物，但细致地观察一下，我们仍能揭示它们的不同结构：原生生物会不断移动；较大的生物体——昆虫幼虫、小蜗牛等——应该很明显。记录你观察到的生物，并尝试计算或估计其数量。

4. 这个实验的持续时间并不固定，从几天到几周或者更久均可。多制作几个模型，你便可以一次取回并分析多个样本——例如一周取回一次，持续时间为 1—3 个月。你可以为粘在单个或多个鸭"脚"上的生物数量及其种类制作图表，随着实验的推进而绘制结果图，并且/或者绘制不同"鸭脚"材料得出的结果图。某些材料是否比其他材料更能吸引水生生物？不同材料上面的生物种类和丰富程度是否有所不同？

用鸭脚垂钓,希望能捕获搭便车的水生生物。
莱斯利·C.科斯塔供图。

也见：

J. T. Costa, "Sailing the backyard Beagle: Darwin-Inspired Voyages of Discovery in Backyard and Schoolyard," in *Darwin-Inspired Learning*, ed. M. J. Reiss, C. J. Boulter, and D. L Sanders. (Rotterdam: Sense Publishers, 2015), 131–146.

第六章

植物的性生活

19世纪30年代晚期,达尔文对性十分着迷,这种着迷在他的工作和个人生活中交相呼应。1838年秋,他发现了物种变化的机制——自然选择。一个月后,他向表姐埃玛·韦奇伍德提亲(这段深思熟虑的时期以他列出的一系列婚姻的利弊作结,他高兴地得出了"结婚、结婚、结婚,证毕"的结论)。仅仅两个月后的1839年1月,他们便结婚了,随后搬到了伦敦布鲁斯伯里上高尔街的一处装饰十分华丽的小寓所,夫妻俩戏称这里为"棕榈小别墅"。接下来的4月,埃玛发现自己怀孕了——威廉·伊拉斯穆斯随后在这一年降生,这让达尔文倍感喜悦。在此期间,达尔文还积极地从个体物种在自然或驯化条件下的变异、杂交、生育力、活力等角度探索其"生殖"原理,这条研究思路多少起源于他在1837年春转向的进化论异端观念,即一个物种变成另外一个物种的想法。

在那个春天，达尔文没花多长时间就意识到，农业改良乃物种变化进程的关键。毕竟，动植物育种者的职责便是创造和改良新的变种或种类，达尔文意识到这种做法与物种的形成有某种关联。他确信，变种就是"端始种"（incipient species），变种和物种的差异是程度上的而非种类上的。他钻研农业文献，埋头苦读马歇尔、威尔金森、西布莱特、尤亚特、贝克韦尔等人的作品——这些作者都是推动了第一次伟大农业革命的主要育种者。在不了解物种遗传基础的情况下，这些人在人类不知不觉实践了上千年的动植物育种基础上，以前所未有的广度阐明了其中的农业改良原则。

正如我们在第二章中了解到的，达尔文将这些人的教导铭记于心。他记下了与杂交、配种、雌雄同体（同时具备雄性和雌性的生殖器官）、互交可孕性（完全的育种能力）和不育等主题相关的笔记，他试图在这些混杂的信息中分辨出一些有用的信息。育种者们会使用"挑选"、"决定"乃至"选择"等术语描述此项事业的枢机，其中就包括约翰·桑德斯·西布莱特爵士这位培育出牛、羊和家禽新品种的农业改良巨擘。在其 1809 年的小册子《家畜品种的改良技术》中，西布莱特宣称："任何物种都可以经由选择加以改变，那些从未关注过这个主题的人几乎无法想象这种情况；这些人将每一次的品种改良都归于杂交，但这不过是明智选择的结果。"[1] 达尔文对此的反应便是在 1838 年春匆匆写下了如何"得出创造新品种的全部技术"。[2] 当达尔文数月之后发现西布莱特"明智选择"的自然版本后，他很可能就是受到西布莱特的启发造出了"'自然'选择"这个术语。

与物种起源紧密相关的问题则是选择作用之下的变种起源。达尔文认为环境起了一定的作用，但繁殖过程本身也起了一定的作用，这条研究思路在他发现自然选择之前便已出现。如果是这样，有性繁殖物种的多样性会比无性繁殖的物种更多，他的调查似乎证实了这一点。数月之后，他确信有性繁殖最后会带来好处，长期看甚至乃属必要。

达尔文就这个观点给专家写信咨询。他们的回复并不总是令人振奋。令人尊敬的威廉·赫伯特（William Herbert，1778—1847）牧师是古典学家、语言学家和神职人员，同时也是植物杂交方面的著名实验家。达尔文给他写信，并对他关于植物并不杂交的断言表示疑惑："我疑惑的原因是，许多事情让我相信，每一个体在长期的时间间隔中都可能偶然或十分罕见地与（另外一个）个体繁育后代。"[3]赫伯特的回复模棱两可，他指出如果异交（outcrossing）必然发生，则杂交就会很普遍，但我们在自然界中并未发现这种情况。达尔文后来做了反省。他在笔记中写道："我的理论的最薄弱环节是绝对必然性，即每个有机体都应该和其他有机体杂交。"[4]芽殖和其他无性繁殖形式意味着较低的变异性，这些物种也无法做出改变并迅速适应新环境。而自体受精则意味着近亲繁殖，这也会导致较低的变异率及从畸形到不育等一系列弊病。就这两种情况而言，近亲繁殖可能是物种长期面临的更大问题。

达尔文很清楚，育种者曾告诫人们不要频繁或长期地使物种近亲繁殖，当时人们将这种情况称为"同种交配"（in-and-in）。植物和动物的改良在过去（及目前）既是艺术也是科学，它旨在在育种过程中找到相似品种之间的正确平衡，以保存基因及其变异体（等位基因）较好结合而产生的理想性状，而非以不可避免的杂交干扰这种情况——就像一个良好配合的团队很容易就会因为新成员而丧失其状态。从长远看，生物和团队可能至少都会因为新鲜血液的定期注入而获益，但这一过程一开始会破坏群体的活力。（今天我们理解了近亲繁殖产生的各种问题的遗传学基础：两个隐性等位基因得到遗传后，其负面影响就会表达出来，这种情况的发生概率会随着近亲繁殖而显著增加。）而在达尔文的时代，世人只是从经验角度观察到近亲繁殖往往会降低物种的生育力和活力，而远亲交配则会带来健康和活力。达尔文确信，近亲繁殖和远亲交配的不同结果与变种和物种的形成有一定关系。既然他和埃玛是表兄妹，那么他很可能也会因自己的婚姻是近亲结合而感到不安。

的确，在达尔文心中，性在很多方面都占据重要位置。但这个主题又是如何引导他窥探植物的秘密生活的呢？这一切都始于那个反复提及的杂交问题。

达尔文、奈特和他们的定律

达尔文最终意识到，赫伯特的反对意见并非它一开始看上去那样成问题，因为远亲交配也有程度之别。如果某种植物或动物与其伴侣的关系足够近，而且它们会产生健康的后代，杂交就不会很普遍。另一方面，如果个体的关系太近，那么近亲繁殖的不利影响就会出现。成功的近亲繁殖或远亲交配则处于这两个极端之间，它们乃带来最大益处的黄金手段。

与这一发现同年，让他相信杂交现象普遍存在的育种者也过世了。此人就是赫里福德郡著名的园艺学家托马斯·安德鲁·奈特（Thomas Andrew Knight，1759—1838）。1799 年，皇家学会的《哲学汇刊》发表了奈特的《关于一些植物繁殖实验的评注》(*An account of some experiments on the fecundation of vegetables*)，达尔文在探寻物种繁殖的一般原理的过程中曾反复参考这篇文章。和后来的孟德尔一样，奈特用不同品种的普通豌豆开展了杂交实验。在其中一个实验中，奈特将茂盛而壮硕的豌豆植株花粉转移到了小型植株的豌豆上，同时，他还以相反的步骤重复了这一实验。结果，豌豆植株后代的活力和种子大小都令人印象深刻且出乎意料："通过这个实验，我得到了物种杂交刺激效应的惊人例子。那些最小的豌豆品种的高度绝少超过 2 英尺（约 0.61 米），但结果它们长到了 6 英尺（约 1.83 米）。"[5] 奈特后来继续成功地对小麦、苹果和葡萄做了类似实验。他总结道："改良的品种……可通过这一过程得到，而大自然也希望同一物种的相邻植株之间发生杂交。"[6]

更重要的是，奈特观察到，当我们考虑到大自然设计的诸多传递花粉的巧妙方法后，这个结论的正确性便显而易见了。一些植物的花粉非常轻巧，一阵微风便可将其吹到很远的地方。而其他物种的雄蕊则占据了战略位置，从而可向到访的昆虫身上撒下大量花粉，而"众多品种的蜜蜂的绒毛外套也设计得适合搬运花粉"。因此，尽管同一朵花中的雄蕊和雌蕊相互接近，但大自然却"意欲"异花授粉，并通过各种方法来确保这种情况发生。但这一切的原因何在？奈特认为自己已找到答案：有性繁殖"往往倾向于把出于偶然原因而变得肥沃或贫瘠的土壤产生的变异局限在更狭窄的范围内"。[7]

换言之，奈特首先相信环境条件（土质）导致了变异，达尔文持同样观点，直到 20 世纪孟德尔做出相关发现之后这种观点才被世人彻底抛弃。奈特似乎进一步认为，杂交会广泛传播变异，这种均质化过程会防止因环境诱导而发生的变异达至失控的局面。达尔文同意这种观点，但他对杂交育种的刺激效应尤其感兴趣。与奈特不同，达尔文认为杂交导致了物种的变异。根据奈特的工作，达尔文提出了一个指导自己研究的假设：杂交育种即便偶然发生，它对物种的长期适应性也至关重要。1844 年，他在《论物种》中写道：

> 杂交会影响所有陆生动物物种（无论正常品种还是变种），因为所有的陆生动物都需要两个个体的结合以完成繁殖过程……我禁不住（和奈特先生一道）猜测，繁殖行为不时需要相隔较远的个体的结合这一观点。多数植物和动物育种者坚信，偶尔的杂交会带来好处，这种杂交并非发生在两个物种之间，而是同一物种的不同群体之间；另一方面，同一群体内部长期的近亲繁殖则会产生有害的后果。

达尔文将这种观点称为"奈特定律"（Knight's Law），他十分确信杂交至关重要，乃至后来在《自然选择》的手稿中专门辟出 100 多页的一整章对其进行讨论。[8] 尽管他能够观察到"两个品种杂交后产生的后代，甚至两个雌雄同体的植物杂交的后代的活力和生育力都得到了提升"，但达尔文坦言自己并不知道为何会这样，并承认"我们对生命及其繁衍过程一无所知"。

尽管如此，达尔文仍然开始思考物种交配和两性现象背后的原因。这也是他自 1840 年以来开展各种实验和调查的背景。而达尔文对杂交近乎普遍存在的示例证明十分有说服力，乃至后来的博物学家们又将"奈特定律"称为"奈特-达尔文定律"，每当想到植物实现异花授粉的办法时，他便对大自然令人赞叹的创造力着迷不已。达尔文在唐豪斯的花园、温室和草坪上开展的大量实验和其他考察让他和家人忙得像蜜蜂一样，他也开始欣赏这个植物的主要授粉者了。相关研究（及毫不夸张的数千次实验与相关调查）最终呈现在他于19世纪70年代末写成的杰出著作——发表于1876年的《植物王国的杂交和自体受精之影响》(*The Effects of Cross and Self Fertilisation in the Vegetable Kingdom*)，及次年发表的《同种植物花朵的不同形式》(*The Different Forms of Flowers on Plants of the Same Species*)中。乍一看，这些作品似乎处理了毫不相关的植物学主题，但对达尔文而言，杂交的意义与开花植物中的单性别现象同样重要。他试着像植物那样思考，从它们的角度考虑繁殖问题，并开始意识到那些六条腿的"中间人"的重要性了：它们无处不在，并成了最优秀的花粉信使。达尔文的研究沿着两条部分重叠的路径展开：他先是记录了昆虫参与异花授粉的过程，接着还记录了异花授粉的有利影响。

不那么神秘的媒介

达尔文以特有的方式一步步完成了自己的证明：密切的观察、细致的实验、广泛的调查，以及被我们称为"众包"的方式。他早期的熟人和通信者之一罗伯特·布朗也是英国杰出的植物学家（曾提出过著名的布朗运动），布朗在1841年春季建议达尔文参考克里斯蒂安·康拉德·斯普伦格尔（Christian Konrad Sprengel，1750—1816）1793年的著作《花朵的结构与受精中的自然秘密》(*Nature's Secret in the Structure and Fertilization of Flowers Unveiled*)。斯普伦格尔在这本书中提出了一些如今被认为是理所当然的主张，即多数情况下，花朵鲜艳的目的是吸引昆虫为其授粉。他细致记录了一组植物和授粉者之间的关系，但并未对这些关系寻根究底，达尔文对此大失所望："并未提及异花授粉的优势，"他在该书页边潦草地写道，"（作者）似乎认为昆虫是必不可少的，并不值得做任何解释。"[9] 天真的斯普伦格尔主张，雄蕊和雌蕊一并出现是为了方便来访的昆虫，达尔文大失所望地摒弃了这种解释。然而，达尔文仍被斯普伦格尔的著作吸引。他系统地梳理了植物学家们的观察结果，并添加了许多自己的观察；其中或许有些"无稽之谈"，但这本书仍然"充满了真理"，达尔文曾对阿萨·格雷如此说道。[10] 多年后，他的儿子福兰克曾说，斯普伦格尔的著作"不仅鼓励了（父亲的）种种猜测，而且也对他的工作起着引导作用……值得商榷的是，比起把这本书送到这样一个人手里而言，布朗是否还取得过更大的成就"。[11]

在一开始的 19 世纪 40 年代早期，达尔文的昆虫和花朵观察是作为其他研究的放松消遣而完成的。当时，他正忙于主持名为"'小猎犬号'远航途中的动物学"（Zoology of the Voyage of the Beagle）的项目，该项目最终在 1838 年到 1843 年按类别分为 5 部分出版。达尔文实际上担任了各卷的主编，尽管他同时还要为"小猎犬号"远航中的地质学项目殚精竭虑。正如我们在第一章中看到的那样，达尔文当时在伦敦地质学界已是一颗冉冉升起的新星，他于 1836 年甫一回到英国便当选为地质学会的会员，仅仅两年后又出任该学会的秘书。但达尔文在 1841 年放弃了秘书一职——当时他正疲于奔命，尤其是新家庭成员的降生：女儿安妮·伊丽莎白在该年 3 月出生了。达尔文和埃玛疲惫不堪，而且他的身体当时已显露出困扰其余生的神秘疾病的征兆。因此，1841年春末，他们一家人逃离了"棕榈小别墅"，迁往埃玛长大的斯塔福德郡的梅尔庄园，此地为他们提供了急需的喘息机会。一家人于5月下旬抵达梅尔，两岁的威廉（当时家人称他为"多迪"）和安妮宝宝令埃玛的父母乔赛亚和贝西·韦奇伍德（达尔文的舅父和舅母）兴奋不已。

达尔文和埃玛都对梅尔有着非常美好的回忆，他们宏大的格鲁吉亚式乡村别墅坐落在一处低矮的山丘上，周围还有广阔的公园和花园（最初由18世纪著名的景观设计师、"无所不能的"兰斯洛特·布朗设计）。一条长而曲折的杜鹃花车道通向别墅，房子背面有一处可俯瞰平静湖面的小山丘，达尔文喜欢在环绕其上的砂砾小径（唐豪斯的砂砾小径后来还启发了达尔文的思路）上散步。屋子四周环绕着数英亩的林地和良田。韦奇伍德家族和达尔文家族的关系很近——回想一下，达尔文的母亲也是韦奇伍德家族的一员，而正是他的舅父（及岳父）乔赛亚·韦奇伍德二世说服达尔文的父亲，让他听取了乘坐皇家海军"小猎犬号"环球航行的种种好处，达尔文的父亲一开始曾斥这种想法为"不切实际的计划"。埃玛是这个家族8个孩子中最年幼的，达尔文和自己的表亲自幼便亲密无间，他们小时候一起在这个地方玩耍。埃玛与姐妹和母亲一起打理花坛的时光十分愉快，花坛中茂盛的植物有着层次丰富的颜色和质地：红、黄、紫、白，等等，蔓延的色彩不时地被美丽植物伸展的枝丫和绚丽的穗状花序优雅地打断。多年后，达尔文和埃玛的女儿亨丽塔（Henrietta，即埃蒂）曾说："整个家族都深爱着梅尔庄园……孩子们甚至遗传了对这里的某种神圣感觉……我父亲常常说母亲只关心那些长在梅尔庄园里的花朵。"[12]

花坛中的花儿简直组成了一块美妙的调色板：黄色的黄花菜、深紫色的天竺葵、粉红色的杜鹃花、蓝色的附子草、飞燕草、羽扇豆，以及风铃草、白藓、鲜红的罂粟花、多彩的婆婆纳属植物和三色堇等各式花草。阳光明媚的日子里，生机盎然的花坛中会引来无数嗡嗡作响的勤劳蜜蜂——这意味着梅尔庄园的美丽花园不仅为达尔文疲惫的神经提供了平和与宁静，更成了他测试最新想法的户外实验室。他关心蜜蜂和花草，可能还有别的东西：斯普伦格尔的著作是植物授粉学界名副其实的圣经，达尔文曾对其苦心钻研。每一株开花的植物都有其自身的故事和关系等待揭示，他像狗仔队一样窥探着花瓣和花蕊，以期掌握它们各自的秘密。达尔文花了很多时间观察花卉结构，以及蜜蜂在花朵之间的行为，比如它们如何探测花蜜，它们会在哪些花朵上停留，会对哪些花朵不屑一顾，停留多长时间，以及它们在固定的时间内可以在多少朵花上停留，等等。以下便是一条典型的笔记：[13]

> 梅尔庄园。6月15日/41/。观察了白藓，在10分钟内有13只蜜蜂造访7朵花，每一只都嗅探了很多花朵。6月22日/在接下来的几天中，大多数蜜蜂造访了同一簇的花朵，今天，在5分钟内共有11只大黄蜂到来，每一只都在很多花朵上停留。
>
> 观察蜜蜂光顾这些花朵的频率直到傍晚。粗略计算总共有280朵。每只蜜蜂一分钟会在10朵花上停留，这样光顾完所有花的时间为28分钟，这样看来，蜜蜂们每天造访每朵花30次是个很低的估值，这种情况已经持续了14天。（一些潮湿的天气除外，湿漉漉的天气会让蜜蜂在花朵上停留更长时间。）

达尔文这种意识流风格的笔记表达了发现的喜悦。白藓（Dictamnus albus）是来自地中海地区的多年生植物，因含有高度易燃的芳香油，又被称为"燃烧灌木"或"天然气植物"。其华丽且芬芳的花朵长有从白色到粉色等颜色的后弯花瓣，以及长而凸出的雄蕊——这是蜜蜂的最爱。达尔文看到，在 10 分钟内共有 13 只蜜蜂造访了挂有 7 朵鲜花的花穗，但它们来去匆匆，乃至难以数清楚它们究竟造访了多少花朵。回过头来，达尔文估计了一只蜜蜂在一分钟内造访的花朵数量，然后推算了可供停留的花朵数量，最终得出的结果是每朵花每天会被蜜蜂光顾 30 次，这是一个保守的估计。此种速度可从实质上保证昆虫使者完成授粉的任务。

这一年夏天的晚些时候，达尔文回到伦敦，被《园丁纪事》上一封落款为"卢利科拉"*的信件触动而加入相关内容的讨论之中。这一年的蚕豆一直长势不好，卢利科拉将之归咎于多足的大黄蜂。他观察到这些蜜蜂会咀嚼蚕豆花基部以提取花蜜，并得出结论——这导致花朵无法结实。他的建议对这种邪恶的蜜蜂而言实则奖惩并举："蚕豆栽种者十分渴望避免此类损失，如果能在夏末的时候捣毁大黄蜂的蜂巢，并让孩子们在蚕豆花开的时候捕捉并消灭地里的雌蜂，则再好不过。"[14] 这年夏天，在观察蜜蜂的过程中达尔文也发现了蜜蜂刺穿花朵的行为（现称为"花蜜劫掠"现象），但他对蚕豆的长势不好和此种现象之间的关联持有不同的看法。

这年 8 月，达尔文写信给《园丁纪事》道：[15] "也许你们的读者想听到大黄蜂对花朵钻孔进而提取花蜜的更多细节。"接着，他连续

---

* Ruricola，意为乡下人。——译者注

列举了许多自己观察到的例子：金鱼草、钓钟柳、鼠尾草和水苏类植物。达尔文在梅尔庄园观察到的杜鹃花很有启发性：尽管从这些植物中看到了花蜜劫掠现象，但他得出结论说，多数蜜蜂仍以正常的方式（探入花冠等）从这些植物的花朵中获取花蜜。他的证据在于，不育的杂交品种并不能产生自己的花粉，但它们的雌蕊上仍覆盖有很多花粉微粒。达尔文明确地道出了穿孔的蚕豆无法结实的真正原因。蜜蜂要为此负责，但并非卢利科拉认为的那样，"而是它们并未按照大自然赋予它们的那种方式提取花蜜"，因此授粉的任务会失败。达尔文半开玩笑地继续说道：

> 如果包括雌雄同体植物在内的所有吸引昆虫的花朵都需要昆虫的介入……以将花粉从一个花柱传递至另外一个，那这些大黄蜂群体中那些刺穿花朵而非在雄蕊和雌蕊上刷粉的骗子显得多不称职啊……！尽管我可以相信这些险恶的蜜蜂可能会对种子有害，但人们仍会因为看到这些勤劳、快乐的生物在你们的报道者的严厉建议下受到惩罚而哀叹。

达尔文以十分嘲讽的口吻指出，花匠甚至应该因蜜蜂获取花蜜的"独创方式"而奖励它们，因为它们以这种方式减少了脆弱花瓣的损耗，否则花瓣会因为蜜蜂不停地乱窜而折损："蜜蜂们为了避免在花瓣中攀爬而开的小孔几乎不可见；而动物园里一些沟酸浆属（*Mimulus*）植物花园中的所有花朵则磨损严重。"（这一评论暴露了达尔文去动物园的目的：他不是去观赏动物，而是去花坛中观察花朵。）

小题大做的花朵

卢利科拉并未看到蚕豆长势不好的原因在于缺乏授粉，这对现代读者来说似乎显得很奇怪。但即便到了 19 世纪中叶，昆虫在授粉中的作用还远不明确，且并未被普遍接受。多个世纪以来，人们普遍认为植物会自花受精，而许多花朵中雄蕊和雌蕊并置的现象则强化了这种观点，世人甚至还以此作为造物主智慧的明证。达尔文不仅试图确定昆虫，特别是蜜蜂，乃授粉的媒介，而且更重要的是，这些昆虫很大程度上在同类植物的不同个体之间传递花粉。

达尔文对授粉的这种奇特现象越发感兴趣。1841 年，他在梅尔庄园注意到某些花朵的雄蕊和雌蕊是如何向上弯曲的，从而将其顶端精确地置于大黄蜂汲取蜂蜜的路径上（他称之为"航路"或"花蜜通道"）。杜鹃花就是个很好的例子。实际上，白藓的雄蕊在成熟时也会移动至花蜜通道上。这些花蕊一开始像针一样笔直，但这种情况在炎热的天气里会发生变化："花药都开了……我发现它们的位置全变了，现在都位于通往花蜜通道当道处，进入通道的蜜蜂都会拂拭而过。"[16] 杜鹃花和白藓花等花朵都是些简单明了的例子，但在达尔文的时代，没人会对雄蕊和雌蕊看似有利的位置感到好奇。花朵们的其他"计谋"也并未被人注意，但不久之后，达尔文为植物学打开了异花授粉机制的新世界，当时甚至没人想到会有这种机制存在。

雄蕊抛出花粉的过程包含了奇特的弹簧作用，花瓣中的杠杆结构使得它一端受到压力后会在另一端伸出雄蕊，而雄蕊和雌蕊成熟时间不同的花朵、精心设计的结构和花瓣腔室会迫使不幸的昆虫掉下花朵中的单行通道，甚至像恐怖的花房一样将它们禁闭一段时间。达尔文

第六章 植物的性生活

大月桂杜鹃花（*Rhododendron maximum*）。达尔文研究了杜鹃花和其他许多花朵向上弯曲的雄蕊和传粉者的"花蜜通道"。作者供图。

阐明了奇怪的花卉变种，他发现有时候同一种植物同时存在 3 个变种，而且许多我们钟爱的美丽植物还会用微小的隐藏花朵补充它们的艳丽花朵，这些永不开放的小花朵似乎一直是防止昆虫不良授粉行为的保险措施。鲁布·戈德堡*这位在达尔文去世一年后出生的复杂装置大师，应该会欣赏达尔文阐明的植物为了授粉而使出的奇怪计谋。

斯普伦格尔是达尔文最初的引导者，他讨论的植物之一乃常见的伏牛花（Berberis，小檗属）。伏牛花是常常受人贬低的耐寒植物，常让人联想起商场和加油站中不起眼的摆设（由于它是北美地区的入侵植物，而且还是小麦杆锈病菌的宿主，它更是被博学的生物学家进一步贬低）。但这种植物有其自身的魅力，就像达尔文理解的那样：伏牛花为雄蕊的弹簧作用提供了绝佳的例子。一小簇黄色的花朵随着细长的叶柄摇曳。随着花朵的成熟，雄蕊会像装满花粉的弹射器一样在花瓣后方竖立。蜜蜂的最轻微触碰也会令雄蕊弹起，从而将花粉撒向来访者。达尔文相信，德意志卡尔斯鲁厄的植物学家约瑟夫·戈特利布·科勒尔特（Joseph Gottlieb Kölreuter，1733—1806）早在 1788 年就证明了这种机制。（事实上，比起斯普伦格尔，人们如今更倾向于将科勒尔特认作昆虫授粉生物学之父。）

达尔文意识到花朵中的雄蕊和雌蕊在不同的时机成熟是为了减少自花授粉的机会，同时也是控制昆虫汲取和传递花粉的一种手段。鼠尾草的情况就是这样：雄蕊首先成熟，它会通过杠杆机制向前来汲取花蜜的蜜蜂身上喷撒花粉。在这个阶段，未成熟的雌蕊就被挡住了，但随着花朵成熟，雄蕊枯萎，雌蕊则迅速生长，并垂挂在花蜜通道前

---

* Rube Goldberg，其名又意为小题大做。——译者注

方。在此阶段前来的传粉蜜蜂需要压下雌蕊，花蕊的柱头便会从蜜蜂的背部蹭下花粉。达尔文对这种计谋很是惊讶："我无法再怀疑这种结构的最终原因（意图），就像看到某个捕鼠器一样。"[17]他还惊讶于一些海芋属植物奇特的授粉方式。这种植物有着肉穗花序（由众多小花包围的独特花柱或穗状花序）和名为佛焰苞的叶状苞片，这些苞片就像一个兜帽或斗篷一样围绕着肉穗花序。花店中常见的和平百合（*Spathiphyllum cochlearispathum*，白鹤芋属）则是其通常形态的很好示例，它的肉穗花序就被雪白的佛焰苞围绕着。达尔文对一种普通的英国林地生长的天南星科植物（*Arum maculatum*）感兴趣，这种植物又被称为斑叶阿若母（Lords-and-Ladies）、白星海芋（Cuckoo-pint）、舟形乌头（Friar's Cowl）、印度天南星（Jack-in-the-Pulpit）等。

在这些海芋属植物中，拨火棍状的紫色肉穗状花序会被绿色的佛焰苞包裹。与其他许多物种的肉穗状花序不同，这种植物的可见花序实际上并不包含花朵。而这正是达尔文感兴趣的地方。逐渐往下，花序便消失在底部膨胀的佛焰苞组成的球状花室中。佛焰苞中的花序杆长有3种花朵，每一种都绕花序杆排成一圈：最下面的是产生花蜜的雌花，其上为雄花，花室最上方几乎封闭了其整个开口的则是一圈长有带刚毛花丝的不育花朵。这些花丝可以防止大型昆虫进入，但世人很早就知道，小型昆虫，尤其是某些苍蝇，可以穿过这些花丝进入秘密的花室。和许多海芋属植物一样，斑叶阿若母会产生令我们感到厌恶的气味，被一位作者描述为"腐烂的味道和尿味"，但它的主要传粉者苍蝇则无法抗拒这种气味。而这种令人侧目的植物还可以通过生热作用（thermogenesis）过程产生热量，这让它的吸引力大增，这一过程不仅有助于挥发难闻的气味，还为来访的昆虫提供了一处舒适的

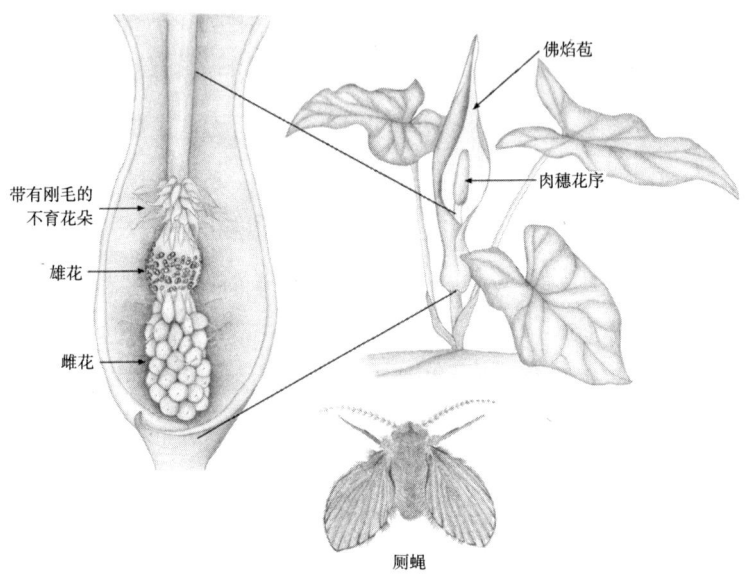

达尔文于1842年研究了斑叶阿若母的授粉生物学,他发现这种植物会诱导粗心的蚊虫进入其肉穗花序底部的球状花室,一旦虫子被喷上花粉,它们就会被释放出去。莱斯利·C.科斯塔绘图。

避难所。(开花较早的北美海芋属植物臭菘能够产生足以融化积雪的热量。)

达尔文时代的植物学权威学者认为，这些倒霉的苍蝇误入了花室，并且永远无法再见天日。达尔文并不这样认为，因为这些植物并非食虫植物。在1842年3月造访生活在什鲁斯伯里的父亲和姐妹期间，达尔文解剖了一些斑叶阿若母样本的球状佛焰苞，并发现了困于其中的30~60只虫子。许多虫子都死了，但还有一些沾满花粉的活虫在里面东倒西歪地蠕动着。如果达尔文并没有打开花室，这些虫子会不会劫数难逃？达尔文在34年后发表的《植物王国的杂交和自体受精之影响》中做出了如下解释：

> 为了发现活体虫子是否能逃离花室，从而将花粉传递到另外一株斑叶阿若母上，我在1842年春天将一个细麻布袋包裹在一个佛焰苞上。一个小时后，我回去查看，发现几只小苍蝇在袋子内侧爬动。于是，我收集了一株佛焰苞，并往里面使劲吹气；很快，几只苍蝇就爬了出来，身上无一例外都沾满了花粉。这些苍蝇很快就飞走了，我清楚地看到其中3只飞往了一码（约0.91米）之遥的另外一株斑叶阿若母上；它们落在了佛焰苞内侧或凹面，并且很快就往下朝花朵飞去。[18]

达尔文往佛焰苞内侧看了看，确定苍蝇已经传播了花粉。在这个恐怖密室中到底发生了什么？花室顶部的不育花丝构成了一个捕虫陷阱。苍蝇被花室内部的气味吸引，在屏障中挤出一条通道，但要再次找到出去的路则绝非易事。这种斑叶阿若母是雄蕊先熟的品种。次日，雄花的巨大花囊会成熟并撒下大量花粉，而花室中四处乱撞想要逃出去的受骗苍蝇就会被花粉覆盖。在这个过程中，有些苍蝇会死去，它们的尸体便散落在花室底部。约 24 小时内，封锁入口的花丝会枯萎，沾满花粉的幸存苍蝇最终得以脱身……然而，它们未曾料到竟会迅速被另外一株斑叶阿若母欺骗。到这时，雄花已经凋谢，雌花逐渐成熟。此时的花柱变得容易进入，花室中也布满了身上裹满花粉的东倒西歪的苍蝇。这些苍蝇再次进入此前欺骗过它们的同一朵花的可能性很小，因此，当它们再次受到别的花朵欺骗时便很可能实现异花传粉。

达尔文研究过的另外一种雄蕊先成熟的植物就是常见的毛地黄（*Digitalis purpurea*，毛地黄属），这是一种多年生的花园常见植物，有着大而带深紫色斑点的花朵。这种植物的主要访客是大黄蜂，它也有一套确保实现异花传粉的巧妙技巧。毛地黄成熟时会长出十到数十朵自茎部呈螺旋上升排列的花朵，其顶部还会不断长出新鲜的花蕾。因为雄蕊先成熟，于是位于植株底部的成熟花朵往往开花时间较长，并因此进入雌花阶段，而中间到上层的花朵则仍属雄花。达尔文注意到，大黄蜂往往从植株的底部（雌花）逐渐向上爬行，一路采摘花粉直到上面的（雄）花，然后才飞向另外一株。对另外一株毛地黄而言，蜜蜂也会再次从底部雌花开始采摘花粉，这就为异花传粉创造了条件。（最近的研究发现，雌花也会比雄花产生更多的花蜜，这是确保蜜蜂从雌花开始采摘的巨大激励。）

作为一以贯之的实验主义者，达尔文想要测试这些植物是否通过杂交获得了良好的种子和长势。1869 年，达尔文一家人在威尔士巴尔茅斯风景秀丽的沿海城市卡迪根湾度假时，研究野生种群的机会出现了。跟以往相比，这个假期对达尔文来说更适合疗养，因为这一年的早些时候他曾从自家的马匹上重重地摔了下来，幸好未受重伤。所以他此时伤病缠身，但海边宁静的田野考察却有着奇特的功效。他发现俯瞰港口和河口的一处地方长满了毛地黄，于是他做了个实验："我用一张网盖住北威尔士原生土壤上生长的某种植物，并且给 6 种花自花授粉，其余 6 种则用长在几英尺外的特定植物为其授粉。被覆盖的植物有时候会被用力晃动，以模仿狂风的影响，这样做也是为了促使它们自体受精。"[19] 那些路过的一日游旅客如果看到有人在野地里用网把毛地黄盖起来可能会觉得有些特别。这个小型的研究在很多方面取得了成果：达尔文发现，被网盖住的 92 株毛地黄（包括人工授粉的 12 株）中仅有 24 株结出了果实（其中仅有两株挂满了种子）。相比之下，周围未被覆盖的植株都挂满了种子。

达尔文小心翼翼地收集种子，并将自花授粉和异花授粉的花朵结出的种子分开。回到家后，他把种子放在温室里使其发芽，待它们都长大后，就将幼苗移植到花园里。在接下来的夏天，达尔文测量了这些存活的毛地黄长出的花穗，并发现它们的活力差异极大：异花授粉的植株平均可长到 130.38 厘米高，而自花授粉的植株则会短 30%，约为 91.11 厘米。（自花授粉的植株死亡率也更高。）这项研究再次明显证明了异花授粉的威力，这也是达尔文正在打造的证据链中的一环。

杂交还是自交

达尔文意识到，一些植物会自花授粉，有些甚至常常这样做，但他相信大多数植物对来自遥远科属植物的花粉的兴趣远大于自产的。达尔文也不清楚个中缘由，但我们今天已将这种现象解释为自交不亲和性（self-incompatibility），顾名思义，这种现象由涉及一种或多种相容性基因的简单遗传机制控制。这些基因由物种集合基因库中的许多不同变体（等位基因）组成，但在理想的孟德尔遗传模式中，每个单独的植株都仅包含两个等位基因，它们分别遗传自父系和母系。自交不亲和性基因具备相当多的变异等位基因，从而几乎所有个体总是杂合的——它们具有亲代基因的类似变体，而非相同的变体（在后一种情况下，这种基因就会是纯合的）。实际上，如果花粉散落在含有相同自交不亲和性等位基因的花柱上，或者落在同样拥有等位基因的柱头上，植株将无法长出花粉管，并且其花朵也无法受精。因为某个植株自产的花粉明显具备其自身胚珠中同样包含的等位基因，所以自花受精行不通。

上文是关于自交不亲和性的基本描述，但我们需要记住，植物王国中的实际情况往往更为复杂。尽管排他的自体受精可能很罕见，但很多物种却不仅在一定程度上容忍这种现象，而且还会确保其发生。达尔文自然对此很感兴趣，他于1862年写信给胡克，谈到自己考察了后来被称为"闭花受精"的现象，即某种小而奇特的自花受精花卉的繁殖现象。近半数开花植物品种表现出"混杂交配"的迹象，它们会产生自交和杂交两种形式的后代，而且许多植物群体甚至会长出可在蓓蕾中完成自体受精过程的专门花朵，甚至都不用开花。这些闭花受精的花朵的常见程度甚至超过了最敏锐的园丁的认知：人们在2007年进行的全面评估中发现，分布于228个属和50个科中的700种植物都长有闭花受精的花朵。其中许多都是花园中的常见品种：很多紫罗兰、兰花、酸模和许多豆类植物都会在其艳丽（开花受精）的花朵旁长出闭花受精的花朵。如果你并未注意到闭花受精的花朵，也情有可原——因为它们与授粉者无关，因此并非长得便于可见，这些花朵往往呈小的芽状，且经常长在接近地面的茎秆上。它们要么完全没有花瓣，要么花瓣很小，其蜜腺已不可见，甚至雄蕊和雌蕊也退化了。

当时，达尔文正忙于思考昆虫授粉、植物杂交、食虫植物和兰花等主题，但就是没有写作他那关于驯化的书籍。"我一直在观察和思索（闭花受精的）堇菜的小花……这些花儿小得多么奇怪啊！"他写信给胡克谈道。[20] 他试图弄清楚闭合花朵产生的花粉是如何传到柱头上的，于是他写信给工作在邱园且向来乐于助人的丹尼尔·奥利弗（Daniel Oliver）求助。在奥利弗等通信者的帮助下，达尔文考察了紫罗兰和其他植物以闭花授粉的形式产生种子的过程，并且他还钻研文献，以得知这种现象存在的范围。在给胡克写那封信的 15 年后，达尔文在《花朵的形式》中专门为这种奇特的现象及许多相关实验拿出一整章加以讨论。他正确地总结道，闭花授粉有两方面的优势。如果常规授粉由于恶劣天气或授粉者阙如等不利条件而无法完成，闭花授粉的花朵就会成为保底手段，它会以自花授粉的方式确保植株产生种子。其次，这些花朵能以微小的投入产生大量种子，因为它们都像芽一般微小，而且不产生花蜜。

对达尔文而言将小而封闭的自花授粉花朵当作繁殖保险策略是有意义的，但自花授粉的植物用艳丽的正常花朵引诱授粉者却令人费解。后者似乎在如豌豆、蚕豆及相关品种的豆科植物中尤为常见——这类植物便于研究。1857 年 10 月，达尔文写信给《园丁纪事》杂志，描述了芸豆的杠杆作用机制：花柱蜷曲在形变的花瓣内部的左侧弧环（就像法国号一样）中。雄蕊也长在这个环形管内。两片更低一些的花瓣从底部伸出，从而为造访的蜜蜂提供了降落的平台。蜜蜂的重量会压低这些花瓣，而这个杠杆装置尖端的花柱就会从环状管中弹出。达尔文指出，整个杠杆装置在花柱正下方还长有一个细毛刷，它每次都会在蜜蜂降落在花朵上的时候前后移动。就像植物管道清洁器一样，这个刷子会将花粉从花粉管中扫出，并逐渐将其推到花柱上。"因此，蜜蜂间接引起的雌蕊运动，"达尔文写道，"似乎有助于花朵以自身的花粉完成自体受精过程。"[21] 他轻拉翼状的花瓣模仿蜜蜂的动作，并注意到，到访的昆虫也会被撒上花粉。达尔文因此猜测，一些授粉机制很可能会用杂交来补充自交。他用某种封闭实验测试自己的想法。在3次重复实验中，他都会用网将两组花朵盖上。另外一组花朵保持原样，但达尔文每天都会手动拉下每一朵被盖住的花底部凸出的花瓣，以模仿蜜蜂降落的情况。然后他便等待花朵结实。"没受到干扰的花中没有一朵结出豆荚，"达尔文写道，"相反，那些我晃动过的大量花朵（并非全部）……却都结出了带有优质种子的豆荚。"

达尔文在1858年的后续文章中给出了该实验进一步的结果。未被覆盖的植物的产量几乎是被覆盖的三倍。他惊讶地发现，即便豆类植物会自花授粉，但它们仍仰赖昆虫授粉——这让达尔文想起了奈特定律，并确信这些植物至少偶尔会依靠蜜蜂异花授粉。在生态和进化历史的长期作用下，即使罕见的异交也必然会发生，从而使种群恢复活力并确保持续的生育力和适应性。达尔文猜测，自花授粉最终会降低花粉的效力，于是，来自其他植株的花粉——受蜜蜂活动的影响，其浓度总是很低——则成为令其活力增长的唯一可能。重获活力的后代便可在一段时期内再次脱离自花授粉的困境。我们如今不再如此看待这种现象了——并非花粉的效力下降，而是过多的自花授粉会让有害的隐性基因性状得到表达。但达尔文的直觉基本正确，从进化论的角度看，异花授粉的确是问题所在。对达尔文而言，这个看似简单的想法具有深远的影响，从性别起源到共适应，再到所谓生命网络中的生态互联等，无不与之存在联系。

事实上，我们在《物种起源》中发现的最著名生态互联的例子便来自授粉实验。的确，这项关于蜜蜂和红车轴草的研究可能是最早讨论生态食物链的科学文献。如果说食物链的概念是生态食物网这一重要概念的基础，那么达尔文的三叶草实验乃生态科学史的基础。达尔文描述了一个基于蜜蜂采蜜的食物链，他在实验的基础上说："我发现蜜蜂造访花朵的行为就算不是必不可少的，至少也对三叶草的茁壮成长至关重要。"至于大黄蜂是三色堇（堇菜）的主要造访者，"我毫不怀疑，如果英格兰的蜜蜂属整个灭绝或十分罕见，那么三色堇和红车轴草也会跟着变得十分稀少，或者完全消失"。但此种现象的影响链条却能扩展更远：

> 任何地区的大黄蜂数量很大程度上取决于田鼠的数量，后者会破坏大黄蜂的蜂巢……而人尽皆知，田鼠的数量又在很大程度上取决于猫的数量；纽曼先生说："我在靠近村庄和小城镇的地方发现的大黄蜂蜂巢比其他地方都要多，我认为这是因为数量众多的猫会让老鼠减少。"因此，一个地区大量存在的猫科动物可能（以先影响老鼠数量，然后影响蜜蜂数量的方式）决定了这个地区植物的开花频率！[22]

达尔文最后的惊叹号暗示了这个意想不到的结论的重要性。他在

《物种起源》中强化了对物种经自然选择而进化的论证,达尔文想要读者明白,我们对物种相互关联及个体、群体乃至物种之间以各种方式相互作用和影响的情况知之甚少,以至于几乎只是对此有一点模糊的印象。这条简单的食物链只不过是自然界异常复杂的图景中的一小段连通线索,这个很小的范例代表了无数未被发现的线索。

达尔文于1859年在唐豪斯后面的大宅草甸(Great House Meadow)上开展了三叶草的实验,也许这是他为《物种起源》努力纠正证据时所做的愉快消遣。靠近厨房和砂砾小径的大宅草甸属于典型的英式草甸,很可能从未被开垦过,这块地如今仍和达尔文那个年代一样长满了杂草和其他植物——包括众多红三叶草,它们组成的低矮斑块散落在草丛各处。在草地上蜜蜂成群的季节,无数蜜蜂嗡嗡作响,飞来飞去。这是另外一个植物遮盖实验,就像达尔文在其1876年的著作《杂交的影响》中更为详尽地描述的那样:"被网保护的植物上的100朵头状花序并未结出任何种子,而正常生长且有蜜蜂来访的100朵头状花序产出了重量为68格令*的种子。因为8粒种子重2格令,所以100朵头状花序一定会产生2720粒种子。"[23]这是蜜蜂传粉作用的有力证明。

以现在的标准看,就达尔文提供的实验信息而言,其实验设计存在一些问题。首先,他用来遮盖植物的网状薄纱不仅隔绝了蜜蜂,而且阻挡了光线。在没有足够光线的情况下,这些植物可能仅仅因为缺少足够的能量而无法产出自花授粉的种子。另外一个问题则是,他仅仅覆盖了单独一组植物。这种信息量充足的实验是一次性的,

---

* 1格令≈0.06克。

但如今，遮盖的植物和裸露的对照组（均按照标准规模）的实验都会重复，并且它们在三叶草地上的替代组可能还会为了提高统计上的精确度而随机配置。在达尔文那个时代，人们尚未认识到实验设计方面的这些细节，按照现代标准要求他显然不太公平。但其中一个更大的潜在困难则可能威胁甚至破坏他的证据链。达尔文认为，仅有大黄蜂会造访红三叶草，因为蜜蜂的喙太短，无法接触到花蜜。然而，如果情况并非如此，那么从猫到田鼠再到大黄蜂和红三叶草的最终因果链便陷入险境了。《物种起源》出版后不久，达尔文的一位老相识来信，称自己观察到包括蜜蜂在内的各种蜂类都会采集红三叶草的花蜜，但这位老友是看到割下的三叶草上的蜜蜂而确证这种情况的，但据说小花的基梢可能更容易让短喙的蜜蜂获取蜂蜜。

于是，达尔文开始留心蜜蜂造访红三叶草的情况。当他和埃玛及年幼的孩子们于1862年夏天拜访南安普顿的威廉时，他自然有时间从事田野考察。达尔文量出了一处蜜蜂环绕的红三叶草田地，他发现一些蜜蜂会以常见的方式落在三叶草花丛中，其他的则会从其他花蜜盗贼留出的孔中嘬吸花蜜。一个念头突然闪过：这些蜜蜂中有些可能有长喙，而其他的则仅有短喙；长喙蜜蜂会从花朵开口处吸食花蜜，而短喙蜜蜂则只能劫掠花蜜。这可能是一种劳动分工，也可能是一个十分有趣的发现。在离开南安普顿前往伯恩茅斯继续假期旅程前，达尔文大量采集了这两种"类型"的蜜蜂（从花朵开口处吸食花蜜的蜜蜂和劫掠花蜜的蜜蜂）。但令人十分沮丧的是，他在伯恩茅斯却无法找到任何三叶草地继续观察。达尔文对手头的这件事信心十足，于是他激动地写信给拉伯克这位蚂蚁、蜜蜂和黄蜂爱好者，请求他观察三叶草上的蜜蜂并收集标本："看在老天的分上，帮我抓一些活体标本，每种蜜蜂都要,并分开保存——我几乎可以确定长喙蜜蜂和短喙蜜蜂分属两个品种。这一点十分奇特,值得详加分辨。"[24] 哎,达尔文的信还是发早了:当终于抽出时间查看了南安普顿收集的蜜蜂后,他也始终没有发现这些蜜蜂的喙有何差别。于是,达尔文赶在傍晚邮差收寄邮件时又寄了另一封信。"我万分抱歉,"他在信中对拉伯克说,"我希望你没有因为我的愚蠢错误而浪费时间。我恨自己,我恨三叶草,我恨蜜蜂。"[25]

达尔文也犯了错误,而这就是科学研究的本质。并不存在长喙和短喙两种不同的蜜蜂,但这是个干净利落的想法。至于大黄蜂,尽管达尔文认为它们在红三叶草的授粉生物学中起着一定的作用这一点基本正确,但他似乎认为大黄蜂都有着长喙,而出现在唐豪斯已知的四种蜜蜂里,有两种为长喙,两种为短喙。但蜜蜂们为何有时候会停留在某些植物上,而其他时候则完全对其无视呢?这种矛盾可能在于花朵本身:蜜蜂往往将精力集中在特定时间内最有利可图的花朵上。它们通过自己的摇摆舞交流感兴趣的花朵的位置和类型,并呼吁其余蜜蜂加入。找到一处好的花蜜资源后,蜜蜂们会跳舞以征召自己巢里的伙伴加入其中,但舞蹈的强度与花蜜的质量和花粉的丰富程度相关。这就为互相竞争的招募者建立了某种动力机制,那些在最佳花丛采集的蜜蜂会从别的地方抢走蜜蜂,很快,一个蜂群中所有的工蜂都会前往它们认为最好的一片花丛采蜜。所以,有时候红三叶草就像是最好的东西,蜜蜂仿佛再无来日般地在上面辛勤工作(包括利用其花蜜大盗表亲大黄蜂们留下的孔洞),而另外一些时候,如果有更好的花朵可供选择,它们甚至都不会从红三叶草旁边飞过。这就是蜜蜂的"忠诚",它们有点像一群热衷于讨价还价的猎人，会周期性地比较猎物的价值；不久之后，他们便纷纷涌向最佳交易出现的地方，从而冷落了过去达成的交易。蜜蜂也会货比三家。达尔文一定会非常欣赏这些令人惊叹的蜜蜂的摇摆舞蹈及其竞争机制——毕竟，这是一种选择的过程——但这种惊人的现象直到20世纪才被发现。

就大黄蜂并非红三叶草唯一的授粉者而言，这条食物链远非达尔文设想的那样是相互依存的。但自然本来就比我们有时候设想的更为复杂。2007年至2008年，勇敢三人组的诺曼·卡雷克（Norman Carreck）、托比·比斯利（Toby Beasley）和兰德尔·凯恩斯（Randal Keynes）在大宅草甸重复了达尔文的蜜蜂封闭实验，与达尔文当时的情况一样，他们发现大黄蜂会去采红三叶草的花蜜。而到结实的阶段，大宅草甸上未被覆盖的红三叶草表现得并不比被遮盖的好多少。由于风力、天气、传粉者和其他紧急情况会出现异常变化，植物亦有其好年景和坏年景；它们在一些年份会结出高质量的种子，其他年份则可能产量欠佳，个中缘由并不总是很明朗。尽管达尔文并未跨季节或跨年份地重复其植物覆盖实验，但他很可能会把植物在不同季节的差异单纯地视为不相关的干扰因素。时间至关重要：达尔文会主张，植株间间隔很远，因此昆虫中介也很关键。在《自然选择》的手稿中，达尔文提到当科勒鲁特（Kölreuter）意识到某些花朵只能通过昆虫授粉后，他是何等惊讶，就好像授粉如此重要的事情仅凭这些生灵的一时兴起一样。然后科勒鲁特改变了主意，并得出结论，被造物主赋予智慧的昆虫实际上使用了最好的传粉手段。达尔文赞同道："我相信，几乎没有任何方式比这更可靠了。"毕竟持续活动的大量昆虫无处不在。

鉴于白垩纪时期开花植物急剧进化的多样性与蜜蜂和其他授粉昆虫主要群体的快速多样化节奏基本一致，现代进化生物学家很大程度上会认可达尔文的看法。而在兰花、丝兰和无花果中发现的昆虫与植物的特殊类型关系实则被称为协同进化，两种生物会在这种情况下相互适应。但在多数情况下，植物和昆虫的关系更为松散，一些不同种类的传粉者能够为特定的植物授粉，一些植物则可为特定的授粉者提供花蜜和花粉。即便如此，这些特征似乎是为引诱和（通常是）奖励来访的昆虫而量身定制的。最明显的则是花朵本身，那些具备华丽花瓣、萼片或苞片的花朵通常有花蜜"指南"，其花纹就像引导飞行的跑道指示灯和有色标线一样指向奖励中心。有说服力的是，花蜜"指南"是为昆虫的眼睛设计的，它们在紫外线波长范围内尤其显眼（有时候仅在这种波长范围内才可见），昆虫可以感知其存在，而像我们这样的脊椎动物则做不到。富有洞察力的斯普伦格尔便将花瓣上的条文和其他图案看作专为昆虫设计的广告。达尔文一开始没有领会这种想法，但后来的一个小实验使他承认了这种现象可能有其意义。"毫无疑问，"他在《自然选择》中写道，"C.C. 斯普伦格尔将其观点推演到了十分奇特的程度。例如，他解释花瓣上的带色条纹是指引昆虫前往蜜腺的向导。尽管如此，一些事实却支持了这样的观点：在蜜蜂不断前往的一小片蓝色半边莲中，我发现花冠处的花朵或者条纹不明显的花瓣都蔫了，昆虫也不再前往。"[26] 如果移除这些带条纹的花瓣，蜜蜂是否会认为这些花朵已经枯萎，不值得前去采蜜，或者干脆直接将这些花朵降级为便利的降落点呢？达尔文并不确定，但花朵不再有通往蜜腺的指示牌也是可能的。

合法婚姻与非法婚姻

达尔文的另一场授粉之旅则关乎"植物多样性实验"这个可能最重要的主题。他从19世纪60年代开始了这场旅程：花朵多态性，或同一种植物中出现的两种或多种不同形式的花朵的情况。这听上去可能并不重要，但实际上，达尔文成功阐明了数百年来一直困扰植物学家们的现象。

一切都要从1860年春季谈起，此时距离1859年11月《物种起源》的出版已过去数月。这段时间对达尔文而言是个动荡的时期，至少他的内心已波澜起伏。在1859年11月等待《物种起源》面世期间，他也正在寻找约克郡的水疗所。从他的皮疹和胃部翻江倒海的症状判断，他的疾病可能是由他肩负的许多压力引起的。达尔文以为《物种起源》会击败无数对他的怒斥和谴责，但这从未成为现实，虽然这本书的确让那些支持或反对其理论的博物学家和神职人员争论不已。达尔文在约克郡疗养期间，他曾经的剑桥导师亚当·塞奇威克措辞严厉地给他写了一封充满怜悯、愤怒和失望的（如果出发点是真诚的）信。另一方面，亨斯洛则主张达尔文应该有公平的机会表达观点，像查尔斯·金斯利等牧师则写信支持达尔文，并强调其观点并不违背宗教。达尔文信心十足，当时他正忙于修订第二版，他向金斯利表达了感谢之情，并问起是否可在新版中引用其原话。金斯利愉快地应允了。

达尔文于1859年12月7日启程回家。埃玛携众女儿和最小的儿子前往迎接——当时21岁的威利正就读于剑桥大学，住的是当时父亲在基督学院的旧房间，15岁的乔治和12岁的弗朗基则就读于克拉珀姆学校。(与当时盛行的风气一致,时年 16 岁的埃蒂和年仅 12 岁的贝西均在家里接受教育,而没有接受兄弟们享受到的那般深厚而广博的教育。)达尔文继续在刚出版的《物种起源》上笔耕不辍,并忙着订正其中的错讹;该书第二版于 1860 年 1 月 9 日面世,当时达尔文正忙着编辑《物种起源》在美国的初版的相关材料。

1860 年春,达尔文正着手调查雄蕊和雌蕊的弯曲机制,重拾他从 19 世纪 40 年代以来进行的各种观察。到 1860 年 4 月底,他向胡克寄送了一份冗长的鲜花名单供其审查。达尔文想知道,将雌蕊往往朝蜜腺的方向弯曲设想为某种规律是否正确。"我之所以会关心这种现象,"他写道,"是因为它表明昆虫的造访对花朵十分重要,甚至改变了花朵的结构。"[27] 但仅在数天之后,他的这项计划就被研究报春花(一种林地、沼泽地和花园中的金黄色管状花朵)的权威人物亨利·道布尔迪(Henry Doubleday)的一封来信打断了。当时人们正在争论寻常报春花、与之类似的黄花九轮草和沼泽樱草究竟是 3 类不同的物种,还是其中一种为其他两种的杂交品种的问题。达尔文曾在《物种起源》中引用这一组植物作为变种明显多样性的强有力示例,而一些博物学家则将它们列为不同的物种——这些"可疑的样式"模糊了物种和变种之间的界限,以至于植物学家不愿承认其地位。事实上,报春属(Primula)植物十分复杂多样,光是植物学家们已辨认出的就有 500 种左右。世人还为这种植物开发了众多杂交和别的栽培品种。如今,人们认为达尔文感兴趣的 3 种植物分属 3 个不同的物种:寻常报春花(*Primula vulgaris*)、黄花九轮草(*P. veris*)和沼泽樱草(*P. elatior*)。

很明显,道布尔迪的信件促使达尔文重新审视他引用过的报春花，但这次他注意到了此前隐隐约约意识到的事情：这种花似乎存在两种截然不同的形态。一些植株的雄蕊长、雌蕊短，另外一些则正相反。达尔文于 5 月 7 日匆忙给胡克写了一封激动人心的信：

> 今天早晨我查看了用于实验的黄花九轮草，发现一些植株花朵中的雄蕊都比雌蕊长，我称为"雄性植株"；其他的则是雌蕊比雄蕊长，我称之为"雌性植株"。我发现这种现象已经在某处引起注意，想必是亨斯洛注意到了；但我发现（在仅查看了两组此类植物后）这两类植株的雌雄花柱在外形上有所不同，其粗糙程度也不尽相同。令我惊讶的是，所谓雌性植株的花粉尽管很多也更透明，但其花粉大小却仅为所谓的雄性植株的 2/3 左右。人们是否已经观察到了此种现象？[28]

后来，达尔文逐渐想起，亨斯洛多年前就曾指出过这种现象，但不知怎的，他遗忘了此事。事实上，达尔文的孩子们也了解这种现象——雌蕊较长的花朵又叫"针眼"*，因为圆形的雌蕊花柱就像针尖一样凸出在花冠管的外部，而雄蕊更长的"纱线眼"（thrum-eyed）花朵则长着细长的花药，这会令人莫名想起织布机上浪费掉的纱线。可能千百年来的孩子们早都知道，外形似针眼的花朵最适合将花冠穿过长雌蕊而串成花链。

这些花朵引起了达尔文的兴趣。他解剖了几朵，并在显微镜下观察它们的花粉。"这有可能终结所有的错误。"他对胡克说道。达

---

* pin-eyed，这个词本来就是雌蕊长的意思，现据上下文直译。——译者注

尔文计划追踪各种形态花朵的种子产量。他注意到雌花产生的花粉粒比雄花小，并猛然意识到自己可能偶然发现了植物受到向单独性别进化机制的约束。"此种现象是雌雄同体和单性别情况的过渡阶段的绝佳例子。"达尔文在给胡克的信中热情洋溢地写道。他还写信给亨斯洛，希望自己的导师可以给他一些可供调查的其他案例。

这种被称为"花柱异长"（heterostyly）的现象在很多植物中都能发现，幸运的是，像报春花这种被广泛栽培的植物也出现了这种情况。达尔文派孩子们（除了埃蒂，她当时刚染上斑疹伤寒症）去收集黄花九轮草。他在 5 月 13 日的实验记录的条目上写下了实验结果："我的孩子们收集了大量黄花九轮草，79 株为雄花，52 株为雌花。"[29] 次日，孩子们又采摘了更多，雄花总数达 281 株，雌花总数达 241 株。达尔文的假设是，这些植物正在向雌雄异株阶段过渡，这个阶段意味着雄花和雌花分别长在不同的植株上。长长的雌蕊和更小的花粉粒意味着这种形态会变得更雌性化，而较短的雄蕊和更大的花粉粒则是会变得更加雄性化的信号。这真是个干净利落而又激动人心的假设，如果它是正确的话，这些报春花则可为进化动力机制提供教科书级别的范例了。然而很不幸，这些报春花最终成了另一种教科书级别的示例——"科学之巨大悲剧"的典范，正如赫胥黎在其 1870 年就任英国科学促进会主席的就职演讲中打趣般谈道的，"丑陋的事实屠戮了一个美丽的假说"。达尔文估计"雄性"形态的种子产量更低，但事实上结果相反。

不屈不挠的达尔文很快意识到实际发生的情况：花朵的二型性有助于不同形态植株之间的杂交——这是让自花授粉的可能最小化并促进杂交的机制。次年，他对这些花朵做了杂交试验并进行观察，做了系统化的研究……至少是尽可能系统化的研究，因为他当时还痴迷于兰花、昆虫授粉机制、卷须和茅膏菜！达尔文指出，两种形态的花朵都会产生花蜜，并且都有蜜蜂和其他昆虫前来采蜜。然而，造访这些花朵的并非同一种昆虫，并且不管怎样，这两种形态的花朵会为它们将花粉存放于不同的部位：雄蕊较长花朵的花粉位于底部，雄蕊较短花朵的花粉则位于顶部。于是，我们会在昆虫随后停留的植物上发现，任何长雄蕊花朵底部的花粉都极可能留在长的雌蕊顶部，而短雄蕊顶部的花粉则很可能附着在短的雌蕊上。这重要吗？达尔文为雌蕊和雄蕊成对分组并进行人工授粉——长雄蕊配长雌蕊、短雄蕊配短雌蕊、长雄蕊配短雌蕊、短雄蕊配长雌蕊。然后，他计算了这些花朵产生的种子数量及其重量。结果一目了然："长长结合"和"短短结合"的花朵所产生的种子重量近乎"长短杂交"花朵种子的 3 倍。

达尔文为自己的发现兴奋不已，他写信给自己最信任的植物学家朋友们分享这个消息，并向他们打探其他花朵二型性的例子。阿萨·格雷的回信中列举了一份候选名单，并很热心地表示，达尔文发现了"一株植物的花粉对另外一株植物的雌蕊是有益的，但对其自身的雌蕊无益，这一点最为重要"（强调语气乃格雷自己所加）。[30] 时值 1861 年 10 月，当时达尔文已经详尽地考察了杂交现象，并且正在为提交给林奈学会的一篇名为《论报春花的两种形式或二型性，以及该物种值得瞩目的性关系》（*On the two forms, or dimorphic condition, in the species of Primula, and on their remarkable sexual relations*）的文章做最后的润色工作，这篇文章宣读于该年 11 月 21 日，并于次年发表在学会会刊上。值得注意的是，这是达尔文当年发表的 15 篇论文、笔记和信件之一，这些文章的内容涉及多个主题，反映了他广泛的好奇心和广博的研究计划：兰花和其他物种的受精、马的繁殖和色块形成、花朵变异的原因、大黄蜂的交配行为、鸟类大脑形状对其行为的影响……此外，除了对《物种起源》进行修订（第三版出版于当年4月），他还要写信应付因《物种起源》和其他事项而产生的各种问题。也难怪达尔文关于驯化的作品的进展如蜗牛般缓慢。正如我们将在下一章看到的那样，实际上，兰花随即在后续版本的《物种起源》中占据了中心位置，但达尔文仍缓慢而坚定地推进着自己对异花授粉和花朵形态意义的研究。

达尔文多么希望能够理解现代遗传学才能阐明的花柱异长现象。由于他在报春花上从事了大量工作，他钟爱的这种植物成了其研究的典范。针眼和纱线眼植物背后存在着简单明了的遗传机制。一开始，人们认为这种现象由名为S的单个基因控制，但更多复杂的研究表明，S基因座本身至少由3个紧密关联的基因组成：分别是G基因（控制雌蕊长度）、P基因（控制花粉大小）和A基因（控制花药长度），它们像一个基因那般起作用。一般说来，针眼形态的花朵可视为s等位基因的ss纯合子，而纱线眼形态的花朵则是Ss类型的杂合子。针眼（ss）和纱线眼（Ss）形态植物的杂交则会产生比例为1∶1的两种后代，这也是达尔文认识到的现象。

达尔文将果实产量大的结合称为"合法的"，而产量少些的结合则称为"非法的"。一如既往地，他决心测试这些报春花实验结果的普遍性。德意志的植物学先驱卡尔·弗里德里希·冯·加特纳（Karl Friedrich von Gärtner，1772—1850）一早就和斯普伦格尔、科勒尔特共同组成了达尔文心中植物授粉和杂交领域的神圣三人组。1863年，达尔文甚至在《园艺》杂志上发表了一封"为加特纳辩护"的信函，

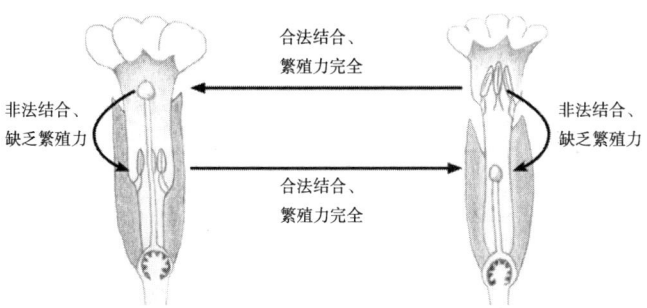

报春花中的长"针眼"和短"纱线眼"种类的"合法"和"非法"杂交。莱斯利·C. 科斯塔按照达尔文《同种植物花朵的不同形式》（1877年）第27页重新绘制。

以回应评论者的诋毁言论。达尔文重复了很多加特纳的杂交实验,并且还追踪了后者工作中各种有趣现象的线索。达尔文特别钦佩加特纳一丝不苟的杂交实验,他勤勉而持久地完成了实验的必要步骤,但常常忽略了计算杂交实验产生的种子以量化受精成功率这个步骤。达尔文在其花柱异长实验中将采用加特纳的方法。

与此同时,在格雷的帮助下,达尔文确认了蔓虎刺浆果中的花柱异长现象。蔓虎刺浆果是一种常见于北美东部的常绿匍匐植物,也是19世纪最受欢迎的圣诞装饰品。这种林地植物在其叶腋处长有成对的白色管状花朵,并在秋天结出由两种心皮融合而成的单个鲜红浆果。格雷也让自己的学生约瑟夫·特林布·罗斯洛克(Joseph Trimble Rothrock)观察矢车菊并进行杂交实验,以明确这种植物是否也是花柱异长现象的例子。而当达尔文的注意力被常见的亚麻植物吸引时,他的儿子威廉便从怀特岛寄来了 200 多个标本协助自己的父亲。这项有趣的研究为林奈学会贡献了另一篇论文。

痴迷于千屈科植物

1861 年年末,达尔文有了另一项惊人的发现:某种具备三态型花朵的物种。他发现了寻常事物背后的秘密:紫色珍珠菜(*Lythrum salicaria*,千屈菜科)及其百里香叶状的近亲千屈菜(*L. thymifolia*,千屈菜科)组成的多彩景观在英国境内的河流、小溪沿岸及其他湿地中十分常见,它们那显眼的紫色花朵中摇曳的花穗为苍翠繁茂的绿色河岸增添了一抹生动的色彩。(紫色珍珠菜现在也是美国航道上的常见景观,但被认为是一种有害的杂草。)在阅读亨利·勒科克(Henri

Lecoq）的植物地理学百科全书的过程中，达尔文偶然发现了作者对珍珠菜多种花朵形状的解释。亨利·勒科克是位于法国中部克莱蒙－费朗（Clermont-Ferrand）的自然史博物馆和植物园的主管，其九卷本的百科全书十分难啃，但在其中发现如此的奖赏也不枉一番辛苦了。达尔文旋即着手调查，他认为这种小草可能有着迄今已知最复杂的植物繁殖系统，而且，还有什么比长有三种而非两种不同花型的物种更能证明花柱异长与雌雄异株（单独的性别）的进化无关的吗？！令人沮丧的是，冬天并非了解这一点的好时机。到 3 月底，胡克为他提供了这种植物。达尔文关于兰花的作品已经付梓（正式出版的日期为 1862 年 5 月 15 日），因此他可以高兴地将自己的注意力转移到千屈科植物的隐秘生活中了。

达尔文很快证实，千屈科植物的确有 3 种不同的花型：短、中、长。相应地，其雄蕊也有 3 种样式，对每种长度的雌蕊而言，每种花型中都能找到两种不同长度的雄蕊：长、中型花朵都长有长型和短型的雄蕊，而短型花朵则长有长型和中型雄蕊。就像达尔文后来描述的：

> 大致说来，这 3 种花型共计有 36 种雄蕊或雌蕊，它们可按照花丝的长度、弯度、颜色、花药的大小，尤其是花粉粒的颜色和直径等特征分为 3 组。3 种花型都有两种长度的雄蕊各 6 个，但都不会长出所有 3 种雄蕊。3 种雄蕊和雌蕊在长度上相互对应：其对应关系介于两种花型的雄蕊和另外一种雌蕊之间。[31]

哎哟！如果你认为这很复杂，那就想想追踪不同长度的雄蕊和雌蕊的所有杂交可能性吧。根据其长度，雄蕊和雌蕊共有 18 种杂交形式，但达尔文还认为自己察觉到了某些花型的花粉差异，因此又给出了许多额外的排列。他还决定将每个杂交实验重复 20 次，以得出绝对可靠的结果。不久之后，达尔文就"彻底迷上了"千屈科植物，正如他对格雷所说的那样："这是带有 3 种不同花粉和 3 种不同花柱的三型性植物的典范示例。我已经为超过 90 朵花做了绝育和受精试验，尝试了这个物种范围内所有 18 种不同的杂交形式！"[32]

这一年 6 月，上述实验正在进行之中，但达尔文和埃玛越发担忧起 12 岁的儿子连尼来。达尔文写信给住在南安普顿的威利描述他弟弟的症状："他的肾脏几乎不起作用了，尿液中带血，肝脏功能严重紊乱，而且呕吐不止。可怜的小人儿，他仍然在坚持忍受病痛。"[33] 达尔文对自己的紫色珍珠菜做了评注，但他承认当时并没什么心思研究植物学。数天后，连尼被诊断出患有猩红热，这种病可能致命。差不多正好 4 年前，达尔文最小的孩子，彼时 18 个月大的查尔斯就死于这种病。随着 7 月渐渐过去，连尼似乎逐渐脱离了险境，但仍旧很虚弱，而且恢复缓慢。为了让连尼振作起来，格雷好心地给他邮寄了美国邮票以满足其收藏的爱好；达尔文十分感激地写信对他说："他竟然用一只胳膊肘撑起身子看了这些邮票，这是他第一次表现出活跃的迹象。他只说了一句'你得好好感谢格雷教授'。沉默良久后的傍晚时分，连尼突然冒出一句'他非常善良'。"[34]

达尔文仍不断地忙于自己的珍珠菜研究，他想知道这 3 种花型的比例是否存在地理分布上的差异。得知韦奇伍德家族的外甥女凯瑟琳、玛格丽特和露西正在北威尔士度假，达尔文便写信寻求她们的帮助。玛格丽特在 8 月初回复："亲爱的查尔斯舅舅，我们今晨采集了

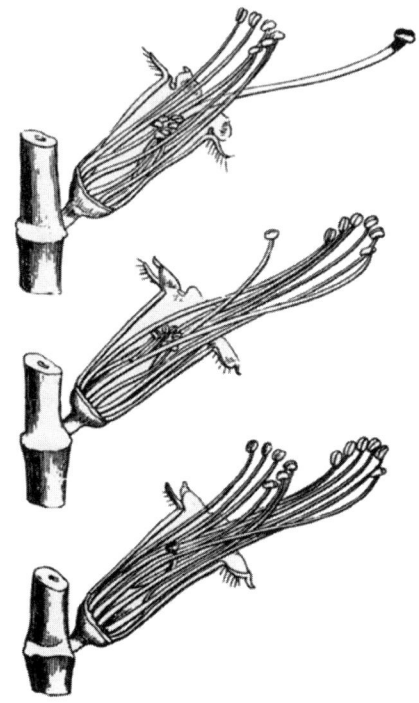

紫色珍珠菜的3种花型,基于达尔文1862年为威廉·达尔文所做的草图绘制,此图旨在说明杂交的"合法"和"非法"形式。注意长、中、短雌蕊的长度及不同雄蕊的不同尺寸。引自达尔文《紫色珍珠菜三形花的性关系》(1864年),第171页。

256 株不同的千屈科植物标本，共发现 94 株长雌蕊、95 株中等长度的雌蕊、69 株短雌蕊。"[35] 这些标本都采自同一块田地，但孩子们还会去别的地方找找。"我亲爱的天使们！"达尔文迅速回信说道，"我只能这么称呼你们。我没想到会给你们带来如此多的麻烦。你们列举的这些信息十分宝贵。"[36]

威利也做出了自己的贡献。父亲要求他实地查看至少 100 株植物，记录 3 种花型的数量，并用 3 根绳子标记长花柱植物，用两根绳子标记中等长度的花柱，用一根绳子标记短花柱植物。"我很想要一些果实荚，（待其成熟，分别包裹起来）计算其中的果实数量，以了解其自然产量，从而对果实荚的形状做出比较。"达尔文是想看看杂交植物是否更多产。他也为乔治介绍了一种"观察昆虫的罕见方式"。达尔文"请他*仔细观察肿胀的长、短花柱剐蹭到了蜜蜂身体的哪个部位"。[37] 埃玛的姐姐萨拉·伊丽莎白·韦奇伍德成功从几个国家购得了罕见的千屈科植物标本，它们和奥利弗从邱园寄过来的标本形成了有价值的比较。达尔文采取了众包模式，所有人也都热情地施以援手。

查尔斯和埃玛在 8 月初决定，如果连尼的状况好转到可以旅行，他们便前往海边的伯恩茅斯，并在途中的南安普顿稍作停留看望威利。与此同时，他们还将埃蒂、贝西和年幼的霍勒斯送到曾是保姆、如今是亲密朋友的布罗迪（Brodie）的苏格兰家中做客。一家人打算在南安普顿见面。达尔文的姐姐苏珊分别带领弗朗基和乔治出发，并于 8 月 2 日抵达南安普顿。达尔文随即让兄弟俩充当自己的田野助手：威利在这周晚些时候的一封信中谈道，他已经"打发小兄弟们"

---

* 即乔治。——译者注

前往观察和收集千屈科植物的花朵，并指示他们注意收集不同种类的花朵。达尔文和埃玛领着连尼计划于一周后抵达南安普顿，但在途中，这个小男孩的猩红热复发了，埃玛也随即结束旅程。达尔文将其他所有孩子送往伯恩茅斯，自己在南安普顿停留了两周照顾埃玛和连尼，随后，一家人终得团聚。

达尔文并不是很享受这种按部就班的假期，但他总是努力让家人开心。他会前往乡村散步，尽管达尔文会向胡克抱怨伯恩茅斯乃"最无趣的乡村"，但总有些事情吸引了他的注意。在本章前面部分，我介绍了造访红三叶草的蜜蜂如何引起了达尔文的注意。他在这里也偶遇了老朋友茅膏菜，而且还做了几个实验（见第八章），达尔文仔细查看了本地植物的花朵，并对千屈科植物进行了仔细思考。

达尔文于 1862 年 9 月末从伯恩茅斯回到家中。一家人的状态都不错，达尔文也渴望重新投入工作。他旋即回到了《变异》一书中那"无趣但稳步推进的"工作之中——但他却一心想着千屈科植物。"我一开始总会言过其实，"达尔文给格雷写信谈道，"但我忍不住对千屈科植物表示惊叹。"[38] 在这个夏天前往南安普顿和伯恩茅斯前达尔文就设法完成了 94 个杂交实验，结果也十分惊人，但当时处于季末，无法多次重复这个实验。但他仍然拾起了本来留待来年夏天重新开始的工作，到 8 月的时候，他写信给格雷说自己"像潜伏在千屈科植物中的特洛伊木马"。此时他刚刚完成了了不起的 134 次杂交实验。"并不轻松，"达尔文轻描淡写地说道，"但这件事似乎值得我付出任何精力，因为我认为这是我目前为止发现的最复杂的繁衍例子——3 种雌雄同体植物之间的三重结合形式。"[39] 接下来的任务会更辛苦。最终，达尔文的相关论文于 1864 年才在林奈学会宣读。这是一篇 30 多页的精彩作品，其中的大量表格总结了数百个杂交实验的结果和细致的种子计数，并概述了其他很多三型花物种的花朵样式。总而言之，达尔文累积了无可辩驳的证据，以此证明了杂交是花柱异长现象背后的进化必要步骤。也就是说，三型花的存在会令遗传上明显不同的个体最大化其杂交可能性。

达尔文写于1864年的千屈科植物的花朵三态型论文仅仅是其植物学大量发现的冰山一角——在接下来的十年中，达尔文写作了十来篇关于授粉、异花受精、花朵结构以及从其他主题中进一步研究花柱异长的论文，即便如此，他还设法最终完成了两卷本的《家养条件下的动植物变异》及两卷本的人类进化著作（《人类的起源》和《人和动物的情感表达》，分别出版于1871年和1872年）；此外还完成了3个版本的《物种起源》的编辑工作（到1872年，该书已出到第6版），以及他承担的食虫植物作品的写作任务（出版于1875年，见第八章）。因此，达尔文可能直到1876年至1877年才最终从以杂交、自花受精和花柱异长等为主题的巨著中解放出来。

达尔文题献给阿萨·格雷的《花朵的形式》一书不仅仅是一本植物学经典，他从自己的观察和实验中得出的多数结论直到百年之后仍然有效。这着实令人印象深刻，但加利福尼亚大学伯克利分校的植物学家赫伯特·G.贝克（Herbert G. Baker）注意到，达尔文的这本书具有超越其主旨的特别价值，即"阐明了细致而周详的简单实验可证实或证伪某些十分重要的观念这一原则"——这对那些可能会受到达尔文启发的实验者而言是个值得鼓舞的消息，正如贝克指出的，这些人"可能会因为当代科学所有分支中看似必需的高科技而望而却步"。[40]贝克正确地指出，大量实验可用最简单的设备完成，而最重要的则是好的视角。这也正是达尔文的感想。无与伦比的亨利·戴维·梭罗就对达尔文的观点颇为着迷，但他于 1862 年过早离世，这意味着他再也无从知晓达尔文对植物的隐秘生活进行的令人兴奋的考察，梭罗在一则优美的例行札记中捕捉到了这种哲学精神："大自然需要最近距离的观察。她邀请我们着眼于最细微的枝叶，并采用朴实无华的昆虫视角。"[41]

章节实验：像达尔文那样遇见各种花朵

达尔文确信植物的异交存在多种好处。与自花受精相比，异花受精产生后代的数量、活力和繁殖力都更具优势。他对植物引诱、奖赏或欺骗昆虫进入其花朵授粉的手段备感惊讶。以下便是我们挑选的受到达尔文启发且易于观察的授粉"计谋"。像达尔文一样，你可以学会从全新的视角观察曾经熟悉的植物。

I. 授粉计谋

A. 材料

- 此项调查是季节性的，因为它受到花卉供应的限制。如果时间充裕，你可以自己种植，或尝试从当地的苗圃获得以下植物的花朵：芸豆（*Phaseolus vulgaris*，菜豆属）、鼠尾草或丹参（*Salvia*，鼠尾草属），山月桂（*Kalmia latifolia*，山月桂属），伏牛花（*Berberis*，小檗属），毛地黄（*Digitalis*，毛地黄属）

- 解剖探针、牙签或硬驼毛刷
- 钳子或镊子
- 工艺刀或剃刀刀片
- 放大镜和/或解剖显微镜

B. **步骤**

1. 芸豆

达尔文曾描述过芸豆花朵的杠杆作用机制：其中的花柱蜷曲在变态的花瓣内部的左侧弧环中（达尔文认为其形态"就像法国号一样"）。雄蕊也长在这个环形管内。他意识到，底部凸出的两个花瓣为造访的蜜蜂提供了降落的平台。蜜蜂降落后，它们的重量会压低这些花瓣，从而弹出（雌蕊顶部的）环状管中的花柱。你可像达尔文一样模仿蜜蜂的行为。小心拖动较低的花瓣（一定要让花朵保持稳定），并观察花柱顶端是如何从环状的管中出现的。注意柱头下方的细毛刷。拖动并释放几次底部的花瓣：注意毛刷会前后移动，就像蜜蜂每次降落到花瓣上一样。蜜蜂会间接地帮助花朵自花授粉，因为这个刷子会将花粉从花粉管中扫出，并逐渐将其推到花柱上。

2. 鼠尾草或丹参

鼠尾草属植物的雄蕊也能像杠杆一样移动，和丹参、鼠尾草及唇形科（*Lamiaceae*）中其他的园林植物一样。每个功能正常的雄蕊的基部附近都长有一个外形不同的不育雄蕊。不育的雄蕊比功能正常的更短、更壮实，它们就像底部长出的刺或凸出物一样，并且都位于花粉通道之上，所以大黄蜂想要去往背后的蜜

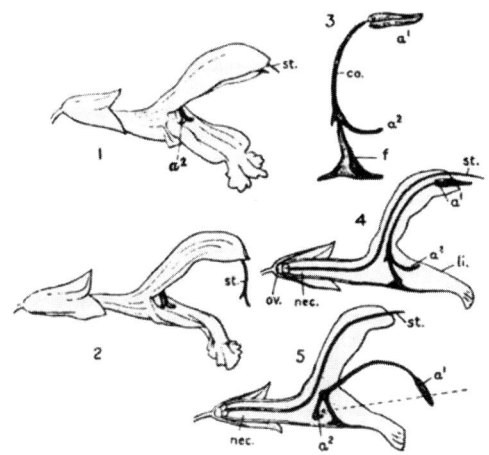

黄色鼠尾草的花朵。图1显示了雄性阶段的花朵,可育花药(a^2)基部长有短花柱(st)。图2显示了雌性阶段的花朵,花柱(st)更长,也能容纳昆虫。图3显示了可育和不育雄蕊的融合,以及成熟的花药(a^1)和缩减为刺或凸起物(a^2)的不育雄蕊。图4中的雄蕊已准备好存放花粉,当飞来的蜜蜂(虚线)推动尖刺时,可育的花药便会因为杠杆作用而倾倒。引自雷·兰克斯特的《安乐椅上的科学:第二辑》(纽约,亨利·霍尔特出版公司,1913年),第4页。

腺就必须推动这些刺。这一过程中，首当其冲的饱满花药会轻拂蜜蜂的背部，并将花粉粘在它身上，这真是个简单有效的杠杆。请使用解剖探针、牙签或硬驼毛刷小心推动不育雄蕊的基部，并注意附着的可育雄蕊是如何经由杠杆作用下降的。

3. 山月桂

绚丽的开花灌木山月桂是原产于北美洲东部的杜鹃花的亲缘植物，现已被广泛种植，它是具备弹簧功能的雄蕊的绝佳例子。山月桂以其粉白相间的绚烂花簇而备受世人夸赞，每朵花的大小都跟五分镍币差不多。凑近看，你会发现这些花朵就像雕刻精美的碗，每个雄蕊的花丝都会优雅地拱起，花药则牢固地盘进碗沿处的小褶室中。

这种花朵具有花粉喷射陷阱，待粗心的大黄蜂试图接近蜜腺时，便会向其喷射花粉。蜜蜂的重量会让碗状的花冠变形，并释放出雄蕊。它们会向上弹起，并往蜜蜂身上撒下花粉。你也可以模拟这种情况，注意小心地沿着碗状花冠内侧边缘的两侧轻轻挤压，从而改变花朵的形状。

4. 伏牛花（小檗属或十大功劳属）

小檗属伏牛花（一些专家也将其归为十大功劳属）有着不一样的弹射雄蕊。同属的常见观赏性植物包括墨西哥小檗（*B. trifoliata*）、俄勒冈葡萄（*B. aquifolium*，俄勒冈州花）、常见的（欧洲）小檗（*B. vulgaris*）及日本小檗（*B. thunbergii*）。这些植物长有淡白色的小花簇或黄色的六瓣花朵。手握这种植物的时候要小心：它们茎上常常长有小刺，其中一些的叶片很坚硬，并附有冬青树那样的尖角。小檗属植物的花朵看起来像是放大了一样，

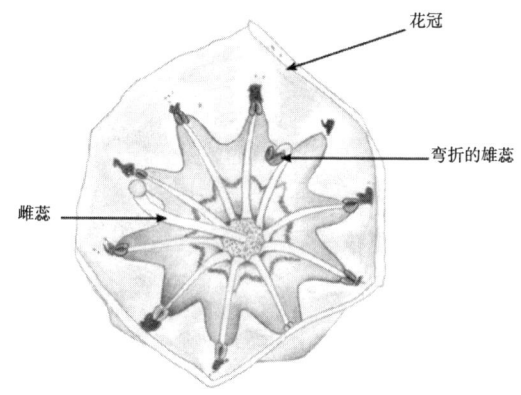

长有9个弯折和1个弹起的雄蕊的山月桂花朵。莱斯利·C. 科斯塔绘制。

因为其萼片像花瓣一样发育良好。每个花瓣旁都有雄蕊，排列在中央单独的雌蕊周围，花柱通常呈蘑菇状。小檗的雄蕊是"敏感的"（用术语讲则是感震的）——对触碰敏感。盛有花蜜的器官位于雄蕊的基部。昆虫四处探索时造成的触碰就会令雄蕊弹向雌蕊。大约 20 分钟，雄蕊会慢慢回撤，并准备好下一次的弹射——这表明该运动是由某些细胞内部（膨胀）压力的快速变化引发的。你自己就可以很容易触发雄蕊弹射，哪怕一次也行：只需用牙签或驼毛刷顶部轻触雄蕊的花丝，它就会向前弹起。你还可计算它们的复原周期，即需要多长时间才能回到"警戒"位置。

5. 常见的毛地黄

花穗最上面的花朵处于雄性阶段，最下面的花朵则属雌花。挑出一朵花，用工艺刀或剃刀刀片小心地沿着稍微偏离中心的地方纵向切开花朵，从而让雌蕊留在原位，如图所示。雄蕊和雌蕊

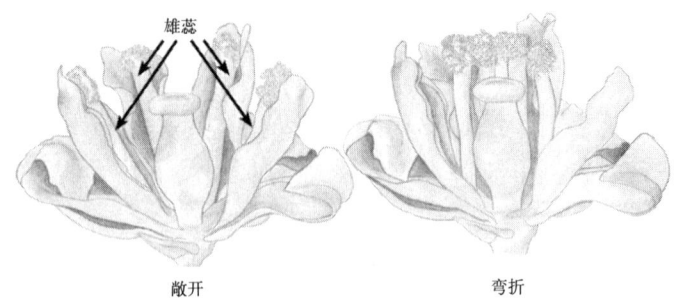

敞开　　　　　　　　　　　弯折

小檗的花朵横截面显示这种花朵的6个雄蕊和居中的雌蕊。（左侧）呈敞开状的雄蕊处于"警戒"位置。（右侧）弯折的雄蕊已经弹至中央的花柱。莱斯利·C.科斯塔绘制。

是否都位于花蜜通道上？这是否与花朵在花穗上的位置相一致？雌花阶段，裂开（叉状）的长花柱位于花冠管（花蜜通道）中间，但在雄性阶段，它会一直延伸至花冠管顶部。花药成熟后，花柱又会移动至花蜜通道上，它们在此处可容易地往蜜蜂身上喷撒花粉。感受一下花朵内侧底部表面。达尔文说这种花朵的底部就像是粗糙毛发制成的地毯。他的一位通信者认为，这些毛发可为向上攀爬至花冠管的蜜蜂提供立足之地。

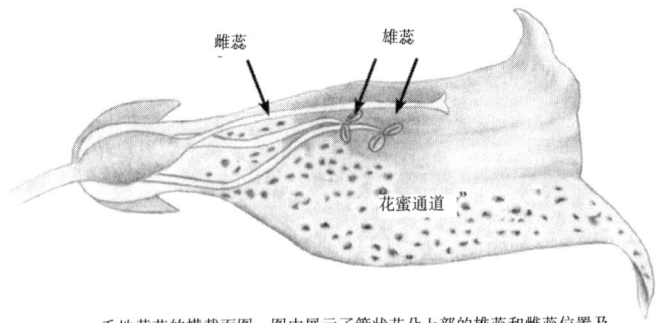

毛地黄花的横截面图。图中展示了管状花朵上部的雄蕊和雌蕊位置及花朵斑点部分供蜜蜂通过的"花蜜通道"。莱斯利·C.科斯塔绘制。

II. 探索花朵的变态

达尔文对植物学的最大贡献之一便是发现了花柱异长——花朵的不同变态会导致雄蕊和雌蕊长成不同的长度——的重要意义。这些变态确保了杂交的可能。在此，我们会观察一些常见植物的花柱异长现象。一旦你知道要寻找的东西，就会发现这种现象比你之前预想的常见得多。

A. 材料

- 找到一个或多个带有花朵二型性的植物 [两种花朵样式，针眼状（即雄蕊更长）和纱线眼状（即雌蕊更长）]：报春花（*Primula spp.*）、兜藓（*Pulmonaria spp.*）、连翘（*Forsythia spp.*）和黄色茉莉（*Gelsemium sempervirens*），这些植物都很容易从园艺中心和苗圃购买
- 获得一个或多个具有三型花的植物（3种花型：长、中、短）：紫色珍珠菜（*Lythrum salicaria*）和水生梭鱼草（*Pontederia cordata*）
- 工艺刀或剃刀刀片
- 钳子或镊子
- 尺子
- 放大镜和 / 或解剖显微镜

B. 步骤

1. 这些植物的花朵都有花冠管，由于雄蕊和雌蕊通常都不会超

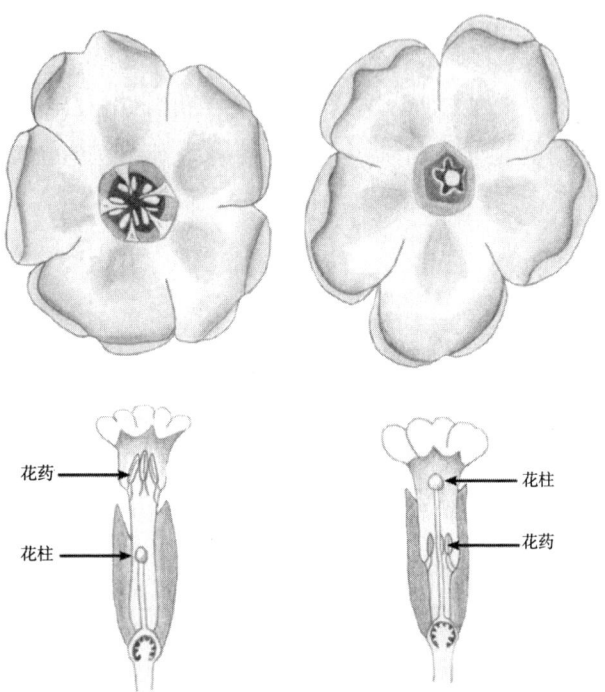

二型花解剖图。莱斯利·C.科斯塔绘制。

过花冠管，因此我们需要小心地解剖这些花朵：用小刀或剃刀刀片沿着花冠管轻轻地切割一个或多个二型性花朵，翻转花朵以露出雄蕊和雌蕊。

2. 你的花朵是针眼状还是纱线眼状？如果两种都有，那就测量一下每种花型的雄蕊和雌蕊长度并做比较。

3. 请注意，一朵花要么是针眼状要么是纱线眼状，绝不可能兼具两种形态。

4. 重复上述步骤。仔细切割一朵或数朵三型性花朵的花冠管，并露出其内部的雄蕊和雌蕊。你的花朵是长花柱、中等花柱还是短花柱？

5. 用镊子或小刀小心地取下基座上的每个雄蕊，然后测量其长度。理想情况下，可多次重复这一步骤以增加雄蕊样本规模。你是否注意到了雄蕊长度的分布状况？

第七章

事关设计

众人一定会对下述奇特现象感到震惊：划时代的《物种起源》——一本令世人震撼的著作，达尔文关于物种变化的大胆理论及其极具挑战性的哲学意义，典型地构成了一幅宏大的世界图景——之后的作品是两年半后一本详细描述兰花授粉现象的薄薄的小册子。达尔文走火入魔了？如果的确如此，他的疯狂也自有其道理，尽管同样属实的是，该书并不在他最初的计划之中。1860年1月，达尔文在约克郡伊尔克利的水疗浴场住了一个月，他将这里视为《物种起源》出版期间的避难所。支持和反对达尔文理论的双方展开争论，对阵双方中都不乏博物学家和神职人员。达尔文当时的意图是写作包含三部分的系列文章详细阐述《物种起源》的核心观点。他希望兑现自己的承诺，即"表明我并不像许多人想象的那般莽撞"，[1]正如达尔文在这年春天给莱伊尔的一封信中提到的那样。他必须马上着手此事，而且他也的确开始做了，除了一些打断其研究之事。当然，这些打断他研究的事也都是他的工作的重要组成部分，正如我们将看到的，兰花在某个阶段的确成了罪魁祸首。

在对花朵结构和授粉进行调查的过程中（这条研究线索始于19世纪40年代），达尔文还在19世纪50年代末到60年代断断续续地研究了兰花，并通过实验来观察受精成功率和结实情况。达尔文还做了如下尝试：1857年7月2日的一则实验记录显示，一个蜂兰异花授粉实验开展得很不顺利。达尔文最后仓促地写道："一切都被牛群糟蹋了。"[2] 第二年，他的运气好了些。当地长有各种可爱的兰花，他被这些迷人的植物深深吸引只是时间问题。事实上，离家半英里之遥、长满各种美丽兰花的宁静之所是他和埃玛最爱去消遣的地方之一，那里位于可以俯瞰库达姆山谷（Cudham Valley）的林草覆盖的山坡高处。"兰花堤"是达尔文一家为道恩河岸起的昵称。多年后，埃蒂对此地的回忆仍饱含深情："通往库达姆村庄那局促而陡峭的小巷的另一侧，位于山谷高处的地方就是'兰花堤'，蜂兰、蝇兰、麝香兰和蝴蝶兰等植物在这里竞相生长。此地是老山毛榉林映衬下的草地露台，远眺山谷，一片宁静，库达姆教堂的木瓦尖塔也在苍老的紫杉林之上探出头来。"[3]

此地现受到肯特野生动物信托基金的保护，兰花堤永恒的美丽让人仿佛置身于达尔文生活的年代——野花点缀其间的苍翠景观很容易让人想起埃玛和达尔文一家人野餐的情景，孩子们追逐打闹，家庭教师紧随其后。1860年春，常在达尔文膝下的孩子还有5个：女孩子埃蒂（17岁）、贝西（13岁），以及3个最小的男孩，弗朗基（12岁）、连尼（10岁）和霍勒斯（9岁）。达尔文在这些消遣活动中将

生长在肯特郡兰花堤上的火烧兰。肯特郡也是达尔文和家人最爱的野餐和植物探索之地。这种植物是火烧兰属25个品种中分布最广泛的,它几乎全部由胡蜂授粉。作者提供照片。

自己的植物学热情也传递给了孩子们,并鼓励他们仔细观察兰花堤上奇特而美丽的兰花:倒距兰(*Anacamptis pyramidalis*)的紧凑紫色花簇,高挑、浅色的火烧兰(*Epipactis helleborine*),神秘人兰(*Aceras anthromorpha*)那奇特的锈色人形唇,以及神奇的模仿苍蝇、蜜蜂等昆虫的蝇兰(*Ophrys insectifera*)和蜂兰(*O. apifera*),等等。如今,在唐恩河岸仍能发现大约9种兰花,达尔文时代的种类更多——比如埃玛在唐恩河岸内侧的山榉林中仅看到过两次的奇特的寄生鸟巢兰(*Neottia nidus-avis*)。此地的兰花不久后就会成为达尔文的研究对象,但他在离家更近的地方做出的惊人发现却为他思考兰花提供了其他的思路。

小题大做之极的花朵

正如达尔文在剑桥跟随亨斯洛学习植物学时了解到的,兰花是最不寻常的花。这个最大植物家族中常见的奇特花朵结构远非典型、一般的花朵形式所能概括,它们甚至有专用术语:花柱、蕊喙、蕊柱、唇瓣等——这些部分相互结合并产生了复杂的花蜜通道和腔室,它们通常与突起或起皱的花唇相对。兰花的花粉也与众不同,它们被包裹在叫作"花粉块"(pollinia)的成对花囊中,而非由雄蕊自由释放。另外一组名为乳草的植物群也具有这种特征,这意味着每朵花的花粉要么整体传递,要么就无从传递:花囊必须整体传递。这种珍贵的货物很少委托普通的授粉者传播。许多兰花都有非常特殊的授粉昆虫,这些昆虫的解剖学结构与兰花相宜,就像钥匙之于锁一样。许多兰花可经由昆虫的翅膀授粉,而其他的则会用特殊腔室内的迷人香气或香油引诱毫无防备的昆虫进入花内,然后再迫使迷醉的昆虫从长有花粉块的单向通道离开。而欧洲蜂兰、蝇兰或者澳大利亚的铁锤兰(Drakea spp.)则会"色诱"昆虫,它们会模仿雌性昆虫的信息素乃至外观来吸引雄性昆虫。的确,在进化出用以实现异花授粉的小题大做的计谋的所有开花植物中,兰花是登峰造极者。

兰花的异域风情及其复杂的花朵结构令园艺家无法抗拒,大众更是如此。如果玫瑰代表了爱情,兰花则代表了性,但并不一定是最直接的那种;它更像是《洛基恐怖秀》(Rocky Horror Picture Show),而非《吻我,凯特》(Kiss Me Kate)。这不仅仅是因为"兰花"得名于希腊语中表示睾丸的"orchis"一词(因其成对的椭圆形块茎,这种形状无可避免地会被视为性欲的标志)。其中的缘由在于这种花朵激发了人们长久的兴奋和激情,其中还带点危险的味道:还有其他什么花朵会让狂热的收藏家、经久不衰的漫画人物、艺术家和伴游公司围着它转?只有兰花可以位于韦恩图的中心位置。

很早以前,兰花便大量出现在了乔治亚·欧姬芙(Georgia O'Keeffe)的艺术作品之中,它们可能还启发了DC漫画公司创作出黑暗超级女英雄黑兰花(Black Orchid),这些植物让维多利亚时代的收藏家们患上了名为"兰花谵妄"(orchidelirium)的狂热症状。《钱伯斯通俗文学、科普和流行艺术》(Chambers' Journal of Popular Literature, Science, and Art)杂志在1894年4月28日这一期就用一个故事讲述了与"兰花收藏传奇"相关的艰辛、苦难、谋杀和故意伤害,这也许启发了H.G.威尔斯(H. G. Wells)几年后创作出短篇故事《奇异兰花的绽放》(The Flowering of the Strange Orchid)——这是个关于神秘热带兰花的可怕故事,这种致命的兰花拥有令人难以抗拒的美丽和让人陶醉的香味,并且还渴望人类的鲜血。这种凶残的兰花会成为牛津艺术家和评论家约翰·罗斯金(John Ruskin)的噩梦,不过罗斯金在威尔斯的故事出版5年前就去世了。19世纪70年代到80年代,也许当时稍微有些疯狂的罗斯金就已对兰花进行了批判,认为它是"奇怪的"兰科植物,正如他在自己的"道德植物学"框架中所写的那样,该写作框架于1875年以《普罗塞尔皮娜:路边花朵研究》(*Proserpina: Studies of Wayside Flowers*)之名出版。对罗斯金而言,兰花似乎比路边的花朵更加桀骜不驯。就兰花和达尔文对其他植物性生活的全部调查来说,罗斯金宣称:"有了这种淫秽的过程和幻影,这位文雅而快乐的花朵研究者也没什么可做的了。在意识到被误导的好奇心可能发现这种植物多么讨厌后……我感到惊讶和悲伤。"[4]

罗斯金反对现代性,科学探究对他而言也不过是"被误导的好奇心"。达尔文和华莱士发现的进化论为世人带来了看待自然世界的新视角,让当时的许多人既感到振奋也感到惊恐,这是千真万确的。现代读者可能很难意识到,就在不久之前,关于自然界还流行着截然不同的假设:自伊索以来,自然界的道德化是标配。动物的生活和行为展现出如此多的隐喻,植物也表现出来自完美设计世界的类似经验。美丽而芬芳的花朵是为我们而生的,认为这些东西也有性生活,就算不是反常,也是极其荒谬的。到林奈生活的18世纪,博物学家们越发深入地理解了植物的性生活,甚至有人会认为植物学不适合年轻女性学习。然而,即便到了19世纪,昆虫在异花授粉中的关键作用也并未被人们广泛接受,更不用说花朵是性的宣传这种观念了。

在反对新植物学的过程中,罗斯金在其《普罗塞尔皮娜》中提出了一种更新的植物学,并试图用反映每种植物在人类眼中的美德(或丑行)特征取代林奈的两分法。兰花被更名为"*Ophryds*"(蜂兰),多数被归于"*Contorta*"(扭叶兰属)的可疑亚目之中(因为它们扭曲的叶柄,也因为它主要生长在"分裂和不规则的地面,有害的热量和阴影相互交织,讨厌的昆虫环绕其间"的环境中[5])。可能并非巧合,罗斯金用于阐明整个兰科种群的兰花正是达尔文首次研究的品种,也是他1862年的兰花论文中描述的第一个物种:红门兰,即林奈系统中的"*Orchis mascula*",但罗斯金将其改名为"*Contorta purpurea*"。

美丽的计谋

1860年5月的一天,达尔文习惯性地在砂砾小径上散步,他突然注意到一些开得正盛的红门兰。作为随时有所准备的实验家,他决定进行一项昆虫排除实验,覆盖住其中一些花朵,其余的则暴露给前来造访的昆虫。实验过程中,达尔文像昆虫一样用探针拨动并触碰了这些紫色的花朵。让人惊奇的是,他触发了花朵的花粉释放机制:收回探针后,花茎上两个小小的黄色花药组成的花粉块便牢牢地固定住了。我想,达尔文当时会正襟危坐,并仔细端详他此时的意外收获,就像屏住呼吸的渔夫因为鱼儿猛然拖拽鱼线而急于应付一样。这是他头一遭目睹这类奇怪的事情:花茎上的花囊从花朵中直立而起,有时候只有一个花囊会如此,有时候两个都会这样,就像小喇叭一样,但几秒钟内它们就会向前弯曲近90度,跟鞠躬似的。这是一种意外,还是一种缺陷?达尔文用探针试探了另外一朵花,花粉块又随之出现,先是直立而起,然后则是向前鞠躬并保持这种姿态。他对在其他花朵中发现的这种"敏感性"比较熟悉,因为那些花朵有弹簧一样的雄蕊,但这完全是另外一种形式的敏感性——实际上兰花有两种敏感性。第一种源于弹簧一样的蕊喙,一种装有花粉块的灵活杯状薄膜,像四处刺探的昆虫那样极其轻微的触碰也会让蕊喙破裂并释放花粉块,花茎则会牢固附着于花盘上。花盘旋即触碰到四处嗅探的昆虫,而昆虫需要数秒钟的时间才能退出花朵,因为它们被牢牢地黏住了。再过一会儿,另一种精彩的敏感性会表现出来:某些花茎底部前侧精确排列的细胞会突然放气,并导致花茎朝前面倾倒,就像伐木时一棵树朝精确砍出的凹槽方向倾倒一样。达尔文立刻意识到了这个机关的意义:粘有花粉的昆虫前往另一株兰花时,直立的花粉块将无法接触花柱并为花朵授粉。但如果前倾 90 度,花药便已做好准备授粉了:昆虫转而嗅探另外一朵花时,花药就会压向花柱。这个机制的精确性令达尔文着迷:正是这种"美丽的计谋"让植物的异花授粉达到了全新的高度。

达尔文兴奋地转向附近其他的兰花:倒距兰(*Anacamptis pyramidalis*)。这种兰花以其紧密的金字塔状紫色花簇而得名,它茂盛地生长在兰花堤上,达尔文很快就会发现其花粉传播方式稍有不同。这种兰花的两个花粉块经由其底部的窄带或鞍状物相连,就像任何火星装束上那些神气的天线一样:花粉块就像固定在弯曲头带上的直立天线。达尔文很快意识到为何这种样式是有用的:一旦这种结构固定在了粗心的昆虫的喙上,弯曲的窄带就会紧紧地夹住昆虫,令其无法摆脱。也许连接带是某种确保两个花粉块能同时得以传播的适应性表现,因为在花粉块并不互相连接的物种上,只有一个花粉块粘住昆虫才是常见情况。无论如何,就像其近亲红门兰一样,倒距兰的花

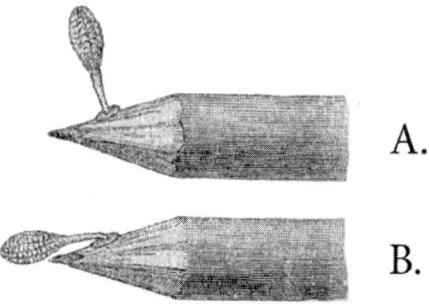

红门兰花粉块粘在刺探它的铅笔上。每个花粉块在花朵上移动时都会呈直立状（图A），但在30秒内，它们就会向前倾斜90度（图B），从而能较好地接触下一朵花的花粉。引自达尔文《论英国内外由昆虫授粉兰花的多种计谋，以及杂交的好处》（1862年），图II。

茎也会呈 90 度弯曲状，花药则长在蕊喙的任意一侧，随时准备触碰来自另一朵兰花的花粉。达尔文兴奋地致信胡克："你提到适应性虽在植物中有所体现，但很少见。我最近一直在观察常见的兰花，我认为花朵各部位的适应性十分美妙，又很明晰，甚至超过了啄木鸟身上的适应性。"[6]

这条评论出自达尔文写于 1860 年 6 月的一封信中，它展现了达尔文对兰花日益增长的双重兴趣：对兰花授粉的研究只是他对植物异花授粉机制及其益处进行的更广泛调查的必要部分，但现在他开始惊叹于兰花的授粉技巧是何等精巧，这真是美丽的适应。幸运的是，达尔文的研究始于红门兰和倒距兰，因为这些植物花粉块的倾倒由于其长长的花茎而易于观察。达尔文最终证实，这种现象可见于许多兰花物种之中，但长有短茎的花粉块的运动则不太明显。

1860 年 6 月初，达尔文发表了一封关于兰花授粉的长篇公开信。这封信展现了在发现花粉块运动之前的一个月里，达尔文受兰花启发而做的事情及进行的相关思考。我们从中看到作为实验家的达尔文逐渐涌现：他会在砂砾小径上仔细观察野生兰花，更会细致查看钟罩玻璃内隔绝了昆虫的兰花和其他未经隔绝的兰花。达尔文在新的花朵盛开时仔细查验了它们的花粉块，他发现暴露在外的花朵上的花粉块总会消失不见，而钟罩玻璃内的则会保持原样。换个角度看，达尔文想到了那些长有长花穗或总状花序的植物的"年龄梯度"——越靠底部的花朵年龄越大，最上层的则最年轻。衰老的花朵往往缺少花粉块，而新盛开花朵的则完好无缺。最后，他记录了一些花粉块保持原样的兰花花柱上粘有别的花粉块的案例：这是花粉在花朵之间传播的确凿

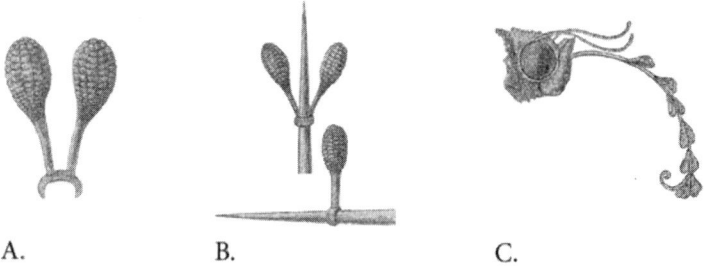

倒距兰成对的花粉块及其黏性带状基底（图A）。花粉块附着在探针上的背面和侧面视图（图B）。达尔文捕获的四斑蛾（*Tyta luctuosa*，夜蛾科）的头部和喙部，其喙部还附着了7对倒距兰的花粉块（图C）。请注意，花粉块指向前进的方向。在其兰花著作中，达尔文列举了23种喙部粘有倒距兰花粉块的蝴蝶和飞蛾。引自达尔文《论英国内外由昆虫授粉兰花的多种计谋，以及杂交的好处》（1862年），图3和图4。

证据。(请记住，达尔文时代的许多人都将花朵的自我授粉视为自然规律。)

这些研究全都是为了证明此类植物必然通过异花授粉的方式繁殖，而昆虫在这个过程中起着主导作用。在很多情况下，何种昆虫在何时对花朵授粉却不得而知。至少，对于像蜂兰这样的物种而言，这仍是个谜，甚至无人记得曾见过昆虫造访这种兰花。蜂兰的确有些像大型蜜蜂，罗伯特·布朗曾推测这是为了阻止昆虫进入，而不是像花朵的常见策略那样招引昆虫前来。不出所料，达尔文不同意这种观点，但他也从未解开蜂兰的授粉之谜。与其他兰花不同，蜂兰似乎总是自花授粉，它的花粉块的黏性末端也和其他兰花一样可将花粉块粘在昆虫身上。如果这是个无用的特征，那么自然选择可能早就将其从这个种群身上抹去了。"我们对蜂兰的黏性腺体又该做何解释？"达尔文在其文章中问道，"毕竟它在英国其他兰花中的作用……是如此明显？我们是否要得出结论：这种植物配备了某种无用的器官？"他并不这么认为："我……宁愿推论，在某些年份或某些其他地方，昆虫的确会造访蜂兰，并偶尔在花朵之间传递花粉，如此就会给蜂兰带来异花授粉的优势。"[7]

达尔文认为昆虫至少会偶尔光顾蜂兰，并且他还请求《园丁纪事》的读者以众包的方式提供帮助。兰花的狂热爱好者亚历山大·古德曼·莫尔（Alexander Goodman More）进行了尝试，但并未记录到昆虫为蜂兰授粉。"所有事实都清楚地指向了这个物种一直以来的自花授粉过程，"达尔文向莫尔承认道，"但我仍然无法接受这个事实。"[8] 达尔文最终不得不承认蜂兰基本上以自花授粉的方式繁殖。他的细致观察揭示了其中的机制。毕竟黏性花盘并非如此一无是处：花粉块通过一个细长而灵活的花茎附着在花盘上。花粉块会往竖直方向生长，但成熟后便会脱落并轻轻地挂在花茎上，而其黏性的底部仍会牢固地黏在花茎上。此时的花粉块位于兰花花柱的正前方，因此，即便一阵轻风也会让它们摇曳，从而迟早与花柱接触并完成自花授粉。

蜂兰的确是蜂兰属（*Ophrys*）中唯一主要依靠自花授粉繁衍的成员，但达尔文认为这个物种至少偶尔（可能在其分布范围内的某些地方会经常如此）会异花授粉的直觉仍是正确的，尽管他从未了解其异花授粉的方式。蜂兰分布于欧洲中部和南部、北非的地中海地区和中东地区。在其生长范围（包括英格兰）的最北端，它们主要靠自花授粉繁衍，但独居蜂却会造访它们在地中海的种群。这是开花植物中十分常见的赌注对冲策略（bet-hedging strategy），它将自花授粉和不确定但有益的异花授粉（哪怕仅会偶尔发生）相互结合。但无论如何，关于这些兰花的授粉现象还有很多故事可讲：尽管达尔文认为蜂兰会以某种方式招引昆虫，但直到20世纪初，法国的阿尔及利亚裔植物学家莫里斯-亚历山大·波扬（Maurice-Alexandre Pouyanne）及其瑞士同事亨利·柯乐翁（Henry Correvon）才最终解释了植物的昆虫拟态现象。特别是波扬发现蜜蜂不仅会造访这些花朵，而且还试图与之交配。这种欺骗膜翅类多情雄性的现象被称为"拟交配"（pseudocopulation），在世界范围内的多种兰花中都能见到，包括可能最引人瞩目的稀有澳大利亚铁锤兰，它主要由雄性膨腹土蜂传粉。瑞典生物学家贝蒂尔·库伦伯格（Bertil Kullenberg）在柯乐翁、波扬等人的工作基础上做了极大的推进。他发现铁锤兰的拟态行为已经超越了视觉和触觉层面，并深入到了化学层面：它们会产生某种香气模拟受骗蜜蜂和胡蜂的性信息素，这就解释了那些坠入爱河的倒霉雄蜂不断疯狂尝试交配的行为。幸运的是，兰花仅会欺骗它们，而不会像喀尔刻*那样引诱并困住它们；毕竟，此时带有花粉块的雄蜂必须活着才能造访其他花朵。

所有蜂兰属似乎在一定程度上都会自花授粉（蜂兰可能是其中最甚者），这可能是对局部地区的蜜蜂和胡蜂种群规模随时间波动而做出的某种适应。但若了解到另外一种兰花更奇特的自花授粉现象，达尔文一定会为之着迷。2006年，一队中国科学家发现，生长在高海拔地区的大根槽舌兰（*Holcoglossum amesianum*）的花粉块可在灵巧的自花授粉过程中完成360度旋转的壮举。这些花粉块会从最初的直立变成蜂兰的悬挂姿势，然后再次直立并紧压花柱。蜂兰依靠重力和风力进行授粉，而大根槽舌兰则可反重力扭动花粉块。这种不同寻常且"有保证的自花授粉"方式可能是因严酷干燥的山区栖息地中几乎没有授粉昆虫的情况而进化出来的。研究大根槽舌兰的团队检查了近2000株这种植物，却总会发现同样的授粉方式。它们一直都是同系交配吗？达尔文肯定会支持如下发现：在其分布范围内，隐藏在某个偏僻角落的昆虫会为它们授粉；毕竟，哪怕只是间或出现，杂交行为也大有好处。

狂兰症

由春入夏，达尔文仍像往常那样同时处理着多项任务，他会同时关注茅膏菜、报春花和兰花。几个通信者给他寄来了粘有花粉块的昆

---

* Circean，荷马史诗《奥德赛》中会巫术的仙女。——译者注

虫标本，另外一些则为他实地观察了蜂兰，还有一些通信者则为他寄来了一些研究用的标本。埃蒂显然受了伤寒，因为她恢复起来异常缓慢，于是家人决定打包行李前往苏塞克斯郡的哈特菲尔德，与埃玛的姐姐莎拉·韦奇伍德共度些日子，以期周遭环境的改变会对这个生病的孩子有所帮助。达尔文则花了一周时间绕道前往萨德布鲁克公园接受"水疗"——可能并非完全凑巧，当时英国科学促进会正在牛津召开会议。此次会议的与会人员围绕达尔文-华莱士的理论展开了激烈争辩，而主教塞缪尔·威尔伯福斯*与托马斯·亨利·赫胥黎之间的著名争论尤其精彩。达尔文倾向于保持低调，这导致他的朋友们群起为他辩护；他长期的胃痛和恶心可能就是众人对进化论激烈辩论的代价，这也为他置身事外提供了一个很好的借口。

此间达尔文也十分繁忙。尽管他在7月底写给胡克的信中还哀叹这段时间没做什么研究，但在这封信中，达尔文也提到自己对沼兰属做了"一些细致的观察"，当地一位名叫威廉·沃利斯（William Wallis）的医生好心地将之称为"蝰蛇吻兰"（adder's mouth orchid）。这些奇特兰花的蕊喙会分泌某种黏性滴液，其目的首先是在花粉成熟的时候捕获花粉，其次则是附着在四处嗅探的昆虫身上，这与胡克19世纪50年代中期研究过的对叶兰（twayblades）的情况有些相似。也正是在这个时候，达尔文查看了倒距兰的花粉块，它们会团在底部，他兴奋地对胡克讲述这种花粉块的样式如何作为神奇的适应性计谋胜对叶兰一筹："它几乎和你在对叶兰上发现的情况一样，甚至可能还更胜一筹……我从未见过如此美妙的东西。"[9]

---

* Samuel Wilberforce，又称圆滑的山姆。这个名号得自本杰明·迪斯累利的一个评论。——译者注

就这样，达尔文越发痴迷于各种兰花及其丰富多样的花朵结构和授粉机制，简直一个比一个神奇。兰花的这些特征似乎过于丰富了：不同兰花种群的花朵竟是如此不同，甚至很难找到它们的共同点。然而，若能以某种进化史的序列关系将它们联系起来，并强调即便最离奇的兰花也反映了某些相同基本结构的变化，这对达尔文来说至关重要。兰花的确很奇特，就像热带的飘唇兰那"黯淡的、带橙色斑点的铜色色调，大的流苏状唇瓣上张开的裂缝，一根'触须'凸出，另一根耷拉着，这让花朵们具有了奇特、可怕的爬行动物外观"[10]。（下文还有更多此类兰花的信息。）正是胡克向他指出，他可以用螺旋状的脉络或管道追踪不同兰花部位的同源性，达尔文立即学习了兰花解剖学的更多细节。

达尔文携两个儿子于 8 月 2 日回到家中，埃玛和女儿们过了几天才到家。埃蒂的身体出现了好转的迹象，达尔文夫妇松了口气，但她体质仍然很差，于是 9 月中旬的时候，一家人决定前往阳光灿烂、海风和煦的伊斯特本度一个月的假。达尔文尽其所能打理好了一切，但当地兰花稀少。于是，他四处闲逛并找到了一些茅膏菜，自从他去年夏天在哈特菲尔德遇见这些小型的食虫植物后，便对它们产生了浓厚的兴趣（见第八章）。他实在应该努力完成那本驯化主题的作品，却对兰花和茅膏菜兴致太浓。达尔文在写给莱伊尔的一封信中愧疚地说："我让时光可耻地虚度而拖延了写作。我用观察替代了写作，与写作相比，观察有趣多了。"[11] 许多科学家都会将研究和发现事物的乐趣与将之变为文字的乏味过程两相对照。但达尔文之所以是达尔文，原因就在于他对许多事情都很关注，比如他近期发现了报春花花朵的多态性，还持续观察了植物的授粉和杂交现象，并且长期对《物种起源》和围绕他和华莱士的理论的相关争论保持关注。

该如何是好……兴趣无涯，而生有涯！兰花目前占据了达尔文的研究中心。唐豪斯很快就成了兰花中心，各种秀丽、炫目的标本从不列颠群岛和世界各地（经由邱园和各处的苗圃）不断运来。达尔文的通信者乔治·戈登（George Gordon）从苏格兰高地寄来了长有精致白花和螺旋状权杖的绶草（*ladies' tresse*s，斑叶兰属），而长有奇怪须状组织的可怕橙斑"蜥蜴兰"（*Catasetum saccatum*）则是切尔西的詹姆斯·维奇（James Veitch）的皇家异国苗圃的馈赠。坎特伯雷的乔治·奇切斯特·奥克森登（George Chicester Oxenden）及其朋友宾汉·莫尔登（Bingham Malden）则好心地提供了罕见的兰花品种，而亚历山大·莫尔这位怀特岛的兰花专家则持续为达尔文提供标本和自己的田野观察报告。在这些值得办一场植物园艺展览的兰花丛中达尔文按部就班地从事着自己的研究，只不过他并非怡然自得地欣赏自己的奖品，而是去观察、刺探和解剖它们，从而弄清楚每种兰花的授粉机制，并追踪花朵各部分之间的关系。

达尔文对兰花的痴迷也有其规则：他的目的是检查著名植物学家和兰花专家约翰·林奈在《植物王国》(*The Vegetable Kingdom*) 中描述的七大兰花族群各自的代表品种。林奈的这本著作出版于1846年，后来发行了数个扩展版本，这本书是对兰花进行全面分类的首次尝试，也是达尔文可资利用的兰花关系谱的最佳指南，同时它还是检验达尔文关于兰花复杂结构和授粉机制变化想法的有用框架。几乎所有的英国兰花都局限于林奈描述的两个族（tribe）之中，因此达尔文急需来自海外的兰花。他那乐于助人的邻居乔治·亨利·特恩布尔（George Henry Turnbull）甚至还将自家的温室借给达尔文使用，因为达尔文几年后才修建了自家的温室。

与此同时，埃蒂的身体状况一直不好，因此在接下来的夏天里，一家人再次出发前往海边。他们于 7 月 2 日抵达位于托基的一间租借的小屋，而在剑桥大学完成第一年学业的威廉也在 1 周后抵达这里。达尔文像往常一样与朋友们保持书信往来，他从信中得知胡克及其家人也打算到海边度假。胡克那位娘家姓为亨斯洛的妻子弗朗西斯·哈里特·胡克（Francis Harriet Hooker）当时正因父亲（即约翰·史蒂文斯·亨斯洛，达尔文在剑桥时的伟大导师）前不久离世而悲痛不已。达尔文也很怀念自己十分敬爱的亨斯洛，回忆起他对"所有年轻的博物学家们直接、热忱和朴实的……鼓励"。[12] 亨斯洛当然十分鼓励达尔文，并且正是他邀请达尔文参与了环球航行，这个经历改变了我们这位年轻博物学家的生命轨迹，也改变了科学的进程。

胡克也很鼓励年轻的博物学家，他还特别急朋友之所急。达尔文的儿子打算成为南安普顿一家银行的合伙人，但他在父亲的热切鼓励下也对植物学有些兴趣。达尔文向胡克寻求培养这种兴趣的建议，其中就包括胡克邀请威廉与他一道参与植物学短途旅行。但时不凑巧，因此那个夏天，威廉与家人一起在托基度假的时候自娱自乐地解剖和描绘了一些植物。胡克为达尔文父子寄去了精心挑选的兰花供他们研究，因为托基的乡村可供选择的兰花种类有限。达尔文特别在意他正寻找的那些兰花："我十分想要嘉德利亚兰（*Cattleya*）或者某个树兰族（*Epidendreae*）品种，因为我检查过一只大黄蜂，它的背后粘有嘉德利亚兰的花粉块。实在地讲，我认为兰花的计谋完胜任何动物。"[13] 不到两周，一个盒子寄了过来——成为世界上最大植物温室的主管的亲密朋友显然有其好处！

达尔文热情地说道:"亲爱的胡克,你无法想象这些兰花让我多开心。"他对着胡克寄来的各种兰花"哇哦"地嘀咕了一番,接着说道:"我特别想知道小球状的棕色兰花是什么品种……你一定不会无意间给我寄来了我最想要的东西……树兰族兰花?!"[14] 那的确是嘉德利亚兰,鉴于达尔文真切地请求,这种兰花一定是故意置于其中的。它得名于英国商人和园艺家威廉·卡特利(William Cattley),此人最初于1824年首次在英国将这种植物培育成活并开出花朵*。达尔文的渴望得到了满足。尽管"棕色的小球"这种描述听起来似乎并无多大意义,但这种兰花却是盛产于美洲热带地区的著名艳丽花朵的典型代表。达尔文渴望见到嘉德利亚兰,因为大英博物馆的昆虫学家弗里德里克·史密斯给他寄来一只背部粘有一些奇特花粉和干胶水状斑点物质的大黄蜂。达尔文意识到蜜蜂身上的东西并非来自英国的兰花品种,于是他问史密斯这些蜜蜂是否捕获于某个温室附近。事实上,它们的确来自种有嘉德利亚兰的温室。

现在,达尔文手上有一株可供研究的嘉德利亚兰了,它代表了一个全新的兰花族群,于是,达尔文开始研究其解剖学和授粉特性。他十分想要这种兰花的原因在于,它的花粉结构与达尔文此前见过的都不一样,因此达尔文知道这种兰花的授粉模式也会与众不同。更重要的是,达尔文认为嘉德利亚兰的花粉结构介于他此前研究过的两种兰花之间,从而可提供花粉逐步进化的线索。这也是达尔文在《物种起源》中遵循的有效手段,它证明了过渡阶段的生命形式为何可被视为

---

* 简单说就是,卡特利在拆开来自巴西的货物时发现一种像兰花的植物,于是他将其重新培育成活并开了花,其雇员林德利便以卡特利的名字为这种花命名。——译者注

不同类别物种的进化跳板，或者早先的生命形式如何开启自然选择的可能走向。在这两种情况中，居间的生命形式都有可能为甚至最不同的生命结构建立关联。因此，兰花种群里迥然不同的授粉机制亦是如此，这一点也体现在它们奇特的花粉块上。达尔文知道，为数众多的兰花种群的花粉块都长在不带线状茎秆的柔软小球中，但有些兰花的大量花粉则长在弹性茎秆或花粉团柄之上。二者完全不同，但嘉德利亚兰的花粉块将二者联系了起来。因此嘉德利亚兰是某种中间形式，达尔文认为它是花粉块起源的关键：若去掉嘉德利亚兰式花粉块的这种或那种结构，我们几乎可得到其他任何类型的花粉块。"因此，"达尔文宣称，"我倾向于将其视为原型。"[15]

  花粉块只是一个方面，另外一个重要问题则是花型的进化方式。于是，达尔文着手绘制花朵的结构以及花粉块的释放枢机。说时容易做时难，当我们考虑到花粉在花朵之间传递时尤其如此。首先，达尔文需要详细地绘制出花粉块存放的地方。对这些地方的干燥程度的描述很好地表明了他对花朵结构和功能做了何等程度的细致观察："蕊喙……是宽阔的舌状突起，稍稍翘起在花柱上方。其上表面由平滑膜构成，下表面和中央部分……则由很厚的黏性物质组成。这种黏性物质很难与花柱紧靠蕊喙正下方的表层黏性物质区别开来。花药大致凸出的上唇部分则倚靠在舌状蕊喙上层平滑膜表面的基部，并呈敞开状将其覆盖。"[16]实在细致。另外，达尔文还巧妙地将一只死去的大黄蜂作为模型，模仿蜜蜂进入花朵的方式，以弄明白花粉块最终如何粘在蜜蜂的背部并传递到别的花朵上。达尔文最后对这些兰花复杂构造的详细描述会让所有人眼前一亮，但那些最热衷的兰花（或授粉）狂热爱好者除外；这足以说明，艰苦的工作可揭开每一种乃至每一朵复杂花朵的秘密。

自从达尔文在托基度假开始，他就想着要为林奈学会写一篇关于这些植物神奇而美妙的授粉机制的论文。度假结束不久，他意识到自己累积的材料已过于丰富了："我的论文哪怕只谈论其中一个论点，恐怕都会达到100页的篇幅！！！"他对胡克感叹道，"在我看来，兰花结构呈现的适应之美非比寻常。"[17] 正是在这个时候，达尔文决心以著作的形式呈现他的各种发现，这意味着书里会有更多的兰花研究。到那时为止，他已经研究了英国境内所有可供获取的兰花品种及少数国外品种，达尔文亟须将其兰花研究的范围扩展至奇特的品种，并彻底检查林奈的兰花族的其余部分。但同样重要的是，这一过程为他提供了扩展兰花的哲学意义的空间——这是他书中的重要的潜台词，我们将在本章后文中看到。

釜底抽薪

达尔文一家人于8月底回到家中，尽管托基的气候有些阴冷潮湿，但他们还是蛮享受这个假期的。在海边的时候，查尔斯的哥哥伊拉斯穆斯非常喜欢这些孩子，他从伦敦来待了一阵，表兄福克斯的孩子也曾前来拜访。埃玛带着埃蒂和她韦奇伍德家的一个侄女前往英国南部的达特穆尔高原旅行，达特穆尔高原是位于德文郡的美丽而贫瘠的荒野。达尔文有序地进行乡村散步、收集、写作、观察兰花和实验（他无法抵抗茅膏菜的诱惑）等各类事务，偶尔还有一两次社交活动，即造访生活在离托基不远的昆虫学家朋友托马斯·沃拉斯顿。达尔文还与孩子们一同为另外一位昆虫学家朋友约翰·拉伯克寻找刺毛（鱼衣目)。次年,拉伯克便发表了一篇关于这些奇特无翼昆虫的研究报告。

埃蒂的状况逐渐好转,但很可能并非因为胡克一直以来为她开出的大剂量鱼肝油处方。如果读者对这位植物学家能开出医学处方感到好奇,请回忆一下我们在第五章曾谈到胡克获得医学博士学位,他在20来岁的时候曾作为助理外科医生跟随罗斯登上"皇家海军幽冥号",开展过著名的南极探险之旅。这次远航燃起了胡克的植物学热忱,而他对医学的赤诚之心又让他可以为家人和朋友提供各种医学建议和处方——因此也为埃蒂提出了鱼肝油疗法,具体的建议是用鱼肝油涂抹皮肤,但埃蒂无法忍受。

夏去秋来,达尔文一家人的生活仍在继续:福兰克和乔治于9月回到克拉珀姆学校继续学习,他们的长兄威廉成为银行合伙人的事情也逐渐成为定局。埃蒂的身体已经好到可以和贝西、霍勒斯一道在后院草坪上玩槌球了,此时也是她过去一年以来最健康的时光。10月初,孩子们的前家庭教师皮尤小姐的到访让一家人很是开心,月底的时候,皮尤还领着埃蒂前往伦敦,观看了由备受追捧的瑞典歌剧明星珍妮·林德(Jenny Lind)和钢琴家费利克斯·门德尔松-巴托尔迪(Felix Mendelssohn-Bartholdy)出演的音乐会。(爱好音乐的埃玛也是一位有天赋的钢琴家,她年轻时还跟随弗里德里克·肖邦短暂学习过。)毫无疑问,达尔文和埃玛在这个秋天终于得以享受久违的轻松,女儿病情的好转尤其让他们松了口气。然而,科学前沿仍风起云涌。

归来不久以后,达尔文就联系上了出版商约翰·默里,洽谈出版一本兰花小作的事宜。达尔文很谦逊地说道,尽管他"显得有些言过其实",但"这个主题对我而言十分奇特和有趣"。[18] 他甚至因为这样一本小书可能给默里造成经济损失而愿意自己出钱购买插画。默里毫不犹豫地提供了慷慨的价码，包括插画在内。达尔文旋即与默里就此书签订了一份包括插画师在内的合同：艺术家乔治·索尔比（George Sowerby）于 10 月 7 日前往达尔文家，并花了 10 天工夫准备兰花插图，其中一些参照栽培的兰花标本，另外一些则改编自邱园借来的兰花论著中的插图。在和默里商谈价格以及索尔比抵达唐豪斯的两周里，达尔文的兰花研究一切顺利，尽管一封信中透露出他在此期间曾心情低落过。10 月 1 日，他写信给莱伊尔谈到了一个令人十分吃惊的说法（也许是半开玩笑，但也仅是半开玩笑而已）："我今天很沮丧，太蠢了，我恨所有人所有事……我活着只是为了酿成过错——我准备为默里写一本关于兰花的小书，今天，我最恨兰花。"[19]

　　到底发生了什么？"过错"一词可能是个提示。达尔文这封信是对莱伊尔上一封信的回复，莱伊尔在信中提到了活跃而年轻的冰川学家托马斯·弗朗西斯·贾米森（Thomas Francis Jamieson）的最新作品，此人当时正致力于研究苏格兰冰川地貌。贾米森查看了罗伊河谷中所谓的"平行滩列"，即由鹅卵石组成的奇特平行阶地，它们看上去像是蚀刻在绿色荒野中一样，也像浴缸里的垢圈一样环绕于整个山谷——这个例子表明，它们就是标志着当地古代不同水线高度的化石海滩。受到莱伊尔、达尔文、阿加西等人工作的鼓舞，贾米森为达尔文对这个平行滩列的陈旧解释的棺材板钉下了最后一颗钉子，此时距离达尔文发表相关研究已 20 年有余（见第一章）。贾米森费尽心思地重建了阻挡峡谷和形成平行滩列的早期冰川运动，这个成果让他次年成功入选伦敦地质学会会员。达尔文总会将自己对这个地貌的错误解读视为其"最大的错误"。在给莱伊尔的回信中，他大度地称贾米森为"重要的观察者和推论家",并且还狠狠地责备了自己:"我的罗伊河谷研究简直一团糟!"

此外,达尔文的挫折感可能还与手头的兰花研究有关。他可能在试图弄明白最近看到的一些大题小做的兰花授粉计谋时感到困惑,他责备自己也可能是因为他疏于保存那些曾经研究过的奇特兰花,而此刻却迫切需要它们来绘制插图。索尔比就要来了,他只好求助于胡克,解释自己并未保存这些花朵,因为当时并没想到要出这么一本书。但如今,他恳求胡克,说自己需要这些花来绘制插图。"如果你可以寄给我一些,请在10月5日星期六中午之前以罐装的方式邮寄过来,因为索尔比到时候会在这里。"[20]胡克像往常一样同意了他的请求。一大捆兰花很快寄了过来,其中还包括达尔文垂涎已久的品种:南美洲奇异的蜥蜴兰(*Catasetum saccatum*,即兜状弹粉兰)。达尔文称之为"我见过的最美的兰花",[21]并担心触碰花朵会让花粉在他做研究前就掉落。这种兰花的奇特结构尚未命名,达尔文将蕊喙细长的结构称为"须喙"(antennae)。他证明了这些兰花中有一种具备十分灵敏的机关,可强力弹射花粉块。约翰·拉伯克讲述了达尔文在他面前"娴熟地触碰其中一枝花时"发生的事情:"花粉块弹至近3英尺(约0.91米)远的地方,最后撞上窗格并粘在了上面。"[22]大概人们会将这种兰花养在温室中,并防止不小心触发其机关,让花粉块弹射到眼睛里——园艺家拉尔菲*可能已经在某个圣诞故事中被警告过这种植物界的空气枪了。

但这个属的兰花种类比它们弹射的花粉块还多。达尔文还获得了

---

* 美国喜剧电影《圣诞故事》中的拉尔菲·帕克。——译者注

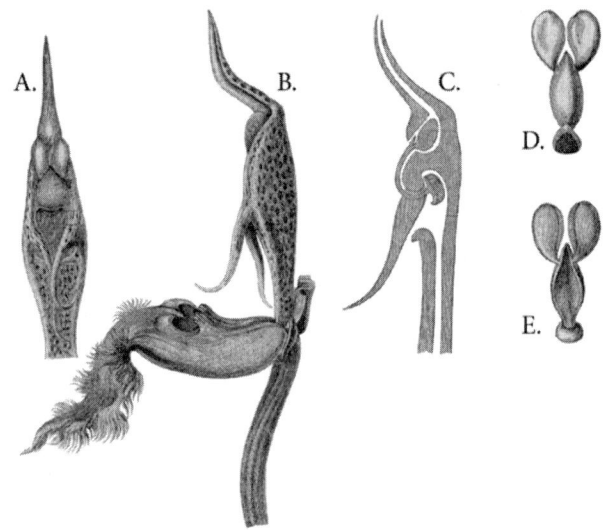

蜥蜴兰的奇特花朵。花柱正面图（图A）。花朵侧面图（图B），除唇瓣以外的所有萼片和花瓣都已去掉。沿花柱的解剖图（图C），所有部分稍微分开显示。花粉块，上表面（图D）。花粉块，下表面，与蕊喙相互接触（图E）。引自达尔文《论英国内外由昆虫授粉兰花的多种计谋，以及杂交的好处》（1862年），图25和图26。

另外一种三齿倒刺兰标本，它是蜥蜴兰的近亲，生长于开阔的埃塞奎博河（位于如今的圭亚那境内）苍翠的两岸，这种花更是神奇之源。早在1836年，德裔英国博物学家和探险家罗伯特·赫尔曼·舒姆伯克爵士（Sir Robert Hermann Schomburgk，1804—1865）便让林奈学会认识到了植物的奇特之处，即某种长有分属于两个属（不仅是不同种）的花朵的兰花。这个鳞茎产生了多个茎秆，其中一些带有和尚兰（*Monachanthus viridis*）的花朵，令人惊讶的是，其他一些茎秆则长有须蕊柱（*Myanthus barbatus*）的花朵。它们并非皮尔丹式的人为造假标本，这一点清楚无疑。这种植物被精心地加以绘制和保存，以方便植物学家们能够查看它们。舒姆伯克还记录到第二个此类案例，这意味着前一案例并非自然界的反常现象，他当时正在荷兰的圭亚那殖民地的同名河流上，并写信提醒林奈学会自己做出了进一步的发现：沃特曼先生收集的兰花中发现了一种长有和尚兰花朵的"活力植物"，其另外一个茎秆上则长有三齿倒刺兰的花朵。舒姆伯克写道："这次我亲眼看见这种植物的鳞茎十分幼小，但花朵却开得十分完美。"[23]在那个时代，物种及其变种的本质仍然成谜，而演变的观念——"进化论"上的变化——对多数博物学家而言意味着诅咒，而舒姆伯克给众人带来的启示着实令人震惊：来自完全不同属的3个物种是否可能长在同一株植物上？这是进化得以展开的稀奇特例吗？在这些有点怪异的萌芽过程中，新的物种能否大量涌现？林奈在其《植物王国》中宣称："这些例子动摇了我们所有关于属、种稳定性观念的基础，从而让我们为超出预期的更多惊人发现做好心理准备。"[24]

舒姆伯克敏锐地注意到了被达尔文视为解决植物进化之谜的关键现象。他在给林奈学会的信中评论道，他在埃塞奎博河上见过数以百计的三齿倒刺兰，尽管它们都不产种子，但其"巨大的种荚着实令我惊讶"。达尔文意识到，这些性别差异很有意义——人们假定的 3 个物种合一的植物并非什么嵌合体，而是代表了同一个物种的不同性别模式。他在研究这些花朵后，确定所谓的三齿倒刺兰（*Catasetum tridentatum**）是雄性植物，和尚兰为雌性，须蕊柱则二者皆有——这种雌雄同体的植物既开雄花也开雌花。我们很容易明白，植物学家在不同的时间里分别面对这些不同的花朵时，会如何将之归为不同种乃至不同属的植物——这就跟具有性别二型性的昆虫的情况一样，一个博物学家基于某个性别为它起了个种名，另一个博物学家则基于其另外一个性别为它起了个完全不同的种名。直到后来，人们对其进行培养或发现了其性别二型性后，才意识到之前的两个"物种"实际乃一个物种。

  达尔文为自己的发现兴奋不已。林奈学会的植物学家朋友们也同样因为达尔文对舒姆伯克的兰花做出的解读而高兴。他受邀于 4 月 3 日前往学会宣读了一篇关于这个主题的文章。[25] 当时，林奈学会的主席乔治·边沁（George Bentham）对达尔文说道，这篇文章"为我们提供了意想不到的全新思路，从而指引我们对此前看上去与有序世界中呈现出的通常预测和方法十分不协调的现象做出解释"。[26] 而在更大的范围内，他的发现可能不过是一个案例——对有趣情况的观察战胜了基于不完整信息的假设，但达尔文意识到事情并非如此简单。他记录到雌性飘唇兰如何长出非功能性的退化花粉。达尔文解剖并描述

---

 * 实际上，后来人们认识到，这种兰花与上文提到的兜状弹粉兰是一种植物，只是此处的拉丁属名指的是这个物种的雄性植株，兜状弹粉兰指的是雌性植株。——译者注

了这些死去的花粉,他确定这是反对当时仍广泛流行的自然"设计"误解的又一个实际教训。"因此,我们看到,刻画雄性花粉的结构的所有细节都已呈现。"他写道,"而雌性退化花粉经过简单变异之后,有些部分则显得过于夸张,有些部分则稍有不同。所有观察者都很熟悉这些情况,但他们都没能从全新的角度观察它。"此后,达尔文抱怨道:

> 在不远的将来,博物学家都会因为严肃而博学之人从前的如下主张而感到惊讶甚至不屑:这些无用的器官并非遗传原则在物种相应的较早生长时期遗留下的残余,而是由万能之手特别创造,并像对待桌上餐盘那样为之安排合适的位置(这是某个著名博物学家的比喻),以便"完成自然之计划"。[27]

"别再沉溺于幻想了,各位。"达尔文掷地有声地说道。达尔文在此重述了《物种起源》中的一个重要观点:毫无疑问,退化的结构是进化变异的线索,但那些反对物种会在时间长河中经历进化变异的人则必须为这些明显无用的特征找到各种借口。也许其中最可笑的主张是,退化的特征是专门创造的占位符,尽管丧失了功能,但为了完整性或对称性,在自然界中具有保存模式或对称的作用——就像出于完整性或对称性而在用餐人数很少的时候也为桌上每个位置备好餐具一样。在这个思路中,造物主可能认为缺乏这些特征或对称性会在一定程度上为人类造成不和。达尔文没心思理会这种逻辑,他在《物种起源》第 13 章对这种观点的鄙夷显而易见。他在思索兰花的退化结构时谈道,我们只能对此感到惊讶,"因为同样的推理能力明确地告诉我们，物种的多数部位和器官都十分适合某些目的，同样明显的是，这些退化或萎缩的器官是不完美或无用的"。[28] 他指出，退化结构"是为了对称"或"完成自然计划"而被创造的观点很愚蠢。此类所谓的解释比不解释还糟糕，它不过是对事实的重申，达尔文愤怒地说道。他还略带讽刺地问道："我们因为行星在椭圆轨道上绕太阳旋转，就说卫星以同样的路线绕行星旋转是由于对称的要求，或者是为了完成自然的计划，是否算得上深思熟虑？"[29] 这个观点实际上是达尔文兰花著作的潜台词，该书在很多方面都是《物种起源》的延续：就像他钟爱的藤壶（见第二章），兰花乃是对进化变异的案例研究，不同兰花种群的相同部分的变化似乎无穷无尽，有些情况下还被减损或抛弃，但它们都很好地适应了昆虫的异花授粉模式。同理，后代不断进化的观点也是对特创论（special creation）或设计论的反驳，达尔文认为这是兰花教给他的重要一课。是这样吗？并非所有人都认同达尔文摒弃自然设计观点的进化论观点。

从侧翼包抄敌人

达尔文的朋友阿萨·格雷可能是那些认为进化论和自然神学教义（其核心为神圣设计）完全相容之人的最佳代言人。格雷和达尔文自《物种起源》出版以来便一直在这个问题上纠缠不休。用今天的话来说，格雷会被贴上有神论进化论者的标签——这些人会接受物种在时间长河中逐渐进化和不断分叉的生命之树等事实，却将之视为某种程度上受到神的指导的过程。而造物主如何指引物种进化则未得到说明，也许神圣的引导在恰当的时间和地点造成了恰当的变异，也可能它影响了自然选择的运作方式。神导论的所有方面都必然属于推测。格雷很像一只斗牛犬，捍卫着达尔文和华莱士的理论，这一点与赫胥黎相似，但虔诚的植物学家在进化的过程中看见了上帝之手。这仍然让他与更为传统的自然神学信徒扞格不入，比如，格雷的哈佛大学同事路易斯·阿加西便否认任何形式的进化。格雷与阿加西有过公开的辩论，并且还在《大西洋月刊》(Atlantic Monthly) 上发表过一系列论证充分且激情澎湃的文章。[30] 达尔文对这些作品印象深刻，并于1861年帮忙将这些文字印成名为《自然选择并不与自然神学矛盾》(Natural Selection Not Inconsistent with Natural Theology) 的小册子在美国和英国重新发行。这是达尔文深思熟虑后的行动，他可能并不完全同意格雷的看法，但至少他的朋友在激烈地为自然选择和物种变化辩护。至少在达尔文看来，这是朝正确方向迈出的一步。

正是在这种背景下，达尔文的兰花研究著作《论英国内外由昆虫授粉兰花的多种计谋，以及杂交的好处》(On the Various Contrivances by Which British and Foreign Orchids Are Fertilised by Insects, and On the Good Effects of Intercrossing) 于1862年5月问世。除了对包括一些奇异品种在内的各种兰花详细研究记录以外，这本书还旨在反对设计论。达尔文在该书导言中陈述了自己的意图："这本论著也为我提供了一个证明以下观点的机会：研究有机生物可能会引起那些完全信奉所有生命结构都基于某种次要法则的观察者的兴趣，而将生命结构的所有微不足道的细节都视为造物主直接干预结果的人也会对此感兴趣。"[31] 达尔文的"次要法则"指的就是自然规律。

达尔文将本书的拷贝赠送给了格雷和其他许多人，从同行的博物学家到园艺家，和以各种方式为他提供过帮助的业余植物学家等，不一而足。他的预期并不是很高，但很快热情和激烈的赞誉纷至沓来。多数人称赞达尔文在记录兰花授粉的奇特计谋时用到的巧妙技巧，也有人则领会了这些植物体现的更大范围的进化意义。例如，对这本书大加赞赏的华莱士就宣称自己迫切地想要出门，以达尔文解读兰花的新进化论视角观察它们。从未以这种视角看待事物的华莱士进一步评论道，自己"对兰花和动物眼睛以及其他任何复杂器官中的（达尔文证明的）奇妙适应性感到十分震撼"[32]。

的确如此。小题大做的兰花就像是植物界的眼睛，那些复杂但明显属于临时配备的器官和组成部分以这样或那样的方式进化，就会产生美丽、复杂而且往往还很奇特的花粉传递系统，所有这些都可在渐变的进化路径中清楚追溯。智能设计者会以这种方式行事吗？达尔文认为不可能。造物主的一个完美计谋便足够，为何还要创造无数混搭的技巧？达尔文很好奇，想知道自己最具神学思维的朋友格雷如何看待自己的著作。格雷在一封信中评论，他读过乔治·边沁近期在林奈学会的就职演讲稿，边沁最初对达尔文－华莱士理论的反对似乎因为达尔文的兰花研究而减弱。格雷说他很开心"看到在兰花研究著作中对敌人的侧翼包抄几乎已经平息了（边沁）对《物种起源》的反对之声"。[33] 但他也表示，如果达尔文承认智能设计者对自然界的什么物种进行了干预，那他一定会说是自己那奇妙的兰花。达尔文对格雷的洞察力感到十分高兴："在所有一语中的的人中，你是最深刻的，其他任何人都没有注意到我在兰花研究著作中的主要旨趣一直都在于'从侧面包抄'敌人。"但对于这位像兰花那样足智多谋的智能设计论者而言，达尔文继续问格雷："你认为我在兰花研究著作的最后一章谈论通往同一个通用目的——关乎设计——的无穷多样手段的意义和原因何在？这也是个经久不衰的问题。"[34]（的确经久不衰，世人直到《物种起源》和兰花研究著作出现150年后的今天仍对其争论不已。）格雷并没有上达尔文的套："它开启了一个与运气和设计相关的棘手问题，众人并不会太在意，除非他们比我更深入地思考了这个问题。"[35]这位大西洋对岸的朋友旨在求同存异。

模式、过程和预测

达尔文兰花研究著作的最后一章可视为对（自己）明显得自兰花的经验的宣言：花粉传递异常复杂的适应机制以及花朵结构显示出，在不同种群中，相同部分以不同方式经历的进化变异。达尔文开篇便谈论同源性（进化论的反对者理查德·欧文首次提出这个概念，但达尔文和华莱士为其赋予了新的进化意义），接着他讨论了兰花结构的次第变化、谱系亲缘性及退化特征的重要性等其他主题。作为对《物种起源》核心观点的扩展，他指出"老旧"（预先存在）的结构如何可能被自然选择赋予新的功能。这就好比重新使用老旧的弹簧、滑轮、轮子等部件打造具备特殊目的的机器，但这些部件最初的设计目的并非组成这样一部机器。

达尔文在这一章中兜了两个圈子，在强调了兰花研究计划的实际意图后，他用最初吸引自己研究兰花的关键主题作结：异花授粉的极端重要性。最初的研究让他领会了这些植物如何将异花授粉提升到了艺术的高度：少数花朵以其"近乎无穷无尽的美丽适应性"，不断朝着兰花呈现出的令人叹为观止的错综复杂和多样化结构进化,达尔文惊叹于"花朵结构的无穷多样性——资源的巨大浪费——都旨在达到同样的目的,即一朵花与另一朵花之间通过传递花粉而受精"。

但除了记录兰花精巧的授粉机制以外,达尔文还不断开拓"进化植物学"等新领域,这是他开始探索植物的隐秘生活(见第六章)时便已着手研究的领域。达尔文在兰花身上探索的进化植物学更侧重观察,而非实验,尽管研究花朵的形式和功能是必须的,其重要性也不低于观察。从自然神学的角度看,精妙的适应性也不过尔尔,但从达尔文的进化论视角看,它们便被赋予了新的意义:的确精妙,但临时出现的混杂特征及退化结构等异常现象都讲述着适应性的进化历史。

生命形式和功能的进化论研究也有其可供预测的一面,科学的任何领域均是如此,对模式和过程的某种理解会得出新的洞见。19世纪的俄罗斯化学家德米特里·门捷列夫(Dmitri Mendeleev)就基于已知化学元素的性质发现了某种模式,并制定了第一个元素周期表,他用这个元素周期表预测了尚未发现的元素。同样,早期法国人于尔班·勒韦里耶(Urbain LeVerrier)及独自研究的英国人约翰·库奇·亚当斯(John Couch Adams)便在天王星轨道摄动的基础上,根据轨道力学知识正确地预测了当时尚未发现的行星。后来的1846年9月23日,世人在距离勒韦里耶预测的可能出现位置的范围内成功地发现了这颗行星,并命名为海王星。达尔文的兰花研究也得出了一个著名的预见性洞察:长于马达加斯加的奇特兰花的神秘授粉机制。事实上,华莱士就用海王星的例子赞美达尔文和这种附件比例奇特的美丽兰花。

安格兰属(*Angraecum*)中的彗星兰(*comet orchids*)因其大而耀眼的白色星状花朵和突出的蜜腺刺而备受世人赞扬,这个属的兰花在非洲和印度洋岛屿中约有 220 种，在马达加斯加也有广泛分布。与其（十分远的）远亲狐猴一样，这些兰花的种类异常多样。其中一种尤其令博物学家们叹为观止，即大彗星风兰（*Angraecum sesquipedale*），它还被叫作虎眼万年青兰、圣诞兰，现在也被叫作达尔文兰。这种兰花的植物学名称尽管一般人不太了解，但对于那些熟悉拉丁语的人而言却很清楚："sesquipedale"的意思是"一英尺半"，指的是从耀眼的白色花朵垂落下来，长度惊人的蜜距，就像电源线一样。很多兰花和别的花朵的甘甜花蜜都会分泌在袋状器官或蜜距内，它们也刚好位于昆虫前来吸蜜时会粘上花粉的位置。通常情况下，花蜜都深藏在蜜腺内，因此传粉者必须亲自前往才能得到款待。达尔文于 1862 年 1 月收到了这种兰花盛开的标本。他兴奋地写信给胡克："我刚刚收到贝特曼先生寄来的一盒大彗星风兰，令人震惊的是，这种兰花的蜜腺足足有一英尺（约 0.30 米）长——老天！哪种昆虫能吸得着它的花蜜。"[36] 尽管这枝兰花的长度达不到这个物种名字所透露的 18 英寸（约 0.46 米），但一英尺的长度仍让人咋舌。

达尔文知道，如此夸张的特征几乎不可能毫无用处，当然他也明白长的蜜距对应着长舌的授粉者。但蜜距长啊长啊……何种昆虫或动物能有够得着这种植物的花蜜那样长的喙呢？形式和功能再次成为指南。"吮吸花蜜的飞蛾一定长着长喙！"他热切地对胡克说道。达尔文知道，授粉者很可能不只是简单的蛾子，更可能是天蛾（Sphingidae）。这些飞蛾以其庞大结实的体型、长长的喙和授粉活动为人所知。达尔文认为，某些人所不知的天蛾一定长有近乎一英尺的长喙。这样的授粉者会成为达尔文心中协同进化的典型范例，自然选择在漫漫时间长河中对蜜距更长的兰花，以及与之匹配的、具备更长喙的天蛾搭档的后代更有利。

5年后，长期质疑任何进化观念的第八代阿盖尔公爵（Duke of Argyll）乔治·坎贝尔（George Campbell）便在《律则的主宰》（*The Reign of Law*）中批评了达尔文对大彗星风兰的长蜜距做出的解释。达尔文曾认为，从自然选择的角度，"我们可以在一定程度上理解蜜距的惊人长度是如何通过连续的进化而形成的"。公爵紧盯"在一定程度上"一词不放，并且轻蔑地说"的确只是在一定程度上"。相反，"目的和意图……则能满足我们的所有要求……我们也知道，这些目的和观念并非属于我们自身，而是某个'他人'的——他可显灵为超人或超级材料"[37]。达尔文用兰花反对设计论的做法在面对坎贝尔时和面对格雷时的效果差不多。

华莱士起而反驳。在对公爵的书做出长篇评论后，他列举了一个激烈的反驳论点，并断言"增殖、变异和适者生存的法则……在某些情况下必然会产生如此离奇的蜜腺"[38]。对华莱士而言，达尔文假定的协同进化场景显而易见，大彗星风兰授粉者的例子十分引人瞩目，他甚至托人绘制了一幅假想中的天蛾造访彗星兰的插图。在这幅插图中，天蛾徘徊于彗星兰一侧，其喙部像细长的吸管一样朝花朵伸去——这种描述很合适，因为飞蛾和蝴蝶的喙部的确像中空的吸管一样。

华莱士甚至缩小了此种兰花授粉者的最佳候选对象。他带着量尺仔细查看了大英博物馆昆虫馆中的天蛾，打算搜寻喙部最长者。他发现一种来自南美洲的长喙天蛾的喙长约23.5厘米，另外一种来自热带非洲的同属长喙天蛾的喙长约19厘米——它们的喙长在尺寸上与大彗星风兰相去不远。华莱士在评论中写道："我们可以合理地预测马达加斯加也生活着这样的天蛾（长有足够长的喙）。前往这个岛屿的博物学家可以像寻找海王星的天文学家那样自信地寻找这种天蛾——他们一样会取得成功！"[39] 华莱士的预测是对的：世人最终于 1903 年在马达加斯加岛发现了长有更长喙部的天蛾种群。华莱士时代的人们称之为 "*Macrosila morganii*"（马岛长喙天蛾），现在则改称为 "*Xanthopan morganii*"[*]。它是马岛长喙天蛾的一个新亚种，很快就被古怪的英国博物学家和金融家沃尔特·罗斯柴尔德（Walter Rothschild）及其同事卡尔·乔丹（Karl Jordan）在出版于 1903 年的那本重要的《天蛾科》（*Sphingidae*，原书名为：*A Revision of the Lepidopterous Family Sphingidae*）一书中将其冠名为"普瑞迪克塔"[†]。众人普遍认为罗斯柴尔德和乔丹是用这个名字纪念达尔文的预测，但实际上，他们是在用这个名字纪念华莱士基于天蛾喙长测量的更精准预测。因此，尽管这种天蛾常常被称为"达尔文的天蛾"，但其实应该是"华莱士的天蛾"——这个名字更能引起共鸣也更准确："达尔文的彗星兰"理应由"华莱士的天蛾"授粉。

从达尔文在砂砾小径上偶然瞥见兰花并决定着手研究它们到他发表兰花研究著作仅隔了两年，一想到这一点就让人惊叹不已。而这本书也远非他对那些数不尽的奇妙花朵的最后研究。即便在这本书出版之后，达尔文仍在儿子威廉、福兰克和乔治的协助下继续收集材料。孩子们主要帮助记录造访不同兰花的不同昆虫。其间，他不断培养威廉的植物学兴趣，还表扬时年 16 岁的乔治"对兰花的观察十分细

---

[*] 其意也为马岛长喙天蛾或非洲长喙天蛾。——译者注

[†] praedicta，即"预示到的那种"之意。——译者注

致"。当然,达尔文仍在对自己的著作进行订正:格雷指出,达尔文弄错了兜兰(lady's slipper orchid)的授粉方式,至少对于北美种群如此。这种著名兰花的袋状唇瓣("拖鞋")顶部长有狭缝般的开口。格雷主张,昆虫可经由狭缝进入花朵,但无法原路返回,它们只能被迫从花朵结构的底部离开并带走花粉。达尔文将一些苍蝇置于兜兰的口袋内,但无济于事:"它们要么太大,要么太蠢,根本无法正确地爬出来。"[40] 接着,他尝试使用小型的独居蜂,瞧,它们沾满花粉后从小孔中爬了出来。达尔文用许多倒霉的蜜蜂一次次重复了这个伎俩:这个小操作证明了让昆虫而非实验者从事探索的价值所在。这些及其他一些观察结果都呈现在了其兰花著作的某些外文译本之中,另外的观察报告则体现在后续发表于《园艺》杂志上的文章中,但这些材料最全面的呈现当属该书 1877 年的又一个英文版。重要的是,兰花占据了《物种起源》后续各版的核心位置,因为达尔文后来为该书新增一章以处理"针对自然选择理论的各种反驳",兰花研究正好可作为增强物种结构渐变的证据。

一如既往地,达尔文在兰花研究的前沿不断取得进展,即便他当时还在从事其他的植物学研究。达尔文的"兰花谵妄"可能一直都是他从事其他研究之余的消遣,但他却认真对待,这样做是值得的。当他意识到它们那令人震惊的授粉计谋更深层的意义后,兰花便成为自然选择引发的物种进化的实际案例,它阐明了物种多样化、逐步渐变、特征减损或死亡、同化(co-optation)等诸多主题。所有这些都事关设计这个争论不休的问题。

章节实验：兰花谵妄

兰花因其异常美丽、多样和复杂的花朵结构而备受赞誉，但正如达尔文所理解的，它也为我们提供了生命形式和授粉机制进化的生动一课。跟随达尔文的脚步，你也能够自行研究这些计谋多端的花朵。让我们先看看有代表性的兰花上让达尔文魂牵梦绕的"美丽适应性"。

兰花三连

A. **材料：**

- 钳子或镊子
- 牙签
- 放大镜，或解剖显微镜（如果有的话）

最好使用可继续栽种的商用兰花。许多温带和热带兰花都买得到，而像蝴蝶兰和石斛兰等兰花甚至在普通的超市或花卉商店即可买到。下列任何属的兰花都可用于我们的实验，尽管都是兰花园艺贸易的常见品种，但易购买的程度却有所不同：嘉德利亚兰属（tribe Epidendreae，树兰族）、石斛兰属（tribe Podochileae，柄唇兰族）、蕙兰属（tribe Cymbidieae，蕙兰族）、蝴蝶兰属（tribe Vandeae，万代兰族）。其他品种可能需要咨询专家（例如小丑路的兰花园、艾尔登热带植物园、新奇植物园、洛奇温室等）。戴夫的花园列举了许多其他可供咨询的机构。

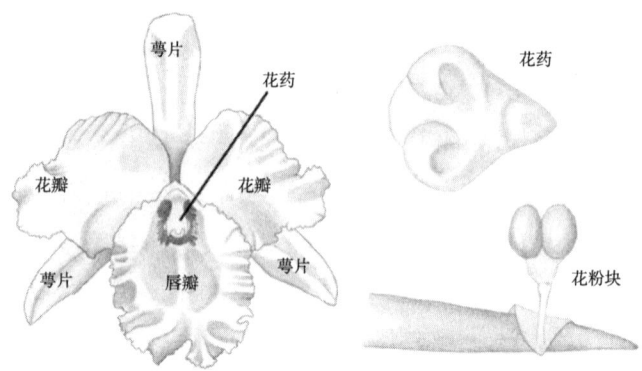

嘉德利亚兰，图中呈现了花囊帽（右上）和附着在探针上一并取出的花粉块（右下）。莱斯利·C.科斯塔绘图。

B. 实验步骤

1. 兰花的花朵结构通常以3个一组的形式出现，3片花瓣和3个萼片最为明显，它们会排列成两个三角形重叠倒置的样式。仔细观察蕙兰属和嘉德利亚兰属的花朵，你很容易就能看到三角形的花瓣和萼片组合：最外层为3片萼片，在花朵表盘上大致指向12点、4点和8点钟方向，而最内层的3片花瓣则大致指向2点、6点和10点钟方向。请注意，位置最低的花瓣看起来与另外两片花瓣完全不同——这种不同足以让我们为最下层的花瓣起一个另外的名字：唇瓣或唇。这个下唇看起来诱人吗？这种花的确对昆虫充满了诱惑——唇瓣就是昆虫的降落带。

2. 唇瓣上方便是蕊柱。它代表了远古时代便已分开的雄蕊和雌蕊的融合状态。蕊柱中包含兰花的性器官。仔细观察其顶部，你会发现花帽，它就像防护罩一样保护着花粉块。

3. 你可移除或推开花瓣或萼片，从而使花柱末端（顶端）的花帽露出。用牙签或镊子取下花帽，也可以尝试用手小心地揭开花帽。花帽保持闭合的原理与弹簧门闩类似。它很容易脱落并露出底下的花粉块：找一找长在花柱顶部的一对花药。

4. 试着用镊子或牙签触碰花粉块。它很容易就会粘在你的探针上并被原样带出，这与昆虫在其中嗅探时的情况一样。附着于花粉块上的黏性物质叫作黏液。黏液由黏质组成，这种物质在数种植物种群中都有发现（比如，它就是让槲寄生的浆果粘在鸟类的喙上或树皮上的东西）。

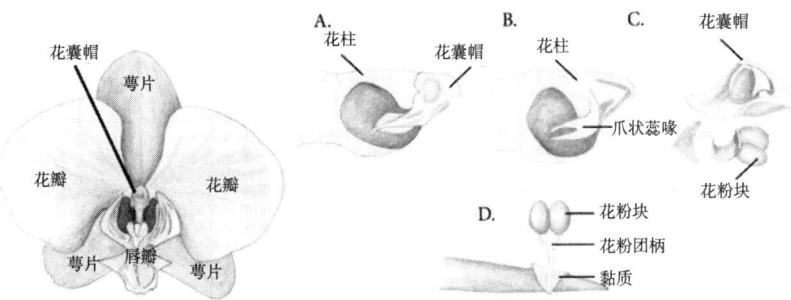

蝴蝶兰。带有花囊帽的敞开花柱（下方可见圆形的花粉块），蕊喙延展并越过了花柱的中空腔（图A）。移除花囊帽和花粉块的花柱，仅剩下后方的叉状（爪子状）蕊喙（图B）。爪状蕊喙主要用来蹭掉后来昆虫身上的花粉块，然后将花粉团固定在花柱的中空腔体内完成授粉过程。花囊帽（上方）和附着在曲面带成对的花粉块（下方）（图C）。曲面带的另一端附着有黏质，它负责将花粉块粘在授粉昆虫身上。粘在牙签或类似探针上的花粉块（图D）。莱斯利·C. 科斯塔绘图。

5. 蝴蝶兰的花朵也具备同样的基本结构，但其唇瓣往往比蕙兰和嘉德利亚兰小些。用镊子或钳子移除唇瓣或萼片，就能看到竖直或稍显弯曲的蕊柱。

6. 请注意其圆顶状的花帽，细长的蕊喙则指向下方。蕊喙中间偏下的部位有条黏性带。上面有黏液，其功能就像粘贴纸。授粉昆虫触碰到它后，粘贴纸就会粘在昆虫的躯干或头部。昆虫将其拉开后就会弹出花帽和花粉块，它们经由花粉柄附着在粘带上，随后便会粘在昆虫身上。后方的蕊喙呈叉状（"像爪子一样"）结构在中空腔（花柱腔）前方延展。这有助于取下后来昆虫身上的花粉块，从而将其植入花柱腔内并完成授粉。

第八章

具有意志的植物

　　1860年夏天，达尔文一家前往苏塞克斯郡哈特菲尔德拜访埃玛的姐妹们，我们的故事则要从达尔文在此地发现的茅膏菜说起。一天，达尔文外出寻找兰花的时候，一处沼泽地上长出的一片美丽的茅膏菜吸引了他的注意。可能是在绿色苔藓映衬下的粉红色花叶吸引了他的眼球，也可能是这种植物上的晶莹水滴偶然反射出的光线让他眼前一亮，茅膏菜的名字"Drosera"也来源于此，希腊语中表示"水滴"的词语。达尔文停下来仔细观察。从远处看，这种植物的红色朦胧斑块会分解成有序的小铲状叶子，上面挂满了微小的露珠，每片叶子上都长有深红色的茎秆；整体看上去就像短促的针上长了晶莹的塑料针头一样，一个个细长的绿色茎秆从长有一束美丽白色花朵的中心处向外延展。若只有几株这样的植物可能很容易就被忽视了，但一整片红色的宝库则不大可能被无视，每株茅膏菜都有长了白色花朵的细长茎秆，微风徐来，花枝摇曳。

　　此种植物的美丽掩盖了它们险恶的一面。这种植物的黏性叶子的捕蝇能力早已为人所知，但它是意外出现的吗？它的目的就是捕获昆虫吗？如果是这样，那它们为何能够及如何感知猎物，从而弯曲并移动顶部带有滴液的花丝以诱捕敢于前来的倒霉昆虫？毕竟，对于植物而言，这种行为有些令人叹为观止：食肉动物尚且都填不饱肚子，更不用说这些只会守株待兔的捕食者了——除了守株待兔，扎根于一个地方的植物又能做什么呢？植物食肉的观念有些令人不安，我们在想象中将其放大到人的尺度时尤其如此。世人对会行走的食人植物的天生恐惧感无疑启发了约翰·温德姆（John Wyndham）创作出《三尖树时代》（*The Day of the Triffids*）中会行走的植物怪物形象。这些不起眼的茅膏菜（圆叶茅膏菜属）对昆虫来说是可怖的，但至少它们不会追捕猎物。猎物们偶尔会送上前来，因此很明显，这些植物掌握了一些诱捕的手段。达尔文那天收集了10多株这种植物，他发现大约半数成熟的叶片上都留有死去的昆虫或其残骸。他对此十分好奇；正如珍妮特·布朗在达尔文传记作品中所言："傍晚时分，达尔文已经像苍蝇那样被这种植物捕获了。"[1]

　　乍看上去，达尔文对这些植物的迷恋及随之展开的一系列实验可能都是愉快的消遣，正如《物种起源》的出版以及围绕该书进行的早期评论和激烈争论一样。当然，达尔文对这些植物的感官认知问题倍感好奇，然而，对此或许毫无认识的埃玛却道出了达尔文对此感兴趣的根本原因。埃玛于这个夏天晚些时候回到了唐豪斯，她在给莱伊尔女士（查尔斯·莱伊尔之妻）的信中谈到了丈夫对茅膏菜的痴迷，并评论说自己估计"他最终想要证明这种植物是动物"。[2] 正是如此。从

达尔文的进化视角看,植物和动物很可能在遥远的古代有着共同的祖先。他在《物种起源》中写道:

> 类比会让我更接近这种信念:所有动物和植物都来自某个原型生物……所有生命在它们的化学成分、核泡(或泡囊)、细胞结构及生长、繁殖规律上都有很多共同之处……因此,我应该从类比的角度推论说,可能全部有机生物都来自同一种原始的生命形式,也即生命诞生的形式。[3]

植物和动物(更别提原生生物和细菌了)有着共同祖先的观念,是达尔文那已然十分不受欢迎的理论的一个不受欢迎的推论。但他不为所动,并且预感十分"敏感"的茅膏菜可被视为许多生命形式的枢纽。如果植物和动物共享祖先,那在某个基础层面,它们一定共享某些相同的生理机能,尽管其外在大不相同。就像带有植物特征的动物可能存在一样,同理,带有动物特征的植物也应该会存在。茅膏菜可能就是这样一种植物。达尔文还将其设想为另外一种居间生命形式,正如他在写给美国老友阿萨·格雷的信中提到的,他"正着手研究茅膏菜和捕蝇草(Venus flytrap)在进化过程中的关系"。[4]

这两种植物是近亲,均属于茅膏菜科。尽管茅膏菜的种类众多,但捕蝇草仅有一种,其原生地仅零星地分布于美国南、北卡罗来纳州海岸沿线方圆上百英里的沼泽地区。这种植物在别的方面有其独特之处:它是世界上唯一具备"夹捕器"(snap trap)的食虫植物,"夹捕器"会像动物的嘴那样令人不安地改变枝叶的形状。欧洲人并不相信关于此种植物的最早报道。著名的费城博物学家威廉·巴特拉姆（William Bartram）在其《游记1791》（*Travels of 1791*）中对这种植物的神奇之处十分着迷："但令人赞叹的是非凡的捕蝇草的种种特性！……令人惊叹的造物！……在见过这种植物后，我们是否可思量一番然后承认，植物也具备某种感官能力或特征，这些特征令动物显得高贵；它们是有机的、活生生的、可自主移动的东西，就像我们在这种植物上见到的动作和意志力一样。"[5]

这种看似极端的发育情况及精妙无比的适应性往往在自然神学传统中被引证为特创论的证据。正如我们在第四章中看到的，达尔文在《物种起源》中也提到过18、19世纪那些完美有机体的例子——眼睛和蜂巢。在"困难"一章的小标题"极度完美和复杂的器官"下，达尔文提出自己对眼睛问题的解决方案便是诉诸物种的渐变过程。他敦促世人去看看相关物种，以了解何种渐变让眼睛和捕蝇草的出现成为可能。就眼睛而论，无脊椎动物世界表现出了异常丰富的眼睛解剖结构。"我们可以开启眼睛渐变的序列。"[6]正如达尔文在《物种起源》中写道，这个序列始于单纯的感光色素点，一直可以延续到异常复杂的结构及二者之间的许多变体。无脊椎动物的各种眼部结构表明，某种连续的渐变序列是可能的，这正是我们基于达尔文的理论做出的预测。这些生命形式远非与世隔绝的完美孤岛，它们经由居间的跳板关联着其他所有生命形式，这正是达尔文对捕蝇草的兴趣所在。

植物的膳食补充剂

种类繁多的食虫植物分属多个植物科属。它们生活在无人问津的低营养环境中，如沼泽和渗水环境，通过昆虫等新鲜肉类来补充靠光合作用摄入的营养：如诱捕并消化小型动物等。美国植物学会已观察到食虫植物捕获猎物的 5 种方式：

• 诱捕陷阱。猪笼草（瓶子草科）的叶子会形成管状结构并装满雨水。然后，它会分泌消化酶到叶片上，从而将昆虫和其他小动物溶解为食物。

• 夹捕陷阱。捕蝇草和相关的水轮植物（茅膏菜科，囊泡貉藻）长有铰接式的叶片，其内侧的触发毛被碰到之后就会猛地合上。

• 吸捕陷阱。水生狸藻类植物（狸藻属，狸藻科）的叶片上长有球形囊状结构，这个中空的结构带有一个与触发毛对应的铰接门。微小的水生生物掠过这些触发毛的时候就会令陷阱门向内弹射，从而将猎物吸入中空的囊状物中消化。

• 捕虾篓式陷阱。螺旋式植物（螺旋狸藻属，狸藻科）的叶子就像是迷宫式的管状通道，上面长有成列的触发毛和可分泌酶的腺体。昆虫很容易就进去了，但几乎不可能重见天日。

• 捕蝇纸式陷阱。茅膏菜（茅膏菜属，茅膏菜科）、葡萄牙茅膏菜（露叶茅膏菜科）及捕虫堇属植物（狸藻属，捕虫堇属）的叶片上遍布茎状腺体，它们可渗出黏性物质。一旦猎物被粘住，腺体就会分泌消化酶分解猎物的躯体。

并非所有这些植物种群都具备捕捉猎物的运动能力，而且它们最吸引达尔文的是其运动和消化能力的结合。他的茅膏菜研究沿着两个方向展开，其中最直接与实验相关的方向是寻找其捕食行为的机制：露滴状的尖顶如何移动并感知猎物？这些植物如何分泌消化酶？它们会消化哪些物质？另外一个方向则更多属于比较研究：茅膏菜的运动和消化能力与其近亲物种有何区别？这个方向与他在《物种起源》中论证的进化视角相关：沿着普遍的进化路径充分追踪不同植物的猎物捕捉和消化机制可能的渐变形态。

茅膏菜和捕蝇草之间的进化联系并非牵强附会：达尔文时代的人便认为它们是同属一科的植物。就像捕蝇草的波状叶瓣合上就能形成胃一般的消化室那样，一些茅膏菜的叶盘也会弯曲形成一个类似的空腔，而沾满露水的茎状腺体则会将空腔密封。长有胃部的植物激发了想象。达尔文在《食虫植物》(*Insectivorous Plants*)中写道："它的叶片边缘会向内卷曲，并形成临时的胃部，紧密弯曲的触角上的腺体则会分泌酸性物质溶解动物有机质，然后将其吸收，这可以说像是动物那样进食了。"阿萨·格雷同意，茅膏菜叶片的运动模式与捕蝇草的类似。但茅膏菜的叶片会完全包裹猎物吗？达尔文发现格雷是在约翰·林德利（John Lindley）1846年的著作《植物王国》中找到他说的例子的。亚洲茅膏菜（*Drosera lunata*）就是这样捕食的。随即，达尔文开启了众包模式，他在《园丁纪事》上发布了对读者的征询函。"林德利在其《植物王国》（第433页）中指出，亚洲茅膏菜的叶子'会裹住不经意间降落在它们上面的苍蝇和其他昆虫'。读者诸君能给我介绍一些与此类茅膏菜黏质须毛或叶片运动相关的文献吗？"[7]林德利本人回应了达尔文的请求，他给达尔文回信指出了观察报告的来源，还提到他也被这种植物与捕蝇草的相似之处迷惑了，甚至一开始还给它起了同种的名字，最后发现这种植物已经有了"卢纳塔"（lunata）这个名字。人们现在知道，这个物种乃众多长有碗状叶片、可捕获昆虫的茅膏菜之一，最惹眼的是澳大利亚的茅膏菜属，这种低矮的植物长有腺状须毛流苏的钟形叶子。如果达尔文知道这个物种的存在，定会惊叹不已。

我们目前讨论的事项并不是说捕蝇草的夹捕陷阱与茅膏菜的盘状凹叶严格具有同源性，但它们在生理特征上的某些重要共同点反映了二者之间的亲密关系。例如，茅膏菜的茎秆腺毛和捕蝇草、貉藻植物的触发毛就十分相似，并且可能有同源性。此外，我们还有来自基因层面的证据：DNA 序列数据证实这两个物种的确是姊妹种群。实际上，所有茅膏菜属（大约 150 种）构成了单一的进化群（进化枝），它们与单一物种的捕蝇草属构成了姊妹关系，貉藻则居于二者之间。

最有智慧的动物

1860 年 9 月初，达尔文一家从哈特菲尔德带着茅膏菜回家，但 17 岁的埃蒂身体一直不好，这意味着他们月底又要回到海边的苏塞克斯。一家人在伊斯特本的马林百列（Marine Parade）住了 7 周。其间，达尔文继续研究他的茅膏菜——恰好 10 年前，他以满足自己好奇心的方式从长女去世之痛中解脱出来。11 月中旬，达尔文在给邻居约翰·拉伯克的信中谈道："（埃蒂）在伊斯特本病得更厉害了，我们都已经放弃了所有的希望；但她又精神了许多。天晓得最后的结局如何。我在伊斯特本度过了最痛苦的日子。"[8]

1862 年夏末，一家人又回到伯恩茅斯的海边，他们租用了名为崖山小舍（Cliff Cottage）的房屋用于度假。12 岁的连尼 7 月在寄宿学校染上了猩红热，后被送回家中；雪上加霜的是，埃玛在前往海边度假的途中也染上了这种病。到 9 月时，母子二人都好得差不多了。达尔文却在这场不得不去的旅行中一面为家人着急，一面渴望继续研究工作。"这个乡村还不错，但比较贫瘠，没什么可看的。"达尔文写信给胡克说道,"甚至小溪、池塘也不出产什么东西——与巴塔哥尼亚无异。我妻子已基本痊愈,谢天谢地,莱昂纳德(连尼)也好了很多。"[9] 达尔文会领着孩子们散步,在听到11岁的霍勒斯表现出对自然选择有着很好的理解后,他感到十分欣慰。达尔文在给格雷的信中再次讲述了霍勒斯如何告诉他"蝰蛇大量存在,但如果每个人都尽可能多地捕杀它们,它们对人的伤害就会减少"。他回答:"当然,它们会变少。"霍勒斯(接着说):"当然,但我并不是这个意思。我说的是,见人就跑的胆小蝰蛇会越来越多,不咬人的蝰蛇会存活下来,一段时间后,就没有会咬人的蝰蛇了。"——自然选择!![10] 达尔文开心且自豪,他在给约翰·拉伯克的信中将这个情节称为"胆小鬼的自然选择"。

  大约在这个时候,达尔文意识到自己可在"这个最贫瘠的乡村"轻易地获取自己钟爱的茅膏菜属植物——这让他长舒一口气。他重新捡起了植物的消化实验,先是把自己的头发扎成了苍蝇状,并在接下来的几天里看到,茅膏菜的细丝先是将这揪头发包裹了起来,好像要消化它,接着似乎意识到出错了,它逐渐舒缓并吐出了毛发。还有其他可供尝试的东西吗?可以想象,达尔文此时正四处张望,思忖着身边还有其他什么可供实验的东西……一小块指甲如何?他在9月16日这个星期二的早晨写道:"我把一小块老化的指甲放到了同一株植物的另外一片叶子上。"[11] 叶片上的细丝再次合上了,但不料再次拒绝了他的贡品。此情此景一定十分稀罕——受人尊崇的博物学家坐在海边小屋旁给移植到汤盘中的茅膏菜投喂自己的头发和指甲。

  两年前,达尔文最初研究这种植物时就曾评论,茅膏菜乃"一流的化学家"——它似乎能够区分有机和无机物质。现在他已经发现,茅膏菜与动物一样，无法消化坚硬的有机质，并且能够区分可食用和不可食用的有机质。现在我们知道，植物已对区分可食用和不可食用的东西做出了良好的适应，从而可避免在不可食用和没营养的东西上浪费时间和能量。但我们对此的了解往往得自一些后见之明。没人会认为这些小植物以"进食"的方式获得营养——对任何名副其实的光合作用植物而言，这都是最不像植物的行为。因为从来没人思考并提出这个问题，自然在达尔文之前也从来没人想到要做实验对其进行验证。但这一切都只是开始；接下来的数年里，达尔文投入一个接一个的茅膏菜实验中，并不断给朋友和同行写信咨询其他种类的茅膏菜的信息和实验建议，他也向朋友们报告了自己在实验中的成功和失误。

实验建立在观察之上，因此达尔文以细致的观察为开端："叶片的整个上表面都覆有腺体丝，或者我应该按照其行事方式称之为触手。"达尔文后来在《食虫植物》中如此写道。[12] 注意他在用词上的斟酌："触手"，会让人想起海洋无脊椎动物——注意是动物而非植物。无论有无意识，这就是达尔文看待茅膏菜的方式，正如他在1863年向格雷打趣般评论道："神奇的植物，或不如说是最有智慧的动物。"[13] 达尔文开始仔细观察茅膏菜，并详细描述了不同种群长出的黏性滴液，他还记录了触手的结构和运动方式。这些触手一并合拢捕获食物的景象让达尔文看得津津有味，他也做了实验测试何种东西最能吸引它们。

达尔文对茅膏菜属植物进行了系统的实验，基于一些有根据的猜测，氮是植物行为的关键因素。他先是测试了这种植物对不含氮液体的反应，然后测试了它们对含氮液体的反应。他推测，这些植物的食肉性是它们对营养不足的生存环境的适应方式。考虑到沼泽的氮含

圆叶茅膏菜的叶子,放大4倍后从上方拍摄图。静止状态(左图)。受含氮硝酸盐刺激后的弯曲细丝(中间)。叶片一侧受少许肉块刺激而弯曲的细丝(右图)。引自达尔文《食虫植物》(1875年),第3页和第10页。

量相对于其他营养物质尤其缺乏，它当然可成为这种植物寻找的营养物质了。如果说达尔文在选择不含氮的物质时有些随意——阿拉伯树胶、糖、淀粉、稀释的酒精、橄榄油，甚至是"浸泡和煎煮"过的茶叶，那是因为它们是达尔文唾手可得的东西，比如得自厨房和盥洗室的药柜的东西。他的方法在某些方面看起来很现代，但其他方面却并非如此：他先用了蒸馏水滴作为对照组（并没有反应），然后调整了测试滴液的浓度，并在多片叶子上测试了水滴和其他物质。这些实验从精神实质上反映了实验设计的现代观念，具有对照组、实验组和多次重复。另一方面，以其他现代标准衡量达尔文的做法则不够精确和不一致。例如，他会将蒸馏水用到"三四十片叶子"上，而非为所有测试设定某个标准的数量，而在阿拉伯树胶测试中，他报告自己尝试了4种浓度的溶液，但仅测量了其中一种的浓度。达尔文接下来在14片叶子上测试了这种滴液，但每次测试的时间并不固定，他会将正在实验中的植物随便放在什么地方一至两天，但一般约为30个小时。这种不精确性在那个时代比较常见，但不久之后，基于严格统计的更严谨的实验方法则会成为常态。

达尔文用不含氮的物质测试的60多片叶子的触手没有一个有反应。他接下来转向了含氮的物质，触手的反应与之前极为不同：牛奶、蛋清、生肉灌注液、唾液、黏液、含氮硝酸盐，甚至他自己的尿液都会使64片叶子的触手动起来。居中的短茎触手往往不会动，但边上的长触手的弯折度则可达180度，以便闪亮的"露珠"可粘在猎物上，其完全闭合的时长在1.5到6小时。达尔文在给邱园工作的胡克的信中描述了这些"一流的化学家"能将含有哪怕一丁点氮的物质和不含氮的物质区分开来。在另一封信中，他兴奋地谈道，最少量的氮硝酸盐也足以让茅膏菜的叶子产生反应。

在证实了含氮物质会刺激这种植物的食欲后，达尔文提出了更多有待验证的问题：固体物质和流体会引发同样的反应吗？叶子实际上是否具有消化力？它们可以分解并吸收有机物吗？然而，这些实验要留待10年之后才完成，因为达尔文当时要忙着完成大量其他任务：他的兰花研究著作出版于1862年，《物种起源》的一系列新版本（第2版到第5版）也在这10年间问世，而他还一直在撰写两卷本的驯化主题作品，其间也开展了杂交、花朵结构和攀爬植物的各种实验。1861年2月21日，达尔文在皇家学会的哲学俱乐部中宣读了一篇研究茅膏菜的论文，但当时所有人对眼前的茅膏菜都无动于衷。他的茅膏菜实验一直暂停至1868年《家养条件下的动植物变异》出版之后，其间达尔文一直还关注着茅膏菜及其近亲物种。他持续从朋友和其他通信者处收到各种茅膏菜属植物的信息和标本，温室中收集的茅膏菜也越来越多。

茅膏菜的胃

刚好在达尔文一家的伯恩茅斯康复之行的10年后，他重启了对这些植物-动物的研究。"开始研究茅膏菜。"他在1872年8月23日的日记中写道。但此项研究又像往常一样中断了，因此，一年之后的1873年6月14日，达尔文在日记中写道："再次开始茅膏菜研究。"[14] 与此同时，大西洋彼岸的博物学家也对这种植物产生了兴趣。新泽西州的玛丽·特里特（Mary Treat）是一位发表过许多鸟类、昆虫和食虫植物研究论文的才华横溢的博物学家。她很可能在与哈佛的格雷的频繁通信中得知达尔文对茅膏菜很感兴趣，于是，特里特在19世纪70年代初便致信达尔文。达尔文高度赞扬了特里特的研究工作，鼓励她发表相关研究，而且还请求她帮忙观察分布在美国东部长着线条状叶子的茅膏菜和其他物种。特里特高兴地答应了这个请求，而达尔文也在《食虫植物》（该书也是单行本）中引用了诸多特里特对茅膏菜的观察报告。

达尔文切实地重启茅膏菜研究后，他的两条最重要研究思路包括：再次研究茅膏菜的消化力问题，以及导致其触手和叶片变态的运动刺激因素。在其研究过程中，他得到了伦敦大学学院生理学教授约翰·博登－桑德森（John Burdon-Sanderson）的帮助。达尔文邀请他于1873年6月来唐豪斯讨论茅膏菜的相关问题，很快，桑德森就被这种植物吸引了。消化实验的一个关键问题是植物是否可融化动物的身体：它们能消化东西吗？还是只单纯地吸收已经分解的物质？在《食虫植物》中，达尔文系统地总结了自己的实验。[15] 首先，他做了所谓的"酸性物质测试"——用石蕊试纸测试了未受刺激状态下的叶片滴液，他发现试纸几乎没有变色。然后，他测试了另外一组投喂过玻璃渣子、煮熟了的蛋白或生肉片等材料的叶片。24小时后，石蕊试纸显示朝投喂材料弯曲的触手分泌的滴液明显呈酸性。达尔文的结论是，茅膏菜的触手接触可食用材料后，叶子的黏性分泌物会变成酸性。他还偶然观察到：触手的滴液分泌物具有防腐功能，它会防止霉菌和其他微生物的生长，因此，这种分泌物的作用与动物的胃液类似。

遵循博登－桑德森的建议，达尔文接着用小块煮熟的蛋白仔细测试了茅膏菜的消化情况。一些小块的蛋白被置于潮湿的苔藓上作为对照组，而其余的蛋白则放在茅膏菜的叶片上，达尔文观察它们的间隔时间为 21~50 个小时。叶片上的蛋白变成了液体小球并逐渐消失（很可能被吸收了）。那些留在苔藓上的则只是腐烂了。这一切都很有启发性，但接下来才是真正的酸性测试：如果他能够中和叶片滴液上的酸，从而终止消化过程，达尔文认为，这将是"对叶片分泌物具有类似于胃蛋白酶的发酵作用的最佳乃至唯一的测试方式"。胃蛋白酶是动物胃部分泌的一种消化酶。实际上，它也是人类发现的第一种酶，由德意志生理学家西奥多·施旺（Theodor Schwann）于 1836 年分离得到。施旺用希腊语中表示消化的语词（πε′ψη，pepsi）将其命名为"胃蛋白酶"（pepsin）。随后发现的胰蛋白酶和胰凝乳蛋白酶与胃蛋白酶一并组成了三合一的蛋白水解（蛋白降解）酶——蛋白酶，它在动物消化过程中起着主导作用。这些酶自身的活性及帮助分解消化物质的作用均取决于消化系统的酸性环境，这就是达尔文的石蕊试纸测试显示茅膏菜叶片上的滴液呈酸性时如此鼓舞人心的原因。他当时想测试酸性本身是否在茅膏菜的消化活动中起了作用。

达尔文设定了一个对照组和两个实验组。在对照组的茅膏菜中，煮熟的蛋白块像此前一样直接用于叶片滴液的分解，他每天只会给叶片添加数次微量滴液（每次大约 5 微升）。这些植物会在 48 小时内吸收投喂的蛋白块。然后，他将类似大小的蛋白块分别用于两个实验组茅膏菜：达尔文用同等微量的弱盐酸溶液（盐酸和水的比例为 1∶437）"浇灌"其中一组，另外一组则用弱碳酸钠溶液（碳酸钠和水的比例为 1∶437）浇灌。瞧瞧：盐酸将茅膏菜吸收蛋白块的时间缩减至 24 小时多一点儿，而碳酸钠溶液则整个中和了叶片上的滴液。达尔文便掌握了中和剂的法门，即用弱盐酸中和其影响，从而让分解和吸收作用得以正常进行。他总结道："我们从这些实验中清楚地看到，茅膏菜的分泌物具备分解蛋白的作用，进而，如果加入碱性溶液，消化过程会终止，但用弱盐酸溶液中和之后旋即又重新开始。"达尔文的实验"基本上足以证明茅膏菜的腺体可分泌类似胃蛋白酶的酶类，而酸性环境又赋予了这种分泌物溶解蛋白成分的能力"。[16] 随后，达尔文继续使用可消化和不可消化的物质测试这些植物。像烤牛肉、纤维蛋白、软骨、凝胶甚至花粉等食物都很容易就被消化，而像脂肪、淀粉、毛发团、黏液和指甲块等物质则相反，就像他数年前在伯恩茅斯发现的那样。（毛发和指甲的主要成分是高度结构化的蛋白结构，这让它们无法在动物或植物的胃部环境中被消化。这也是猫会吐出毛球而非直接消化这种蛋白质从而循环利用它的原因*。）

达尔文在《食虫植物》一书的"消化"一章总结道，茅膏菜分泌的所谓酶类与动物的消化液十分类似（如果不是完全一致的话），胃蛋白酶与某种酸液组合起来就更像了。达尔文主张："为了适应消化这个共同的目的，植物和动物应该会分泌同样复杂的物质，这是生理学中的一个新的奇妙事实。"然而，这种观点仍遗漏了某些事项——一些令达尔文及其子福兰克都感到困惑的事项。福兰克此时（快30岁）已成为父亲的长期研究助手。茅膏菜可分泌类似于胃蛋白酶的酶类物质从而分解含氮食物，这种观点有很强的暗示性。但它们真的是在消化以获取营养物质吗？毕竟，这些植物自带叶绿素，即便没有食物也可以存活下来。父子俩准备尝试某个至关重要的实验——投喂试验，以确定"经过投喂"的植物是否比未被投喂的长势更好、开花更

---

* 猫在整理毛发的时候会吞入一些进去，一般情况下可以粪便的形式排出，但过长的毛发累积过多后就难以排出，于是毛发就会刺激猫的胃部从而让它吐出毛球。——译者注

多。但很多投喂过和没投喂过的植物都无缘无故地死了，因此，这个实验在《食虫植物》于1875年出版时都未完成。福兰克很快以新的办法开展了这个实验。

1877年夏，父子二人在韦奇伍德家的6个汤盘中种下了圆叶茅膏菜，福兰克将它们放在一个装有可移动托盘的木筐中，上面盖有纱布以隔绝昆虫，所有植物都接受同样的光照量。他还让这些茅膏菜保持潮湿。福兰克每5天向其中86株茅膏菜投喂约1.3毫克的烤肉。但差不多数量的对照组则任其生长。数周之内，实验结果就出来了："7月17日，我注意到了两组茅膏菜的第一个差别，即投喂过的茅膏菜整体上看去明显比未投喂过的更绿。正如我和父亲都观察到的，所有6个盘子中的茅膏菜差别十分明显。"[17] 快到8月底的时候，福兰克清点了开花植株的数目（未投喂植株总共开花116朵，投喂过的植株开花173朵），至少开出一朵花的茎数（未投喂的计有19根，投喂过的则有34根），以及根据腺体分泌物推断出的健康叶片数量（未投喂的数量为187片，投喂过的为256片）。

福兰克还测量了投喂和未投喂植物样本叶片的直径，并称得了它们的净重，他发现投喂过的茅膏菜叶片更长，也更重。最后，福兰克转向茅膏菜活力和繁衍成功的关键指标：种荚数量及种子的重量。在所有情况下，经过投喂的茅膏菜都胜过未投喂过的对照组，而前者出产的种子净重与后者的比值更是接近4∶1。福兰克指出，此前未认识到投喂好处的障碍在于，这些植物似乎在缺乏膳食补充的情况下也长势不错。达尔文为儿子感到自豪，但他未能活到福兰克的实验结果被收录到《食虫植物》的时候。该书第2版出版于达尔文逝世6年后的1888年，福兰克将相关结果附于第1章。

茅膏菜的营养生物学的其他方面则超出了达尔文（及其同时代的任何人）的探索能力。例如，20世纪发展出的稳定核同位素技术便在医学、农业、生物学和生态学中得到诸多应用。来自英格兰和苏格兰的研究团队乔纳森·米利特、罗杰·琼斯、苏珊·沃尔德伦等人便使用这项技术另辟蹊径地研究了达尔文面临的问题。这些研究人员试图区分出两种茅膏菜——圆叶茅膏菜（*D. rotundifolia*，达尔文的最爱，茅膏菜世界中的试验小白鼠）及其近亲长叶茅膏菜（*D. intermedia*）——的动物和非动物氮源，他们利用了氮元素两种稳定同位素中"更重"的一种——^{15}N——在动物体内富集程度高于植物这一事实，这主要是由于动物和植物聚集身体物质的方式不同所致。动物通过吃掉其他生物累积这种同位素，而多数植物则缓慢地从土壤中获得它。此项研究发现，茅膏菜中的氮约有50%来自其捕食的昆虫。

对茅膏菜的消化"酶"的刻画也同样要等到新技术的问世。20世纪的一系列研究表明，这种酶是一种蛋白酶，它与20世纪60年代发现的猪笼草蛋白酶十分类似。猪笼草、茅膏菜和捕蝇草分泌的蛋白酶十分类似——这个事实不应让我们感到奇怪，因为这些食虫植物乃表亲关系，共享同样的分类学目类。如果知道自己的预测最终属实，达尔文应该会感到十分开心：茅膏菜的"酶"的确与动物的胃蛋白酶类似，起作用的方式也完全相同。

敏感的植物

达尔文还对茅膏菜的"敏感性"十分感兴趣。这并不是说他对茅膏菜类似动物的特征的迷恋导致他相信这种植物可能会变得敏感。相反，他迷恋的是 18、19 世纪的生物学家对敏感性一词的用法。《牛津英语大辞典》对该词的定义为："受外部刺激而做出反应（比如运动、收缩、神经冲动等）的能力。它是生物或原生质的一般特征，也是动物和植物的某些器官（特别是肌肉和神经）或组织在一定程度上具备的特征。"植物会长有肌肉和神经？这正是达尔文对此感兴趣的原因。他试图弄清楚茅膏菜的触手背后的感觉和运动机制，并追踪触手在响应轻微刺激时——比如轻轻地放上肉片时——的整体运动方式。达尔文通过实验确定了"运动冲动"（正如他所说的）更容易沿叶片的纵向而非横向传播，这种模式可映射到叶片的主要导管结构上。

将少量食物置于单个触手上后，达尔文发现运动冲动会向周围触手传播，它们会迅速地朝兴奋点弯曲。"没有什么比茅膏菜带有触手的叶子指向（食物）这种现象更让人震撼的了，"他在《食虫植物》中如此写道，"我们可以将其想象成某种发展程度较低的动物用手捕捉猎物的情形。"海葵的形象映入眼帘。但达尔文也得出结论，将茅膏菜的此类运动比作动物仍是肤浅的见解。他将触手的运动冲动描述为某种"反射作用"（这是"植物王国中唯一已知的反射行为案例"），触手一与食物接触便立即受到刺激，这种兴奋反过来又刺激其他邻近的触手向食物的方向缓缓弯曲。但达尔文还是承认，此种"反射行为"与动物神经系统的类似行为非常不同。与电传导组织（神经）触发可收缩的纤维（肌肉）完全不同，他认为茅膏菜的运动与活跃的原生质导致特定细胞壁收缩和松弛相关。

1874 年，维尔茨堡大学的杰出植物生理学家尤里乌斯·萨克斯（Julius Sachs）提出，植物结构的运动由特定细胞内外液体的渗透流造成，这会让张力的迅速变化转变为收缩和松弛的运动（更多细节详见第九章）。人们后来证实这是许多植物组织的重要运动模式，但达尔文并未以此作为茅膏菜触手运动的解释，因为它们的运动相当缓慢。然而，此种模式很可能在澳大利亚茅膏菜的"瞬时夹捕触手"中起了一定的作用。这些专门的触手水平排列在紧贴地面生长的茅膏菜叶片边缘，等待好奇的昆虫前来。它们缺乏正常触手上的露珠，且往上逐渐变尖，但其作用不大，无法穿透猎物并将其捕获。它们可在几毫秒之内弹向叶子，从而将昆虫猎物弹向腺体触手边上，至此，猎物就进入了陷阱——这种现象无疑会吸引达尔文的注意。

世间最奇妙的植物

达尔文心爱的速运植物当属捕蝇草，这种小型植物是美国南、北卡罗来纳州沿海地区狭长地带的特有植物。其二裂叶及边缘短促的钉状刺毛如同铁齿夹捕器，后者能够以极高的效率完成咬合动作。众人早期的观察正确地将其理解为陷阱——刺毛的功能更多是囚禁而非刺穿倒霉的昆虫。但它囚禁昆虫是为了什么？在昆虫授粉的美德受到众人赞赏之前，人们认为这些陷阱是为了保护花朵免受昆虫破坏。达尔文的祖父伊拉斯穆斯——可能因其受科学启发而写的诗歌而非精湛的医术闻名于世——就在他的植物学诗歌《植物的爱情》(*Loves of the Plants*，1788年) 中表达过这种观点。他以如下方式描述了捕蝇草"阻止昆虫掠夺的奇妙计谋"："叶子长有长牙，就像昆虫的触角，散布在茎秆周遭的地面上；暴躁异常，长牙在昆虫爬上枝头时会合上，昆虫可能灰飞烟灭，也可能被穿刺而亡。"这首诗可能是两百年后的电影《异形奇花》(Little Shop of Horrors) 中植物怪兽形象的原型。

"令人惊叹的造物!"美国殖民时期的博物学家威廉·巴特拉姆曾于1791年惊叹道,他是比伊拉斯穆斯年轻一辈的同时代人。回想一下,巴特拉姆曾说过,这种植物被赋予了"感官能力或特性,其类似于那些令动物显得高贵的特征;它们是有机的、活生生的、可自主移动的东西,就像我们在这种植物上见到的动作和意志力一样。"[18] 达尔文同意这种看法,他在《食虫植物》的开篇便宣称:"这种植物……乃世间最奇妙的一种。"[19]

请记住,达尔文一开始研究茅膏菜是为了理解捕蝇草。"我开始研究茅膏菜的进化是为了理解捕蝇草。"他1860年给在邱园工作的丹尼尔·奥利弗写信时如此谈道。奥利弗为他提供了一些捕蝇草叶子以供研究,后来还提供了整株活体植物,但在此之前,达尔文却不得不乞求、哄骗、恳求、哀求……就差匍匐顿首了:

> 它(捕蝇草)是十分珍贵的植物吗?这种植物是否可活体打包并用火车运来,它可以养在客厅一两周不死吗?如果是这样,您是否可以行行好,给我一个可以买到它的苗圃地址?邱园是否栽有几株这种植物?您是否可以将信中的内容读给威廉爵士(时任邱园主管),问问他是否愿意借给我一株,我回头会归还(运费我出)给邱园;但我还想请求收集并解剖一些叶子。我想对捕蝇草和茅膏菜的须毛结构做出对比……借到之后我也很快会购买:我只提到邱园,是担心这种植物并不容易购买,也是想着邱园可能种有几株。我多想看到它抓住一只苍蝇啊![20]

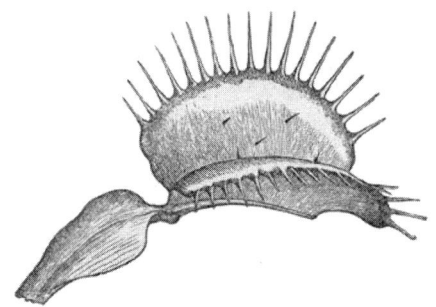

捕蝇草。在乔治·达尔文绘制的这幅张开的陷阱图中,我们可看见裂叶上方内表面的须毛组成的三角形结构。裂叶边缘排列的长而坚硬的尖刺看起来是致命的,一些早期的观察者认为它们会刺穿猎物。然而,其致命性来自陷阱关闭时的牢固抓握。引自达尔文《食虫植物》(1875年),第287页。

这是一种珍贵的植物，珍贵到邱园的园丁都不愿意出借（我们今天难以想象这种情况，如今大大小小的园艺中心都会将它们齐整地装在塑料温室中以供出售）。达尔文的绝望显而易见——当他最终得到几株可供研究的时候，欣喜若狂，所以大家想想，他要是去到卡罗来纳州沿海沼泽地的捕蝇草原生环境中会是何等陶醉。与茅膏菜类似，从远处看，小小的捕蝇草仿佛形成了一片印象派的红绿交织的颜料堆；近看，这些颜色则融入二裂状绿色叶子构成的旋涡之中，周围还饰有看起来凶恶（但无害）的尖刺，每片叶子的开口都很大，从而可展示其诱人的猩红色花冠喉——唯有兰花的诱人外表胜过了捕蝇草摄人心魄的陷阱。

达尔文认为捕蝇草十分奇妙的原因并非其夹捕陷阱会充当临时的胃，尽管这对他而言也十分迷人并具有启发性。（他用与测试茅膏菜相同的多种物质测试过捕蝇草的反应。）达尔文确信捕蝇草有着类似动物的神经系统，他研究了这种"神经系统"，却无法用茅膏菜的"反射行为"说服自己。早在19世纪60年代，达尔文对捕蝇草的最早研究就因为茅膏菜而一直暂停，但在之后的10年中，阿萨·格雷第一个让达尔文注意到另外一位美国博物学家的相关研究，此人即特拉华州威明顿市的威廉·马里诺特·坎比（William Marriott Canby）。作为商人和慈善家的坎比也是一位狂热的植物学家，他经常与格雷通信讨论相关问题。1867年，坎比致信格雷说："不起眼的捕蝇草越发有趣了，我一直在做实验测试它们的肉食癖性。"接着，他继续描述了自己对这种植物的捕猎和消化行为的大量观察，甚至他还像达尔文那样测试了捕蝇草对各种东西的口味（"我在一片叶子上放了一小块奶酪，尽管被部分吸收了，但很明显它并非捕蝇草想要的食物，因为这片消化过食物的叶子大部分后来变得病恹恹并最终凋谢了。"）。死于消化不良——即便对植物而言，这也是个可怕的结局。格雷致信达尔文谈到此事。然而，达尔文对此并不陌生，他已经得出了同样的观察报告。达尔文回信格雷称："这封信催促我完成并发表茅膏菜和捕蝇草等主题的相关研究，但我不知道什么时候会有时间。我像个奴隶一样赶着写完我的著作。"[21] 他哀叹道。达尔文此时也忙着完成《变异》，该书最终于次年问世。19 世纪 70 年代，达尔文回过头关注眼前这些"聪明的"植物时，他回想起了坎比给格雷写的信，坎比在那封信中声明他希望"有识之士能完全阐明这种植物的习性"，他自己也"乐于竭尽所能提供标本以及其他协助"。6 年后的 1873 年 1 月，达尔文再次就此事致信格雷：

> 你在 1867 年 7 月 9 日从威明顿给我寄了一封关于捕蝇草的信件。信中并无签名，但你提到是坎雷（Canlay）、坎贝（Canbay）或考利（Cawley）所写。你能好心地为我写出这个名字吗，因为有的人实在愚钝到会说你的字迹和我的一样不是很清晰。我对这封信十分感兴趣，这位先生似乎也很热心肠，愿意提供帮助。[22]

（坦陈自己的字迹"不是很清晰"于达尔文而言还是有些谦虚了——即使在今天，也鲜有人能够熟练地掌握解读他那众所周知的草书。）格雷向达尔文提供了坎比的地址，达尔文很快致信坎比，但他错误地以为坎比的家离捕蝇草的原生地很近——这是个可以理解的错误，因为北卡威明顿附近自然能找到这种植物，而坎比也碰巧住在更靠北的特拉华州威明顿。坎比直言相告，并且还跟达尔文说自己打算在未来的几个月时间里前往北卡海边旅行，并为他做观察记录。

与此同时，达尔文也用手头的捕蝇草做了一系列实验，他很快注意到每片叶子的内表面都长有排成三角形的3条细丝。它们被证明是形成夹捕器的触发毛。当时达尔文尚不清楚，身兼牧师和博物学家的摩西·阿什利·柯蒂斯（Moses Ashley Curtis，与坎比不同，此人恰好住在北卡威明顿）已在10多年前（1834年）的一篇论文中正确地记录了这些触发毛的功能。柯蒂斯还注意到了叶片的消化特性，并在其论文中评论，这种植物的黏液似乎可将昆虫溶解。

为了测试触发毛（从技术上称之为"毛状体"）的敏感性，达尔文设计了一个探针：他把一根"十分纤细的头发"（他并未说是谁的）固定在一个手柄上，并将其剪成2.5厘米长，这个长度"足以让头发在水平层面呈笔直状"。他用这个探针小心地深入叶片内表面轻触细丝，裂叶便会迅速合上。达尔文本可以用一根针或类似的东西完成这个测试，但使用细小的头发便能证明触发毛可对哪怕最轻微的触碰也很敏感。当然，叶片如此敏感的代价则是不必要的闭合——例如风吹起的碎片突然碰到细丝就会让它认错来者的身份；或者，小到可从须毛缝隙中溜走的昆虫也会让叶片合上从而白费力气。达尔文试图将水和面粉之类的东西撒在裂叶上从而触发陷阱。他甚至还尝试大口吹气以模仿狂风，但陷阱不为所动。他正确地总结道，暴雨和大风在这种植物生长的自然环境中司空见惯，而且它们培养出了不受愚弄的能力。偶尔吹来的碎片可能会让某个陷阱合上，但更多的情况则是期待中的盛宴才会触发陷阱。触发毛的一个值得注意的特性是，它可以降低出错率：须毛必须与固体接触，而且必须在 15 秒之内触碰两次才会让陷阱闭合。降低出错率是重要的，因为陷阱迅速合上的次数有限。在所有叶片都失去了闭合能力后，植物就只能靠光合作用维生了。

此种现象的原因揭示出动物依靠肌肉的运动和植物运动之间的重要差异：我们会将附着在骨骼上的肌肉拉伸设想为产生于体内的力量；相反，捕蝇草的裂叶运动则源自外部（叶片表面）的力量。具体而言，裂叶的拉力是叶面弯曲变化的结果，而后者又产生于叶面内侧相对其外侧的迅速收缩过程。但叶细胞喷射式膨胀背后的机制又是什么？植物的细胞壁通常十分僵硬，但捕蝇草具备一种可让细胞迅速膨胀的"酸性增长"机制，其分泌的酸性化合物可软化僵硬的细胞壁，从而让细胞增长或膨胀。叶片外层的膨胀部位会大于内侧的相应部位，因此叶片会朝相反的方向弯曲——裂叶会向内闭合。问题在于这种弯曲不可逆。叶片外表面细胞膨胀压力的改变会令叶片缓缓张开，并重置陷阱，但陷阱每次因为酸性增长过程的迅速关闭都会让细胞稍稍增大一点；一段时间后，细胞的增长就会达到极限，而叶片也无法发挥陷阱的作用了。

达尔文并不知晓上述细节，但他已经意识到每个陷阱的弹出次数是有限的。他仔细查看了陷阱的捕虫方式，并立即被裂叶捕虫时的速度和力量惊到了。裂叶的快速闭合得益于它们彼此之间呈直角的排列方式，因此，如果裂叶横向展开的话，每片裂叶都仅需划过 45°而非 90°的弧度便能合上。每片裂叶的边缘刺毛彼此交错，就像十指相扣的双手一样，而达尔文还细致地观察到刺毛本身并不移动。受到探针或投喂的可消化食物愚弄而闭合的裂叶需要一整天或更长时间才能完全再次打开。然而，即便部分打开的时候（达尔文观察的 10

对裂叶中多数在 7 小时后会张开到 2/3 的程度），它们也能迅速合上。另外一件肉眼不太容易察觉的情况是，裂叶最初在捕获的猎物周围形成凹面空间，然后缓慢但稳定地从四周紧贴猎物，直到猎物在裂叶两侧挤出明显的凸面，就像不透明的绿色收缩胶包装的美餐一样。至此，裂叶已紧紧地合上了，达尔文只能强制往其中推入楔子才能得窥其内部情况。他必须十分小心，用力过猛的话，它们"往往会破裂而非完好地张开"。裂叶的迅速捕捉动作旋即让达尔文想起了动物反射冲动。也许，捕蝇草的捕捉动作比茅膏菜的更适合被当作植物界的神经脉冲"反射动作"。1872 年秋，达尔文首次对植物也具备神经系统的想法做出了研究推进，他在致格雷的一封热情洋溢的信中谈道：

> 我最感兴趣的是寻找捕蝇草的神经踪迹！！！它的活动受到维管束的限制。用锋利的小刀刺入叶片上的特定区域，我能让这片叶子一半的区域处于麻痹状态，此时再刺激另外一半叶片也无法让它运动。就像青蛙的脊髓被分割之后的情况一样：没有任何刺激可从脑部或脊椎前部传递至后肢；但如果后肢受到刺激，则会表现出反射运动。我发现自己得出的茅膏菜神经系统对多种刺激的惊人敏感性结论已得到充分证实和补充。[23]

格雷回信对达尔文表现出了一如既往的支持："你对捕蝇草神经系统的寻找令人赞叹！！！"循着这一思路继续研究下去则需要专家的协助。达尔文与生理学家朋友约翰·博登 – 桑德森再次合作。1873 年夏，博登 – 桑德森建议在实验中使用电流计测试裂叶的电活动情况。不久后，邱园中的捕蝇草就像检查心电图的病人一样接上了电线。博登－桑德森先是发现叶子和茎秆部分的电势存在差异，接着，他得出了最令人兴奋的发现，苍蝇的刺激会令叶片上的电流发生惊人的变化：他所谓的"叶片电流"显示，裂叶在迅速闭合前会突然经历电势峰值。他发电报给达尔文通报了这个消息，并且很快在英国科学促进会和皇家学会就此种现象做了主题讲座。博登－桑德森谈道："这些电流和动物肌肉、神经的电流都受同一规律左右。"[24] 达尔文兴奋异常，他甚至罕见地去伦敦参加了博登－桑德森6月在英国科学研究所的讲座。

达尔文在《食虫植物》中报告了博登－桑德森的实验结果和他自己的捕蝇草实验。他当时已能证明，捕蝇草的一瓣裂叶被"麻痹"之后，另外一片仍可独立运动，在儿子福兰克的帮助下，他详细研究了这些叶片的细胞结构。捕蝇草比他迄今为止研究过的任何植物都更像动物，不仅表现在"行为"和消化能力上，更表现在它们还具备某种类型的神经系统。达尔文和巴特拉姆一样对这些植物充满好奇，用巴特拉姆的话说，这些植物"具备感觉能力或属性，正是这些特征让动物显得高贵"——甚至可以说是有意志的植物了。难怪达尔文宣称它们是"世间最奇妙的植物之一"。[25]

水生捕蝇草？

达尔文的《食虫植物》还收录了对其他大量食虫植物做的实验，并给出了相关讨论：其他茅膏菜，水生和陆生狸藻科植物——狸藻及其小型的水下"吸捕陷阱"；欧石楠丛生的荒野上常见的捕虫堇属植物，以捕蝇纸状的黏性叶片捕捉小昆虫的捕虫堇与茅膏菜构成了竞

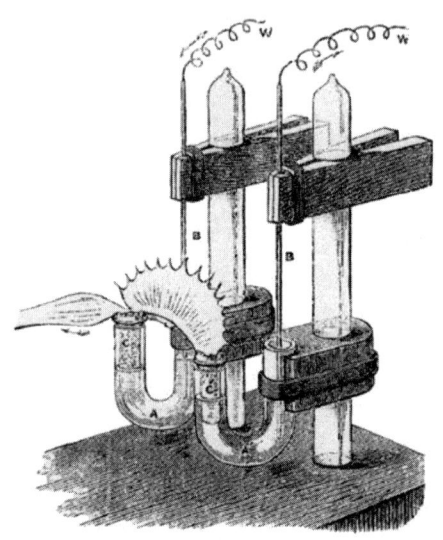

约翰·博登-桑德森使用经过改造的汤姆森电流计测试捕蝇草裂叶的电流活动。引自博登-桑德森《捕蝇草》（1874年），第128页。

争关系。然而,最引人注目的则是捕蝇草的一种水生亲缘物种——囊泡貂藻,它们广泛分布于欧洲、非洲和澳大利亚等地。1747 年,植物学家朱塞佩·蒙蒂(Giuseppe Monti)将其命名为阿尔德罗方迪亚(*Aldrovandia*),以此纪念 16 世纪意大利博物学家乌利塞·阿尔德罗方迪(Ulisse Aldrovandi)。很明显,林奈在其 1753 年的《植物种志》(*Species Plantarum*)中记录这个名字时犯了排版错误,他无意中漏掉了这个名字中的"i"。于是,这个谬误流传了下去。

貂藻是一种奇特的无根植物,铰接的叶片沿居中的自由浮动茎秆呈旋涡状排列。这些叶片与捕蝇草的裂叶有几分相似,须毛受到刺激后,叶片也会迅速合上,但其速度比捕蝇草快多了,仅需 1/10 秒。1874 年 9 月,胡克从邱园给达尔文邮寄了几株貂藻。

达尔文立即注意到,这种植物叶片运动的速度似乎与捕蝇草一样快,但它们会浮在水中,并且像水生狸藻属植物一样捕捉浮游猎物。仔细观察后,达尔文发现貂藻甚至比他想象的更像狸藻。貂藻裂叶的内表面长有大量微小的细丝,每根细丝又长有 4 个小臂。达尔文称之为"四裂叶",他很快确定这些裂叶起着消化的作用,它们会分泌消化酶以吸收消化物质,就像茅膏菜和捕蝇草的腺体一样。随后,达尔文注意到裂叶边缘也排列着类似的细丝,它们明显只能吸收食物而无法分泌消化酶。这一特征是肉食类植物的创新。它体现了其他肉食类植物的特异化功能的初级形式。达尔文在关于貂藻章节的结论中写道:"如果这种观点正确,我们便发现了同一种叶片的不同部位具备迥异的功能的显著示例——其中一部分负责真正的消化功能,另外一部分则吸收腐烂的昆虫身体。"如果是这样,此种现象便具备更为一般的进化意义,达尔文意识到:"因此,我们也可以理解,随着一种特征的逐渐丧失，植物是如何逐渐适应一种功能而排斥另一种功能的；以后我们将会发现，属于同一科的两个属，即捕虫堇属和狸藻属，它们各自适应了不同的功能。"[26] 因此，达尔文在貉藻属中看到了物种的逐渐适应、趋异和共同后裔等宏大主题，而他的自然选择进化理论很好地解释了这些现象。

食肉的茅膏菜和捕蝇草对触碰的敏感及其运动和消化能力可能与动物世界相互呼应，但这些能力背后的机制却并非动物身上更成熟版本的简单形式。它们仅仅类似而非同质；一般而言，它们是物种对同一个问题相似解决方案的进化收敛形式。达尔文可能一直希望得出更紧密的对应关系，但他承认，植物身上的"反射行为"很可能与动物世界的类似现象存在生理学上的重大差异。而在另外一个层面，达尔文对植物–动物关系的洞察则是正确的：这些植物行为和消化能力背后的生理学和解剖学机制可能不同于动物，但二者之间足够多的相似性都表明它们在生理学和共同祖先方面有着诸多共性。

在此，我们还可得出一个重要经验：理解食虫植物的"动物"特征所需的同源性和相似性概念，及其对达尔文更为宏大的生命之树概念的意义。达尔文对这些植物的首要兴趣在于，它们可能会告诉我们生命共同祖先的秘密。对他而言，动植物生理学或细胞生长过程的共性便是共同祖先的证据。植物和动物（更不用说真菌、原生生物以及各种原核生物了）的外表看起来似乎并无共同之处，因此难以将它们认作亲戚，但达尔文却在不那么明显的生理学层面寻找二者的相似之处。若是了解到世人对二者共同祖先最终证据的现代理解——我们那相似的 DNA，达尔文也会由衷地感到高兴。

章节实验：喂饱我，西莫！*

在寻找生命共同祖先——所有物种都是某个共同祖先的后代——的过程中，达尔文无可避免地受到像植物的动物和像动物的植物的吸引。而某些食虫植物则比其他植物更像动物。达尔文对这些植物捕食猎物时的感知能力很有兴趣：它们会对什么东西做出反应，它们如何移动，以及可消化什么东西，等等。

获取茅膏菜和捕蝇草

为了开展研究，我们希望得到合适的圆叶或其他品种的茅膏菜和捕蝇草，最好长有新鲜的叶子。尽管可从园艺中心获取，但那里的植物都因为缺乏照料而长势不好。卡罗来纳州生物在线是个值得信赖的样本源。如果你想自己种植茅膏菜或捕蝇草，国际食虫植物协会（ICPS）是列出了各个品种的种植指南的极好信息库。

I. 我们很敏感，是吗？

A. 材料准备
- 圆叶或其他品种的茅膏菜
- 解剖探针或硬漆刷
- 钳子或镊子

---

* Seymour，即《异形奇花》中的主角。——译者注

- 放大镜和／或解剖显微镜
- 牛奶（少量，不超过 10 毫升）
- 移液管或滴管
- 煮熟的蛋白，切成边长 2 毫米的小方块
- 约 2 毫米长的牙签（木棍）
- 硬奶酪和小熊软糖，切成边长约 2 毫米的小块
- 石蕊试纸

B. **实验步骤**

1. 实验开始之前，请小心不要触碰到植物裂叶内表面的细丝。使用放大镜观察裂叶边缘的触发毛（细丝）及其内侧细丝的长度差异。

2. 裂叶外侧的长细丝最为敏感，它们可被单独触发而弯曲。用探针或油漆刷小心地触碰单个长细丝顶部（滴液）3~4 次。注意细丝滴液的黏度一致性。细丝是否会朝叶片中心弯曲？如果是这样，那这个反应发生在刺激之后多久？在叶片上的多个细丝上重复这一步骤，并仔细观察其反应。多少细丝会做出反应？多少不会？达尔文发现，当他用力拨动这些细丝 4 至 5 甚至 6 次时，仅有一部分会弯曲。"结果很不确定，"他写道，"似乎有些反复无常。"达尔文认为，进化过程让这些植物不会特别敏感于触碰，因为叶片很可能常常被吹起的碎屑或草叶碰到。他发现，当细丝对触碰有反应时，它的反应非常迅速（他报道说自己清楚地从放大镜中看到，细丝受到刺激后，"会在 10 秒内做出反应……1 分钟内已变得十分弯曲了"）。

你研究的细丝受到刺激之后的反应又有多快？

3. 选取几根此前并未被触碰过的新鲜细丝，用探针尖端或刷子浸入牛奶，并小心地将牛奶滴液依次蘸在各细丝顶部（这个步骤可借助放大镜或解剖显微镜实现）。这些细丝的弯曲反应是否比那些触碰过的更快？

4. 再选择一片叶子。用探针或刷子刺激叶盘中心的短细丝。对叶片边缘长细丝的"行为"持续观察1~2小时。其中有多少会弯曲，持续多长时间？这样的实验首次提示达尔文，茅膏菜叶片上存在"运动冲动"的传导现象。

5. 观察"运动冲动"的传导方向。用镊子小心地将小块蛋白放置在叶片中心线一侧附近的边缘细丝上（下页左下图中的X位置）。将蛋白直接放在叶片中心线（靠近上边缘或下边缘）重复这一步骤（右下图中的X位置）。24小时后检查叶片，并计算位于你放置蛋白对侧处有多少细丝发生反应并弯曲了。它们都朝一个方向弯曲吗？达尔文发现，"运动冲动"在叶片上纵向传播比横向传播容易；因此，我们预计与蛋白块相对的纵列细丝发生反应的数量比那些横穿中心线的细丝更多。

II. 挑食者

A. 材料准备

与第一部分实验相同。

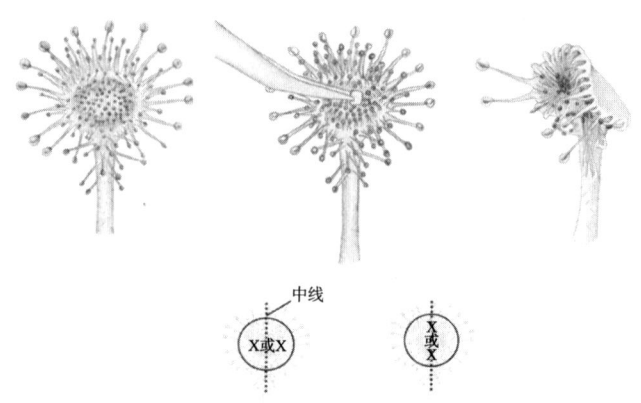

B. 实验步骤

1. 茅膏菜能够区分可食用与不可食用的东西吗?选取同一植株上的两片新鲜叶片,以并列生长为佳。将一块蛋白块放在一片叶子的中心处,再用类似大小的火柴棍放在另外一片叶子的中心处。每隔一段时间——2、4、6小时均可——观察每片叶子的"行为",比较叶片对蛋白块和火柴棍的反应。

2. 选择另外3片新鲜叶子。一片"投喂"蛋白块,另外一片则投喂同样大小的奶酪,最后一片投喂小熊软糖(切成类似大小)。观察叶子对这3种食物的反应。7天后,小心地取下剩余的食物或食物残渣(可能需要小心地撬开叶片或细丝)。茅膏菜是否是个挑食者?哪些食物被消化了,哪些没有,为什么?(提示:茅膏菜需要含氮的蛋白质,糖分较高的食物并不适合它的口味。)

3. 用牛奶或鸡蛋刺激两根细丝。用石蕊试纸小心地接触未受刺激的（未弯曲的）细丝的滴液。用另外一张石蕊试纸重复这一步骤，这次则触碰一两根受可消化食物刺激的细丝滴液。注意不要让试纸触碰到食物本身。两张石蕊试纸的色差是怎样的？哪一个显示出更多的酸性颜色？你能想到其中的缘由吗？兴奋细丝的滴液明显更显酸性，这意味着它分泌了消化酶。

III. 触发－兴奋的捕蝇草

A. 材料准备

- 一种或多种长势较好的捕蝇草植物
- 解剖探针或硬漆刷
- 直径为 0.5 厘米的木钉或厨房用粗木火柴
- 钳子或镊子
- 放大镜和／或解剖显微镜

注意事项：每个陷阱在叶片凋谢之前仅能重复打开 6~7 次。然而达尔文和其他人都发现，捕获了昆虫的陷阱有时无法再次打开，或是在某段时间内反应迟钝或较慢。

B. 实验步骤

1. 捕蝇草的夹捕陷阱对达尔文的吸引力与其"胃部"相当。用放大镜或解剖显微镜仔细观察叶片陷阱的内侧表面，并找出排列在每片裂叶中心处的 2~5 根触发毛（毛状体）。再查看两三片叶子；你是否能看出须毛总是位于叶片上大致相同的位置？比较须毛与裂叶边缘更为壮实的尖状突起的长度和宽度差异。

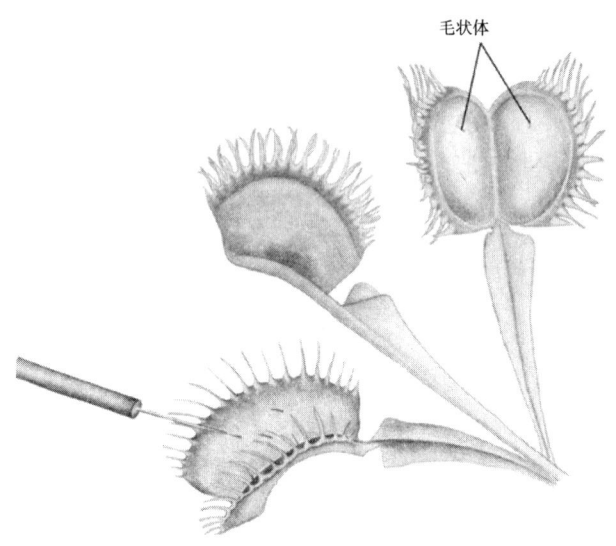

捕蝇草裂叶内侧的细长须毛可被探针刺激而倾覆。莱斯利·C.科斯塔绘图。

2. 连续触碰两根或者更多须毛就会触发陷阱。你也可仿照达尔文那样用自制的短发探针测试须毛的敏感性。(头发长且直的人可能想自告奋勇地捐赠一两根;否则就用中等长度的粗线、牙线或鱼线替代。)达尔文的"头发探针"可以十分轻微地触碰细丝。若要制作你自己的头发探针,请将带有胶带或胶水的单根头发固定在长5厘米、直径0.5厘米的木销钉、牙签或火柴杆(需取下易燃的火柴头)的末端。这些就是探针手柄。在超出探针手柄末端2.5厘米的地方剪断头发。(或者,你也可将头发粘在解剖探针的尖端。)现在你已具备测试须毛敏感性的条件,极其轻柔地快速触碰其中两根毛状体并观察结果。

小心手指!(开个玩笑。)静候24小时,闭合的陷阱会重新完全打开。

也见:

A.M. Ellison, "They Really Do Eat Insects: Learning from Charles Darwin's Experiments with Carnivorous Plants," in *Darwin-Inspired Learning, ed. M. J. Reiss, C. J. Boulter, and D. L Sanders* (Rotterdam: Sense Publishers, 2015), 243–256.

第九章

狡黠而睿智的攀缘植物

藤本植物和其他攀缘植物总有其迷人之处。它们会给人带来截然相反的联想：在神话、隐喻和传说中，像葡萄和啤酒花之类的藤本植物一直都是发展、繁荣、丰饶的古老象征，可以说，藤本植物对泰山（Tarzan）或印第安纳·琼斯（Indiana Jones）等英雄人物的冒险活动起着重要作用。但更多的时候，我们又隐约发现攀缘植物有些邪恶，而我们对它们的迷恋则带着些许恐惧或警惕。我认为这种矛盾的心态至少源于两个方面：首先，倘若不加修剪，藤本植物很容易给人纠缠的印象。虚构的藤本植物似乎总带些险恶，从 J.K. 罗琳的恶魔之网到《龙与地下城》（Dungeons and Dragons）中的致命刺客藤均是如此。一些藤本植物乃传说中的绞杀植物，如欧洲的白屈菜（Cynanchum louiseae），它是通常被称为"狗绞杀藤"的乳草属植物。其他的则是真正的扼杀者（尽管它们祸害的是其他植物而非动物），如臭名昭著的日本葛藤。这种蔓藤豆科植物于 20 世纪 40 年代被引入美国东南部，用于在修建道路时稳定土壤。然而，这种植物极具侵略性，现在人们通常称其为"吃掉南方的藤本植物"（Vine that Ate the South）。其次，藤本植物的动作看起来十分阴险。这种像动物般凶险的植物会给人一种不安的感觉，即它们的试探具有目的性。要注意，因为它们会悄悄地生长和缠绕，它们慢腾腾的滑动可能是我们对其感到不安的第三个原因：它们就像蛇一样，唤起了最令众人（不公平地）恐惧和讨厌的动物形象。

达尔文对藤本植物并无这般负面的联想。相反，它们让众人感到不安的、神秘的动物类移动、触摸、探索和感知的能力引起了达尔文的好奇。藤本植物是另外一类有意志的植物种群，其感觉能力强化了它们与动物的基本关系，就像达尔文钟爱的茅膏菜和捕蝇草一样。达尔文邻居的园丁约翰·霍伍德（John Horwood，此人曾为达尔文的许多植物学实验提供帮助，还指导设计了达尔文的热温室）也是这样认为的。阿萨·格雷曾为达尔文邮寄过刺囊瓜（Echinocystis lobata）的种子，这种北美野生黄瓜是出色的攀缘植物，它们的卷须似乎总是想抓住周围的什么东西。在给胡克的一封信中，达尔文表示自己对这些卷须的敏感性十分惊叹，信中还提到了霍伍德，并且评价他是"我的邻居，一位十分聪明的园丁，昨晚他看到了我桌上的植物，并对我说：'先生，我相信卷须长了眼睛，因为无论我将它放到哪里，它总能找到邻近的棍棒。'"[1]。

回到 1861 年年初，格雷将卷须带入达尔文的视线，那时达尔文正沉浸在茅膏菜带来的最初的兴奋之中。他们定然一直都在讨论茅膏菜裂叶的敏感性。在一封现已遗失的信件中，格雷显然提醒达文说自己曾经在 1858 年写过一篇题为《卷须缠绕评注》(Note on the Coiling of Tendrils) 的文章。此文描述了刺果瓜 (Sicyos angulatus) 卷须的异常敏感性，即便轻轻一触也会卷曲，一小时内又会在空中重新舒展开。

达尔文暗自记下了这些信息，因为当时他正痴迷于茅膏菜、花朵的多态性和杂交等主题，而且还在努力写作那本关于兰花的著作。但一年后，他开始关注卷须，并在写给格雷的信中提到了后者的那篇文章。"我乐意用你的卷须植物做些实验，我想知道哪种卷须植物容易在花盆中栽培。"达尔文问道。向来乐于提供帮助的格雷在同月晚些时候回复了达尔文，他在信中笑谈北美"野草"如何被入侵物种击溃（这是达尔文关注的另一个话题），同时，格雷也提供了卷须植物的种子和栽培说明（他还顺带嘲笑了英国缺乏足够的温度和光照栽培这些植物）：

> 对了，说起野草，我夫人说她允许我们的野草向你们的低头。我们的野草是林地中谦逊的老弱病残，比不得入侵的、自命不凡的、专横的国外野草。但我寄给你的本国植物种子已被可恶的同类植物败坏——就我所知，后者是讨人厌和麻烦的刺果瓜。一并寄去的还有更为温顺的葫芦科刺囊瓜（种子更大些）。我观察了这些植物（尤其第一种）的卷须对触碰的缠绕反应。你可将种子直接撒入地里，它们会在春天潮湿的花园土壤中冒出来。我对它们的观察是在某个温暖的艳阳天。我怀疑你们英国是否有足够的温度和光照条件让它们感知和运动。[2]

这年春天，达尔文试着让格雷寄来的种子在他新完工的温室中发芽，按照约翰·霍伍德的指导，他在厨房花园墙边设计并建造了这个温室。霍伍德的雇主约翰·特恩布尔曾好心地将自家花园借给达尔文研究兰花。如今，拥有自己的温室后，达尔文可以常年栽种正在研究的植物和许多其他植物了。无论英国的光照是否充足，格雷寄给他的种子也仅有一颗刺囊瓜发了芽，刺果瓜则全军覆没。达尔文充分利用了手上仅存的这个样本："我一直在观察它的卷须，并且对其敏感性十分感兴趣；这是你的一个十分漂亮的发现。"他在这年 6 月给格雷的信中如此写道。他还在信中透露了自己的发现："我从别的角度观察这种植物，并且发现打头的嫩枝会不停歇地旋转，如此，卷须就能触碰到 30~50 厘米内的任何物体。如果我能澄清此种运动任何未知的环节，我可能会写信给你，看看是否合适发表在西利曼或别的什么地方。"[3] "西利曼"指的是《美国科学与艺术杂志》（American Journal of Science and Arts），民间唤作"西利曼杂志"（Silliman's journal）以纪念其创始人、耶鲁大学地质学家本杰明·西利曼（Benjamin Silliman）。

卷须嫩枝有规律的圆周运动立即吸引了达尔文的注意。还是在这个月，他写信给邱园的胡克咨询胡克本人或者丹尼尔·奥利弗是否注意过这种现象。观察了手上的刺囊瓜后，达尔文突然意识到最顶端叶片之间的茎秆也会缓缓旋转，以循着 12~20 英寸（约 0.3~0.51 米）的圆圈范围旋转 1.5~2 个小时。有时它会停住并朝相反的方向旋转。奇怪的是，茎秆似乎并未变得扭曲，但旋转动作却夜以继日地进行着。不停试探的嫩枝的旋转范围内如果存在坚实的物体，卷须就会立即抓住不放。难怪这种植物似乎长了眼睛。他问胡克这种缓慢旋转的搜寻行为是否已是众所周知。

　　胡克此前并未注意到这种现象,他立即开始跟风研究,并派了一些邱园的工作人员观察这种藤本植物。随后,达尔文致信胡克问他是否可以匀出一些藤本植物栽种到自家温室中,并在信中更为细致地描述了自己的观察报告。胡克鼓舞人心地说:"你对卷须的看法最为新奇,我很高兴你能继续研究它们——你一定是'最棒的'观察者。"[4] 胡克也乐于从邱园寄给他一些藤本植物。达尔文新建的温室很快成为来自世界各地的大量藤本植物的乐园——他坐拥理想的便利条件,可从最大的植物收藏园中获益,而他的好朋友恰好又是助理主管。

　　事实证明,尽管胡克并不知晓卷须的圆周运动,但身在美国的格雷却观察到了这一点。7月,达尔文兴奋地致信格雷报告自己的发现,却因为格雷回信说此种现象已是众所周知而灰心丧气。他还告诉格雷,自己并没找到任何与这个主题相关的已发表文献,而且胡克及其邱园的同事也并不知晓此种现象,格雷此时变得有些苛刻,并告诉达尔文:"说起卷须,我倒想问问谁是胡克,谁是奥利弗(后来成了大学教授),他们什么来头,我怎么从没听过?"稍显恼怒的格雷告诉达尔文,"所有人"都一定见过卷须在尚未触碰到物体前的一段时间内的横扫和盘卷运动。接着,格雷让达尔文重新阅读自己1858年那篇文章的卷首段落,此文最初激发了达尔文对这个主题的兴趣,他也会发现此文参考了雨果·冯·莫尔(Hugo von Mohl)的作品,早在19世纪20年代,这位德意志图宾根大学的植物学家就首次描述了卷须的圆周运动。格雷很早以前便鼓励同事将冯·莫尔的这本著作翻译为英文,他还半开玩笑地批评达尔文忽视了这本书:"多亏了我(1851年)唆使范沃尔斯特(Van Voorst)让亨弗里翻译了这本小书。尽管你说英语，但遇到这本书时，你也不会注意。"哎。但他鼓励达尔文不要放弃这个实验："别放弃这个主题，你定会得出大量成果。"[5]

原来，其他人也描述了藤本植物的旋转和扭曲现象：图宾根的另外一位植物学家路德维希·帕尔姆（Ludwig Palm）及法国人亨利·迪特罗谢（Henri Dutrochet），后者的描述可能最为详细。锐气尽失但仍确信自己能做出贡献的达尔文继续推进着自己的研究；他对藤本植物本身的兴趣超过了它们明显的感知能力。此外，在宁静的书房和温室中观察这些植物乃是对他那日益紧绷的神经的完美舒缓。1863年和1864年对达尔文而言有些难熬。《物种起源》于1861年出到了第3版，它仍像避雷针一样吸引了某些人的强烈批判，达尔文对那些刺耳的评论感到十分苦闷。写满各种问题、评论、批判、攻讦的信件洪水般源源不断地向他涌来，偶尔也会有个把祝贺。令他感到欣慰的是，赫胥黎、莱伊尔和格雷等朋友会代表他加入这场战斗——一场他无法忍受的战斗。达尔文那一直显得阴晴不定的顽疾在这几年中像涨潮般迅速发作，他几乎每日干呕且寒战不已。1863年9月的达尔文一直处于痛苦之中。在写给友人约翰·英尼斯牧师的信中，达尔文说自己每天从事植物学研究的时间仅有1~2小时。埃玛坚持全家去伍斯特郡的马尔文度假，达尔文也可在詹姆斯·史密斯·艾尔斯特（James Smith Ayerst）开设于此的水疗馆中得到治疗——他们最小的孩子霍勒斯（时年12岁）甚至也要和父亲一道接受"水疗"，因为他同样有些消化不良。他们在当地待了几周，但疗效甚微；考虑到达尔文的女儿安妮1851年夭折于此，这里可能并非舒缓其神经的最佳地点。回到家以后，他尝试了不同的冷水疗法，但同样没有效果，此后，达尔文彻底放弃了水疗法。其间，达尔文经历了有生以来最糟糕的健康状况，他甚至还在 1864 年卧床疗养了几周。

在达尔文的研究近乎停滞的境况下，观察藤本植物的嫩枝和卷须的缓慢移动倒是不错的消遣。"他的生活节奏，"达尔文的传记作家珍妮·布朗十分准确地总结道，"慢到和植物一样了。"[6] 他的孩子们（此时多半也都是大小伙子了）也都尽其所能地提供帮助。达尔文告诉自己最大的孩子，当时正在南安普顿从事银行工作的 24 岁的威利，自己目前对卷须感兴趣，并要他对一些二型性植物做出观察。还处于青少年时期的乔治、福兰克和连尼都寄宿在伦敦南部的克拉珀姆学校。放假回家后，他们又会再次成为忠实的研究助手：连尼曾回忆起父亲开玩笑说自己处于"病态的健康状态"，并让他在病房研究植物；而乔治最终成了才华横溢的植物艺术家。乔治为达林（Darin）在林奈学会宣读的文章绘制了唐豪斯的花园和温室中的植物插画。1864 年，乔治从克拉珀姆学校毕业后进入剑桥大学三一学院继续学习，克拉珀姆学校的校长兼天文学家查尔斯·普理查德（Charles Pritchard）的数学教导对他产生了很大的影响。尽管乔治在剑桥大学的学习生涯开局不利，但令家人惊讶的是，他最终在剑桥那艰难的数学荣誉学位考试中勇夺"第二牧马人"（second wrangler，全校第二等合格者）的称号。后来，乔治也成了杰出的天文学家，并最终成为剑桥普鲁米安天文与实验哲学教授（Plumian Professor of Astronomy and Experimental Philosophy）。

成为藤本植物的多种方式

达尔文所谓的"狡黠而睿智"的藤本植物的感知能力十分迷人，

但他同样热衷于它们体现出的另外一个伟大的进化原理，那就是它们为适应攀爬而发生的变异。不同的物种以迥异的方式实现同样的目的，即植物的不同结构经过改造，在不同但相关的群体中具有相似的用途，这种情况说明了同源性、类比和趋同等原理。1863年8月，达尔文向格雷提出了一个有说服力的主张：卷须的"敏感性十分奇妙，就像兰花的各种变异一样"。正是这种变异——为了实现攀爬而发生的结构变异——成了藤本植物讲述的最重要进化故事。回想一下，达尔文（同样是向格雷）承认，其兰花著作的"主要旨趣"在于这种植物与"设计这个争论不休的问题之间的关系"。达尔文在该书中展示了兰花是如何演示不同部分为了类似的目的而发生变异，以及类似的部分为了不同的目的而发生变异的原理。不同物种结构潜在的同源性和相似性都指出了自然选择带来的无常变化。为了响应类似的选择压力，不同的物种可能以迥异的方式进化出同样的"解决方案"。似乎，解剖学结构就是个工具箱，不同的生命结构可发生变异从而实现类似的功能。"同源的"器官有着共同的内在结构和起源（胚胎学的和进化论的），哪怕它们发育成熟后在外观上看起来十分不同。教科书级别的例子当属哺乳动物的肢体结构：蝙蝠的翅膀、鼹鼠的前腿、鲸的尾叶、马的支撑腿和人类的胳膊等部位的相应骨骼都具有同样的结构，尽管其大小和形状存在差异。同源性器官的用途可能相似也可能不同——上述肢体多数用于运动，但运动的方式十分不同，如挖掘、飞行和游泳等。相反，"相似"的器官则在结构和功能上具有表层相似性，但它们在解剖学上却是不同的，而且缺乏共同起源。鲸的尾叶和鱼类的鳍就是典型的例子——它们功能相同，外表看上去也相似，但二者的解剖学结构却完全不同。这种差异表明它们是独立进化而来的，自然选择从它们不同的祖先处将其打造成了高效游泳所需的形状。它们是趋同的，企鹅的翅膀则是这种趋同性的又一个例子：这些鸟类可在水中"飞翔"。

我们在上一章看到，达尔文掷地有声地问道，为何造物主会自找麻烦地修改不同兰花种群中的不同花朵结构，从而让它们从根本上发挥同样的功能。同样，藤本植物也展现了不同攀爬方式的特异性和趋同性。达尔文主张，这些变化是代际变异而非特创或神奇的设计。设计论主张，只要存在做成某事的最佳办法，全能的设计者便会使用这种最佳的解决方案——这便是好设计的本质。因此，无论我们讨论的是兰花授粉还是攀爬的藤本植物，设计者都会使用这两个种群中同样出色的设计解决方案，而不会为了实现相同的目的而将不同的物种的解决方案相互混杂、匹配或临时起意般地搭配。但这种混乱状况却与进化过程更为一致，即每一步都必须建立在此前的步骤之上。

植物的攀爬适应性一定也是个充满变奏的主题。一些通过爪钩上升，另外一些则长有变异的根部，更有些则通过变异的叶子或花梗攀爬。达尔文在其1865年的长文《论攀缘植物的运动和习惯》(*On the Movements and Habits of Climbing Plants*，请注意，他在文中指出"这些细分……几乎全部相互混合"）中对它们做了相应的划分。首先是缠绕植物。众人熟悉的例子包括布鲁尔的啤酒花（*Humulus lupulus*，葎草属）、牵牛花（*Convolvulus*，旋花属）和金银花（*Lonicera*，忍冬属）等。这些植物的茎秆本身就是攀爬和"抓握"器官。其茎秆的顶部或顶部分生组织稳定地沿逆时针方向旋转，从而可螺旋地环绕支撑其他植物的茎秆和枝丫（小于特定直径范围）。这是首先引起达尔文注意的螺旋运动。现在世人认为这种回旋运动（circumnutation，达尔文和儿子福兰克提出的这个术语）是由于不断生长的分生组织（细胞分裂区域）中的细胞差异化生长和增殖所致。细胞若是在分生组织内均匀地分裂和生长，这一组织就会变直（向外和向上生长），但若细胞分裂和生长恰好一侧快、一侧慢，快的一侧的细胞在某种意义上就会"拉扯"邻近的细胞，从而迫使分生组织的顶部向生长较慢的区域弯曲。此间发生的事情似乎是，细胞的分裂和生长往复发生在分生组织区域，就像足球比赛中看台上来回涌起的"人浪"一样。结果，分生组织就会以圆圈的方式持续弯曲，用 1~24 小时就能在任何可攀爬的地方环绕一圈。

叶攀缘植物包括藤状铁线莲（*Clematis*，铁线莲属）、旱金莲（*Tropaeolum*，旱金莲属）和嘉兰属或攀爬百合（*Gloriosa*）等。这些植物靠敏感的叶柄对接触面的弯曲或弯钩反应而向上攀爬。一旦紧紧抓住了支撑物，这些特异化的叶柄往往会经历变质、变厚的过程，直到变得像木头一样。这类攀缘植物还包括可用变异的花茎或花梗攀爬的藤本植物。广为研究的花梗攀缘植物是马钱属植物，这个属多数为热带树木和藤蔓植物，因其强大的毒素为人所知（它们可为我们提供士的宁，即用于控制啮齿动物数量的生物碱）。叶攀缘植物也会回旋运动，它们常常比缠绕类植物的旋转速度快很多。

此外还有卷须攀缘植物。达尔文研究过大量此类植物，包括葡萄（*Vitis*，葡萄属）、豌豆（*Pisum*，豌豆属）、爬山虎（*Parthenocissus*，爬山虎属）、十字蔓（*Bignonia*，紫葳属）、刺囊瓜、泻根（*Bryonia*，泻根属）、猫藤（*Smilax*，菝葜属）、野豌豆（*Vicia*，野豌豆属）等。卷须是不同植物的不同结构进化出的专门化攀爬器官，比如叶子、茎秆或花梗等。尽管它们的回旋运动与缠绕植物类似，但其旋转速度更快,运动轨迹也更趋于椭圆形,单个卷须既能顺时针旋转,也可逆时针旋转。这些植物往往采取二相缠绕运动方式。卷须接触到潜在的支撑物后就会发生接触卷绕(contact coiling)运动。此后,卷须会生长并加速卷绕进程,由此便进入了自由卷绕阶段,从而加强了卷须对支撑物的抓握。卷须通过往相反方向卷绕来实现这一点,最终会导致两个螺旋形弹簧结构朝彼此相反的方向卷绕(一则为朝逆时针扭曲的右旋卷绕,一则为朝顺时针方向扭曲的左旋卷绕)。

表示左旋卷绕过程的术语是反常(perversion)。[多数攀登者中的右撇子居多,因此左撇子往往被认为是古怪的;想想邪恶(sinister)这个词,它便源自拉丁语中的左撇子一词。]在众多卷须攀缘植物中都可发现反螺旋现象,物理学家对此多有研究,他们已证明,在绳索或茎秆(或者卷须)的张力因螺旋卷绕而降低的过程中,不稳定性(称为"相对于扭动的弯曲"稳定性)会在某个阶段自动发生,从而产生两个相反的螺旋线。此为形成超螺旋(super-coils,卷中卷)的第一步,我们可通过抓住一段橡胶带并同时反方向扭转加以演示。首先,张力很大的时候会出现反向扭曲现象,之后继续扭曲就会形成超螺旋结构。

一些卷须攀缘植物还会在卷须的末端长出黏性圆盘,它们会分泌胶状物质以附着在物体表面。这些黏性圆盘可让植物在光滑的表面攀爬,而不必卷绕支撑其的枝丫爬升,达尔文对它们的特性表现出了极大的兴趣。而常春藤联盟也要为自己的绰号感谢这些黏性圆盘:它们是波士顿爬山虎(达尔文也研究过这种植物)得以点缀那些庄严的石灰石和砖墙的原因所在。

钩攀和根攀植物的成员就比较混杂了,它们包括依靠爪钩状的刺尖攀升的攀缘植物（野蔷薇等），或者那些可产生黏性分泌物的特异化支根的植物（如常春藤）。达尔文发现这些植物的行为并不怎么有意思，于是，他强行为之设立了一个类别从而将其认作一个种群，相关讨论也是一笔带过。我也是如此。

达尔文发现，叶攀缘植物和卷须攀缘植物最有启发性，这两个种群为上文提到的水中生物提供了良好的类比：鲸目动物和企鹅是独自进化出结构和功能类似的器官的亲缘性脊椎动物，某种长有相似五趾肢体的祖先则是这一进化过程的起点。达尔文意识到，卷须、花梗、叶片和叶柄都有一个共同的祖先源头。它们在不同的植物种群中发挥着不同的功能，因此具有不同的结构外观。但在攀缘植物中，它们却因为相似的功能需要而进化出了类似的结构。

1863年到1864年，达尔文缓慢而稳步地推进着自己的攀缘植物研究，到1865年年底，他已经研究了大量攀缘植物。这项工作就其范围而言已十分惊人，这是其研究思路的第一步。达尔文继续对植物的运动和感觉敏感性展开观察和实验；他还从比较解剖学的角度观察了它们的结构。他一开始多数时候只是在观察。

扭曲

达尔文在学生时代就学习到，攀缘植物在生长过程中会产生扭曲现象是因为它们需要将茎秆绕轴扭曲以实现螺旋生长的自然倾向。正如他现在认识到的那样，这种解释等于没解释。仔细观察后，达尔文发现缠绕植物和其他攀缘植物并非在生长过程中完全绕轴扭曲。在其写于1865年的文章的第一部分，达尔文讨论了缠绕植物螺旋运动

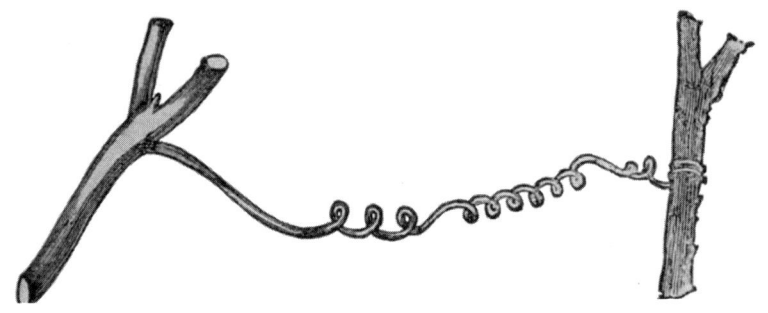

泻根属植物（*Bryonia dioica*）的卷须，显示出"反常"的卷曲状。请注意卷须近端及其末端部分的逆时针卷绕现象。摘自达尔文《论攀缘植物的运动和习惯》（1865年），图13，第96页。

的性质，包括旋转的速率和螺旋生长的方式。他对其做了类比解释：
"如果握住一棵正在生长的树苗，我们当然可以弯曲它，从而令其尖端呈圆圈状，就像自发旋转的植物的顶部那样。但树苗绝不会通过这个动作而绕自己的轴扭曲。"也就是说，扭转树苗并不会让它产生像扭曲的橡皮筋那样的螺旋式上升变异。相反，树苗是灵活的，它只会朝外力拉动的方向弯曲。

达尔文设计了一个典型的简单实验测试缠绕植物的扭曲现象。他在扭曲嫩枝外侧的弯曲部分涂了一些油漆，然后继续观察。随着缠绕植物的生长和缓慢旋转，油漆点似乎变换了位置。它先是朝弯曲卷须的一侧推进，然后又出现在卷须底侧的凹面，与外侧凸面正好相对。然后，它又出现在弯曲卷须的另外一侧，最后停在了一开始的最外层曲面。"这清楚地证明了，"达尔文写道，卷须"在旋转过程中会朝各个方向弯曲。实际上，这种运动是嫩枝不间断的自我弯曲过程，其指向则为四面八方。"[7] 达尔文再次以思想实验对这种现象做出了解释：

> 由于这种运动很难理解，我们最好给出示例说明。我们把树苗尖端往南弯曲，然后在其凸面上画出一条黑线；然后松开树苗，再将其往东弯曲，我们依然可在其侧面（朝北）看见黑线；再次松开后将其往北弯曲，黑线会出现在凸面上；往西弯折，黑线会出现在南向的侧面；再次往北弯折，黑线再次出现在一开始的凸面上。[8]

上述过程是违反直觉的；多数人可能会认为卷须在旋转的过程中

会发生扭曲。并非如此。那么，植物的细胞层面又发生了什么？达尔文想象了细胞集中地朝茎秆各个方向生长的整个图景；这样做会产生树苗朝细胞集中的方向弯曲的效果，从而令它朝向不同的方向。如果细胞富集的"区域"绕树苗茎秆旋转，整个茎秆便只会旋转而不会扭曲。达尔文总结道："事实上，我们可在缠绕植物的旋转嫩枝上确切地看到这种运动。"

达尔文基本上是正确的。细胞组织的膨胀压力（因水的流入而形成的植物细胞内的压力，就像给气球打气一样）所致的迅速膨胀和收缩的确被认为是植物的回旋运动和其他运动的原因。然而，植物生理学家多年后才理解了渗透作用（水对细胞膜壁等半渗透膜的穿透运动）在植物各种运动中的意义。荷兰的雨果·德弗里斯（Hugo de Vries）和德国的威廉·普费弗（Wilhelm Pfeffer）在理解植物运动的方面迈出了重要一步，他们主要研究细胞膨胀和我们如今称为"渗透压"的现象。这些实验家的工作是理解植物幼苗细胞的弹性和糖类物质进出细胞等因素如何产生快速和重复膨胀压，以及这种情况如何反过来在细胞一致运动时产生植物运动等的基础。大概直到19世纪中叶，植物学家还认为植物的弯曲运动是由于凸面一侧（相对于弯曲面）的细胞生长加速所致。尽管这也是一种可能，但生理学家证明了凹面的细胞组织膨胀压才是更重要的因素。正如一个区域的一组细胞像气球一样膨胀，或者另一个区域的细胞像气球一样放气，它们会共同对相邻细胞施加压力，这足以使卷须弯曲。

鼓舞人心的旋转

最先吸引达尔文注意的是刺囊瓜那缓慢旋转的茎秆和卷须，这种现象在攀缘植物中普遍存在，刺囊瓜似乎旋转得尤其快。他记录了植物上层节间（叶片之间的茎秆部分）和卷须的35次旋转，发现它们可在40分钟到1小时之内旋转一圈。达尔文切断卷须后，嫩枝仍在持续旋转。然后，他开始观察不长卷须的布鲁尔啤酒花，这种植物在喜爱啤酒的英国分布较广："啤酒花的嫩枝拔地而出后，初生的两三个节间呈笔直的静止状；此时的啤酒花还很幼小，但接着长出的节间则可能朝一侧弯曲，并朝各个方向缓慢旋转，就像手表的指针一样朝顺时针方向移动。"[9] 啤酒花嫩枝的平均旋转速度仅为两个多小时一圈。

在一幅长达5页的表格中达尔文总结了40多种缠绕植物的运动方向和速度，一些按顺时针方向旋转，一些按逆时针方向旋转；有些转得快，有些转得慢。这场植物竞速赛的冠军是刺莲花，一种来自智利的优美藤蔓植物，它旋转一圈仅需要1小时17分钟。达尔文后来还发现了两种旋转得更快的攀缘植物：长着紫色花朵的墨西哥藤蔓植物电灯花的卷须旋转一圈的时间约为1小时15分钟，而某种西番莲的卷须则只需1小时1分钟。好了，你可以对着这颗藤蔓植物校准你的手表了！

达尔文需要一种可图示这些嫩枝和卷须运动的办法。最初与儿子福兰克一起做研究的时候，达尔文的办法是把植物置于大钟罩（某种半球形玻璃容器）内，并以固定间隔时间在玻璃罩上绘点标记上层茎秆的位置。然后，他会将这些点绘制在平面纸张上，就好像将夜

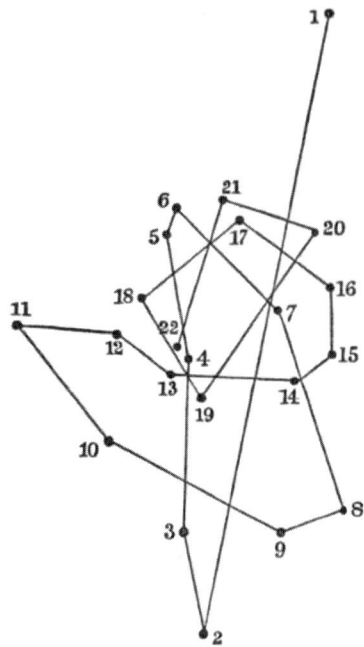

普通豌豆植物（*Pisum sativum*）的上层节间的椭圆运动，此图乃在钟罩上记录后，由来自图表底部的光源转录到纸上而成。摘自达尔文《论攀缘植物的运动和习惯》（1865年），图6，第65页。

晚"弯曲"的苍穹中的星星表现在平整的星图上一样。结果显示，茎秆呈前后椭圆运动。美国地质学家詹姆斯·D. 海牙（James D. Hague）曾于 1871 年拜访唐豪斯，他在 1884 年回忆这次经历的文字中描述了另外一个实验装置：

> 上午的工作是仔细查看长在花盆里的嫩芽数量，每个花盆都置于单独的钟形玻璃罩内，而所有的花盆都放在桌上可晒到清晨阳光的地方。所有植物不断生长的嫩枝顶端都抹了蜡……由此将一条拉制得十分精细的玻璃线的一端附着其上，而另外一端则从附着点水平向外伸出两英寸（约 5.08 厘米）左右，由此，茎秆的任何旋转运动都必然反映在玻璃线上，从而导致它像绕中心点旋转的径向臂一样。玻璃线的两端涂了"斑点"而变得显眼，由此得到两个易于识别的点。接着，再在钟形玻璃罩外表面标记出与玻璃线两端"斑点"一致的第三个点，由此，玻璃罩外面的点因植物茎秆的旋转而偏离玻璃线的距离就变得清晰可见了。[10]

19 世纪 70 年代晚期的某个时候，达尔文和福兰克逐渐意识到钟形罩对于研究植物的旋转运动而言并不理想——可能是因为玻璃的曲率，或者玻璃罩为植物提供的空间有限。达尔文突然想到：为何不试试埃玛和埃蒂的植物栽培箱？早在 19 世纪 60 年代早期，达尔文就拥有了一个马玲小姐牌专利室内植物栽培箱（"客厅或起居室的漂亮饰品"）。它基本上是一个大型的玻璃容器，尺寸与容量为 50 加仑（约 227 升）的鱼缸相当，马玲小姐的巧妙设计包括容器底部为热水锅留出的槽位，每天换水两次以加热容器，从而"在最严酷的冬天也可维持那些最具异国情调的脆弱植物的生存"。达尔文原本就是出于这个理由购买这个栽培箱的，并将其用来做实验的温室，但这个栽培箱却显得有些不值当。

达尔文对它的失望之情让他决心建造一座温室，马玲小姐牌栽培箱便留给了埃蒂。埃蒂和母亲将其放在客厅，并往里面种满了风信子、杜鹃花、溲疏及其他植物。1871年夏，埃蒂嫁给理查德·利奇菲尔德（Richard Lichfield）后，维护栽培箱的任务就落在了埃玛身上。大约在此期间，达尔文萌生了将栽培箱顶部和侧面玻璃板用于描摹植物旋转运动的想法——平整的表面比弯曲的钟罩更适合描摹。达尔文记录的一些植物是埃玛最为珍视的品种，比如细长的溲疏属植物（*Deutzia gracilis*）、印度杜鹃花（*Azalea indica*），以及来自日本的艳丽开花灌木等。我们并不清楚埃蒂是否因为父亲征用栽培箱并对其中的植物运动进行描摹而生气，她自己并未提到过此事。

达尔文对植物回旋运动的研究就像植物发芽、开花一样渐次展开，他逐渐对植物的诸多部位的回旋运动做了记录——根部、匍匐枝、幼苗、叶子、花梗和卷须，等等。所有这些都是根据其基本实验设计主题变化的需要，海牙的描述十分到位：他用蜡球将精细的玻璃针的一端固定在需要描摹的植物的相应部位。达尔文可透过玻璃板（栽培箱的顶部或侧面）并从固定参照点观察蜡球，从而在玻璃板上与视线平行的地方标注其位置。

这项工作比较乏味，但福兰克需要这项工作缓解当时内心极大的悲伤。福兰克学习过医学和生理学，他在埃蒂成家几年后的1874年结婚。他和妻子埃米（Amy）定居在离唐豪斯不远的道恩村，福兰克

马玲小姐的室内植物栽培箱广告。达尔文将栽培箱用于研究回旋运动。
摘自《园丁纪事与农业报》,1863年1月17日,第64页。

几乎每天都会前往父亲家协助他做各种实验。仅仅两年后，悲剧便发生了，埃米死于难产，尽管孩子得以幸存。万念俱灰的福兰克携子伯纳德搬回唐豪斯与父母同住。悲伤的福兰克全身心投入工作，并继续在唐豪斯协助父亲开展各种实验，尤其是植物运动的相关实验，直到1882年达尔文逝世。

有那么一段时间，对植物运动的研究让父子俩都疲惫不堪，他们得出的最深刻的见解便是，达尔文曾在攀缘植物上观察到的旋转运动实则是几乎所有植物在其生长过程中的普遍现象的特例——植物的根部、嫩枝、花朵和叶子都会不知不觉地循着不规则狭小椭圆形持续旋转。查尔斯和福兰克偶然发现了植物生长的这一原理，如果属实，该原理会证明某种基本的运动似乎可具体体现在所有植物中，只是方式各有不同而已。"每种植物的几乎所有生长部分都在持续旋转，"达尔文后来写道，"尽管规模常常很小……在这种普遍存在的运动中，我们有依据或基础按照植物的不同而得出最多样化的运动形式。"[11]体现在攀缘植物运动中的神秘力量可能只是植物一般运动情况的特殊和派生形式，即植物生长过程的副产品。

敏感的植物

除了旋转运动以外，植物的攀缘习惯还有很多，所有攀缘植物的触碰感知能力都令达尔文着迷。福兰克同样被卷须和其他植物结构的"敏感性"吸引。回想一下，在18世纪和19世纪，词语"敏感"和"敏感性"指的是事物对刺激高度灵敏的反应，不久后，植物学家就用这个定义描述植物因触碰而运动的情形。达尔文研究的攀缘植物多数较为敏感,他和福兰克试图记录它们在何时、何种情况下会显得敏感。很明显,攀缘植物向上生长时会感知到前方的物体,但不断生长的嫩枝或卷须的所有部分都很敏感吗?它们对瞬时和延时触碰都会做出反应吗?达尔文的办法是用一根小棒轻轻地摩擦叶柄或节间并观察其反应,或者用一小段绳线做出十分轻微的触碰。与捕蝇草等快速反应的植物不同,这些攀缘植物的反应通常"耗时良久"——往往以小时计。达尔文发现,植物的触碰敏感性存在于用于攀缘的任何器官之中——如铁线莲的叶柄,啤酒花嫩枝的最后两个节间,葡萄藤的所有卷须等。他研究过的最奇特的攀缘植物则是墨西哥的紫草属植物鸡矢藤(*Lophospermum scandens*),一种车前科植物。它是用叶柄抓握的叶攀缘植物,但其攀爬方式比较独特:叶柄弯曲并扣住木棍后,邻近的节间也会靠近这个木棍,节间碰到木棍后也会弯曲,从而像钳子或镊子那样俘获叶柄和茎秆。达尔文尝试了 15 次,每次摩擦节间 2~3 次,并计算后续结果的时间:多数情况会在 2 小时内(所有情况下都低于 3 小时)弯曲,次日又重新伸直。达尔文确定节间的所有表面都很敏感,他还能让节间先朝某个方向弯曲,再朝另一个方向弯曲。他指出,植物的反应总是朝着摩擦的方向。

生长在美国东南部的十字蔓则会表现出另外一种奇特的触碰感知状态,这种植物是一种藤蔓植物,以可爱的大型红橙色蜂鸟为花朵授粉而闻名。它的每个卷须都分出许多枝丫,每个枝丫都分成两叉或三叉钩状的末端,就像小型抓钩一样。然而,让它们显得惹人注目的则更多是其行为而非外表。达尔文一开始发现这种植物的卷须几乎不敏感,并且几乎对送上前供其攀爬的木棍无动于衷,他对此感到很困惑。接着,他注意到其茎秆会逃避光线,朝室内最暗的地方弯曲。达尔文试图诱骗它们爬入一根伪装成木棍但内部黑暗的管子，他发现这种植物很快就"从这些东西中退缩，然后舒缓地伸直，我只能称之为厌恶"。在另一个实验中，达尔文将一株长有六根卷须的盆栽十字蔓放入一个只有一侧开放的盒子中，并且开口一侧的斜面朝向光源。两天内，他发现所有卷须都朝盒子中最黑暗的角度生长。但这个观察更引人注目的是，卷须长在枝条的不同位置，它们必须朝不同方向弯曲不同的角度才能指向最黑暗的地方。"6个风向标都无法比进入盒子的光线流影响下的卷须更真实地显示风向。"[12]达尔文惊叹道。

达尔文用粗壮的木杆（一根有粗糙的树皮，一根有裂纹）替代光滑的细棍后，他也逐渐加深了自己对植物运动行为的理解。小小的卷须抓钩很快找到了自己字面意义的生态位："卷须的抓钩都十分漂亮地伸入到了所有的裂缝之中。"偶然间，达尔文发现十字蔓真正寻找的东西：当一根卷须抓住其范围内的一点羊毛后，他逐渐明白，这种植物要的是纤维状的织纹表面。他把亚麻、苔藓和羊毛裹在一个光滑的棍子上，瞧！卷须抓住了木棍，十字蔓恣意地往上爬。更重要的是，卷须末端的小钩变成了分泌黏性物质的小圆盘或小球。达尔文有一种预感，认为这与植物的原生栖息地有关。1864年5月，他在给格雷的信中写道：

> 你是否往南旅行过，可否告诉我，紫葳属植物攀爬的树木上是否覆有苔藓、丝状地衣或者铁兰？我这样问是因为这种植物的卷须憎恶光滑的木棍，也并不很喜欢粗糙的树皮，但喜欢羊毛或苔藓。它们附着的方式十分独特，会在每个攀爬的点上长出小圆盘，就像五叶地锦一样；圆盘粘在须根上后，这些须根便会在它

们之间生长，然后相互联结，最终，羊毛纤维便嵌入其中了。[13]

格雷回信说，他曾在北卡罗来纳州和田纳西州的山区见过紫葳属植物。他说，这些藤蔓植物生长在潮湿和阴暗的树上，并且他相信这些树的树干上"布满地衣和苔藓"。格雷清楚地记得，南阿巴拉契亚山脉十分潮湿，郁郁葱葱的大片落叶林遍布其间，即便冬季落叶之后仍显苍翠，树上覆盖着厚厚的苔藓、地衣和蕨类植物。于是，紫葳属植物卷须的喜阴行为便讲得通了：面对光线和阴影之间的选择，朝阴影方向生长更可能为幼小植物提供攀爬树木的机会，到最后它们仍可得见阳光。

达尔文因为格雷的发现而备感喜悦。"事实相当明显，"他宣称，"叶子应该会变成厌光的分支器官，其末端能够以根部嵌入缝隙的方式，或者抓住微小凸起点的方式爬升。"[14] 避光而走属于植物的某种普遍运动方式——向性（tropism），这个词来自希腊语中表示"转向"的词"tropos"。向性指的是植物对环境刺激做出的反应，它具备多种类型：趋向潮湿的向水性，趋向温度的向温性，等等。向性又可进一步描述为朝向刺激的"阳性"运动和避开刺激的"阴性"运动。因此"阴性向光性"描述了达尔文的紫葳属植物卷须的避光行为，这是由喜光叶子衍生出来的奇怪结构。

根和嫩枝

达尔文开始怀疑，即便植物的所有部分都可旋转，攀缘植物的旋转搜寻动作仍显夸张。他开始对众多植物的回旋运动展开研究，尤其是研究它们不同的生长阶段。他惊奇地发现，即便是幼苗的根部和嫩枝也会旋转。然而，他更为惊讶地发现，环境刺激会在某些情况下超越植物的回旋运动，并对其方向产生影响——至少十字蔓的避光性就是如此。毫无疑问，对大多数植物而言，趋光乃常态。但这种性状是如何产生的？是整株植物都对光线敏感，还是有专门的细胞或器官，类似眼睛，能看到光并引导植物？

就像约翰·霍伍德认为卷须长了眼睛一样，达尔文发现加那利鹬草（*Phalacris canariensis*）不断生长的尖部似乎也像长了眼睛似的："它们总能顺利帮助深埋在土里的幼苗种子找到通往光线的最短路径，其原理与多数低等爬行动物身体前端的眼部结构基本类似。"[15] 像草一样的嫩枝包裹在子叶（胚芽鞘）中。达尔文和福兰克设计了一系列实验来证明胚芽鞘也有其单独的敏感区域，这个区域会向嫩芽中其他细胞发出生长方向的信号。以下是他们的实验方法示例：

• 作为对照组，他们用透明的玻璃盖覆盖在9株幼苗的胚芽鞘顶部，并在阳光明媚的日子里将它们置于采光好的西南向窗户旁8小时。所有的幼苗都像预想的那样强烈地朝光线弯曲，这个实验也证明玻璃管并不能阻止嫩枝的运动。

• 类似地，他们还将另外19株幼苗置于玻璃管中，但这些玻璃管都涂有黑色墨水以隔绝光线。其中5株因为墨迹干燥和淡化后光线的进入而失效。剩余14株幼苗中，7株保持直立，7株表现出光反应的弯折现象。达尔文父子怀疑胚芽鞘对光线的反应是因为裂缝或玻璃帽下端射入了光线。

• 为了更好地控制胚芽鞘顶部的光线照射，他们接下来为24株幼苗配备了小巧的锡箔帽，就像小型的植物太阳镜一样戴在胚芽鞘末端 3.8~5 毫米的地方。3 株植物依然感应到了光线并弯曲了，但在剩下的 21 株中，17 株保持直立，其余 4 株只是稍微有些弯曲。为了确定这些植物缺乏运动并非因为锡箔帽给它们造成了伤害，父子俩还将这些植物搬到可完全暴露在光线中的地方；很快，所有植物都朝光线弯曲，这表明它们并未受伤。

• 由于长度为 3.8~5 毫米的锡箔盖被证明可以有效防止幼苗向光源弯曲，所以，他们又往另外 8 个胚芽鞘上安装了更小的锡箔帽，仅为 1.5~3 毫米长。这 8 株中仅有一株明显朝光线弯曲，对光线做出反应的这唯一一株植物证明，加那利鹬草的敏感区非常靠近嫩枝的顶端。

• 最后，达尔文又使用 5 毫米宽的锡箔条"包扎"嫩枝以进一步确定其敏感区的位置，这一次，胚芽鞘的顶端暴露在外。8 小时后，幼苗都朝光线弯曲了。之后，他们还再次使用清漆涂层的玻璃管做了补充实验，只是这次的玻璃帽上都留出了 2.5~5 毫米的小缝隙。尽管这些幼苗的下半部分完全暴露在光线下，但顶部仅有一丝裂缝可进阳光。8 小时后，半数（14 株）幼苗仍保持直立，而另外 13 株则弯曲了——但并非直接朝向有光的窗户，而是朝裂缝所在的方向弯曲。很明显，少量光线便足以引起植物的向光反应，方向信息也包含在其中。

达尔文和福兰克确信，嫩枝顶部暴露在光线之下在一定程度上表明，细胞以下降的方式实现了弯曲动作：他们发现，植株的弯曲部位并不发生在嫩枝顶部，而是比较靠下的地方。这意味着植物可从受到刺激的部位，即胚芽鞘，传导信号至其他地方的细胞，从而引发反应。达尔文宣称，这真是个"惊人的事实"。"这些结果似乎意味着植株顶部存在一些可对光线做出反应的物质，它可将自身的影响传导至植株底部。实验证明，这种传导作用与上方敏感部分的弯曲现象无关。"[16]

实际上，植物的确有其传递刺激作用的方式：在此，达尔文预示了后来发现的植物生长激素。近 50 年后的 1928 年，荷兰植物学家弗里茨·文特（Fritz Went）正是从达尔文研究过的加那利鹬草中分离出了第一种植物激素。文特用希腊语中表示生长或增加的"auxein"将这种物质命名为"植物生长素"（auxin）。其化学结构由英国植物生理学家肯尼斯·V. 蒂曼（Kenneth V. Thimann）确定下来，他和文特于 1937 年就这个主题合写了一本名为《植物激素》（*Phytohormones*）的著作。

达尔文和福兰克在豆类植物的根部也发现了类似现象。古已有之的智慧认为，植物的嫩枝和叶子会朝着光线生长，类似地，根部则会朝大地向下生长。如果你用别针或其他方式固定萌芽的豆子，并让胚根呈水平方向，它很快也会向下弯曲。达尔文时代的人将这种现象称为向地性（geotropism），如今我们通常称之为向重力性（gravitropism）。当时的传统观点认为，生长中的胚根受重力拉扯，但胚根并未感应到重力或对重力本身有所反应。果真如此吗？正如达尔文的加那利鹬草实验证明的，生长的嫩枝的光敏感部位并非是对光线做出曲折反应的部位。他们认为，生长中的胚根比我们肉眼所见的更为复杂：他们证明了，胚根末端具有重力敏感性，从而可传递信号至胚根上方的细胞以引诱其向下生长。

19 世纪初，著名的英国实验植物育种家托马斯·奈特便明确了重力在植物根部生长过程中的作用，我们在本书第六章对他已有所了解。奈特在 1806 年递呈给皇家学会的一篇文章中指出，如果重力是胚根向下生长的原因，它要么在组织生长的过程中对其起作用，要么对树液（sap）和细胞内别的液体产生作用。因此，奈特推论说："仅当种子相对于地球引力可产生作用的方向保持静止的时候，重力才会起作用，我猜测重力的作用会因为种子在发芽过程中位置的不断迅速变换而暂停，并且离心力的作用也可能将其抵消。"[17] 奈特家后院小溪上有个小水车（其功能类似于碾米水车），他往其轮子上固定了许多浸泡过的豆子，豆子的胚根指向各个方向。他让轮子处于旋转状态，并且注意到，无论胚根一开始朝向何方，它们都会很快朝轮子中心生长。奈特总结道，胚根受离心力影响，因此，这意味着胚根在正常生长环境中会类似地受到重力的影响。达尔文并未对奈特的实验做出评论，但同意他关于重力重要性的结论。植物的向地性真实存在，但对达尔文而言，重要的问题在于地心引力是否如奈特所说的那样直接作用于胚根，或者只是另外一种类似加那利鹬草那样的刺激-反应现象？其著作《植物的运动本领》（Power of Movement）中与这个主题相关的标题提示了达尔文心中的答案："重力敏感性及其传递效应"。

此处的关键词是"传递"。对这个词的确切演示很简单：在根尖完好无损与根尖被移除或破坏的情况下，进行向地性反应对照实验。但达尔文终究并非想到这种实验的第一人：就在1872年之前的几年里，波兰的年轻植物生理学家特奥菲尔·切谢尔斯基（Theophil Ciesielski）发表了关于植物根茎向下卷曲的博士论文。切谢尔斯基注意到胚根中植物生长区域及其顶部作用于向下生长的敏感区并不一致，他还证明了，末端移除后的胚根便不会再向下生长，或者说失去了重力敏感性。达尔文父子同意这种观点，并在《植物的运动本领》中引述了切谢尔斯基的发现。为保险起见，父子俩还以各种方式重复了切谢尔斯基的胚根尖端切除实验，包括直接切除和用化学手段使其死亡等。这些措施有效地消除了植物的向地性反应，但若胚根尖端重新长出，这种反应又会重现。他们的结论是，尽管多数人认为植物胚根是因重力而弯折，但实际上"我们现在知道，仅有胚根尖端才具备这种反应，并且尖端会将向地性反应传递至毗邻部位，从而导致它们也向下弯曲。似乎重力作用于胚根的方式与它作用于组织程度较低的动物相差无几，后者会因为感受到重量或压力而避走"。[18]

上述结论将达尔文父子置于德国维尔茨堡大学杰出的生理学教授尤里乌斯·萨克斯的对立面。当时，德国的生理学研究位列世界前沿，萨克斯又拥有条件最好的实验室。他本人更因为在植物的蒸腾作用、种子萌发和开花等方面的杰出成就而闻名遐迩。精通德语的福兰克于19世纪70年代先后两次造访萨克斯在维尔茨堡大学的实验室，去了解最新的技术，此外，他还通过大量阅读德语科学文献和萨克斯本人1868年的著作《植物学教材》（*Lehrbuch der Botanik*）而学到大量相关知识。然而，福兰克与萨克斯的私人关系似乎并未缓解这位德国植物学家与他父亲之间的紧张关系。实际上，他和萨克斯的关系最后也破裂了，因为萨克斯认为达尔文父子暗示他关于植物向地性的实验是错误的，感觉受到了冒犯。

萨克斯了解切谢尔斯基的实验，并且让一位研究助手对其再现。奇怪的是，他并未得出与切谢尔斯基一致的结果，他得出结论说这位波兰人错了：胚根顶端对重力并不敏感，也不存在传递效应。达尔文和福兰克对此大惑不解，因为他们的实验清楚地确证了切谢尔斯基的结论，二人还将这个结论写进了出版的著作之中。然而，达尔文父子二人的罪责显然并非不同意萨克斯这般简单，而在于暗示其实验技术

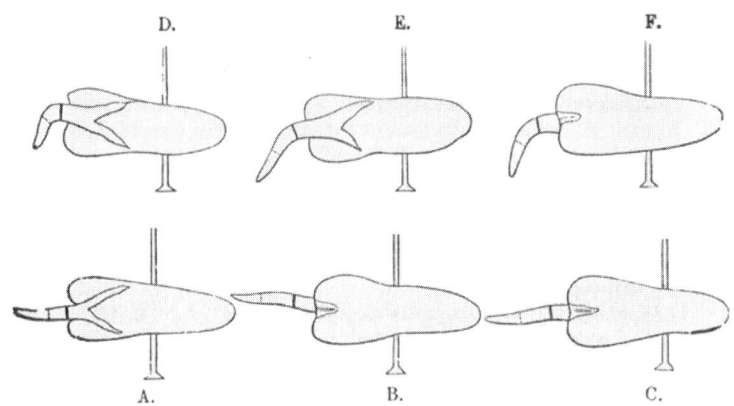

普通蚕豆（*Vicia faba*）胚根水平生长近24小时的过程图。（图A、B、C）胚根尖端用硝酸银麻醉后，其向地性反应受阻。（图D、E、F）胚根部分维持原样，则显示出向地性。摘自达尔文《植物的运动本领》（1880年），第531页。

有问题。火上浇油的是，达尔文在其《植物的运动本领》中断言，切谢尔斯基"自信满满地道出了向地运动整个消失"的充分理由，并且"萨克斯很可能并未严格以横切的方式去除他实验中的植物胚根"。[19]换言之，如果切除胚根顶部时稍稍有些角度，就可能残留些许尖端组织，如此便足以出现向地性反应，从而让萨克斯误入歧途。这位德国专家将这种判断视为严重的个人冒犯，因为他自认为拥有先进的实验技术，其实验室亦是尖端科学的化身。

事情并非自尊心受挫这般简单。简而言之，萨克斯对达尔文父子的工作很是不屑，主要原因是他们的研究风格过于粗犷，以及他们开展实验的家庭环境，既没有德国实验室的精密仪器，也不具备相应的受控条件。因此，父子二人与萨克斯的争论体现了一个更深层次的问题，即19世纪后期科学研究的巨大变化；史学家苏拉亚·德查达里维安（Soraya de Chadarevian）将他们的分歧恰当地刻画为老式的"乡村"科学与当时不断涌现的实验室科学的脱节现象。这种情况也和当时科学研究与日俱增的专业化程度紧密相关；达尔文自然沉浸在绅士－博物学家的传统中已久，而萨克斯则是一位傲慢且有天赋的专家，他从一开始的卑微处境一路擢升至优秀大学的植物学主席一职。熟练运用最新的高科技设备，而非使用达尔文牌的客厅推拉盆栽为他赢得了好评。

但自尊心也一定起了作用。作为一名熟练的实验主义者，萨克斯享有盛誉，这意味着达尔文的暗示不只是结论错误那般简单，其评论说萨克斯马虎的操作技术就像在伤口上撒盐。萨克斯可能一直都是杰出的科学家，但很不幸，他却并非因为慷慨精神而闻名。他本就因为达尔文父子创造术语"回旋运动"取代自己的"低头旋转"而有些生气，于是，情况在向地性问题上变得不可收拾。在其 1882 年关于植物生理学的著作中，萨克斯公然嘲讽达尔文那"笨拙和得出错误解释的"实验，并且他还在自己的私人笔记中表现出了更为不可告人的敌意："私下相熟常常有其好的一面，弗朗西斯·达尔文（福兰克）1878 年和 1879 年两次前来学习时，我逐渐了解到达尔文整个研究活动的窘迫不堪；他那可怜的作品《植物的运动本领》出版后，我也得以一窥究竟，并意识到自己面对的是一位名副其实的无赖。"[20] 令人尊敬的教授说出了如此刻薄的言论！达尔文父子俩认为他们与萨克斯之间一定有什么误会，因为他们实际上十分推崇萨克斯，并且在《植物的运动本领》中多次引用其杰出的著作。但他们从未想过在科学观点上屈从于任何权威，更不用说不同意其实验结果的人了。福兰克再次前往维尔茨堡试图弥合关系，却直接被萨克斯打发了，此后二人再也未见。

正如德查里维安总结的，如果时间确证了达尔文关于胚根和攀缘植物的结论，那它也确证了萨克斯的哲学观点：在接下来的一个世纪里，以乡村实验室为基础的科学研究和绅士博物学家群体，逐渐被专业实验室和精密设备中展开的科学研究整个取代。在父亲于 1882 年去世后的岁月里，福兰克也一直是英国境内引领此项科学风潮的先锋，他也成为剑桥大学植物学系的首位讲师（当时称"Reader"），还是从德国学成归来并为英国引入先进实验技术的杰出青年科学家之一。向地性仍然是福兰克的研究兴趣所在，他在世纪之交的时候提出了重力感应的"平衡石学说"（statolith theory），并以巧妙的方式测试和验证了该理论。

植物的平衡石乃淀粉颗粒（学术上称为造粉体），它可为根尖处提供某种专门的椭圆细胞（平衡细胞）。其作用与耳石（otolith）类似，这种内耳处的微小碳酸钙颗粒对我们的平衡感起着重要作用。（实际上，人们造出平衡石这个术语就是为了与耳石对应，因为动物体内的平衡和定向机制早先便已被发现。）这两种颗粒物质都可在细胞内进行自由落体运动以响应重力作用，它们会在细胞"底部"（无论哪一侧）聚集，从而触发信号。就人耳中的耳石而言，触碰和弯曲细胞内部排列的微小毛状物质便能使其触发信号；神经冲动传递到我们的脑中，结合其他输入信息（比如来自我们视觉的信息）后，大脑会用来自这些细胞的信息计算我们身体的位置并让其保持直立。植物细胞中则有分子化学传感器，而非毛状物质。植物缺乏神经——尽管达尔文认为"狡黠"而"睿智"的植物就像动物一样——但平衡石的作用类似：平衡细胞将信号传递至根部不断生长的活跃细胞区，在这个区域不同细胞的生长速率及其内部膨胀压变化的共同作用下，根尖便能转向并朝正确的方向生长。就像我们一样，植物可以分辨出路径的上下方向。

  福兰克对向地性的平衡石理论十分着迷，他指出该理论的实验证据很有说服力，但尚不完备。例如，他认为基于破坏淀粉颗粒的实验证据尽管支持该理论，但也仅具备启发性而非确凿无疑，因为这些情况展现出的向地性缺失，也可能是由消除了淀粉颗粒导致的其他功能丧失造成的。福兰克用高粱幼苗做了加热破坏淀粉颗粒的实验。他发现植物对重力和光线的敏感性似乎都受到了影响，并且福兰克并不怀疑平衡石也可能在向上——"向日性"——的枝条生长中起着一定作用，他总结道："这些实验和其他类似实验表明，我们无法得出向地性趋向的丧失取决于特定机制（平衡石）的缺失，淀粉颗粒的损失更可能是某种消耗的过程，从中可看出它既具有向地性，也具有向日性。"

接着，福兰克设计了一种通过强化而非消除其影响的手段来测试平衡石的重要性。他的"音叉"方法涉及持续振动幼苗实验，他推测，如果植物对重力的响应来自细胞内平衡石的"触碰敏感性"，那么可通过让它们在细胞壁上持续振动而放大这种效应。福兰克设想这样做可增加刺激，就像手指连续不断摁响门铃以增加耳部刺激一样。他制作了一个音叉并让它不断振动，然后，福兰克将音叉连接到一个装有6株幼苗的铁盒上，这些幼苗的胚根都朝水平方向生长。类似数量的幼苗则装在一个并未连接音叉的相邻盒子中作为对照组。一段时间后，福兰克将两组植物都放入了名为回转器（klinostat，萨克斯基于奈特花园中的水车原理发明的抵消重力影响的旋转装置）的设备中。数小时后，福兰克测量了胚根的弯曲程度，果然，受振动影响的植株的弯曲程度比对照组大许多。他还在不同的条件下用多种植物重复了这一实验；除了胚根的向地性，福兰克还测量了嫩枝的向上弯曲程度，即他所谓的"向日性"效应——枝条朝阳光生长，因此常常背离重力的方向。他向皇家学会宣布了自己的结果，并总结道，振动并不会影响枝条的生长，但会对胚根产生影响；因此，福兰克用自己的设备证实了向地性的平衡石理论。达尔文在天有灵，也会为儿子的精巧实验而感到骄傲。

周而复始

我们在本章讨论的植物嫩枝、卷须和根部运动仅仅是达尔文父子在《植物的运动本领》中研究的诸多问题中的一小部分；父子俩的另外一个研究计划则是植物的"睡眠"现象，即植物叶片和其他部位在白天的运动，以及含羞草或其他敏感植物的触碰敏感性。由于篇幅有限，我们无法详细呈现这些精巧的实验，但其基本观点都是一致的：旨在更好地理解植物的感知能力和多样的适应性，这些特征也强调了动植物的共同起源，还说明了物种多样性和同化等进化论原理。达尔文在写给出版商的一封信中称《植物的运动本领》"索然无味"。倒也没错，这的确不是一本引人入胜的著作——好吧，离让人爱不释手还差了很远。当然，达尔文父子的初衷也并非如此。而《攀缘植物的运动和习性》(*The Movements and Habits of Climbing Plants*，该书第 2 版的篇幅扩展至 200 多页)与《植物的运动本领》(篇幅为 573 页)，二者共同构成了植物学研究的经典之作，它们为至今仍显得至关重要的植物感知主题开辟了新的研究途径，同时帮助巩固了达尔文眼中真正普遍的生命之树的进化论图景。

对达尔文而言，此种统一的视野远非肤浅之见。我们来看看他在这两本著作中的总结陈词。他在《攀缘植物的运动和习性》的最后部分谈道"攀缘植物自然历史中最有趣的一点是它们各异的运动能力"，以及"迥然有别的器官——茎秆、花梗、叶柄、叶片的中脉，以及明显可见的须根——都具备这种能力"。[21] 其更深的旨趣在该书最后一段显露无遗："世人常常模棱两可地谈道，植物因为无法运动而区别于动物。相反，我们应该说植物仅在条件合适的情况下才会获得并展现这种能力。"他指的是长有卷须的植物，它们表明了"植物的组织程度可上升至何种高度"。而达尔文在最后几段中的遣词造句则值得我们仔细推敲：

它先让卷须处于准备行动的位置，就像水螅放置其触手一样。如果卷须的位置被移动了，它就会凭借重力运动纠正自己的位置。它会朝光线最有利的地方运动，从而朝向、背离或无视光线。数天之内，卷须或节间都会以稳定的运动速度自发旋转。卷须碰到物体后，便会迅速将其缠绕并紧紧抓住不放。此后数小时内，它会收缩成尖顶并拖拽茎秆，从而形成完美的弹簧状。至此，所有运动戛然而止。植物组织在生长过程中迅速变得异常强韧。[22]

请注意达尔文精心选取的语词，我们只能将其表达的含义解读为植物会主动行事：它放置卷须，就像海洋无脊椎动物水螅放置触手一样，并且可自行纠正位置。它会朝向、背离或无视光线。卷须会自发旋转，碰到物体后会迅速缠绕并紧紧抓住它不放。随后，它会收缩，并拖拽攀缘植物的茎秆。

的确，卷须对搜寻、抓握和攀缘有着极好的适应性，它们按照自己的生活方式有目的地移动。正如达尔文所言，卷须类植物已经上升至"组织规模的高级阶段"——人们可能会说它们用卷须攀登生命之树。达尔文最后总结道，"卷须以极好的方式完成了自己的使命"。的确，攀缘植物的意向性和行为实则与四处摸索的嫩枝或胚根的表现一致。如此，《植物的运动本领》中的最后一句话便呼应了《攀缘植物的运动和习性》的主旨："如下说法并不夸张，胚根尖端让其相邻部位动了起来，并且有能力指导其运动，其作用就像低等动物的大脑一样；后者位于身体前端的大脑会从感觉器官处接收信号，并对相应的运动做出指导。"[23] 真是披着植物外衣的动物。

章节实验:功夫不负有心人

对达尔文而言,攀缘植物几乎与他钟爱的茅膏菜一样"睿智",并且也展现了多种进化原理。似乎具有动物般的运动和感知能力的攀缘植物也表明了植物和动物的基本一致性。不停旋转的嫩枝、擅于探索和抓握的卷须、可分辨上下方向的根茎……攀缘植物对触碰、光线和重力的种种反应可能较慢,但仍属于"行为"之列。

获取属于你的攀缘植物

尝试获得以下 3~4 组植物。其中多数应该可以在花卉商店、苗圃园或者网上零售商、花园俱乐部及攀缘植物的专门网站上获取。

常春藤(*Hedera helix*)	根攀植物
布鲁尔啤酒花(*Humulus lupulus*)	缠绕植物
藤状铁线莲(*Clematis virginiana*)	叶攀植物
圆锥铁线莲(*C. terniflora*)	叶攀植物
绣球藤(*C. montana*)	叶攀植物
刺囊瓜(*Echinocystis lobata*)	卷须攀缘植物
刺果瓜(*Sicyos angulatus*)	卷须攀缘植物
西番莲(*Passiflora spp.*)	卷须攀缘植物

草原之月苗圃出售北美原生攀缘植物种子,如铁线莲、刺果瓜和刺囊瓜等。

注意:根据物种(和供应商)的差异,你购得的攀缘植物可能是植物的幼苗、根茎或块茎,也可能是种子。种子在发芽前可能需要分层（在一段时间内暴露于寒冷和潮湿的环境中），谨遵种子包装上的说明操作。当然，你获取的藤本植物或其他攀缘植物可能会因比较长而带来不便。用来做研究的嫩枝或幼苗需有适宜的高度以方便管理，可将它们种在花盆或带有小型棚架、支架的户外花园。

I. 攀爬的风格和行为

达尔文惊讶于不同植物攀爬时用到的不同部位及多种方式——一些用前面的嫩枝，一些则用变异的根部、叶柄、中脉、花梗或者特异的卷须，它们极好地说明了相关主题的进化变异。

A. 材料准备

- 获取英国常春藤、布鲁尔啤酒花、铁线莲、西番莲、刺囊瓜、刺果瓜，并将它们种在花盆或地里的棚架上
- 放大镜或解剖显微镜
- 用于探测的竹筷子、木扦或木桦，10厘米长

B. 实验步骤

观察往往与实验紧密结合，正如我们看到的，达尔文以仔细观察的方式就大量掌握了他感兴趣的各种主题。

1. 根部攀缘。常见的英国常春藤原产于欧洲和欧亚大陆，这种藤本植物的茎秆上长有气生根。达尔文对根攀植物并不是很感兴趣，因为它们的攀爬器官并未表现出别的攀缘植物那般的主动"行为"。尽管如此，作为比较仍值得一看。根攀植物甚至可以

分泌某种胶状物质而在光滑的墙面上攀爬。它们可拖拽藤蔓垂直生长，注意其对墙面的黏附强度。仔细查看其根须末端的黏附盘，这个部位会分泌胶状物质。这种"胶水"包含直径为60~85纳米的纳米颗粒，研究人员于2008年首次发现这种颗粒。它们正被用于医学、化妆品和清洁剂方面的研究。

2. 缠绕。啤酒花的藤蔓也能在光滑无分叉的物体上攀爬。轻轻竖起你的指头看看其表现方式：粗糙的感觉来自数以千计的指向下方的钩子。用放大镜或更好的解剖显微镜查看茎秆，你会发现其表面长有钩状物。请注意，它们指向两端，中心长有一个枢纽点，从侧面看像小铁砧。它们是变异的毛状体或植物毛发，其作用与微型抓钩一致。茎秆在支撑物上缠绕时，钩状物便会附着在其表面，以增强稳定性；在螺旋缠绕和微型抓钩的共同作用下，啤酒花具有极强的抗滑性能，而这种稳定性实则有助于藤蔓长得更粗壮。这是因为藤蔓向下拉的重量产生的张力有助于旋转的茎秆收缩。这个过程中起作用的原理与竹制"手指陷阱"玩具的类似，竹制的螺旋带会因拉伸（张力）而紧致，同时会因为向内的力量（压缩）而松弛和开放。

3. 叶攀现象。藤状铁线莲的藤蔓是叶攀现象的很好示例，它用叶柄向上攀登，每隔一个小时就用小棍或是手指触碰铁线莲持续生长的叶柄一侧1到2分钟。短短3到4个小时内，叶柄就会绕自己卷曲。你可以摩挲叶柄另外一侧以重复这一过程，从而让它舒展。对触碰敏感的叶柄会弯曲并扣住花园中支撑的茎秆、枝条或棚架。铁线莲属于"主动趋物型"，它会向物体弯曲并实现物理接触。

4. 卷须攀缘现象。正如成为攀缘植物的方式多种多样，我们在卷须攀缘植物中也能见到同样的多样化原理在起作用：成为卷须攀缘植物的方式也多种多样。分叉或未分叉的卷须可能都是源自嫩枝、叶柄或枝丫的不同特异化茎秆或叶子，只是它们的进化谱系有所不同。

A. 刺果瓜和刺囊瓜都是北美葫芦科攀缘植物。正是格雷对刺果瓜卷须的观察让达尔文开始关注起了攀缘植物。使用此处提到的任意一种植物尝试格雷在1858年的论文中对卷须敏感性的演示：

除了顶端的钩状物外，一根舒展卷须的顶部被一小块木头轻轻触碰一两次后，便会在一分半钟内卷曲 2.5~3 圈。

循着格雷的指引，我们找出一根直的卷须，并用探针轻触其上侧数次，然后移除探针。观察并记录其反应时间。从移除探针到开始卷曲用了多长时间，整个卷曲过程又持续了多长时间？格雷发现，如果放任已经卷绕的卷须不管，它会自行变直。计时：你的卷曲再次变直耗时多久？

注意：使用持续生长中的直卷须，而非那些已经卷起的卷须。众多卷须植物的卷须无力地挂在枝头数天（有些物种可能更久）都未能触碰并抓握到任何物体后，就会变成紧致的圈状。发生这种情况时，卷须在一定程度上就变得不敏感了，这种不对刺激做出反应的卷须是无用的。

B. 观察卷须发育良好并且已经抓住支撑物的刺果瓜和刺囊瓜藤蔓，然后寻找卷绕和反卷绕（或称卷绕"异常"）现象——反卷绕是反方向形成的卷圈,其作用在于减震(参见图解说明)。

C. 西番莲乃美洲本土的大型热带花卉,许多品种都因为奇特和复杂的花朵而成了园林植物。许多在花园种植西番莲的人都未过多关注其卷须。但我们相反。请注意,这种植物的卷须是不分叉的,并且沿着茎秆上所有叶片的轴线生长。喜阴植物会长出长长的主导性或搜索卷须,它们会朝阳光生长,就像手指一样指明了植物想去的道路。用木钉或木棍触碰水平延伸的主导卷须,你就知道这根"手指"多容易就能抓住物体了。观察卷须如何从它与木钉接触的地方一步步稳定地延展开去。卷须开始卷绕后,去掉木钉,并观察卷须保持的角度。会发生什么情况?随着时间的推移,它会继续卷曲还是变直?

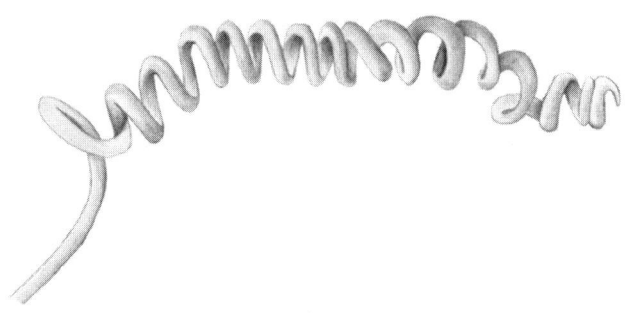

卷绕卷须和反卷绕卷须。莱斯利·C.科斯塔绘制。

II. 回旋运动

上下运动的攀缘植物以正圆或椭圆运动方式不断探索并取得成功,达尔文将其运动方式称为回旋运动(circumnutation,拉丁语"circum"

和"nutatio"的合成词，前者表示环绕，后者表示点头或摇曳）。回旋运动是缓慢的，但植物在缓慢程度上有相当大的不同——从冰川期变化到人类刚刚能感知到的边缘。尝试用某种快速回旋运动植物衡量这种运动会比较有趣（记住，快速回旋运动植物的资格在植物世界是相对而言的）。你所需要的只是一个放置便利的"回旋测量仪"的参考点。试试布鲁尔啤酒花，这是我们手上回旋运动最快的植物。

A. 材料准备

啤酒花藤。其根茎很容易买到，或者也可从栽种啤酒花用来自酿啤酒的朋友那里获取。准备一株长约一英尺（约 0.3 米）、长势良好的幼株，将其种在直径 25 厘米的圆形花盆中央。

- 直径略小于花架直径的纸盘，从而可合适地安装在花架内
- 直尺
- 剪刀
- 记号笔
- 大头针
- 手表或秒表

B. 实验步骤

1. 如下页图所示，剪下纸盘的中间部分并得到环形。然后，用尺子和标签标记出时钟的时针（仅标记 12 时、3 时、6 时和 9 时）。
2. 小心地将环形纸盘以啤酒花和中央支架顶部为中心向下置于花盆内的土壤表面；如果有必要，就用大头针固定。这就是你的回旋测量仪。

3. 从花盆上方 12 点的位置往下看，记录啤酒花嫩枝指向的"时间"或方向。
4. 每隔一小时检查一次嫩枝，每次都需记录回旋测量仪上显示的"时间"或方向。嫩枝朝哪个方向旋转？达尔文的啤酒花旋转一圈耗时 2.5 小时。你的啤酒花旋转速度与达尔文的比如何？旋转速度的单位可表示为"CPH"（圈/小时）。

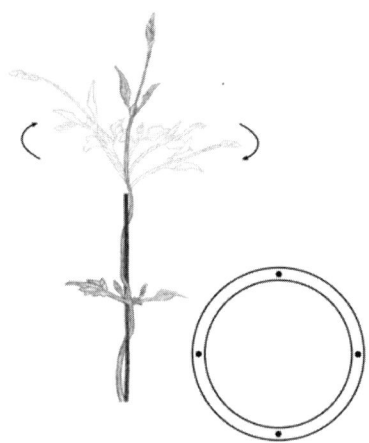

长有旋转枝条的盆栽啤酒花。右侧的"回旋测量仪"圆盘可像钟表那样标记基本方向或时针方向，然后将其从啤酒花上方向下安装到花盆上。从上方观察，我们便可为枝条旋转过程计时。莱斯利·C. 科斯塔绘制。

III. 向地性：向下生长的豆子

如果嫩枝可向上探索，植物的根部则会向下移动。在此，我们来像达尔文一样证明，发芽豆类不断生长的根须（胚根）末端可感受到重力。

A. 材料

- 15~20 颗风干的带斑、黑色豆子或芸豆
- 20 张纸巾
- 容量约为 1 升的塑料密封袋
- 4 个广口瓶（装过罐头、花生酱、蛋黄酱等食物的罐子均可，玻璃或塑料材质）
- 厚纸板 [如瓦楞纸箱（普通包装纸箱）]，切割成比瓶子口稍宽的方形
- 蜡纸，切成与厚纸板尺寸一致的正方形
- 棉球
- 直大头针（长）
- 工艺刀或剃刀刀片
- 小碗和水
- 量角器和标尺

B. 实验步骤

1. 先让豆子发芽：

   a. 将豆子分成 3~4 组，每组最多 5 粒。

   b. 上下重叠 5 张纸巾，往上倒水，直至饱和状态，但不要湿透。

   c. 往纸巾中央位置放置至多 5 颗豆子，每颗间隔约 2.5 厘米，然后折叠纸巾。

   d. 将包裹了豆子的纸巾放入 1 夸脱（约 1.14 升）容量的可密封袋子中，然后密封。其余每组豆子也照此操作。

   e. 静候豆子发芽及其胚根的生长，约 2~3 天。

2. 发芽的胚根常常会指向不同的方向，甚至会发生卷曲。选取胚根发育良好且在一定程度上指向水平方向的豆子。

3. 使用小刀或刀片小心地切除两组豆子胚根末端1~2毫米的部分（实验组），其余两组原封不动（对照组）。

4. 将浸水至饱和状态的纸巾折叠放入广口瓶底部，或者将干纸巾放入后再倒入少量水。

5. 用大头针顺次穿过一粒豆子和一个湿棉球。

6. 将正方形蜡纸放在正方形纸板上。然后用串上豆子和湿棉球的大头针依次穿过方形蜡纸和纸板。如有必要，请用少量胶水固定大头针。接下来，将纸板放在广口瓶开口处，以保持豆子处于潮湿状态。

7. 用另外3组豆子和广口瓶重复上一个步骤，并在广口瓶上标记其中包含的是实验组豆子或者对照组豆子。

8. 将广口瓶放在橱柜或壁橱这样的暗处，或者用黑色绘画用纸将其盖住，并让胚根在其中进一步发育几天。

9. 进行日常观察：可以从瓶子上取下固定的根茎进行测量。使用量角器测量每个胚根的水平角度（偏离程度），并用尺子测量胚根长度。

10. 将你的数据绘制成图表，以获得连续几天的胚根生长速率和偏离角的变化速率。根部完整的豆子对重力的反应有多快？胚根完整和末端被切除的豆子的生长速率是否有差异？豆子胚根的水平偏离速率又有何不同？绘图表示连续几天的偏差度数。去掉末端的胚根应该无法感受重力，所以它们应该会一直朝水平方向生长。相反，那些完整的胚根明显应该会向下生长。

第九章 狡黠而睿智的攀缘植物

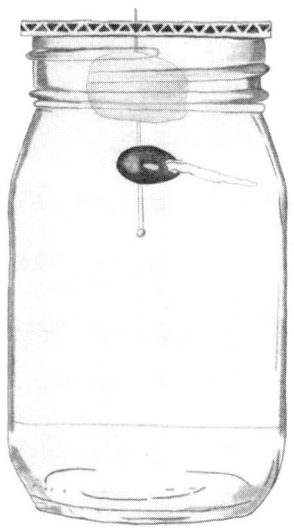

固定豆子重力实验，胚根最初在罐中呈水平方向。可用不同的广口瓶设置胚根尖部的实验组（切除）和对照组（完整），从而测试植物对重力的反应。莱斯利·C.科斯塔绘制。

第十章

蚯蚓小夜曲

1880年夏，埃玛冷淡地评价了自己丈夫的最新兴趣。她在给儿子莱昂纳德的一封信中说，他父亲"已经开始训练蚯蚓，但并没什么成效，因为它们看不见也听不着"。然而，蚯蚓却是消遣的对象，它们会连续数小时"抓住卷心菜叶的边缘，徒劳地想要将其拖入洞中"[1]。多数人会直接认为蚯蚓看不见也听不着，但埃玛却有自己的第一手证据：丈夫用实验证明了这一点，她甚至还参与其中。埃玛说达尔文想要"训练"蚯蚓实则是玩笑话，但时年30岁、正在查塔姆军事工程学院教授化学和摄影的利奥在读到信中的内容后一定被逗乐了——他知道父亲的蚯蚓研究的所有信息，包括书房中的花盆"蚯蚓养殖场"、半夜在砂砾小径上观察蚯蚓、为测试蚯蚓智商而设计的实验，等等。多年来，利奥也一直在为父亲分担实验任务，最近则是应父亲的要求采购有色玻璃作为其他蚯蚓研究实验中的滤光片。

即便达尔文在此前几年中一直努力想要完成其第 6 本（也是最后一本）植物学著作（《植物的运动本领》，出版于 1880 年），但蚯蚓仍旧占据了唐豪斯的舞台中心。他对这种生物十分着迷，甚至倾倒。但这个最新的兴趣实则早已有之：它实际上是达尔文搭乘"小猎犬号"环球航行后所从事的各项研究的补充，旨在证明蚯蚓乃某种地质力量。他向来认为，尽管蚯蚓很早就被用作鱼饵，但它提供的借鉴却与莱伊尔的一致。现在，达尔文确信它们的意义远甚于此——蚯蚓可能看上去毫不起眼且有几分神秘，但它们毕竟是与其周遭环境完美适配的动物。达尔文开始对其另眼相看了，并认为它们一定也有某种像虫子一样的智慧——某种有个性的问题解决者。从表面上看，达尔文对蚯蚓勤勉的特性和心理状态的迷恋可能有几分古怪，但到目前为止，你一定明白对达尔文的肤浅之见会错得多离谱了。是的，他的思想在表象之下翻涌，乃至简单的观察和实验便能结晶出非凡的洞见，他就像那些不断翻动土壤的蚯蚓一样，以不可见的方式重塑着世界。

梅尔假说

早在 1837 年，达尔文便在伦敦地质学界造成了轰动性影响。此时他从环球航行归来才两个月，而新年甫一开始，他就宣读了自己的第一篇论文，其主题是智利海岸线的抬升。地质学是个宏大的学科，其涉及的范围令人赞叹，从广阔的时段到造成地质无情变化的力量尽在其中。此后，达尔文又撰写了一篇论述南美洲已灭绝哺乳动物的文章，接着还写作了另外一篇阐述其珊瑚礁形成理论的文章。时间的轮转和地质上的缓慢变迁一直萦绕在他的心中：关注海岸抬升和珊瑚礁形成的论文都与地壳的抬升、发展和形成相关，而处理早已灭绝且已石化的哺乳动物主题的论文则与侵蚀、沉降和掩埋等主题相关。达尔文常去梅尔拜访韦奇伍德家族的亲戚，有一次，他那擅于观察的舅父约斯（乔赛亚二世）向他展示了一件奇特的事：几年前，约斯曾往不同的地里撒满了某种包含石灰、煤渣和炒焦的泥灰颗粒（混有贝壳屑等石灰质的红色黏土结节）的老式肥料。如今，他向外甥指出，这些肥料全都埋在表层之下几英寸处清晰可辨的土层中了。农夫们很早就注意到，随着时间的推移，他们撒在地里的肥料会被掩埋，但他们只是认为这些东西在雨水和重力作用下以某种方式"向下移动"罢了。乔赛亚·韦奇伍德并不这样认为，他对外甥解释道，原因在于蚯蚓一直在翻动土壤。

蚯蚓属于寡毛纲环节动物，它们多是有简单、光滑管状身体构造的陆生和水生物种。蚯蚓是雌雄同体的（同时具备雄性和雌性性器官），它们的卵子储存在生殖腺产生的囊内，这个增厚的身体部分类似于蚯蚓状的创可贴。全世界已知的蚯蚓种类约有 4100 种，其分布往往具备鲜明的历史地质或气候条件特征。例如，美国北部上个冰期中冰雪覆盖地区的所有蚯蚓都已灭绝，而现如今该大陆蚯蚓的分布仍在很大程度反映了上个冰期的冰缘线范围。尽管蚯蚓的名字（earthworm）表示了它们在土壤中生存，但一些种群已经过上了水生或半水生的生活，不过多数仍属陆生。不同蚯蚓在土壤中的生活各有不同，这反映了达尔文研究植物时发现的变种和生态位分隔观念（见第三章）。一些短小的有色陆生蚯蚓以腐烂的有机物为食，它们生活在树木或堆肥底下土壤和落叶交接的地方；挖掘表层土壤的内栖蚯蚓往往会在水平方向挖洞并生活其中，而非生活在地表；体型更大、所住洞穴更深的深栖类蚯蚓则会挖掘永久性垂直洞穴。

在土壤中掘洞的内栖和深栖类蚯蚓真的会吃掉掘洞过程中产生的土壤，它们强健的胃部可将摄入的小土粒碾得更碎，进而在掘洞过程中消化其中的有机物。它们往往会在地表以小土丘的方式排出难以消化的土壤和其他废物（称为抛弃物）。仔细观察后，我们可以看到土丘由长而复杂的精细颗粒管状物构成——就像将牙膏从开口极窄的管中挤出一堆一样。或者，更好的比喻是，想一想将一堆气溶奶酪这种最吓人的加工食品喷入罐中的情形。你现在明白了吧。蚯蚓的肠道就是管状的。达尔文的舅父约斯提出，通过摄入下方的土壤然后将其排泄在表层，为数众多的蚯蚓就在不断翻转土壤，这个过程会破坏并缓慢掩埋表层物质，并有助于形成有机腐殖质或表层土（用当时的英语拼写就是"腐殖质土"）。达尔文的想象力随即被此种想法所激发。

达尔文和舅父一道查看了几块田地，其中一块在 15 年前被犁过并被耙松，当时还被煤渣和泥灰覆盖，但此后便一仍其旧。他们仔细地掘出了许多用作测试的坑和沟槽，并确认沉积物出现在某个明显的土层，而非任意出现在不同深度的土壤中。不同大小的物质似乎以同样的速度下沉，这是雨水和重力作用无法解释的。相反，明显有某种东西同时对散布的煤渣和泥灰起作用，它们就是不被注意的蚯蚓。正是此种解释让循着莱伊尔思路思考的达尔文激动不已：不断起作用的某种平凡而稳健的力量在时间长河中叠加产生了巨大的影响。不仅包括土壤翻转和物质掩埋，而且还包括它们的肠道对粗粒土壤的处理过程，细小的土壤粒逐渐碾磨成形，原因何在？因为这些蚯蚓乃名副其实的侵蚀力量，尽管未被察觉，却在我们脚底下实际地发生着。

在请教了舅父约斯后，达尔文为地质学会准备了一篇论文。该文于 1837 年 11 月 1 日宣读，并于次年发表在学会会刊上。他在文中描述了来自斯塔福德郡的观察结果，并指出了其他类似的结果，如他在智利高山上见到的海洋贝壳，在雨水不大可能冲刷到的地方，被一层浅浅的泥土覆盖。"尽管听上去微不足道，"达尔文向学会报告，"韦奇伍德先生将这些情况解释为蚯蚓的消化过程。"达尔文继续谈论蚯蚓的丰富性及其食土习惯。它们排出的无处不在的腐殖质土便是土壤移动量的证据——他舅父的田地里几乎"不存在哪怕两英寸（约 5.08 厘米）见方，且未覆盖有蚯蚓排出的圆柱形腐殖质土的空间"。它们的消化过程是一种名副其实的地质力量，达尔文敦促众人认识到这一点。[2] 他当时也开始关注珊瑚礁，并指出海洋世界也有类似的过程。礁石中不断钻洞和挖掘的软体动物和海洋蚯蚓得到鲷鱼的帮助，从而将大量钙质珊瑚变成细泥。它们不断产出的富含钙质的沉积泥最终变成了石灰石。达尔文因此认为，欧洲很大一部分白垩石灰岩构造是由珊瑚虫作用于长期崩解的岩石而成，"海洋动物的消化作用是其作用方式，就像蚯蚓生产腐殖质土的方式一样"。[3] 如今，科学家们认为，几乎要用显微镜才能看见的有孔虫类——无尽闪烁中的类似变形虫的原生生物会在海床上不断累积，就像永无止境的钙质雪暴一样纷纷落下——的碳酸钙壳则是海洋沉积物（及石灰石）最重要的来源。达尔文所谓的碾碎珊瑚的鱼类和钻洞的海洋蚯蚓也做出了自己不足道的贡献。无论如何，世人都须注意，大型石灰岩构造的图景都是因为这些微生物的累积作用而形成，不管它们是有孔虫还是海洋蚯蚓。回到陆地世界，达尔文宣称很可能"古老牧场上的每粒土壤都在蚯蚓的肠子内走了一遭"。

此篇论文引起了轰动——古怪而又著名的牛津地质学家威廉·巴

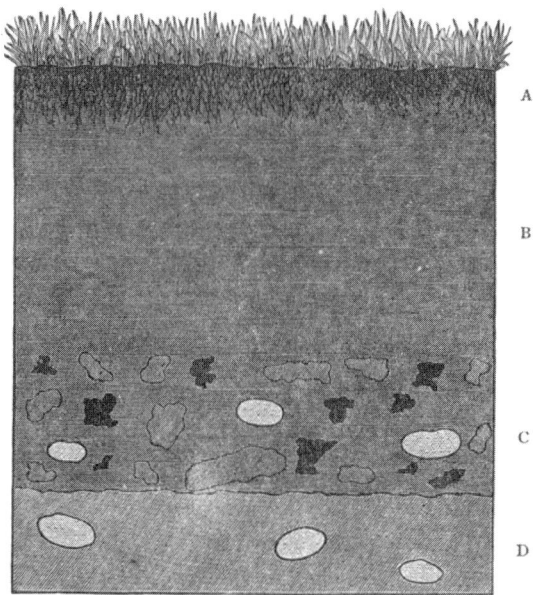

梅尔地区的一块田地的横截面,显示出蚯蚓掩埋的煤渣、烧焦的泥灰和石英卵石层。摘自达尔文《论腐殖质土的形成》(1840年),第506页。

克兰（William Buckland，莱伊尔的老教授）等著名人物都强烈呼吁地质学会不仅要在会议论文集中刊登这篇论文，而且要刊登在该学会更有声望的汇刊上，还须加上插图。巴克兰主张，达尔文描述的完全是"一种新的地质力量"[4]。达尔文感到很高兴，尽管他很可能不同意巴克兰对他的白垩石灰岩形成假设的打击。巴克兰认为，达尔文关于蚯蚓的论述十分引人入胜，但为何要离题论述一个有待商榷的推测，如果后者确有良好的支撑证据，它本来也值得专门写一篇文章讨论？此文并未被汇刊收录，但达尔文仍坚持将其收录在后来的著作之中。家人为他感到高兴。表姐伊丽莎白·韦奇伍德来信说，约斯舅父"让我转告你，他对鱼类形成白垩石灰岩的假设感到吃惊不已——如果鱼类可以形成白垩山，我不知道为何蚯蚓不能创造出一片草场"[5]。巴克兰的保留意见很有先见之明。数年后，在柏林工作的博物学家克里斯汀·戈特弗里德·艾伦贝格（Christian Gottfried Ehrenberg）对各种岩石和沉积物（包括白垩）的一系列精细的微观分析令科学界震惊不已。艾伦贝格证明了，微生物更可能是白垩和其他石灰岩构造的来源，他创造出"有孔虫"（foraminifera）这个名字来指代这些无处不在的海洋原生生物。

达尔文对蚯蚓的思考则显得更有道理，而他那不断壮大的家族内的亲人们也沉浸于他在伦敦地质学会中声名鹊起的喜悦之中。"我们非常感谢你寄来的'梅尔假说'论文，并且非常慷慨地将全部功劳归于我的父亲。"伊丽莎白写道，"你再次前来与我们共同探索这个问题的话，我们会十分高兴。"[6]达尔文决定扩大研究范围，并要求约斯舅父和伊丽莎白在当地为他搜集不同田地里的相关信息。查尔斯·莱伊尔将达尔文的论文寄给爱丁堡的朋友后，福尔费尔郡的实业家和农场主威廉·富勒顿·林赛-卡内基（William Fullerton Lindsay-Carnegie）也对此表现出了兴趣，他热切地写信给莱伊尔说，达尔文的理论何止是正确，其意义更是超出了地质学范围："这项发现有着更为重要的经济意义。"[7] 林赛-卡内基还讲述了他所在地区的农民是如何误解了撒在未犁过的田地里的石灰和其他增肥物质出现在下层土壤中的现象，他们简单地认为石灰有沉降的特性。因此，秉持着肥料会在犁过的地里更快下沉的想法，农夫们会拖到很晚才往地里施肥，"因此就会失去土壤彻底混合带来的大部分好处"。林赛-卡内基一反惯例，旋即播撒石灰并犁地，农民们抱怨说他犯了严重的错误。但结果却恰恰相反，达尔文的理论证明了农民们此前的耕种方式的错误之处。林赛-卡内基总结道："我认为，达尔文的观察会彻底打消众人的偏见。"达尔文把林赛-卡耐基的许多描述，以及得自韦奇伍德家族的新材料都纳入到了他的论文中，此文于1840年发表在地质学汇刊上。

此间世事变迁：达尔文成了家，阅读了学术圈中的大量文献，开始履行"小猎犬号"环球航行的动物学卷论著的编辑一职，发表了获得好评的"小猎犬号"航行记，废寝忘食地写作他那本珊瑚礁著作，此外，他心里还藏了个炽烈的秘密，即他私底下已成了一个进化论者。达尔文俨然成了英国地质学圈中冉冉升起的明星，就某些方面而言，这段忙碌的时间有得也有失：他在1837年回绝了出任地质学会秘书的邀请；次年，新成立的伦敦昆虫学会邀请他出任副会长，他也选择了退缩。蚯蚓和"梅尔假设"逐渐被淡忘，但从未被彻底抛诸脑后。1844年3月16日，《园丁纪事》以评注的方式重新登载了达尔文在地质学会宣读的蚯蚓主题论文，以证明"地球上这种可怜且受轻视的蚯蚓"实则是"农民最好的朋友"。他便利用这个机会订正了原文中的一处错误，并对这种蚯蚓掩埋土壤的速率进行了精确估计。达尔文在《园丁纪事》4 月 6 日这一期上发表的文章表明，他至少偶尔还会继续研究蚯蚓：他检查了约斯舅父的燧石和煤渣的下沉情况，并且和当地农民威廉·达布斯（William Dabbs）聊了聊，他家附近的田地便是达尔文的表兄韦奇伍德 1837 年寄送的数据的来源。达尔文想要确认达布斯的田地最早是从什么时候开始耕作的，他还在地里打洞、挖沟以测量地表之下的泥灰、煤渣和碎陶片土层。达布斯地里的蚯蚓掩埋速率为 8.9 厘米 / 年，这比他舅父的沼泽田地中的 0.6 厘米 / 年快了很多。他还发现一个大土块中有"8 个竖直的圆柱形虫洞，直径与天鹅羽茎差不多，因此能一眼望到底"[8]。如此之多的圆柱形虫洞对达尔文而言简直是证据确凿：这些长孔里丢失的土壤都去了哪里？原因何在？——蚯蚓将它们移走并排泄到了地表。

此后，蚯蚓研究前沿沉寂了 20 多年，至少从文献记录上看是如此。但达尔文却一直都像蚯蚓一样勤劳，夜以继日地激发着思想的火花。尽管他有时候会因病痛而衰弱，家庭生活也有喜有悲，但正如我们看到的，达尔文一刻不停地忙于探索、写作和实验，他进行的众多"研究计划"都体现了这一点：19 世纪 40 年代和 50 年代初的藤壶研究（见第二章）、对物种竞争和多样化的本质的思考（见第三章）、考察蜜蜂蜂房之谜（见第四章）、理解物种地理分布的"大棋局"（见第五章）、探索授粉和花朵变态的秘密（见第六章）、对兰花的典范性研究（见第七章）等。他的藤壶研究著作也出版于这个时期，接下来便是《物种起源》、兰花研究著作及两卷本的驯化主题论著。此后，食虫植物吸引了他的注意（见第八章），攀缘植物也在向他挥手致意（见第九章）——书中的相关材料也行将出现。

蚯蚓呢？它们可能已不在达尔文的关注范围，无论从比喻还是字面的角度讲均是如此，但是达尔文并未彻底将其遗忘。它们在达尔文的其他一些调查——如对掩埋的种子的研究——中仍起了一定作用：1856年2月的一天，他从砂砾小径中采集了一些包含蚯蚓抛弃物的土壤，并将其置于书房中的几个钟形罩内。你瞧，一个钟形罩内长出了3株植物，另外一个里面长出了两株。达尔文意识到，蚯蚓以两种方式转移植物种子：将种子吃进肠道，然后将其带往地下深处，或者带向地表。此外，它们还会不停翻动土壤以埋藏种子。总的来说，蚯蚓埋藏的种子比它们带往地表的多，因为让种子下沉的过程有两种，相反的过程仅有一种。达尔文对种子的下降深度感到吃惊，他后来从经验的角度谈道："对于想知道深埋的种子可存活多久的植物学家而言，如果他只是采集深层土壤，并假设土里仅包含很早以前就埋下的种子的话，就很容易被骗。"[9]种子的运动对于理解植物所承受的竞争而言也很重要：那些处于"适宜气候和土壤中"的种子，以及被蚯蚓和其他生物"种植在恰当深度的种子"就会发芽。然而，接着达尔文就谈起了"蛞蝓、昆虫和其他植物的生存之战"[10]。在对种子埋藏做出观察后的10多年里，达尔文并未再进一步提及蚯蚓，其间他正忙于其他一系列调查研究。

垂钓中的蚯蚓线索

蚯蚓突然又出现在了达尔文的笔记之中，就像秋雨后野地里的霉菌一样。他的韦奇伍德家族中的外甥女露西、玛格丽特和苏菲自1862年起就开始帮忙进行野外采集和观察花朵形态。她们是达尔文的妹妹凯瑟琳的女儿。凯瑟琳于 1833 年嫁给了乔赛亚·韦奇伍德三世（韦奇伍德家族的又一起表兄妹联姻），当时居住在萨里的利思山附近。孩子们以颇具达尔文风格的方式成了舅舅的田野助手。在听说妹妹一家人会前往北威尔士度假后，达尔文要求外甥女们查看当地的紫色珍珠菜种群，并向他汇报这种植物的 3 种花型各有多少（见第六章），以便他可以比较不同地区的比例。（她们照做了，达尔文将相关数据纳入了最后的论文中。）在这 3 位年轻的韦奇伍德女士中，露西最具博物学家的气质。很可能正是在达尔文一家某次前往利思山逗留时，露西了解到了蚯蚓的更多细节。她很快向舅舅寄送了自己的观察报告和疑难问题，达尔文还将其中一份转发给了《园丁纪事》。"由于园丁与蚯蚓的关系密切，"他在给编辑的信中写道，"我认为你会发现我附上的我和外甥女的通信值得刊登在贵刊上。我可以担保她的观察报告十分精确。"[11] 露西注意到蚯蚓洞顶部及其周围有一些小石子。她多次移除这些石子，然后在半夜前去查看这些蠕虫如何将石子放回原处。她注意到，蚯蚓会用留在洞中的尾部支撑身体四处搜寻石子，找到后便用嘴部衔住，拖回洞口。她很好奇：蚯蚓将石子堆在洞口的原因是什么？

  露西的观察报告获得了达尔文的注意。长期以来，他一直将蚯蚓视为天生的推土机，但现在他开始认为其行为比此前设想的更为复杂。对多数人而言，花园中这些聋哑生物的行为没什么可谈论的。达尔文知道更多的细节，露西的实验十分有趣。具备收集石子这般奇特行为的蚯蚓的生活会是什么样子？蚯蚓的生活比他了解的要多，但就在这个当口，他又赶着忙别的研究项目了。完成驯化论著和一篇关于花朵形态的论文后，达尔文又决心出版一本著作阐述其关于人类进化的看法，他曾将这个主题埋藏于《物种起源》之中。19 世纪 60 年代，英国的莱伊尔和赫胥黎及德国的海克尔（Haeckel）都出版了关于人类进化的书籍。达尔文对他们的努力持有比较复杂的看法：毫无疑问，他也对人类进化有着自己的看法，并且出版事宜已不能再拖了。[这本书就是《人类的由来》(The Descent of Man)，该书上下卷于 1871 年后的几年里相继出版。但在这之前还有大量工作要做。]

1868 年 2 月 4 日，达尔文写道，自己"开始研究人类和性选择主题"[12]。但他利用 3 月一个月的休假时间拜访了哥哥伊拉斯穆斯和埃玛的姐姐伊丽莎白。他们于 4 月 1 日回到家中；家里如今已不再喧闹，仅有埃蒂（时年 25 岁）和贝西（21 岁）还和父母一起生活。连尼与霍勒斯在寄宿学校上学，福兰克与乔治则在剑桥大学深造。达尔文设法对《人类的由来》做了些推进工作，但他总有大量信件需要处理：仅就 1868 年的通信集而言，当年 4 月达尔文写下的信件就达 100 页之多（算上尾注）。

在这年夏天的大部分时间里达尔文都感到不适，于是，一家人决定前往怀特岛休假一个月，他们在当地租用了著名肖像摄影师茱莉亚·卡梅伦（Julia Cameron）的房子。一家人在卡梅伦的豪华办公室里会见了诗人坦尼森（Tennyson）和朗费罗（Longfellow，达尔文的远房亲戚）。此地令人放松，但达尔文却焦躁不安。他在一封信中写道："我们在此逗留了 5 周以稍事休息，我的状态稍微好了一些；却被迫过着闲散的生活，离家一个月了，我什么也做不了，所有的研究陷于停滞。我们明天打道回府。"[13] 时值 8 月底，一家人在回程途中经停南安普顿看望威廉，此时他已在银行业站稳脚跟了。数周后，华莱士及其妻子安妮，以及鸟类学家约翰·詹娜·韦尔（John Jenner

Weir)和刚从加尔各答归来的全能动物学家爱德华·布莱斯（Edward Blyth）共同前来造访，这令达尔文欢心不已。这次访问相谈甚欢，尽管布莱斯对贝西而言是个"讨厌的家伙"[14]。愉快的访问接踵而至：他的美国植物学家好友阿萨·格雷及其妻子简和几位侄女于10月前往南意大利和埃及的途中也顺道前来看望达尔文。

这次访问偶然创造了一个机会，让达尔文得以招募格雷一家人参与另外一项他正在从事的研究：作为其人类进化研究项目的一部分，达尔文对情感的身体表达越发感兴趣了。例如，表达快乐、愤怒或悲伤时的肌肉部位、手势和肢体语言，等等。到目前为止，你可能意识到，此种看似古怪的调查研究可能与达尔文无关。如果达尔文不始终如一，将一事无成，他开展的研究向来都旨在扩展和强化自然选择作用下的进化理论。由是观之，他的情感表达研究则事关收缩同一组肌肉等类似方式表达相似情感的普遍性。这一系列研究在另一方面也是一致的：它根植于达尔文内心深处，早在1839年威利出生后，达尔文从他婴儿时期便对其仔细观察——婴儿的自然史。这些研究的相关逸闻超出了我们关注的范围，因此，我仅会指出，达尔文在1868年对这个主题重燃兴趣，接着，他制定并印刷了一份问卷，以调查其他种族和文化的人群面部表情及肢体语言，并在朋友和同事中派发。

达尔文的"表情问卷"由17个问题构成，其范围和细节都引人注目：惊奇的表现是眼睛和嘴巴张得很大，眉毛上扬吗？情绪低落时，嘴角是否会下垂？小孩生气的时候会噘嘴吗？如何表达恐惧？其范围涉及耸肩、点头、抬起的手掌和上扬的眉毛，等等。达尔文不仅试图在人类世界建立普遍的纽带关系，而且还试图以之贯通人和动物两个王国，正如他就这个主题所写的最后一本著作的标题所提示的：《人与动物的情感表达》(Expression of the Emotions in Man and Animals，1872 年)。格雷一家人也提供了来自意大利和埃及的详尽观察报告，并于旅途行将结束的 1869 年 5 月将其寄给达尔文。简甚至在欣赏文艺复兴时期的绘画时还对其进行了观察。"我认为你会对弗拉·安杰利科（Fra Angelico）的古老画作《从十字架上解下耶稣》感兴趣，"她从佛罗伦萨写信给达尔文说道，"圣母悲痛的肌肉动作画得异常细致。"[15]

简·格雷的这封信与另外一封让达尔文再次想起蚯蚓的信件写于同一天——1869 年 5 月 8 日。园丁兼园艺作家戴维·泰勒·菲什（David Taylor Fish）不太同意达尔文关于蚯蚓产生"植物腐殖质土"（我们现在称之为表层土壤）的效率理论。他直接认为表层土壤就是腐烂的植物，并在《园丁纪事》上发表公开信谈论这一观点。当然，"地球表面经年累月"不断分解的大量植物为腐殖质土提供了"充足且源源不断的能量和力度以覆盖地表"。菲什指出，这种情况"可以解释达尔文先生在其令人赞叹的论文中生动描述的土壤高度变化"。此外，他还致信编辑说自己确信"贵刊的许多读者都乐于知道，这位杰出的地质学家（是的，就是地质学家）是否仍然坚持蚯蚓作为土壤和地表升降机的最初看法"。当然如此。达尔文旋即致信该杂志："菲什先生如此诚恳地提问我是否还像以前那样坚持认为蚯蚓通过肠道制造细粒土壤，我必须回答，的确如此。"这也是达尔文更新自己观点的机会。他说，自己近来并未实地测量过，但是：

对一处十分贫瘠的土地持续观察了 25 年，这块地用作草场后，其表层无数较大的土壤颗粒逐渐消失不见。我还故意往方圆数米的地块上铺了白垩，进而观察从中向上掘洞的蚯蚓，及其留在表面的抛弃物，但雨水很快将其冲散。初秋的摄政公园（The Regent's Park）是观察蚯蚓在其喜好的环境中大量活动的重要场所，观察时间可以有一两周之久。[16]

埃玛的姐姐就住在摄政公园附近，达尔文一家常去公园散步，因此，达尔文在此提到这个地点意在强调自己持续不断的观察。可以想象，达尔文独自偷闲在公园散步，或者饭后与埃玛携手共同观察公园里勤劳的蚯蚓。他的观察告诉自己，菲什不可能是对的。达尔文根据自己观察到表层土壤被精土覆盖的速度判断，如果这一切仅仅是腐烂的植物造成的，几个世纪时间便足以形成厚达数英尺的土壤。相反，"普通土壤中的蚯蚓并不会把洞挖到很深的地方，因此，优良植土层的厚度并不会持续累积"[17]。

对达尔文来说这年3月捍卫自己关于蚯蚓的论断可能也算是难得的放松：这一年已经够波折了，但更大的困难还在后面。他先是花了一个半月完成了"永远经典的《物种起源》"最新版（第5版）的编辑工作；然后，他处理了一些持续的评论和批判，但其他突如其来的抨击却让他感到恼怒。"我开始理解你因《物种起源》而承受的痛苦了，"赫胥黎在3月17日写信宽慰道，"一本好书就像一块好肉，愚人则似扎堆扑来的苍蝇，都想在上面诞下并孵化思想之蛆。"[18] 赫胥黎并未对愚人坦然受之，但达尔文承认，瑞士植物学家卡尔·纳格利（Carl Nägeli）和苏格兰工程师弗莱明·詹金（Fleeming Jenkin）等批评者提出了一些他不得不回应的深刻观点。

就在这个月,华莱士不仅让达尔文感激不已,而且也令他感受到了深深的震惊和失望:此番经历也可算作其表情问卷的个案研究了。华莱士的《马来群岛》(*Malay Archipelago*)于3月出版后便备受赞誉,他在书中为达尔文写下了热情而真诚的献词。"我的子子孙孙都会为你的献词感到骄傲,"达尔文写信给华莱士表示感激。[19] 但华莱士很快在回信中顺带提及,他担心达尔文不会赞成自己即将发表的一篇文章中的观点。达尔文心里开始打鼓。数周之后,华莱士那篇偏离人类进化论思想的重磅论文发表了,文章声称自然选择无法解释人类大脑的进化。1869年3月下旬,震惊而又失望的达尔文痛苦地正告华莱士,希望自己的这位朋友没有"彻底扼杀你的和我的孩子们"。他在接下来的一封信中沮丧地说道:"如你所料,我们的意见令人悲伤地产生了分歧,我对此深表遗憾。"[20] 也正是在这段时间,达尔文从自家的马匹上摔下,伤及背部和腿部。尽管动弹不得,但霍勒斯仍用四轮马车载着父亲,让他可在温室里观察植物。达尔文直到6月都未痊愈,但他和埃玛都决定要出去走走。他们向北前往威尔士,并在巴茅斯附近怡人的山景和气候中度过了6月的大部分时间和整个7月。在此期间,他们与世交及福兰克未来的岳父岳母劳伦斯(Lawrence)和玛丽·安·拉克(Mary Ann Ruck)互有往来,埃米也成为达尔文的蚯蚓研究的田野助手。但那个时候的埃米更加中意霍勒斯而非福兰克。

威尔士的确让达尔文的状态好了些,但他的恢复速度仍旧很慢。他致信华莱士谈及自己的状况,他们的友谊经受了考验且仍旧坚固:"我的健康状况糟透了,虚弱得无法走出家门半里地……啊,我的挚友,我真是腾不出哪怕多余的一丁点精力继续工作。"[21] 不知何故,他开始振作起来，不仅如此，1870年一整年他都在忙着写作《人类的由来》，并最终于1871年出版。这年1月，达尔文开始以惊人的爆发力撰写《情感表达》，并于4月完成了该书的手稿……接着则是对他心目中最后一版《物种起源》的编辑工作。这项工作耗时半年，其间又因为前往伦敦和南安普顿看望亲人，以及埃蒂与理查德·利奇菲尔德于8月喜结连理而偶尔中断。

蚯蚓归来

达尔文于1870年和1871年再度对蚯蚓产生兴趣，这次他的兴致更高。1870年10月拜访住在利思山的姐姐一家期间，达尔文和他随叫随到的研究助手露西开始对蚯蚓常年带往地表的大量土壤做出推测。他们有一个想法：为何不对其进行量化呢？他们很快建立了两块一码见方的试验田，一块位于庭院附近半阴凉地的草地上，一块位于利思山高塔（利思山山顶一座18世纪的哥特式地标建筑）附近的公地上。他们的计划是，露西在一年的时间里收集蚯蚓抛弃物，然后对其称重。她对此很上心，次年11月达尔文一家再度来访时，她已为舅舅准备了两袋蚯蚓抛弃物。回到家后，达尔文兴奋地晾干了蚯蚓抛弃物，并迫不及待地从当地药剂师那里借来了他能找到的最精确的秤。[22] 阴影地块产出的蚯蚓抛弃物约3.5磅（约1.59千克），按比例算则为7.56吨/英亩（约18.9千克/公顷），而开阔山顶的试验田的产量为7.45磅（约3.38千克），折算后可得16.1吨/英亩（约40.25千克/公顷），这接近于他对这块地做出的推测。如此不足道的生物每年移动的土壤量相当惊人。达尔文将结果寄送给了满心期待的露西。"我亲爱的舅舅查尔斯，"她回信说，"真的非常感谢您将如此完整的蚯蚓抛弃物解读寄送给我，我很有兴趣阅读。您对抛弃物重量的猜测实在太精确了！16 吨每英亩（约 40.25 千克每公顷）最令我惊讶不已。"（一如既往，信的后半部分则与她刚刚开始观察的雄性火鸡的炫耀行为有关。）[23]

大约就在这个时候，达尔文决心对蚯蚓的影响做出通盘研究，但他凭一己之力并不能很快完成——食虫植物和攀缘植物也在这个当口竞相分散着他的注意力，更别提他还要为第 6 版的《物种起源》和新书《情感表达》进行版面校样了。他致信格雷想要获取北美蚯蚓的相关信息，他的这位朋友告诫他："此时此刻，在你完成并出版茅膏菜和捕蝇草主题的著作前，请不要偏离正道。"[24] 他从 1860 年便一直在研究食虫植物（见第七章）。的确，他也知道自己必须专注，但他很难在一段时间内仅专注一件事情，而蚯蚓研究也已箭在弦上。达尔文像编写剧本一样研究蚯蚓，这是莱伊尔欣赏的均变论策略：统筹其田野助手，征召朋友、家人和同事逐渐收集材料。各种数据就像蚯蚓的抛弃物一样渐成规模。

达尔文及其助手和信息员组成的小股队伍，在 19 世纪 70 年代分别从多条战线上开展蚯蚓研究。就像其"表情问卷"的情况一样，达尔文会拟定说明手册分发给联系人以解释需要他们找寻的东西。他试图对蚯蚓带至地表的土壤量进行扩展分析，并记录它们在掩埋物体和地形侵蚀等方面的影响，进而更好地理解其心理特征。

在侵蚀这条线上，达尔文四处求援。他致信刚刚成为爱丁堡大学地质学和矿物学教授的阿奇博尔德·盖奇（Archibald Geikie），此人前不久刚撰写了"剥蚀"（denudation，19 世纪表示侵蚀的术语）方面的论著。在达尔文做出草坪覆盖的山坡历经千年都不会受到侵蚀的假设之前，首先要承认自己30年前在罗伊河谷犯下的错误。"我现在认为这完全是个错误。"他坦言。[25] 此类侵蚀不仅有可能，而且还会因蚯蚓的作用而加剧。根据蚯蚓排出的矿物土壤的精细程度，达尔文确信它们也在一定程度上破坏了基岩，尽管不是直接蛀蚀，而是以摄取和磨碎小石头颗粒的方式。甚至当时的人们便已清楚，蚯蚓和一些鸟类一样，其消化道中有肌肉性的砂囊，可机械地分解坚硬的食物以帮助消化。这些生物将摄入的小石子作为研磨器以增强肌肉的作用。腐烂植物中自然释放的酸液有助于分解岩石基质，然而一旦岩石颗粒达到一定大小，蚯蚓就可以将它们与土壤一并吸收，从而将其磨损。

就实际和比喻两方面讲，蚯蚓吃土最终会产生混合了有机废物的精细矿物土壤。盖奇同意达尔文的看法，同时指出自己的苏格兰同事约翰·普莱费尔（John Playfair，18世纪爱丁堡大学的地质学家，他曾将詹姆斯·赫顿的均变论引入地质学领域）曾写道，土壤的永久性提供了"岩石遭受持续破坏的证据"。[26] 盖奇认为，尽管会不断遭受河流、小溪的侵蚀，但土壤似乎永不减少，他得出结论说，土壤会随基岩的瓦解而不断更新。达尔文提出其解释之前，蚯蚓在这个过程中的作用并未受到重视。达尔文向盖奇讲述了自己和露西的蚯蚓抛弃物研究，他的关注点在于，很早之前犁过的草场上反复出现的土垄和沟壑。达尔文还附上了一份值得在此全文照录的调查问卷，我们可从中了解他对蚯蚓行为的思考是何等细致：[27]

> 我曾在北威尔士的土地上看到（大约45年前！），明显属

于上百年前犁过的土地上的土垄和沟壑。你们那儿是否有这种地貌？或者，你是否能找到半个世纪或更长时间以前犁过且带有土垄和沟壑，而现在长满草的田地？我很想知道，这种情况下的土垄和沟壑与坡面的关系为一致、稍微倾斜，还是横切？在前一种情况下，如果你能帮忙观察土垄和沟壑上下方与坡面的差别就太好了。到目前为止，最好的观察方式便是拉一条线沿两三处土垄逐个测量沟壑坡面的顶部到底部的深度。如果土垄和沟壑与坡面横切，则唯一需要观测的是土垄两侧的坡面与晚近的留茬田上的坡面是否一致。请留意你观察过的田地里是否存在许多蚯蚓抛弃物。我的目的是追踪过去草场上的土垄和沟壑如何消失，如果的确消失了的话。| 查尔斯·达尔文

这位苏格兰人乐于协助，并且向达尔文提供了爱丁堡地区沟痕遍布的田地和古老防御工事的详细情况。儿子乔治和霍勒斯则在家乡这边为达尔文提供帮助。他俩都在剑桥三一学院，乔治是教师，霍勒斯则是学生。12月初，年轻的霍勒斯通过了理学学位的第一场考试——又称学位小考（Litte Go）——这件事让他父亲陷入反思。"我昨晚一直在思考，"达尔文在祝贺信中思忖道，"是什么让人成为未知事物的发现者，这个问题最令人困惑。许多聪明之人——比那些发现者聪明得多——并未做出任何发现。就我所能想到的而言，发现的技艺在于习惯性地寻找所有发生之事的原因或意义。这要求敏锐的观察，以及尽可能掌握被调查对象的知识。"[28] 这是达尔文的经验之谈，而"矢志不渝"（doggedly）可能比"习惯性"搜寻原因或意义的表达更胜一筹，因为持之以恒一定是达尔文的研究方法的特点——努力

获取帮助也是如此。

圣诞节后,乔治与霍勒斯对比金山(Biggin Hill)附近的田地做了观察,此地距离唐豪斯下方数英里(这里后来因为成为英国皇家空军机场,并且因为在"二战"期间保卫伦敦时起到的重要作用而闻名)。他们用木棍测量了山上横切向的沟壑与土垄中的土壤深度。"山上的沟壑比平地上的填得更满些,"乔治报告说,"尽管前者中存在许多土壤抛弃物,但我会说绝不是大量存在。"[29]威廉在新年前夕对威尔特郡巨石柱附近一处田地做了更加精确的测量,他勇敢地冒着冬季的严寒,测量了一处陡坡不同位置上的土垄和沟壑的深度。他父亲认为,蚯蚓会加速此前土垄和沟壑的消失进程,因为它们有助于侵蚀前者、填满后者。福兰克发来了进一步的观察报告,而他未来的妻子埃米甚至开始参与到家族田野工作中了。1872年2月初,埃米报告了自己在覆有野草的老山陡坡上寻找小型土垄时观察到的蚯蚓活动,达尔文认为此类土垄乃蚯蚓抛弃物被雨水冲刷形成的。她未来的岳父称她为"北威尔士地区的头号地质学家"[30]。当然,露西也参与其中,在瑞士阿尔卑斯山度假期间她寄送了自己对牛群践踏过的山丘的观察报告。

对我们如今的人而言蚯蚓加速山间土垄和沟壑侵蚀过程的想法是合理的,但对达尔文时代尚未从均变论的角度理解蚯蚓产生的精细土壤,而对此抱有怀疑倾向的人而言则显得有些超前。达尔文决心整理这些无可辩驳的材料。所有细节都有待核实,于是,他要求露西用织针探测陡峭草坡上的虫洞,从而确定它们与坡面是否呈直角关系。"但我们这并没有草坡,"达尔文哀叹道,他承认,"探测这些虫洞的难度不小。"露西并未退缩。两周后,她寄来了自己的观察报告:"1

月 6 日到 14 日之间，我用直探针测量了不同坡面上 25 处几英寸深的虫洞，8 处虫洞几乎与坡面垂直；其他都有些歪斜。"她答应再探测一些虫洞，并挖掘沟壑以获得相关数据。达尔文很是欣慰："我亲爱的露西，"他在回信中说道，"你可真帮了大忙。"达尔文向露西分享了自己感兴趣的事情："如果蚯蚓会乖乖地从垂直于坡面的角度冒出来，它们就会把大量土壤带往底部。"他的想法是，蚯蚓会将抛弃物堆放在洞口，如果虫洞与坡面垂直，则抛弃物在重力和雨水的作用下则更容易落到坡下。[31]

达尔文注重获取足够的数据来证明自己的理论。当年晚些时候，他在被迫出游期间检验了这个想法。1872 年 10 月下旬，众人在美丽的诺尔公园（伦敦南部一处约 405 公顷的鹿园）散步时见到一个奇怪的景象：达尔文先生肚皮紧贴地面，正在仔细观察园中最陡峭山坡上的蚯蚓抛弃物。几个雨天之后，他发现"斜坡上几乎所有抛弃物都明显被拉长了"。在蚯蚓抛撒泥土的洞口附近，下方的泥土总比上方多。达尔文回到家后便四处寻找合适的山丘以继续观察。在布罗姆利郊外附近的霍尔伍德公园里，达尔文测得坡度为 8°～11° 的坡面上"遍布大量抛弃物"，从而形成了一个延伸至坡下的精细土壤覆盖层。[32]

是时候进一步量化数据了。达尔文在坡上选择了 11 处抛弃物堆积点，并沿斜坡方向仔细测量了它们的长度（平均约为 5.1 厘米）。接着，他拿出一把锋利的刀井井有条地平均切分虫洞洞口。然后，他测量了洞口上方和下方的土量，进而发现虫洞上方（上坡方向）泥土的平均重量为 103 谷（约 6.67 克），而下坡方向泥土的平均重量约为上方的两倍，即 205 谷（约 13.28 克）。达尔文认为，新鲜的抛弃物因为有些潮湿且易于流动，它们总会受重力作用而向下坡方向稍稍下沉。作为数学家的乔治接手了计算工作。根据达尔文的发现,蚯蚓抛撒的土量的 2/3 发现于虫洞的下坡方向,1/3 发现于上坡方向,据此,乔治推算出,蚯蚓每年在平均坡度为 9° 26′ 的坡面上抛出的土壤中流下坡面的重量。为了不至于夸大,他将蚯蚓抛撒到下坡方向的土量减半。基于抛弃物 5 厘米长的平均尺寸,并使用露西在利思山得到的数据(每平方米土地上每年会有 4.02 千克的土壤被蚯蚓带至地表),他估计每年每延码*上流过的干燥土壤为 1.1 盎司(约 0.03 升),换言之,每 100 码(约 91.44 米)的斜坡上每年会流过 7 磅(约 3.18 千克)干燥土壤。[33] 雨水和风力最终会侵蚀山丘,但很明显,蚯蚓会大体上加速这一过程。回头看,巴克兰在 1837 年宣称达尔文的蚯蚓乃"新的地质力量"实则一语中的。

考古学家的朋友

如果蚯蚓因为有助于形成沉积岩而成了地质学家的朋友,那它们也因为有助于保存古代遗迹而成了考古学家的朋友,就像吸引达尔文进入蚯蚓世界的最初观察——那些埋藏在约斯舅父田地里的燧石——一样,接下来的 10 年里,达尔文的田野工作人员——特别是威廉、福兰克、乔治和霍勒斯——携泥铲、探针和量尺造访了众多考古遗址。这些遗址令人印象深刻,从德鲁伊纪念碑、罗马别墅到古代的大修道院和宏大而古朴的领主宅邸等,不一而足,具体包括:罗克斯特、史前巨石柱、切德沃斯、塞伦赛斯特、布雷丁、希尔切斯特、

---

* linear yard,3英尺或36英寸,约0.91米。——译者注

内维尔修道院、比尤利修道院、格雷维堤庄园，等等。达尔文也开展了自己的考古工作。他对田野工作的兴趣发端于 1877 年 6 月造访利思山期间，他在某座山下发现了一对加工过的巨石——它们是 35 年前拆除石灰窑后剩下的。达尔文雇来一位当地人帮忙挖掘，以便查看石头下方土壤的特征。埃玛负责照顾他，一天，她拿起一把伞就跑了出来，焦躁地写信给埃蒂说以为她父亲会再次中暑。接着，埃玛激动地宣布，达尔文在考古学上会有更大的收获：他们将前往史前巨石柱遗址，这些令人赞叹的石柱是屹立在索尔斯堡平原上距今 5000 年的巨石圆阵。"我担心这一路——两个小时的铁路，外加 24 小时的马车——会累坏（父亲），但他决心已定，主要是为了蚯蚓，而且他也一直念叨着要看看这个遗址。"[34]

5 年前，威廉曾经造访史前巨石柱遗址，测量石柱不同方位的腐殖质深度，并评估附近掉落的小石柱沉陷了多深。巨石柱下一无所获，但通过挖掘一些石柱的边缘位置，并用泥铲和探针测量，他仍然获得了一些有用的数据。

次日，乔治在索尔兹伯里站接了父母便乘四轮马车往遗址出发了。埃玛告诉正和丈夫在德国度假的埃蒂，他们见到了巨石柱的主人爱德华·安特罗伯斯爵士（Sir Edward Antrobus），他"欣然同意人们可以任意挖掘，而有时候来的客人会比较麻烦，一旦来了个拎着大锤的难以应付之人……'那他一定是英国人。'爵士说道。"[35] 江山易改，本性难移，现如今的遗迹猎人和达尔文时代的一样具有破坏性，但他们已无法对巨石柱造成巨大伤害，因为如今它已被联合国教科文组织列为世界遗产，并由英国遗产机构严加保护。达尔文和乔治在一些较大的落石附近挖掘沟壑，然后记录了表层土的深度。他们用气泡水平仪和量杆测量了嵌入土中的大石块轮廓，确定了它们埋藏的深度，然后还测量了石块周围狭窄草皮的深度。他们的结论是，蚯蚓（而非简单地是石块的巨大重量）也是石块沉降的原因。

这年夏末，达尔文从他的通信者托马斯·亨利·法拉尔（Thomas Henry Farrer）那里获得一条激动人心的消息，此人在离利思山广场不远的萨里拥有一处名为阿宾杰大厅的地产。法拉尔自19世纪60年代便与达尔文保持联系，起初是因为他俩都对兰花感兴趣。很快，法拉尔也被吸引到观察异花授粉的队伍之中，而且在达尔文的鼓励下，他还发表了这个主题的文章。他们甚至还因为法拉尔的婚姻而成为亲戚，1873年，他与埃玛的外甥女凯瑟琳·尤菲米娅·韦奇伍德（Katherine Euphemia Wedgwood）结婚。（几年后，法拉尔的女儿艾达嫁给霍勒斯后，他们更是亲上加亲了。）

了解到达尔文最近对蚯蚓和古代建筑感兴趣，法拉尔便邀请他到自家庄园查看一个罗马别墅的挖掘情况，他的一位农场工人最近刚刚在其宅邸附近的田野中发现了这个遗址。达尔文和法拉尔测量了田地的坡度，达尔文还每天爬进坑中测量蚯蚓活动、各种腐殖质层以及底层物质的深度。他们于20号启程回家，但达尔文很好奇新暴露出来的古代镶嵌地板下生活有多少蚯蚓，他问法拉尔是否可以继续观察。法拉尔继续对蚯蚓进行仔细观察，而且他还在接下来的一个月里向达尔文寄送自己的"蚯蚓日志"，其中记录了这个月中的蚯蚓抛弃物和洞穴的数量，他每天都会破坏抛弃物和洞穴并重新计数。9月22日，乔治从剑桥大学赶来协助法拉尔，"43个虫洞都已被破坏。"蚯蚓日志上写道。每天，法拉尔都会在14×9英尺（约11.71平方米）的地面数出61个新挖掘的洞穴。[36] 回到剑桥后，埃玛还不断为乔治

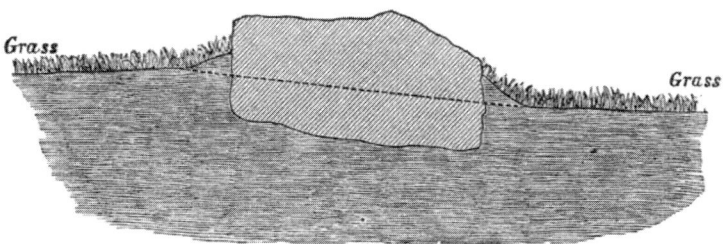

巨石柱遗址上一块仅1.2米长的落石的横截面,达尔文和儿子乔治于1877年的测量显示了它的掩埋深度(测得它低于平均地面水平10厘米,按比例算),狭窄而倾斜的岩石边缘表明蚯蚓活动的迹象。摘自达尔文《蚯蚓》(1881年),第156页。

更新信息:"(父亲)对这些蚯蚓非常满意。T.H.(法拉尔)今天来信说,他在一场大雨后数出穿过坚硬墙壁的虫洞为 40 个。我想这个奇迹能够解释为何这个遗址并未陷得更深。"[37] 的确是个奇迹。他们用遗址上发现的罗马硬币确定了遗址的大致年代,在乔治的帮助下,达尔文估计蚯蚓数百年来形成沉积土层的速率为每 12 年形成约 2.5 厘米——蚯蚓以缓慢但不可阻挡的趋势掩埋了这些罗马建筑结构。

达尔文和埃玛 9 月初回到家后,霍勒斯向父亲介绍了一件自己发明的仪器,以帮助他精确测量石块沉降的速度。即将成为剑桥科学仪器公司联合创始人的霍勒斯展现出了自己极强的创新精神。他发布了自己的"蚯蚓石"(wormstone),它由一块重量和大小已知的磨石连接一个精密的千分尺构成,仪器中孔处的金属棒则可下推至基岩附近。父亲热心地帮他选择了宅院附近一棵巨型西班牙板栗树下的测试点。后来,他们又在利思山广场安装了另外一个仪器。霍勒斯在父亲去世很久之后都仍在用蚯蚓石记录数据,直到 1896 年意外拆除为止——无疑,霍勒斯为此感到懊恼不已。(现在,我们可在唐豪斯的原址附近看到后人重建的复制品。) 这个设备十分灵敏,可记录因降水和温度引起的土壤膨胀和收缩,霍勒斯甚至还做了"人造雨"(浇水)实验对仪器数据进行量化。1901 年,他发表了 1878 年到 1896 年收集到的数据;考虑季节和天气因素后,霍勒斯发现石块在这段时期每年下沉 2.22 毫米,10 年内沉降的深度略低于 2.54 厘米。而从他父亲得自邻近露天场地的数据估计,沉降的速率为 10 年 5.6 厘米,此种差异可归于场地条件(达尔文后来为自己将仪器设置在树下而感到遗憾,因为他开始怀疑此处的蚯蚓比露天场地少),并且达尔文在露天场地使用的石块更小些,它们的下沉速度比大石块更快。

兰德尔·凯恩斯向艾迪生·科斯塔（Addison，右）和伊莱·科斯塔（Eli，左）解释蚯蚓石，2011年。作者供图。
插图：霍勒斯·达尔文的"蚯蚓石"千分尺，摘自霍勒斯·达尔文《论地面石块的微小垂直运动》（1901年），第255页。

达尔文一定为儿子的聪明才智感到欣慰。这一年秋天也是好事成双：达尔文被授予剑桥大学荣誉学位，而单身的威廉也突然宣布了他与来自美国马萨诸塞州剑桥的萨拉·塞奇威克（Sara Sedgwick）订婚的消息。两件喜事都发生在 1877 年 11 月。剑桥大学授予达尔文法律博士学位的仪式相当热闹，淘气的大学生还在廊道中悬挂的学位服和学位帽上画满了猴子的形象。尽管如此，埃玛"和穿着丝绸礼服的我的法学博士走在一起，仍感觉非常荣耀。"她骄傲地写信对威廉说道。[38] 威廉和萨拉于当月 29 日完婚。托马斯·法拉尔发来贺信后，一向协助丈夫处理信件的埃玛在回信的附言部分转述了达尔文让她强调的重点："心爱的蚯蚓，而非结婚之类的琐事。"[39] 不仅仅是达尔文，他们一家人都真心喜爱蚯蚓。几年后，达尔文在写给外甥女苏菲·韦奇伍德的信中提到她姐姐露西"对蚯蚓的喜爱尽人皆知"。他坦白道："我也对蚯蚓深感依恋。"[40]

蚯蚓小夜曲

听上去，达尔文在 19 世纪 70 年代后期似乎只顾着研究蚯蚓了，但实际上它们只是副业，他关于植物异花、自花授粉及不同花型的著作分别于 1876 年和 1877 年出版，此后，达尔文在 1880 年春完成了《植物的运动本领》一书的手稿。此后，他在 1880 年秋开始写作关于蚯蚓主题的著作，这本于次年出版的著作名为《蚯蚓活动影响下植物腐殖质土的形成，及其习性观察报告》(*The Formation of Vegetable Mould, Through the Action of Worms, With Observations On Their Habits*)，通常又简称为《蚯蚓》，这是达尔文的最后一本著作。

该书标题最后一部分的"蚯蚓习性"是达尔文最后一系列的调查主题，1880年时才刚刚起步。自从露西观察到蚯蚓收集小石子的现象后，达尔文便对它们的行为产生了兴趣。到那时，露西关于蚯蚓此类行为的疑问已有了答案：达尔文和其他人挖掘了大量蚯蚓洞穴，他们知道环节动物常常会将小石子和落叶填入洞内，从而形成一个虫版的温暖巢穴。它们也会熟练地用树叶堵住洞口，但如果没有可用的树叶时，也会使用小石子。这对没有眼睛、没有四肢、基本上也没有嘴巴的动物而言实在是个壮举了。它们是如何按照其目的操作物体，评估其大小、形状及其合适程度的？蚯蚓做到这些事情的能力让达尔文确信它们也稍稍具备理性能力——小部分的理性，正如他引用瑞士著名昆虫学家皮埃尔·胡贝尔的话谈到的那样。任何与蚯蚓智力和奇特行为相关的事情都是达尔文关注的重要主题，因此，他将自己的相关发现置于卷首和头两章的中心位置也就不足为奇了。

但首先，他要把蚯蚓带到室内，将其放在带有玻璃盖的花盆里，最终，安置蚯蚓的台球室成了蚯蚓饲养场。这些蚯蚓可能是陆正蚓（*Lumbricus terrestris*），花园中的常见品种。福兰克现在是他得力的实验助手。正如前文提到的，福兰克的妻子埃米在1876年死于难产，于是他搬到了父母家中。但他们的孩子伯纳德活了下来，并深受其爷爷奶奶的喜爱——他偶尔也会参与蚯蚓实验。达尔文父子（有时候还包括达尔文的孙子）会偷偷靠近蚯蚓，查看它们在饲养场中都干了些什么。蚯蚓们常常无所事事地露出土壤表面，但其尾部总位于洞穴中，随时准备匆忙撤退。它们的日常生活节奏是怎样的？它们感知的世界是怎样的——没有眼睛也能看吗？祖孙三人测试了蚯蚓对强光、弱光、闪光甚至红色和蓝色等彩色光线的反应，他们用利奥采购的玻璃滤光片产生彩光。结果，这些蚯蚓仅对强烈的闪光有所反应，并像"兔子"一样迅速缩回洞中，伯纳德惊呆了。[41]达尔文总结说，它们纤薄的皮肤可令其神经系统直接感受到足够的光线。

蚯蚓还有别的什么感觉能力？祖孙三人用各种刺激对其进行了验证。辐射释放的热量？达尔文在花盆上挥动一根炙热的拨火棍，但蚯蚓的反应各有不同。它们更会对透镜聚焦烛光而产生的集中热量产生明确的反应。气流运动？温和的呼吸无甚效果，但大口吹气则会引起蚯蚓的注意。气味呢？达尔文将浸有醋、香水或烟草液的棉球含在嘴里（并不建议读者复制达尔文的这个实验），并通过呼吸的方式将气味吹送到花盆上方。蚯蚓并无什么反应。它们有听力吗？达尔文决定对着蚯蚓演奏小夜曲以寻找答案。这组音乐家包括吹奏便士哨的 5 岁的伯纳德，负责巴松管的福兰克和钢琴家埃玛。这本是个自然而然的试验，但也可能部分受其邻居及门徒约翰·拉伯克和达尔文的表亲弗朗西斯·高尔顿（Francis Galton）的启发，他们几年前对蚂蚁做过类似实验。二人使用了送入氧气或氢气来产生高声调的哨子，他们认为也许昆虫只能听到超高频率的声音。结识亚历山大·格雷厄姆·贝尔（Alexander Graham Bell）后，拉伯克甚至于次年借到一部原型电话来测试蚂蚁通过声音进行交流的能力，他们在附近田地上不同的蚂蚁群中分别设置了送声和收声装置。他们激怒了一个蚁群，进而查看电话中传来的声音是否会煽动另外一个蚁群。在 1879 年 11 月 24 日的一则笔记中，拉伯克写道，他"用电话对蚂蚁做了些实验，但并无效果"。[42]达尔文似乎并未尝试过电话实验，但无论如何，这些蚯蚓似乎与蚂蚁一样对声音无感，完全不懂得欣赏唐豪斯三重奏：

蚯蚓并不具备任何听觉。它们没有注意到金属口哨中的尖锐音符,在其附近反复吹奏也没用;它们对巴松管吹奏出的最深沉和最响亮的声调也毫无反应。它们对喊叫也不理不睬,呼出的气息也不至于对其产生影响。将其放在离钢琴琴键很近的桌子上,然后尽可能大声地弹奏,它们也置若罔闻。[43]

然而,达尔文注意到,当将盛有两只"无动于衷的"蚯蚓的花盆摆放到埃玛正在弹奏的钢琴上后,它们便起了反应:"低音谱号上的C调响起后,两只蚯蚓便瞬间撤回到了各自的洞中,"达尔文记录道,"一段时间后,它们再次出现,而高音谱号上的G调响起后,它们又退了回去。"当然,这是振动的作用。达尔文用钢琴做了进一步的实验,他夜半时分偷偷潜入客厅,突然奏响高音调:一只蚯蚓"迅速冲进洞中",另外一只直到"高音谱号上的C调"奏响后才退回洞中。达尔文仅提到了这些具体的音调,他是否尝试过所有的音调?或者,蚯蚓会对任何足够响亮到可将振动传导至其洞中的音符做出反应?他指出,蚯蚓并未触碰到花盆边缘,因此,它们是对土壤传导的衰减振动敏感。[44]

尽管并非所有的蚯蚓都表现出振动敏感性,但这种现象实际非常普遍。美国南部就有用"蚯蚓咕噜"捕获鱼饵的悠久传统:人们将木桩打入土壤,然后用别的东西(通常是金属物件)在上面有节奏地来回摩挲,从而在土壤中传递振动并引诱双心蚓爬出洞穴。至于蚯蚓响应振动的原因则众说纷纭。达尔文认为,它们可能是为了逃避洞穴中的掠食者,例如鼹鼠,这些掠食者会在挖掘洞穴的时候通过土壤发出振动信号,从而警告蚯蚓它们来了。如果是这样,那么其他的掠食者显然会利用蚯蚓的振动逃走反应从而发挥自己的优势，比如跺脚银鸥[1960年，杰出的动物行为学家尼科·廷格根（Niko Tinbergen）曾对其行为做过记录]和木雕龟（记录时间为20世纪80年代）就能引诱蚯蚓出洞受死。

达尔文会对这些适应性感到惊讶，但并不会感到意外。令他感到意外的是蚯蚓的智力。谁又曾想到过这些不起眼的生物在很大程度上拥有智力呢？达尔文再次陷入沉思，他想到了脑袋小得多的蚂蚁和蜜蜂的非凡表现。但蚯蚓的本能和"理性"又各占几分呢？他测试了蚯蚓解决问题的能力，即为其提供形状各异的树叶和其他材料，然后观察它们会为自己的洞穴做出何种选择。蚯蚓似乎会分辨事情的轻重缓急，也许对它们更重要的是封堵洞穴——可能是为了防止捕食者或寄生虫进入。它们很挑剔，会正确地选择和定位合适的材料。在一个稍显滑头的实验中，达尔文将树叶固定在花盆的土里，从而进一步观察因无法移动树叶而显得困惑的蚯蚓。蚯蚓会用嘴部衔住树叶，但它们在移动物体到某个地方的过程中会四处探索。如果你仔细想一想，这种现象实则令人震惊——这看起来并非试错，蚯蚓在感知了各处的树叶后有更为刻意的抓握行为。达尔文对房子周围的洞穴中发现的各种树叶做了观察，发现蚯蚓偏爱走廊旁边的柠檬树叶，但对杜鹃花树叶就没那么喜爱了。细长的物体也会被取回：它们随时准备将松针和薄叶柄拖入洞中。明白这些后，达尔文便着手进一步的实验了。

他从伯纳德那里借来几张彩纸，将它们剪成大小各异、角度不等的菱形、三角形和圆形，然后把它们撒在花盆土壤表面并观察蚯蚓的表现。"蚯蚓成功将三角形纸片拖入了洞中，"他在给威廉的信中谈道，"但它们拖拽纸片的数量尚未多到可做出结论的程度。我想接着用羽毛试试。"⁴⁵羽毛试验并不成功,达尔文对剪纸念念不忘。他能分辨出蚯蚓更偏爱何种形状,而且挖掘其遍布纸片的洞穴也能看出剪纸的方位。这些剪纸多数是从其最窄最尖的部分被拽入洞中的——达尔文猜测蚯蚓最容易抓住这个位置,但它们也会从一些剪纸的中间部位进行拖拽。蚯蚓往往从中脉中心处拖拽易弯曲的树叶,于是,树叶被拖入洞中的时候就会整齐地折叠,从而更有效地阻塞洞穴。达尔文确信蚯蚓以某种方式获得了形状的"概念",具体而言,则很可能是到处感知物体的方式。他将蚯蚓比作触觉增强了的盲人,并且认为它们具备一定的学习能力。达尔文对它们的食物喜好感到好奇,为此,他也对其做了口味测试:卷心菜、萝卜和洋葱叶是蚯蚓的最爱,但它们对草本香料并不热衷。达尔文开始意识到,蚯蚓具有人格,他还描述它们对"进食的乐趣"(基于它们对某些叶子的渴望)和性欲("强大到足以克服……对光的恐惧")是何等的享受,甚至还评论了它们的感受:"它们可能有一丝社交感,因为它们不会因为爬过对方的身体而感到不安,而且有时候还会互相接触。"达尔文还引用了维尔纳·霍夫迈斯特(Werner Hoffmeister)在1845年对蚯蚓过冬情形的描述:"要么独自,要么与别的蚯蚓一块在洞穴底部卷成球。"也许,这幅可爱蚯蚓紧密盘绕在洞中的景象显得有些不协调。⁴⁶

《蚯蚓活动影响下植物腐殖质土的形成》于1881年10月10日出版后旋即获得广泛赞誉,并在一个月内卖出了3500本。"我必须承认,我向来将蚯蚓视为所有造物中最无用和最不聪明的一种,"他的老朋友胡克写道,同时还声称自己现在"惊讶地发现它们过着家庭生活,而且公务缠身!"⁴⁷。而与达尔文长期就科学主题通信的德比夫人同样很惊奇:"我怀着强烈的兴趣阅读了你的书。你曾笑着说过,你发现'蚯

将达尔文描绘为蚯蚓圣人的漫画,林利·桑伯恩为讽刺漫画杂志《笨拙》(Punch)而作(1881年12月6日)。

蚓'可以改变世界。你已成功地证明了它们的力量之伟大。"[48]

达尔文绕了一圈，又回到了蚯蚓身上：它们是达尔文最早发表的一篇研究论文的主题，自然也代表了他最早的科研兴趣——地质学。如今，40 年后，他以蚯蚓为中心主题的最后一本著作完成了由它们开启的科研篇章。1882 年 4 月 19 日，达尔文逝世。

蚯蚓再现

即便《蚯蚓活动影响下植物腐殖质土的形成》没有直接引发，它也预示了接下来一个世纪里的多条相关研究线索。土壤学、土壤生态学、生物扰动、动物行为学甚至法医地层学（forensic stratigraphy）等学科都在一定程度上受惠于达尔文的这本小书，尽管蚯蚓的重要性尚需时日才会被人们承认。这让人想起了他对戴维·菲什这位怀疑其蚯蚓真知之人的忠告："在此，我们有一个例子，足以说明无法总结反复出现的原因所产生的影响，这种情况常常阻碍了科学的进步，此前地质学中的情形如此，最近的进化论亦是如此。"[49] 请注意达尔文的修辞手法，他不仅把世人一开始对蚯蚓研究的抵制和莱伊尔的地质学图景所受的待遇作比，而且还把蚯蚓的作用跟自然选择在时间长河中的累积效应相提并论。"你会亲见自己的错误。"达尔文说道。但世间总有像德比夫人这样认为达尔文真正成功地证明了蚯蚓之伟力的人。

多年来，一些研究人员不断回到达尔文的户外实验室，并重新审视那里的蚯蚓的影响——无疑，它们都是达尔文识得且钟爱的蚯蚓的后代。苏格兰人类学家亚瑟·基思爵士（Sir Arthur Keith）在 20 世纪 40 年代初重访了达尔文的试验场，他挖掘了 70 条沟壑查看达尔文的燧石沉降的深度。基思于 1942 年将其结果发表在了《自然》杂志上，他在其中报道了自己的重要发现，这些东西都掩埋一处，从而聚集成一个土层——通常是蚯蚓无法穿过的密集黏土层或岩石层。就像扔进池塘的一块石头静止在其底部一样，表层的物体也会沉降到无法下沉的地方为止。更准确地理解蚯蚓掩埋物体的动力机制对法医调查和考古学都很重要。

最近（且正在进行中）的研究则由生态学家凯文·巴特（Kevin Butt）于 2007 年启动，他是英国兰开夏大学蚯蚓研究小组的负责人，他们与美国林业局的土壤生态学家（其中一个恰好是我的姐夫马克·卡拉哈姆）、英国遗产机构、唐豪斯的工作人员和热心的志愿者们开展合作。该小组开展了一个长期的田野实验，以再现达尔文 1842 年在大帕克兰草地上进行的燧石掩埋实验。达尔文在梅尔地区和这块草甸上再现了约斯舅父的观察结果，他和索利小姐也曾在草甸上开展了生物多样性研究（见第三章）。而如今的实验设计则采用了现代统计方法：随机的 2×2 析因实验设计，尺寸有"大"有"小"、密度有"高"有"低"的燧石分布在 16 块 1 平方米的地块中。与此同时，附近还建立了 10 处 0.1 平方米的地块以量化蚯蚓产生的抛弃物，一项平行对照研究表明更大范围内生活有 19 种蚯蚓，唐豪斯范围内就达 9 种。这些实验中的明星乃深栖蚯蚓（*Aporrectodea longa*），它是个头最大、分布最广的温带蚯蚓品种。这种多产的生产者广泛分布于大帕克兰草地，它们将达尔文儿时记忆中的大帕克兰"石场"转变成了他晚年记忆中没有石块且植被覆盖良好的草甸，并一直保持至今。

众人于 2013 年重新查看了这些实验土坪。6 年间，其中的燧石以每年 0.96 厘米的速度下沉——比达尔文估计的每年 0.21 厘米快多了。小块高密度燧石被掩埋的比例最大，而更大的两种密度的燧石则埋得更深——平均深度为 5 厘米。这种结果也和达尔文的发现有所不同，他发现小燧石比大燧石下沉速度更快，但值得注意的是，当前研究中的小块和大块燧石的掩埋深度的差异平均为 1 厘米或更少。未来几年中，查看大帕克兰草地上的蚯蚓是否会一如既往地工作会比较有趣；人们计划 2019 年重访这些实验土坪。无数蚯蚓在我们看不见的地方工作，我们反思一下，还能用同样的眼光去看待这片风景吗？正如达尔文在他的《蚯蚓》一书的最后一段中精辟地说道：

> 我们注视一块广阔无垠的草坪时，应该记住其平坦表面的美景的主要原因是，所有不平坦的地表都已被蚯蚓缓慢地夷为平地了。真不可思议，每过几年，这类广阔草坪表层的所有腐殖质土都会通过，且会反复通过蚯蚓的身体。犁具乃人类最古老且最有价值的发明之一，但在人类出现的很久之前，土地实际上也经常被蚯蚓耕耘，到如今仍是如此。值得怀疑的是，地球历史上是否还有别的发挥过如此重要作用的物种，就像蚯蚓这种组织程度较低的生灵一样。[50]

达尔文的田地和草地是更广阔世界的缩影。他像所有博物学家一样在自己生活的唐豪斯考察了 40 余年，他在当地——他的书房、温室、田野、花园、林地和草坪等地方——学到的东西具有全球性意义。值得注意的是，达尔文的蚯蚓研究横跨他在唐豪斯的全部生涯；他在地上持之以恒地工作，蚯蚓则在地下不断翻新土壤。这 40 年的奇幻之旅刻画了一个典型的达尔文形象：以新的眼光看待寻常事物，洞察新的意义；像个惊奇的孩子那样提问为什么和怎么样，总是通过实验寻找答案。达尔文像自己的蚯蚓一样具有革命性，他会巧妙地提出问题并下定决心按主题挨个研究，然后通过一本书接一本书地写作彻底弄明白相关事情，从而强化其进化论思想的基础。这些著作就像蚯蚓的抛弃物，缓慢地埋葬了古已有之的智慧和旧时的偏见，世界也为之焕然一新。

章节实验：打造你自己的蚯蚓养殖场

达尔文的蚯蚓著作出版后，他的研究也回到了最初的原点。他不仅将这些不起眼的生物确立为一个统一的地质力量，而且还证明它们是具备某种理智和感性的动物。以此观之，蚯蚓的敏感性与攀缘植物的感知能力或食虫植物的食欲相去不远。在此，我们会在达尔文的指引下检验蚯蚓的选择能力。

获取你的蚯蚓

你可以采集或购买十来只普通的夜间爬虫，如正蚓属蚯蚓，多数活体鱼饵商店均可购得。不要使用生活在肥堆附近的"赤子爱胜蚓"（red wiggler）；它们并不会表现出我们关心的掘洞和地表觅食行为。

A. 材料准备
- 6~8 只正蚓属蚯蚓
- 带排水孔的赤土陶花盆（中等大小，足够容纳 3~4 升土

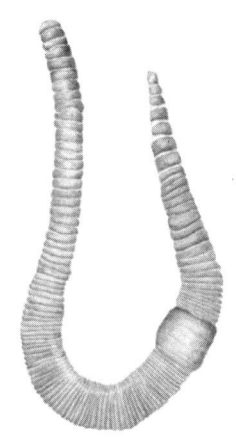

强大的推土机：正蚓属普通蚯蚓。莱斯利·C.科斯塔绘图。

壤），或容量为 2 升的透明塑料瓶（去除标签的软饮料瓶也可以），在其顶部直径最大部位切割，并在底部切出排水孔。（达尔文用的是花盆，但如果蚯蚓往侧翼打洞，塑料瓶则提供了观察虫洞的机会）

- 铲子
- 就近挖掘的土壤，最好不富含有机物
- 透明塑胶薄膜
- 大到可拉伸至花盆或塑料瓶宽度的橡皮筋
- 胶带
- 尺子或卷尺
- 装有水的喷洒瓶（最好是瓶装，雨水或井水均可）
- 猪油、黄油或其他油
- 图画用纸（黑色）
- 平整的白纸
- 剪刀
- 勺子（茶匙大小）
- 各种新鲜叶子（如橡树叶、枫树叶、蒲公英、松针、生菜、菠菜等）
- 用作食物的玉米粉、切碎的卷心菜和新鲜草屑

B. 实验步骤

你可以选择使用达尔文那样的赤土陶花盆饲养蚯蚓,也可用透明塑料瓶自制一个花盆,其优点在于,蚯蚓沿侧面掘洞时,你可以观察它们的洞穴。

1a. 花盆蚯蚓饲养场:用潮湿(但不饱和)的盆栽土壤装至花盆 3/4 的位置,然后将 2~3 条 4~5 厘米长的蚯蚓放在土壤表面。在土壤表层撒些卷心菜和玉米粉当作它们的食物,然后往上面喷水,盖上塑料薄膜,最后用橡皮筋固定。让蚯蚓在里面生活一个星期,每天喷水,并在卷心菜和玉米粉消失后加以补充。

1b. 塑料瓶饲养场:小心地切掉 2 升塑料瓶的顶部,留下大部分瓶体。用胶带覆盖切割边缘。如果瓶上有商标,请尽可能移除,以方便你查看瓶内情况,然后在瓶底打几个用于排水的小孔。往瓶中填入约 1.5 升土壤,再往上面放置 1~2 条蚯蚓。添加食物和水,再像上一步那样将其覆盖,接着,用胶带往瓶身四周贴上黑色图画用纸,但粘贴的方式要便于日后取下观察。将这个养殖场放置在阴凉的暗处(尽管瓶身盖有黑纸,但仍会有光线进入并对蚯蚓造成影响)。

2. 注意你的养殖场表面的虫洞数量和大小。它们就是洞穴的入口。这些虫洞周围有土丘或其他物质吗?

3. 如果你用的是塑料瓶饲养场,请取下黑色图画用纸,并查看虫洞是否沿瓶壁建造,这能让你看到洞中的情况。如果是这样,其长度和直径分别为多少?你在洞中能看到蚯蚓吗?洞中是否有卷心菜或玉米粉的痕迹?

4. 将白纸剪成三角形、正方形、圆形和菱形,每个纸片的长度

"花盆蚯蚓饲养场",跟达尔文当时用来养殖蚯蚓的类似。莱斯利·C.科斯塔绘图。

约为1厘米。达尔文还往剪纸上抹了猪油以防水,当然也是为了防止它们受潮后变软。如有必要,为剪纸抹上猪油、黄油或别的油。

5. 在饲养场表面随机撒下每种形状(总共8种形状)的剪纸各两张,然后用塑料薄膜重新覆盖。

6. 每天检查两次饲养场,并注意剪纸位置。剪纸在两次观察之间的位置是否有变化?

7. 3~4天后,土壤表面还剩多少剪纸?是否有剪纸堵住了洞口?任何下落不明的剪纸都被拖入了洞中,从而消失不见。蚯蚓是否更偏爱某种形状?为何你认为情况如此,或不如此?

8. 用三种三角形剪纸重复上述步骤:(1)边长1厘米的等边三角形;(2)底边长1厘米,腰长2厘米的等腰三角形;(3)腰长为1厘米的等腰直角三角形。每种三角形往饲养场表面放置3个。每天查看,并记下你还能见到的三角形的位置、类型和数量。

9. 观察数日后,试着小心挖掘一个虫洞,并注意洞中剪纸的方位。使用勺子去除洞穴周围的土壤，直至你挖到剪纸。注意你挖掘到的三角形的方向。

10. 蚯蚓是否更偏爱将某些三角形剪纸拖入洞中？那些拖入洞中的三角形的方位如何？达尔文注意到，他为蚯蚓提供的三角形剪纸中，接近 2/3 的比例是经由某个尖端部分拖入洞中的。

11. 测试蚯蚓对不同天然材料的偏好：小树叶、松针、叶柄等。蚯蚓是否对此有任何喜好？达尔文也用花园中的植物叶子对其进行了口味测试。你可以试试卷心菜、番茄、萝卜和绿洋葱叶，看看它们更喜欢哪些。

也见：

"Earthworms" at the Darwin Correspondence Project: www.darwinproject.ac.uk/learning/universities/getting-know-darwins-science/earthworms.

Dennison, R. 1993."Using Darwin's Experimental Work to Teach the Nature of Science."*American Biology Teacher* 55 (1):50-52.

致谢

查尔斯·达尔文在其《家养条件下的动植物变异》卷1中如此写道:"对那些曾经帮助过我的诸君之于我的恩惠,我的感激之情无以言表。"这些感激之辞也在我的心头回荡。许多朋友、同事及家人都曾直接或间接地在本书的写作中为我提供帮助,而妻子莱斯利·科斯塔更是从一开始就提供了直接的帮助。我十分感激莱斯利敏锐的编辑慧眼,以及她那双灵巧绘制插图的艺术之手。

我很荣幸能从戴维·科恩和兰德尔·凯恩斯那里获益良多,他们对达尔文做过的实验都抱有相同的热情。由美国自然历史博物馆主办、戴维指导的达尔文手稿项目是汇聚了达尔文手稿材料的宝藏,我很感谢戴维为我在使用这一神奇资源时提供的协助。兰德尔则负责另外一座宝库,即根据达尔文的各种研究兴趣而对其信件、手稿和其他文件进行专题汇编。我对兰德尔如此慷慨地分享其汇编成果致以最深的谢意,更重要的是——兰德尔和塞尔法·胡拉尼在我停留伦敦期间提供了热情招待,对此,我亦感激不尽。2012—2013年,我曾受柏林高等研究院资助而在那里度过了一年快乐的研究时光,他们还慷慨赞助兰德尔和塞尔法访问柏林,以帮助我们推进实验项目,短暂的冬日因被达尔文激发出的头脑风暴而令人难忘。

　　探索达尔文的"后花园"——由英国遗产机构管理的唐豪斯及其周边——总是很鼓舞人心。我很感谢达尔文故居的管理者和员工周到地主持了我们的会议，尤其是园丁罗恩·布莱克和克里斯蒂娜·斯利佛瓦对达尔文的花园和庭院感人至深的热情，以及对达尔文的各种实验的介绍。有一年，我们一家人和兰德尔、艾琳、约翰·帕尔默一道在葱绿的兰花堤度过了神奇的一天，园中星罗棋布着美丽的兰花，它们就是那些令达尔文着迷的兰花的后代。更妙的是，那天孩子们捉住了缓慢爬行的蚯蚓——我幻想它们也来自达尔文时代，而达尔文也一定会为自己的孩子捉住一只这样的昆虫而会心一笑。十分感谢与肯特野生动物信托基金共同看护庭院的艾琳，她为我们分享了自己丰富的兰花知识及其对兰花堤的深入了解。

　　一些朋友和同事认为达尔文的实验具有教育和启发价值的想法也甚合我意。2011年夏季，可凡·卡特利、路易斯·米德和我曾共同为高原生物站的科学教育者们讲授"蓝脊山脉的生物进化"课程，我们当时曾使用达尔文的实验作为讲授和学习达尔文科学思想及方法的新手段。我们从参与此项课程的老师身上学到的东西并不比他们从我们这学到的少，谢谢你们：梅根·卡西迪、汤姆·科普兰、阿丽莎·富勒、杰纳·格拉登、汉娜·格林姆、宝拉·拉普因、马克·龙纳克、兰迪·内夫、格洛丽亚·佩因特、莱斯利·斯库夫及苏珊·司坦娜。

　　特别感谢：莱斯利·科斯塔对本书多个早期草稿的评论、修正和建议；我们的孩子艾迪生和伊莱对一些实验的实际操作；马克·卡拉哈姆对有关蚯蚓章节的帮助；努阿拉·考姆汉娜克分享了自己的观点并热情地在美国自然历史博物馆推动"达尔文的危险实验"项目;以及理查德·米尔纳好心提供"小猎犬号"绘图。西卡罗来纳大学亨特图书馆尽职尽责的馆员们则随时准备提供各种文献检索工作,而如果不承认达尔文通信项目、华莱士通信项目和生物多样性遗产图书馆等大量在线资源的意义,则是我的失职。

我很高兴能与诺顿出版社的杰出团队合作并最终完成此书。首先要感谢经验十分丰富的编辑埃米·彻莉及其编辑助理雷米·考利,谢谢你们!还要感谢本书的设计师海琳·贝林斯凯和文字编辑夏洛特·凯尔克纳付出的辛劳,以及诺顿出版社合同经理杰西·福克斯的建议和帮助。最后,同样重要的是,还应感谢小夜灯电影公司的电影制作人埃里卡·罗斯曼对我们的"蓝脊山脉的生物进化"——源自达尔文的高原实验项目的专业记录,也感谢他将我介绍给代理商温迪·斯特罗斯曼。温迪,十分感谢你贯穿本书写作始终的建议和支持——没有比你更好的代理商和支持者了。

注释

缩写词

人名缩写词：

AG	阿萨·格雷 Asa Gray
ARW	阿尔弗雷德·拉塞尔·华莱士 Alfred Russel Wallace
CD	查尔斯·达尔文 Charles Darwin
CL	查尔斯·莱伊尔 Charles Lyell
ED	埃玛·达尔文 Emma Darwin
EAD	伊拉斯穆斯·阿尔维·达尔文（查尔斯·达尔文的哥哥）Erasmus Alvey Darwin (CD's brother)
ErD	伊拉斯穆斯·达尔文（查尔斯·达尔文的祖父）Erasmus Darwin (CD's grandfather)
FD	弗朗西斯（福兰克）·达尔文 Francis (Frank) Darwin
GD	乔治·达尔文 George Darwin
HD	霍勒斯·达尔文 Horace Darwin
HL	亨丽塔·利奇菲尔德，娘家姓为达尔文 Henrietta (Etty) Litchfield née Darwin
JDH	约瑟夫·道尔顿·胡克 Joseph Dalton Hooker
JL	约翰·拉伯克 John Lubbock
JSH	约翰·史蒂文斯·亨斯洛 John Stevens Henslow
LD	莱昂纳德·达尔文 Leonard Darwin

THH　　　　托马斯·亨利·赫胥黎 Thomas Henry Huxley
WD　　　　威廉·达尔文 William Darwin
WDF　　　 威廉·达尔文·福克斯 William Darwin Fox

著作名缩写词：

Annotated Origin　　C. R. Darwin and J. T. Costa, *The Annotated Origin: A Facsimile of the First Edition of On the Origin of Species* (Cambridge, Mass.: Harvard University Press, 2009)

Autobiography　　C. R. Darwin, *The Autobiography of Charles Darwin 1809–1882*, ed. N. Barlow, ed. (London: Collins, 1958)

BD　　C. R. Darwin, Beagle *Diary*, ed. R. D. Keynes, Cambridge: Cambridge University Press, 1988)

CCD　　C. R. Darwin, *The Correspondence of Charles Darwin*, ed. F. Burkhardt et al., 22 vols. (Cambridge: Cambridge University Press)

CDSP　　C. R. Darwin, *Charles Darwin's Shorter Publications 1829–1883*, ed. J. van Wyhe (Cambridge: Cambridge University Press, 2009)

DCP　　Darwin Correspondence Project *Climbing Plants* C. R. Darwin, "On the Movements and Habits of Climbing Plants" *Journal of the Linnean Society of London (Botany)* 9 (1865): 1–118.

DED　　E. Darwin, Diaries of Emma Darwin, DAR 242.1-60 (Cambridge University Library)

Descent　　C. R. Darwin, *The Descent of Man, and Selection in Relation to Sex* (London: John Murray, 1871)

EDFL　　E. Darwin, *Emma Darwin: A Century of Family Letters*, ed. H. Litchfield (London: John Murray, 1915)

ExB　　C. R. Darwin, Experiment book, DAR 157a (Cambridge University Library)

Fertilisation　　C. R. Darwin, *The Effects of Cross and Self Fertilisation in the Vegetable Kingdom* (London: John Murray, 1876)

Forms of Flowers　　C. R. Darwin, *The Different Forms of Flowers on Plants of the Same Species* (London: John Murray, 1877)

Foundations　　C. R. Darwin, *The Foundations of the Origin of Species*, ed. F.

	Darwin (Cambridge: Cambridge University Press, 1909)
Journal	C. R. Darwin, Darwin's *'Journal'* (1809–1881), DAR 158.1-76 (Cambridge University Library)
Insectivorous Plants	C. R. Darwin, *Insectivorous Plants* (London: John Murray, 1875)
LL	C. R. Darwin, *The Life and Letters of Charles Darwin*, ed. F. Darwin, ed. (London: John Murray, 1887)
Movement	C. R. Darwin, *The Power of Movement in Plants* (London: John Murray, 1880)
Natural Selection	C. R. Darwin, *Charles Darwin's* Natural Selection *Manuscript*, ed. (R. C. Stauffer (Cambridge: Cambridge University Press, 1975)
Orchids	C. R. Darwin, *On the Various Contrivances By Which British and Foreign Orchids Are Fertilised by Insects* (London: John Murray, 1862)
Origin	C. R. Darwin, *On the Origin of Species* (London: John Murray, 1859)
Principles	C. Lyell, *Principles of Geology* (London: John Murray, 1830–1833)
Q&E	C. R. Darwin, *Questions & Experiments Notebook*, ed. Barrett et al. (Ithaca, NY: Cornell University Press, 1987)
Researches	C. R. Darwin, *Journal of Researches* (London: Colburn, 1839; 2nd ed. London: John Murray, 1845)
RN	C. R. Darwin, *Red Notebook*, ed. Barrett et al. (Ithaca, NY: Cornell University Press, 1987)
TAN	C. R. Darwin, *Torn Apart Notebook*, ed. Barrett et al. (Ithaca, NY: Cornell University Press, 1987)
TN-A, -B, -C, -D, -E	C. R. Darwin, *Transmutation Notebooks A–E*, ed. Barrett et al. (Ithaca, NY: Cornell University Press, 1987)
Variation	C. R. Darwin, *Variation of Animals and Plants Under Domestication* (London: John Murray, 2 vols., 1868)
WCP	Wallace Correspondence Project
Worms	C. R. Darwin, *The Formation of Vegetable Mould Through the Action of Worms* (London: John Murray, 1881)

第一章　实验家的养成

1. *Autobiography*, 46. See Janet Browne, *Charles Darwin: Voyaging* (Princeton, NJ: Princeton University Press, 1995), chapter 1, for an outstanding account of Darwin's early life.
2. For lucid treatments of the spirit of the times, see J. Uglow, *The Lunar Men* (London: Faber and Faber, 2002) and R. Holmes, *The Age of Wonder* (New York: Pantheon, 2008).
3. *Autobiography*, 27.
4. *Autobiography*, 46.
5. ErD, *The Temple of Nature* (London: J. Johnson, 1803), Canto I, part V.
6. 例如，可参阅 A. Desmond, *The Politics of Evolution* (Chicago: University of Chicago Press, 1989).
7. P. R. Sloan, "Dawin's Invertebrate Program," in *The Darwinian Heritage*, ed. D. Kohn (Princeton: Princeton University Press and Nova Pacifica, 1985), 86.
8. 格兰特的这番言论转引自：Sloan (1985), 84.
9. *Autobiography*, 49.
10. *Autobiography*, 59.
11. *Autobiography*, 62.
12. CD to Leonard Jenyns, 17 October 1846; *CCD* 3:354.
13. CD to JL, September 1854; *CCD* 5:211.
14. CD to WDF, 15 February 1831; *CCD* 1:118.
15. W. Whewell, *The Philosophy of the Inductive Sciences* (London: John W. Parker, 1840), 1:cxiii.
16. CD to WDF, 7 April 1831; *CCD* 1:120.
17. CD to Caroline Darwin, 28 April 1831; *CCD* 1:122.
18. John Medows Rodwell to FD, 8 July 1882 (DAR 112:94v); quoted in *CCD* 1:125, n. 2.
19. CD to WDF, 9 July 1831; *CCD* 1:124.
20. M. Roberts, "Darwin at Llanymynech: The Evolution of a Geologist," *British Journal for the History of Science* 29 (1996), 471.
21. *Autobiography*, 69–70.
22. *Autobiography*, 139.

23 关于此次环球航行的精彩细节讲述请参阅达尔文的传记作家们的著作：Adrian Desmond and James Moore, *Darwin: The Life of a Tormented Evolutionist* (New York: Warner Books, 1991) 以及 Janet Browne, *Charles Darwin: Voyaging* (Princeton, NJ: Princeton University Press, 1995). 也可参阅达尔文自己的记述，初版名为《研究日志》，后来以《"小猎犬号"航海记》之名再版（*Researches*; Darwin 1839a, 1845）

24 R. Fitzroy, *Proceedings of the Second Expedition, 1831–1836*. 3 vol. (London: Henry Colburn, 1839), 2:49.

25 CD to JSH, 18 May–16 June 1832; *CCD* 1:236.

26 *Autobiography*, 77.

27 C. Lyell, *Principles of Geology* (London: John Murray, 1830), 1:74.

28 CD to JSH, 18 May–16 June 1832; *CCD* 1: 237.

29 *BD* (11 January 1832), 22.

30 R. L. Keynes, ed., *Charles Darwin's Zoology Notes & Specimen Lists from H.M.S. Beagle* (Cambridge: Cambridge University Press, 2000), 232; DAR 31.1:262, Cambridge University Library.

31 CD to Catherine Darwin, 20 July 1834; *CCD* 1:391.

32 CD to JSH, 24 July 1834; *CCD* 1:399–400.

33 转引自：Sloan (1985), 105 [DAR 31.1:279v], 107 [DAR 5:99], and 109 [DAR 31.2:360].

34 *BD* (19 January 1836), 402.

35 N. Barlow, ed., "Darwin's Ornithological Notes," *Bulletin of the British Museum (Natural History) Historical Series* 2, no. 7 (1963), 262a.

36 *Researches*, 31.

37 *Researches*, 222–223.

38 见：Keynes (2000), xxvii, n. 49 and *CCD* 4:29.

39 *Researches*, 384, 387.

40 *Researches*, 37.

41 *Researches*, 44.

42 CD to Alexander von Humboldt, 1 November 1839; *CCD* 2:239.

43 事实上，达尔文的珊瑚礁进化模型时至今日依然成立，它本身也是个引人入胜的故事——见：D. Dobbs, *Reef Madness: Charles Darwin, Alexander Agassiz, and*

the Meaning of Coral (New York: Pantheon, 2005).
44 CD to Leonard Horner, 29 August 1844; CCD 3:55.
45 *Researches*, 368–369.
46 *Researches*, 376.
47 *Researches*, 379.
48 *Origin*, 366.
49 CD to Henry Fawcett, 18 September 1861; CCD 9:269.
50 TN-C, 76–77.
51 TN-A, 180, and TN-B, 125e and 248.

第二章　从藤壶到家鸽

1 *BD* (8–14 and 15–16 January 1835), 279.
2 R. L. Keynes, ed., *Charles Darwin's Zoology Notes & Specimen Lists from H.M.S. Beagle* (Cambridge: Cambridge University Press, 2000), 274–276; DAR 31.305–307, Cambridge University Library.
3 *BD* (19 January 1835), 280.
4 CD to WDF, 15 February 1836; CCD 1:491.
5 *BD* (1 October 1836), 446.
6 C. Kinglsey, *Glaucus, or, The Wonders of the Shore* (London: Macmillan & Co., 1855), 87.
7 "小猎犬号"的图书馆中的书籍列表可参见：http://test.darwin-online.org.uk/BeagleLibrary/Beagle_Library_Introduction.htm.
8 达尔文的爱丁堡笔记本中的动物学部分可见：P. Barrett et al., eds., *Charles Darwin's Notebooks, 1836–1844* (Ithaca, NY: Cornell University Press, 1987), 475–486.
9 理查德·欧文，亨特系列讲座第四讲，1837年5月9日。参见：P. R. Sloan, ed., *The Hunterian Lectures in Comparative Anatomy, May and June 1837* (Chicago: University of Chicago Press, 1992), 193.
10 TN-B, 44.
11 这个页边注释出现在达尔文手中的《地质学原理》卷二，第442页——也即该书最后一页。生物多样性遗产图书馆和剑桥大学图书馆合作整理出了达尔文的个人图书馆的在线版，已全部数字化且带有转录边注。欲查看此页，请前往：www.biodiversitylibrary.org/item/105893#page/451/mode/1up.
12 引文见：T. A. Appel, *The Cuvier-Geoffroy Debate: French Biology in the Decades Before Darwin* (Oxford: Oxford University Press, 1987), 1.
13 TN-B, 111.
14 见：Barrett et al. (1987), 197, notes 111-1–112-5.
15 Barrett et al. (1987), 242.
16 J. S. Sebright, *The Art of Improving the Breeds of Domestic Animals, in a Letter Addressed to the Right Hon. Sir Joseph Banks, K.B.* (London: John Harding, 1809), 5, 24–25.
17 Sebright (1809), 26.
18 J. Wilkinson, *Remarks on the Improvement of Cattle, etc. In a Letter to Sir John Saunders Sebright Bart. M.D*, 3rd ed. (Nottingham: H. Barnett, 1820), 4–5.
19 TN-C, 133.
20 TN-D, 20, 44.
21 TN-D, 118.
22 TN-E, 118.
23 问题与实验（Q&E）笔记本的抄本可见：Barrett et al. (1987), 487–516.
24 达尔文的疾病之谜已经引发诸多猜测和医学调查。关于此事的诸多假设可参见：R. O. Pasnau, "Darwin's Illness: A Biophychosocial Perspective," *Psychosomatics* 31 (1990) 121–1281; F. P. Smith et al., "Darwin's Illness," *Lancet* 336 (1990), 1139–1140; J. Adler et al., "The Dueling Diagnoses of Darwin," *Journal of the American Medical Association* 277 (1997), 1275–1277; R. Colp, "The Dueling Diagnoses of Darwin," *Journal of the American Medical Association* 277 (1997), 1275–1276; R. Colp, "More on Darwin's Illness," *History of Science* 38 (2000), 219–236; and A. K. Campbell and S. B. Matthews, "Darwin's Illness Revealed," *Postgraduate Medical Journal* 81 (2005), 248–251.
25 1842年的"概要"和1844年的"论物种"的发表版见：弗朗西斯·达尔文编辑的：*Foundations*.
26 *Autobiography*, 68.
27 CD to JDH, 11 January 1844; *CCD* 3:2.
28 JDH to CD, 4–9 Sept 1845; *CCD* 3:250–251.

29 CD to JDH, 10 September 1845; *CCD* 3:253.
30 见 1845 年 9 月 10 日和 14 日的信件 10-14; *CCD* 3:253 and 254.
31 J. Browne, *Charles Darwin: Voyaging* (Princeton, NJ: Princeton University Press, 1995), 471.
32 CD to JDH, 6 and 12 November 1846; *CCD* 3:363 and 365.
33 CD to JSH, 1 April 1848; *CCD* 4:128.
34 CD to JDH, 10 May 1848; *CCD* 4:140.
35 CD to JDH, 10 May 1848; *CCD* 4:140.
36 CD to CL, 2 September 1849; *CCD* 4:253.
37 达尔文藤壶研究的简要介绍可参见：*CCD* 卷 4，第 388–409 页 (附录 II)。更多精彩介绍可见：R. Stott, *Darwin and the Barnacle* (London: Faber and Faber, 2003).
38 CD to JDH, 13 June 1850; *CCD* 4:344.
39 达尔文的朋友和邻居约翰·拉伯克记录的这件逸事可见：Francis Darwin, *More Letters of Charles Darwin* (London: John Murray, 1903), 1:38.
40 CD to WDF, 27 March 1855; *CCD* 5:294.
41 TN-E, 136.
42 D. J. Browne, *The American Bird Fancier; Considered with Reference to the Breeding, Rearing, Feeding, Management, and Peculiarities of Cage and House Birds* . . . (New York: C. M. Saxton, 1850), 83.
43 CD to WD, 29 November 1855; *CCD* 5:508.
44 CD to WD, 26 February 1856; *CCD* 6:45.
45 CD to William B. Tegetmeier, 18 May 1857; *CCD* 6:397.
46 CD to Thomas Eyton, 3 & 9 December 1855; *CCD* 5:513, 522.
47 ARW to Samuel Stevens, 21 August 1856 (WCP letter 1703). 华莱士也与达尔文有过直接通信往来；达尔文在 1857 年 5 月 1 日写给华莱士的一封信 (*CCD* 6:387) 中谈道，他曾收到过华莱士于 1856 年 10 月 10 日的信件，但这封信已经遗失。
48 CD to ARW, 1 May 1857; *CCD* 6:387; WCP letter 2086.
49 *Journal*, 36v. 达尔文的《航海记》的 1858 年抄本部分可见于 *CCD* 7:503 (附录 II)。
50 Whitwell Elwin to John Murray, 3 May 1859; *CCD* 7:290.
51 CD to THH, 16 December 1859; *CCD* 7:434.

第三章 解码河岸：达尔文的生态学

1 *Origin*, 489.
2 *Origin*, 489.
3 *Origin*, 490.
4 TN-E, 114.
5 TN-D, 134–135.
6 *Foundations*, 8, 90.
7 对达尔文那著名的楔子的简要评注隐喻可参见：*Annotated Origin*, 67, n. 1.
8 *Origin*, 62, 64.
9 H. Milne-Edwards, *Introduction á la zoologie générale* (Paris: Victor Masson, 1851), 9.
10 DAR 205.5, 149.
11 CD to JDH, 5 June 1855; *CCD* 5:343.
12 CD to JDH, 15 June 1855; *CCD* 5:354.
13 请参见 BBC 对人们再现达尔文和索利小姐相关实验的报道：http://news.bbc.co.uk/2/hi/sci/tech/4607037.stm and http://news.bbc.co.uk /2 /hi /science/nature/5201816.stm.
14 DAR 205.2:119r and 119v.
15 DAR 205.5:157; note dated 19 August 1855.
16 *Natural Selection*, 230.
17 *Natural Selection*, 228.
18 G. Sinclair, "On Cultivating a Collection of Grasses in Pleasure-Grounds or Flower-Gardens [and on the Utility of Studying the Gramineae]," *The Gardener's Magazine and Register of Rural & Domestic Improvement 1* (1826), 113.
19 E. M. Fries, "A monograph of the *Hieracia*; being an Abstract of Prof. Fries's '*Symbolae ad Historiam Hieraciorum*,' translated and abridged," *Botanical Gazette* 2 (1850), 188.
20 CD to JDH, 11 March 1858; *CCD* 7:47.
21 DAR 205.5; 达尔文在《物种起源》第 126 页对此做出了详细说明："展望未来，我们可以预测，目前庞大且成功的有机体种群，以及那些最不易受到侵害的种群便是迄今为止最少遭至灭绝的种群，它们会在很长一段时期内继续扩张。"
22 ExB, 24–25.

23 *Origin*, 67.
24 DAR 46.1:37r; note dated 24 April 1857.
25 *Journal*, 36r; entry dated 22 April 1857.
26 CD to JDH, 2 June 1857; *CCD* 6:404.
27 CD to JL, 14 July 1857; *CCD* 6:430.
28 CD to JDH, 14 July 1857; *CCD* 6:429.
29 CD to JL, 14 July 1857; *CCD* 6:430.
30 达尔文的计算可参见：*Natural Selection*, 149–154.
31 CD to JDH, 22 August 1857; *CCD* 6:443.
32 CD to AG, 5 September 1857; *CCD* 6:448.
33 *Origin*, 62.
34 对哈钦森的童年逸事的重述见：N. G. Slack, *G. Evelyn Hutchinson and the Invention of Modern Ecology* (New Haven: Yale University Press, 2010), chapter 2.

第四章　嗡嗡作响之地

1 CD to JL, September 1854; *CCD* 5:211.
2 GD on "humble bees," DAR 112.B18 ff.
3 R. B. Freeman, "Charles Darwin on the Routes of Male Humble Bees," *Bulletin of the British Museum (Natural History), Historical Series* 3, no. 6 (1968), 182.
4 Freeman (1968), 182.
5 LD, "Memories of Down House," *The Nineteenth Century* 106 (1929), 118.
6 Freeman (1968), 183.
7 LD (1929), 119.
8 这个评论出自柯比的《布里奇沃特论著集》，首次出版于 1835 年。参见：W. Kirby, *On the Power, Wisdom, and Goodness of God as Manifested in the Creation of Animals, and in Their History, Habits, and Instincts,* new edition, ed. Thomas Rymer Jones, 2 vols. (London: Henry G. Bohn, 1852), 2:246.
9 事实上，"蜂巢猜想"（正如数学家们所知的）可追溯至 2000 多年前的罗马学者马库斯·特伦休斯·瓦罗，他于公元前 36 年写道，六边形的蜂巢比其他形状的空间利用率更高。直到晚近的 1999 年，瓦罗的想法才被密歇根数学家托马斯·黑尔斯证明是正确的；对数学感兴趣的读者可从后面的档案材料中查看后者的证明：http://lanl. arxiv.org, "The Honeybee Conjecture," paper ID 9906042.
10 G. R. Waterhouse, "Bees," *Penny Cyclopaedia of the Society for the Diffusion of Useful Knowledge,* 4 (1835), 153.
11 CD to JDH, 11 and 28 February 1858; *CCD* 7:30–31 and 39–40.
12 伊拉斯穆斯·达尔文曾于 1858 年 5 月和 6 月在蜂房几何学上帮助过弟弟达尔文；参见：*CCD* 7:86, 99–100, 100–102, 104, and 108–112.
13 格雷曾在伦敦昆虫学会于 1858 年 7 月 5 日举办的会议上发表这个评论；参见：*The Zoologist* vol. 16, p. 6189.
14 其发现者为匈牙利著名数学家拉斯洛·费耶斯·托特（1915—2005）；参见：L. F. Tóth, "What the Bees Know and What They Do Not Know," *Bulletin of the American Mathematical Society* 70 (1964), 468–481, and T. C. Hales, "Cannonballs and Honeycombs," *Notices of the American Mathematical Society* 47, no. 4 (2000), 440–449.
15 *Origin*, 235.
16 *Origin*, 51.
17 梭罗对蚂蚁袭击的精彩描述出现在《瓦尔登湖》第十二章，此文再版时多被加上"蚁群之战"的标题。
18 CD to Frederick Smith, [3 月 9 日之前] 1858; *CCD* 7:44.
19 CD to ED, 28 April 1858; *CCD* 7:84.
20 CD to ED, 25 April 1858; *CCD* 7:80.
21 DAR 205.11 (2):106. 达尔文在这则笔记中写有"第十章"字样，旨在将其包含在《自然选择》中以处理本能主题；见 *Natural Selection*, 470–471 and 574–575.
22 CD to WD, 26 April 1858; *CCD* 7:81.
23 CD to JDH, 13 July 1858; *CCD* 7:129.
24 DAR 205.11:94r. 这一则笔记的完整内容为："7 月。从桑当附近采集了 58 只山蚁标本，其中工蚁的尺寸差异较大——巢穴中有很多个头最小的。我在 7 月 24 日观察到一场蚁群迁徙现象，仅有最大和中等大小的蚂蚁会搬运蚁蛹；事实上，我怀疑最小的蚁群是否会搬运蚁蛹；因此，它们在功能和习性上几乎无甚差异，差不多都出于强制。
25 *Origin*, 223–224.
26 *Origin*, 243–244.
27 对达尔文的科学研究和他的废奴主义信念之间相互影响的讨论可见：J. Moore,

Darwin's Sacred Cause: How a Hatred of Slavery Shaped Darwin's Views on Human Evolution (Boston: Houghton Mifflin Harcourt, 2009).

第五章 大棋局

1 CD to WDF, 7 May 1855; *CCD* 5:326.
2 达尔文那些鱼类实验的简要介绍可参见：D. Pauly's *Darwin's Fishes: An Encyclopedia of Ichthyology, Ecology, and Evolution* (Cambridge: Cambridge University Press, 2007), 70–72.
3 CD to C. J. F. Bunbury, 21 April 1856; *CCD* 6:80.
4 *BD* (19 January 1836), 402–403.
5 *Principles*, 2:124.
6 CD to JDH, 10 February 1845; *CCD* 3:140.
7 *Principles*, 2:159.
8 *Foundations*, 31.
9 *Autobiography*, 124–125.
10 E. Forbes, "On the connexion between the distribution of the existing fauna and flora of the British Isles, and the geological changes which have affected their area, especially during the epoch of the Northern Drift," *Memoirs of the Geological Survey of England, and of the Museum of Economic Geology in London* 1 (1846), 337.
11 *Foundations*, 31 (text and note 1).
12 *Foundations*, 169.
13 CD to JDH, 17–18 June 1856; *CCD* 6:147.
14 CD to CL, 16 June 1856; *CCD* 6:143.
15 JDH to CD, 16 June 1847; *CCD* 4:50.
16 J. D. Hooker, *Introductory Essay to the Flora of New Zealand* (London: Lovell Reeve, 1853), xxi.
17 CD to JDH, 13 April 1855; *CCD* 5:305.
18 CD to JSH, 2 July 1855; *CCD* 5:365.
19 CD to JDH, 15 May 1855; *CCD* 5:329–330.
20 CD to JDH, 10 October 1855; *CCD* 5:477.
21 CD to JDH, 12 April 1857; *CCD* 6:371–372.

22 CD to JDH, 10 December 1856; *CCD* 6:305.
23 James Tenant to CD, 27 March 1857; *CCD* 6:364.
24 Q&E, [5]a.
25 ExB, 17.
26 ExB, 8.
27 CD to JDH, 10 December 1856; *CCD* 6:305.
28 戴维的文章宣读于皇家学会，发表时间为 1856 年："On the Ova of Salmon," *Philosophical Transactions of the Royal Society*, London 146:21–29.
29 *Origin*, 385.
30 C. R. Darwin, "Transplantation of shells," *Nature* 18 (1878), 121; *CDSP*, 422.
31 C. R. Darwin, "On the Dispersal of Freshwater Bivalves," *Nature* 25 (1882), 529–530; *CDSP*, 486–487.
32 CL to CD, 1–2 May 1856; *CCD* 6:89.
33 G. Nelson, "From Candolle to Croizat: Comments on the History of Biogeography," *Journal of the History of Biology* 11, no. 2 (1978), 289.
34 见：Censky et al., "Over-water Dispersal of Lizards Due to Hurricanes," *Nature* 395 (1998), 556–557.
35 相关精彩研究见：Alan de Queiroz: "The Resurrection of Oceanic Dispersal in Historical Biogeography," *Trends in Ecology and Evolution* 20 (2005), 68–73; *The Monkey's Voyage: How Improbable Journeys Shaped the History of Life* (New York: Basic Books, 2014).
36 P. Sebastian et al., "Darwin's Galapagos Gourd: Providing New Insights 175 Years after his Visit," *Journal of Biogeography* 37 (2010), 975–980.
37 *Origin*, 388.

第六章　植物的性生活

1 J. S. Sebright, *The Art of Improving the Breeds of Domestic Animals, in a Letter Addressed to the Right Hon. Sir Joseph Banks, K.B.* (London: John Harding, 1809), 26.
2 TN-C, 133.
3 CD to William Herbert, 26 June 1839; *CCD* 2: 201–202.
4 TN- E, 150–151.

5 T. A. Knight, "An Account of Some Experiments on the Fecundation of Vegetables," *Philosophical Transactions of the Royal Society* 89 (1799), 200.

6 Knight (1799), 202.

7 Knight (1799), 202–203.

8 参见：*Natural Selection*, an annotated edition of the manuscript edited by R. C. Stauffer (Cambridge: Cambridge University Press, 1975).

9 达尔文的页边注可在他的那本斯普伦格尔的著作的第18页找到。请前往生物多样性遗产图书馆的虚拟馆藏中查看达尔文这个页边注和其他著作：http://biodiversitylibrary.org/collection/darwinlibrary.

10 CD to AG, 19 January 1863; *CCD* 11:57.

11 *LL*, 3:258.

12 *EDFL*, 1:51.

13 TAN, 135.

14 Ruricola, "Humble-bees," *The Gardeners' Chronicle* 34 (1841), 485.

15 C. R. Darwin, "Humble-bees," *Gardeners' Chronicle* 34 (1841), 550; *CDSP*, 134–136.

16 *Natural Selection*, 54 (ms. pp. 34–35).

17 *Natural Selection*, 53 (ms. p. 33).

18 *Fertilisation,* 417–418.

19 *Fertilisation,* 82–83.

20 CD to JDH, 30 May 1862; *CCD* 10: 226.

21 C. R. Darwin, "Bees and the Fertilisation of Kidney Beans," *Gardeners' Chronicle and Agricultural Gazette* 43 (1857), 725; *CDSP*, 267.

22 *Origin*, 73–74.

23 *Fertilisation*, 361.

24 CD to JL, 2 September 1862; *CCD* 10:388.

25 CD to JL, 2 September 1862; *CCD* 10:392.

26 *Natural Selection*, 52 (ms. p. 32).

27 CD to JDH, 27 April 1860; *CCD* 8:169.

28 CD to JDH, 7 May 1860; *CCD* 8:191–192.

29 ExB, 55.

30 CD to AG, 11 October 1861; *CCD* 9:299–300.

31 C. R. Darwin, "On the Sexual Relations of the Three Forms of *Lythrum salicaria*," *Journal of the Linnean Society of London (Botany)* 8 (1864), 173; *CDSB*, 345.
32 CD to AG, 9 August 1862; *CCD* 10:362.
33 CD to WD, 9 July 1862; *CCD* 10:309.
34 CD to AG, 28 July 1862; *CCD* 10:341.
35 Margaret Susan Wedgwood to CD, before 4 August 1862; *CCD* 10:351.
36 CD to Katherine Elizabeth Sophy, Lucy Caroline, and Margaret Susan Wedgwood, 4 August 1862; *CCD* 10:355.
37 CD to WD, 2–3 August 1862; *CCD* 10:349–350.
38 CD to AG, 16 October 1862; *CCD* 10:470.
39 CD to AG, 4 August 1863; *CCD* 11:581.
40 引文出自贝克为达尔文的著作的影印版所写的前言，IX：*The Different Forms of Flowers on Plants of the Same Species* published by the University of Chicago Press (1986).
41 Henry David Thoreau, journal entry for 22 October 1839; 引自：O. Shepard, ed., *The Heart of Thoreau's Journals* (New York: Dover Publications, 1961), 9.

第七章　事关设计

1 CD to CL, 6 June 1860; *CCD* 8:243.
2 ExB, 29.
3 *EDFL*, 2:376.
4 J. Ruskin, *The Complete Works of John Ruskin*, library ed. (London: George Allen/ New York: Longmans, Green, and Co., 1906), 391.
5 Ruskin (1906), 342.
6 CD to JDH, 5 June 1860; *CCD* 8:238.
7 C. R. Darwin, "Fertilisation of British Orchids by Insect Agency," *Gardeners' Chronicle and Agricultural Gazette* 23 (1860), 528; *CDSP*, 301.
8 CD to Alexander Goodman More, 17 July 1861; *CCD* 9:207.
9 CD to JDH, 12 July 1860; *CCD* 8:286.
10 *Orchids*, 215.
11 CD to CL, 12 September 1860; *CCD* 8:356.
12 达尔文曾受亨斯洛的妹夫，博物学家和牧师莱昂纳德·杰宁斯之邀撰写自己对亨斯洛的回忆文章。收录于：Jenyns' *Memoir of the Rev. John Stevens Henslow* (London: Van Voorst, 1862), 51–55.
13 CD to JDH, 13 July 1861; *CCD* 9:202.
14 CD to JDH, 27 July 1861; *CCD* 9:220.
15 CD to JDH, 27 July 1861; *CCD* 9:220.
16 *Orchids*, 160.
17 CD to JDH, 28 July–10 August 1861; *CCD* 9:222.
18 CD to John Murray, 21 September 1861; *CCD* 9:273.
19 CD to CL, 1 October 1861; *CCD* 9:291.
20 CD to JDH, 28 September 1861; *CCD* 9:284.
21 CD to JDH, 11 October 1861; *CCD* 9:301.
22 J. Lubbock, *On British Wild Flowers Considered in Relation to Insects* (London: Macmillan and Co., 1875), 173–174.
23 R. Schomburgk, "On the Identity of Three Supposed Genera of Orchidaceous Epiphytes, in a Letter to A. B. Lambert," *Transactions of the Linnean Society of London* 17 (1837), 552.
24 J. Lindley, *The Vegetable Kingdom, or, The Structure, Classification, and Uses of Plants, Illustrated Upon the Natural System* (London: Bradbury and Evans, 1846), 178.
25 C. R. Darwin, "On the Three Remarkable Sexual Forms of *Catasetum tridentatum*, an Orchid in the Possession of the Linnean Society," *Proceedings of the Linnean Society of London (Botany)* 6 (1862), 151–157.
26 George Bentham to CD, 15 May 1862; *CCD* 10:194.
27 *Orchids*, 244.
28 *Origin*, 453.
29 *Origin*, 453.
30 对格雷 - 阿加西之间争论的讨论见：D. N. Livingstone, *Darwin's Forgotten Defenders: The Encounter Between Evangelical Theology and Evolutionary Thought* (Vancouver: Regent College Publishing, 1984), 57-64; A. Ward, "Evolution and Creation Debates," in *A Companion to the History of American Science*, ed. G. M. Montgomery and M. A. Largent, (Chichester: John Wiley & Sons, 2016), 361–373.
31 *Orchids*, 2.

32 ARW to CD 23 May 1862; *CCD* 10:217.
33 AG to CD, 2–3 July 1862; *CCD* 10:292.
34 CD to AG, 23–24 July 1862; *CCD* 10:331.
35 AG to CD, 22 September1862; *CCD* 10:428.
36 CD to JDH, 25 & 26 January 1862; *CCD* 10:48.
37 Duke of Argyll (G. D. Campbell), *The Reign of Law* (London: Alexander Strahan, 1867), 46.
38 A. R. Wallace, "Creation by Law [Review of *The Reign of Law* by the Duke of Argyll, 1867," *Quarterly Journal of Science* 4 (1867), 475.
39 Wallace (1867), n. 2.
40 *Orchids*, 2nd ed. (1877), 230.

第八章　具有意志的植物

1 J. Browne, *Charles Darwin: Power of Place* (Princeton, NJ: Princeton University Press, 2003), 46.
2 *EDFL*, 2:177.
3 *Origin*, 484.
4 CD to AG, 26 September 1860; *CCD* 8:389.
5 T. Slaughter, ed., *Bartram: Travels and Other Writings* (New York: Library of America, 1996), 17. 此处的引文可在巴特拉姆的《游记1791》的1791年第一版的第 xx–xxi 页中找到。该书电子版文本可见：the *Documenting the American South* collection of the University of North Carolina–Chapel Hill Libraries: docsouth. unc. edu/nc/bartram/bartram.html.
6 *Origin*, 187.
7 C. R. Darwin, "Irritability of *Drosera*," *Gardeners' Chronicle and Agricultural Gazette* 38 (1860), 853; *CDSP*, 303.
8 CD to JL, 18 November 1860; *CCD* 8:477.
9 CD to JDH, 11 September 1862; *CCD* 10:402.
10 CD to AG, 3–4 September 1862; *CCD* 10:390–391.
11 DAR 54:29 (Cambridge University Library).
12 *Insectivorous Plants*, 4.

13　CD to AG, 4 August 1863; *CCD* 11:582.
14　*Journal*, 50v and 51v.
15　*Insectivorous Plants*, chapter 6.
16　*Insectivorous Plants*, 96.
17　F. Darwin, "Experiments on the nutrition of *Drosera rotundifolia*," *Journal of the Linnean Society (Botany)* 17 (1880), 23.
18　见本章注释 5。
19　*Insectivorous Plants*, 286.
20　CD to Daniel Oliver, 29 September 1860; *CCD* 8:398.
21　CD to AG, 8 August 1867; *CCD* 15:343.
22　CD to AG, 8 January 1873; CCD 21:31.
23　CD to AG, 22 October 1872; CCD 20:454.
24　J. Burdon-Sanderson, "On the Electrical Phenomena which Accompany the contractions of the Leaf of *Dionaea muscipula*," *Report of the British Association for the Advancement of Science* 43 (1873), 133.
25　*Insectivorous Plants*, 286.
26　*Insectivorous Plants*, 331.

第九章　狡黠而睿智的攀缘植物

1　CD to JDH, 25 June 1863; *CCD* 11:506.
2　AG to CD, 24 November 1862; *CCD* 10:554.
3　CD to AG, 26 June 1863; *CCD* 11:507–508.
4　JDH to CD, 21 July 1863; *CCD* 11:554.
5　AG to CD, 1 September 1863; *CCD* 11:614.
6　J. Browne, *Charles Darwin: Power of Place* (Princeton, NJ: Princeton University Press, 2003), 241.
7　*Climbing Plants*, 7.
8　*Climbing Plants*, 7–8.
9　*Climbing Plants*, 2.
10　J. D. Hague, "A reminiscence of Mr Darwin," *Harper's New Monthly Magazine* 69 (1884), 763.

11 *Power of Movement*, 3.
12 *Climbing Plants* (2nd ed.; 1875), 98–99.
13 CD to AG, 28 May 1864; *CCD* 12:211.
14 *Climbing Plants*, 59.
15 *Power of Movement*, 484.
16 *Power of Movement*, 486.
17 T. A. Knight, "On the Direction of the Radicle and Germen during the Vegetation of Seeds," *Philosophical Transactions of the Royal Society of London* 96 (1806), 100.
18 *Power of Movement*, 545.
19 *Power of Movement*, 529.
20 萨克斯此处的一番话引自：P. Ayres, *The Aliveness of Plants* (London: Pickering and Chatto, 2008), 106.
21 *Climbing Plants*, 115.
22 *Climbing Plants*, 117–118.
23 *Power of Movement*, 573.

第十章　蚯蚓小夜曲

1 ED to LD; *EDFL* 2:241.
2 C. R. Darwin, "On the Formation of Mould," *Proceedings of the Geological Society of London* 2 (1838), 575.
3 Darwin (1838), 576.
4 William Buckland to Geological Society of London, 9 March 1839; *CCD* 2:76.
5 Sarah Elizabeth Wedgwood and Josiah Wedgwood II to CD, 10 November [1837]; *CCD* 2:55.
6 Ibid.
7 W. F. Lindsay-Carnegie to CL, 14 February 1838; *CCD* 2:72.
8 C. R. Darwin, "On the Origin of Mould," *Gardeners' Chronicle and Agricultural Gazette* 14 (1844), 218; CDSP, 173.
9 *Worms*, 115.
10 ExB, 28.
11 CD to M. T. Masters, 21 March 1868; *CCD* 16(1):290. Lucy's observations were

published in the March 28, 1868, issue of the *Gardeners' Chronicle*.
12 *Journal*, 46v and 47r.
13 CD to ARW, 19 August 1868; *CCD* 16(2):688.
14 J. Browne, *Charles Darwin: Power of Place* (Princeton, NJ: Princeton University Press, 2003), 479.
15 AG and Jane Loring Gray to CD, 8 and 9 May 1869; *CCD* 17:218.
16 CD to *Gardeners' Chronicle*, 9 May 1869 (published 15 May 1869); *CCD* 17:222.
17 Ibid.
18 THH to CD, 17 March 1869; *CCD* 17:136.
19 CD to ARW, 5 March 1869; *CCD* 17:111.
20 CD to ARW, 27 March 1869 (*CCD* 17:157) and 14 April 1869 (*CCD* 17:175).
21 CD to ARW, 25 June 1869; *CCD* 17:289–290.
22 W. W. Baxter to CD, 13 November 1871; *CCD* 19:682.
23 Lucy Wedgwood to CD, 20 November 1871; *CCD* 19:694.
24 AG to CD, 2 February 1872; *CCD* 20:61.
25 CD to Archibald Geikie, 27 December 1871; *CCD* 19:738.
26 Archibald Geikie to CD, 29 December 1871; *CCD* 19:743.
27 CD to Archibald Geikie, 30 December 1871; *CCD* 19:746–747.
28 CD to HD, 15 December 1871; *CCD* 19:721.
29 GD to CD, 30 December 1871; *CCD* 19:745.
30 CD to Amy Ruck, 24 February 1872; *CCD* 20:82.
31 CD to Lucy Wedgwood, 5 January 1872, *CCD* 20:12; Lucy Wedgwood to CD, 20 January 1872, *CCD* 20:32; CD to Lucy Wedgwood, 21 January 1872, *CCD* 20:34.
32 *Worms*, 262, 263.
33 *Worms*, 264–268.
34 ED to HL, *EDFL* 2:225–226.
35 ED to HL, *EDFL* 2:227.
36 T. H. Farrer to CD, 23 September 1877; DCP, letter 11150.
37 ED to GD, Down House Collection, letters 77.24 and 77.37.
38 ED to WD; *EDFL* 2:231.
39 ED to T. H. Farrer, 4 December 1877; DCP letter 11268.
40 CD to Sophy Wedgwood, 8 October 1880; DCP, letter 12745.

41 A. Desmond and J. Moore, *Darwin: Life of a Tormented Evolutionist* (New York: Warner Books, 1991), 649.
42 JL, *Diary*, 1879–1882, Supplementary Avebury Papers, Add. MSS 62682, fol. 14 (British Library); quoted in J. F. M. Clark, "'The Ants Were Duly Visited': Making Sense of John Lubbock, Scientific Naturalism and the Senses of Social Insects," *British Journal for the History of Science* 30, no. 2 (1997): 197 n. 71.
43 *Worms*, 26.
44 *Worms*, 27–28.
45 CD to WD, 5 February 1881; DCP, letter 13037.
46 *Worms*, 34.
47 JDH to CD, 23 or 30 October 1881; DCP, letter 13424.
48 Lady Derby [M. C. Stanley] to CD, 16 October 1881; DCP, letter 13406.
49 *Worms*, 6.
50 *Worms*, 313.

拓展阅读及相关资源

关于达尔文的著作、方法、实验和其他调查研究的教学资源

网络资源:
查尔斯·达尔文信托基金
http://www.charlesdarwintrust.org/content/19/darwin-inspired-learning
达尔文信托基金的核心任务是基于达尔文的生平和工作而从事"受达尔文启发"的教学工作。

达尔文通信项目
https://www.darwinproject.ac.uk/learning/7-11
这个网站上的达尔文在线书信宝库为读者提供了优秀的学习资源,并且对达尔文的信件进行了总括。

达尔文的鸽子
http://darwinspigeons.com
跟随鸽子爱好者、养鸽之人、法官约翰·罗斯,在上述致力于呈现达尔文的鸽子的网站中对这些鸽子来一场虚拟探索吧。兰德尔·凯恩斯也以描述6种达尔文的鸽子的形式加入了约翰的行列:youtube.com/watch?v=VFVueCs3gFI. 这个视频拍摄于伦敦阿尔伯马尔街达尔文的出版商约翰·默里的办公地点附近。

唐豪斯

http://www.english-heritage.org.uk/visit/places/home-of-charles-darwin-down-house/

达尔文及其家人的宅院，现由英国遗产机构维持。这座房子基本上保持了达尔文在此生活时的原样。花园、温室和庭院也都恢复至当时的样貌，其中还介绍了达尔文做过的一些实验。

英国遗产机构博客

http://blog.english-heritage.org.uk/10-ways-experiment-like-darwin/

S. 肯钦－史密斯于 2014 年 8 月 22 日发布于英国遗产机构博客上的文章——"十种像达尔文那样做实验的方式"。

进化：教育和推广［网刊］

https://evolution-outreach.springeropen.com/

斯普林格开放获取平台为 K-16[*] 的学生、教师和科学家们提供的一个致力于理解、教授、学习进化论的网络杂志。

伦敦林奈学会

https://www.linnean.org/education-resources/secondary-resources/darwin-inspired-learning

伦敦林奈学会的教育资源包括：卡罗尔·博尔特、艾玛·纽沃尔和唐恩·桑德斯等博士与查尔斯·达尔文信托基金合作开发的优秀（受达尔文启发的）教育模块。

美国国家科学、工程和医学研究院

http://www.nas.edu/evolution/

读者可查看美国国家研究院提供的优秀教育资源中的进化论书系，包括免费的电子版。

国家科学教育中心

https://ncse.com/

国家科学教育中心"与教师、父母、科学家和热心公民合作在各地、各州乃至国家层面展开合作，旨在确保进化论、气候变化等主题被准确、诚实和可信地教授。"

---

* 美国的一项旨在为低年级学生提供多层次教育的运动。——译者注

大自然的进化瑰宝
www.nature.com/nature/newspdf/evolutiongems.pdf
H. 吉、R. 豪利特和 P. 坎贝尔。2009 年。"15 个进化瑰宝:《自然》杂志为那些期待传播自然选择进化机制的人提供的资源。"

出版物

Ayala, F. 2009. Darwin and the Scientific Method. *Proceedings of the National Academy of Sciences USA* 106 (supp. 1): 10033–10039.

Boulter, C., D. Sanders, and M. Reiss, eds. 2015. *Darwin-Inspired Learning*. Rotterdam and Boston: Sense Publishers.

Catley, K. M. 2006. "Darwin's Missing Link—A Novel Paradigm for Evolution Education." *Science Education* 90 (5): 767–783.

Costa, J. T. 2003. "Teaching Darwin with Darwin." *BioScience* 53: 1030–1031.

Dennison, R. 1993. "Using Darwin's Experimental Work to Teach the Nature of Science." *American Biology Teacher* 55: 50–52.

Ellis, R. J. 2010. *How Science Works: Evolution. A Student Primer*. New York: Springer.

Grace, M., P. Hanley, and S. Johnson. 2008. "'Darwin-Inspired' Science: Teachers' Views, Approaches and Needs." *School Science Review* 90 (331): 71–77. Hernéndez Laille, M., and C. A. Soler 2014. *Charles Darwin and Lucia Sapiens: Lessons on the Origin and Evolution of Species*. Translated by N. Stapleton. Madrid: Universidad Nacional de Educación a Distancia.

Johnson, S. 2008. "Teaching Science Out-of-Doors." *School Science Review* (90) 331: 65–70.

Keynes, R. 2009. Darwin's Ways of Working—the Opportunity for Education. *Journal of Biological Education* 43 (3): 101–103.

Lennox, J. G. 1991. "Darwinian Thought Experiments: A Function for Just-So Stories." In *Thought Experiments in Science and Philosophy*, edited by T. Horowitz and G. J. Massey, 223–246. Savage, MD: Rowman and Littlefield.

Love, A. C. 2010. Darwin's "'Imaginary Illustrations:' Creatively Teaching Evolutionary Concepts and the Nature of Science." *American Biology Teacher* 72 (2): 82–89.

Morris, J. R., J. T. Costa, and A. Berry. 2015. "Adaptations: Using Darwin's *Origin* to Teach Biology and Writing." *Evolution* 69: 2556–2560.National Biodiversity Network. 2009. *The Darwin Guide to Recording Wildlife*. Nottingham, UK: NBN Trust Slingsby, D. 2009. "Charles Darwin, Biological Education and Diversity: Past Present and Future." *Journal of Biological Education* 43 (3): 99–100.

参考文献

电子版/在线文献资源

生物多样性遗产图书馆，biodiversitylibrary.org/
一个史无前例的博物学、植物学和研究性联合图书馆，旨在为它们收藏的历史文献提供数字化和自由获取服务。史密森学会主办。

达尔文通信项目，www.darwinproject.ac.uk/
剑桥大学提供的约15000封达尔文通信信件数字档案馆。吉姆·西科特等人主管，该档案馆构成了纸质版《查尔斯·达尔文通信》各卷和达尔文通信项目网站上的加注信件的基础，目前可获取1876年之后的信件。

达尔文手稿项目，www.amnh.org/our-research/darwin-manuscripts-project/
美国自然史博物馆设立的项目，该馆馆员、德雷赛尔大学教师大卫·科恩主管，该网站以剑桥大学图书馆"DARBASE"数据库为基础提供了达尔文科学手稿的大量历史版本和文字版，其特色是囊括达尔文手稿的高分辨率图像和完整抄本。

达尔文在线，darwin-online.org.uk/contents.html
关于达尔文的最全面的学术网站，其特色是完整收录了达尔文的手稿、出版物、私人文件以及其他文件。该网站由多个大学、博物馆、图书馆和研究机构联合创办，新加坡国立大学的约翰·万怀赫（John van Wyhe）主管。

手稿

以下达尔文手稿在本书中大量使用：

唐豪斯标本编目（EH 88202576）。达尔文家人收集的达尔文的论文和其他材料笔记本，于 1942 年经由唐豪斯朝圣者信托基金出让。兰德尔·凯恩斯转录。

达尔文的《实验笔记》（DAR157a）。剑桥大学图书馆馆藏的笔记本，汇集了达尔文在 1855 年到 1867 年开展的诸多实验和相关调查的记录。

达尔文的日记本（DAR158）。达尔文自己在 1838 年 8 月到 1881 年 12 月各项活动的一般性记录，剑桥大学图书馆馆藏。由约翰·万怀赫转录和编辑。

出版资源和参考书目：

Agassiz, L. 1841. "On Glaciers, and the Evidence of Their Once Having Existed in Scotland, Ireland and England." *Proceedings of the Geological Society of London* 3: 327–332.

Alcock, J. 2006. *An Enthusiasm for Orchids: Sex and Deception in Plant Evolution.* Oxford: Oxford University Press.

Alder, J., R. Colp Jr., G. M. FitzGibbon, A. G. Gordon, T. J. Barloon, and R. Noyes Jr. 1997. "The Dueling Diagnoses of Darwin." *Journal of the American Medical Association* 277: 1275–1277.

Allen, M. 1977. *Darwin and His Flowers: The Key to Natural Selection.* London: Faber and Faber.

Appel, T. A. 1987. *The Cuvier-Geoffroy Debate: French Biology in the Decades Before Darwin.* Oxford: Oxford University Press.

Arditti, J., J. Elliott, I. J. Kitching, and L. T. Wasserthal. 2012. " 'Good Heavens What Insect Can Suck It'—Charles Darwin, *Angraecum sesquipedale* and *Xanthopan morganii praedicta*." *Botanical Journal of the Linnean Society* 169: 403–432.

Argyll, Duke of (George Douglas Campbell). 1867. *The Reign of Law.* London: Alexander Strahan.

Armstrong, P. 1991. *Under the Blue Vault of Heaven: A Study of Charles Darwin's Sojourn in the Cocos (Keeling) Islands.* Nedlands: Indian Ocean Centre for Peace Studies.

Athauda, S. B. P., K. Matsumoto, S. Rajapakshe, M. Kuribayashi, M. Kojima, N. Kubomura-Yoshida, A. Iwamatsu, C. Shibata, H. Inoue, and K. Takahashi. 2004.

Enzymic and Structural Characterization of Nepenthesin, a Unique Member of a Novel Subfamily of Aspartic Proteinases. *Biochemical Journal* 381: 295–306.

Ayres, P. 2008. *The Aliveness of Plants*. London: Pickering and Chatto.

Barlow, N., ed. 1958. *The Autobiography of Charles Darwin 1809–1882: With Original Omissions Restored* (edited by and with appendix and notes by his granddaughter Nora Barlow). London: Collins.

Barlow, N., ed.1963. "Darwin's Ornithological Notes." *Bulletin of the British Museum (Natural History) Historical Series* 2 (7): 201–278.

Barrett, P. H. 1974. "The Sedgwick-Darwin Geologic Tour of North Wales." *Proceedings of the American Philosophical Society* 118: 146–164.

Barrett, P. H., P. J. Gautrey, S. Herbert, D. Kohn, and S. Smith, eds. 1987. *Charles Darwin's Notebooks, 1836–1844*. Ithaca, NY: Cornell University Press.

Slaughter, T., ed. 1996. *Bartram: Travels and Other Writings*. New York: Library of America.

de Beer, G., ed. 1959. Darwin's Journal. *Bulletin of the British Museum (Natural History), Historical Series* 2: 1–21.

de Beer, G. 2009. Darwin's *Questions about the Breeding of Animals* [1840]. In *Darwin in the Archives* edited by E. C. Nelson and D. M. Porter, 154–164. Edinburgh: Edinburgh University Press.

Berra, T. 2013. *Darwin and His Children: His Other Legacy*. Oxford: Oxford University Press.

Boulter, C. J., M. J. Reiss, and D. L. Sanders, eds. 2015. *Darwin-Inspired Learning*. Rotterdam and Boston: Sense Publishers.

Brougham, H. 1839. *Dissertations on Subjects of Science Connected with Natural Theology: Being the Concluding Volumes of the New Edition of Paley's Work*. 2 vols. London: C. Knight and Co.

Brown, G. G., C. Feller, E. Blanchart, P. Deleporte, and S. S. Chernyanskii. 2003. "With Darwin, Earthworms Turn Intelligent and Become Human Friends." *Pedobiologia* 47 (5–6): 924–933.

Brown, R. 1833. "On the Organs and Mode of Fecundation in Orchideae and Aslepiadeae." *Transactions of the Linnean Society of London* 16: 685–746. Browne, D. J. 1850. *The American Bird Fancier; Considered with Reference to the Breeding,*

Rearing, Feeding, Management, and Peculiarities of Cage and House Birds . . . New York: C. M. Saxton.

Browne, J. 1995. *Charles Darwin Voyaging: A Biography*. Princeton, NJ: Princeton University Press.

Browne, J. 2003. *Charles Darwin: The Power of Place*. Princeton, NJ: Princeton University Press

Bruford, M. W., D. G. Bradley, and G. Luikart. 2003. "DNA Markers Reveal the Complexity of Livestock Domestication." *Nature Reviews Genetics* 4: 900–910.

Bujok, B., M. Kleinhenz, S. Fuchs, and J. Tautz. 2002. Hot Spots in the Bee Hive. *Naturwissenschaften* 89: 299–301.

Burdon-Sanderson, J. 1873a. "On the Electrical Phenomena which Accompany the Contractions of the Leaf of *Dionaea muscipula*." *Report of the British Association for the Advancement of Science* 43 (1873): 133. Burdon-Sanderson, J. 1873b. "Note on the Electrical Phenomena which Accompany Irritation of the Leaf of *Dionaea muscipula*." *Proceedings of the Royal Society of London* 21 (20 November 1873): 495–496.

Burdon-Sanderson, J. 1874. "Venus's Fly-Trap (*Dionaea muscipula*)." *Nature* 10 (11 & 18 June 1874): 105–107, 127–128.

Burdon-Sanderson, J. 1882. "On the Electromotive Properties of the Leaf of *Dionaea* in the Excited and Unexcited States." *Journal of the Philosophical Transactions of the Royal Society of London* 173: 1–55.

Burkhardt, F., S. Smith, J. Secord, et al., eds. 1985–2016. *The Correspondence of Charles Darwin*, vols. 1–24. Cambridge: Cambridge University Press. Butt, K. R., M. A. Callaham Jr., E. L. Loudermilk, and R. Blaik. 2015. "Action of Earthworms on Flint Burial: A Return to Darwin's Estate." *Applied Soil Ecology*. doi:dx.doi.org/10.1016/j.apsoil.2015.04.002.

Butt, K. R., C. N. Lowe, T. Beasley, I. Hanson, and R. Keynes. 2008. "Darwin's Earthworms Revisited." *European Journal of Soil Biology* 44: 255–259. Campbell, A. K., and S. B. Matthews. 2005. "Darwin's Illness Revealed." *Postgraduate Medical Journal* 81: 248–251.

Canby, W. M. 1868. "Notes on *Dionaea muscipula* Ellis." *Gardener's Monthly & Horticultural Advertiser* 10: 229–232.

de Candolle, A. P. 1820. *Essai Élémentaire de géographie botanique*. Paris and Strasbourg.

Canti, M. G. 2003. "Earthworm Activity and Archaeological Stratigraphy: A Review of Products and Processes." *Journal of Archaeological Science* 30: 135 –148.

Carreck, N., T. Beasley, and R. Keynes. 2009. "Charles Darwin, Cats, Mice, Bumblebees and Clover." *Bee Craft* 91 (February 2009): 4–6.

Censky, E. J., K. Hodge, and J. Dudley. 1998. "Over-Water Dispersal of Lizards Due to Hurricanes." *Nature* 395: 556–557.

de Chadarevian, S. 1996. "Laboratory Science versus Country-House Experiments. The Controversy between Julius Sachs and Charles Darwin." *British Journal of the History of Science* 29: 17–41.

Ciesielski, T. 1872. "Untersuchungen uber die Abwartskrummung der Wurzel." *Beitrage zur Biologie der Pflanzen* 1: 1–30.

Clark, J. F. M. 1997. " 'The Ants Were Duly Visited': Making Sense of John Lubbock, Scientific Naturalism and the Senses of Social Insects." *British Journal for the History of Science* 30 (2): 151–176.

Colp, R. 1997. "The Dueling Diagnoses of Darwin." *Journal of the American Medical Association* 277: 1275–1276.

Colp, R. 2000. "More on Darwin's Illness." *History of Science* 38: 219–236. Conlin, J. 2014. *Evolution and the Victorians: Science, Culture and Politics in Darwin's Britain*. London: Bloomsbury.

Correvon, H., and M. Pouyanne. 1916. "Un curieux cas de mimétisme chez les Ophrydées." *Journal de la Société Nationale d'Horticulture de France*, ser. 4. 17: 29–47.

Correvon, H., and M. Pouyanne. 1923. "Nouvelles observations sur le mimétisme et la fécondation chez le *Ophrys speculum* et *lutea*." *Journal de la Société Nationale d'Horticulture de France*, ser. 4. 24: 372–377.

Corsi, P. 1978. "The Importance of French Transformist Ideas for the Second Volume of Lyell's *Principles of Geology*." *British Journal for the History of Science* 11: 221–244.

Costa, J. T. 2009. *The Annotated Origin: A Facsimile of Charles Darwin's* On the Origin of Species. Cambridge, MA: Harvard University Press.

Culley, T. M., and M. R. Klooster. 2007. The Cleistogamous Breeding System: A Review of its Frequency, Evolution, and Ecology in Angiosperms." *Botanical Review* 73: 1–30.

Curtis, M. A. 1834. "Enumeration of Plants Growing Spontaneously around Wilmington, North Carolina, with Remarks on Some New and Obscure Species." *Boston Journal of Natural History* 1: 82–141.

Darwin, C. R. 1838. "On the Formation of Mould." *Proceedings of the Geological Society of London* 2: 574–576.

Darwin, C. R. 1839a. *Journal of Researches into the Geology and Natural History of the Various Countries Visited by H.M.S. Beagle.* London: Colburn.

Darwin, C. R. 1839b. "Observations on the Parallel Roads of Glen Roy, and of Other Parts of Lochaber in Scotland, with an Attempt to Prove That They Are of Marine Origin." [Read 7 February] *Philosophical Transactions of the Royal Society* 129: 39–81.

Darwin, C. R. 1840. "On the Formation of Mould." *Transactions of the Geological Society of London* 1840: 505–509.

Darwin, C. R. 1841. "Humble-bees." *Gardeners' Chronicle* 34 (21 August): 550.

Darwin, C. R. 1842. "Notes on the Effects Produced by the Ancient Glaciers of Caernarvonshire, and on the Boulders Transported by Floating Ice." *Philosophical Magazine* 21: 180–188.

Darwin, C. R. 1844. "On the Origin of Mould." *Gardeners' Chronicle and Agricultural Gazette* 14 (6 April): 218.

Darwin, C. R. 1845. *Journal of Researches into the Natural History and Geology of the Countries Visited During the Voyage of H.M.S. Beagle Round the World.* 2nd ed. [*Voyage of the Beagle*] London: John Murray.

Darwin, C. R. 1851. *A Monograph of the Sub-class Cirripedia, with Figures of All the Species. Volume 1: The Lepadidae; or, Pedunculated Cirripedes.* London: The Ray Society.

Darwin, C. R. 1854. *A Monograph on the Sub-class Cirripedia, with Figures of All the Species. Volume 2: The Balanidae, (or Sessile Cirripedes); the Verrucidae, etc. etc. etc.* London: The Ray Society.

Darwin, C. R. 1855a. "Does Sea-Water Kill Seeds？" *Gardeners' Chronicle and*

Agricultural Gazette 15 (14 April): 242.

Darwin, C. R. 1855b. "Does Sea-Water Kill Seeds?" *Gardeners' Chronicle and Agricultural Gazette* 21 (26 May): 356–357.

Darwin, C. R. 1855c. "Effect of Salt-Water on the Germination of Seeds." *Gardeners' Chronicle and Agricultural Gazette* 47 (24 November): 773.

Darwin, C. R. 1855d. "Effect of Salt-Water on the Germination of Seeds." *Gardeners' Chronicle and Agricultural Gazette* 48 (1 December): 789.

Darwin, C. R. 1857a. "On the Action of Sea-Water on the Germination of Seeds." *Journal of the Proceedings of the Linnean Society (Botany)* 1: 130–140.

Darwin, C. R. 1857b. "Bees and the Fertilisation of Kidney Beans." *Gardeners' Chronicle and Agricultural Gazette* 43 (24 October): 725.

Darwin, C. R. 1858. "On the Agency of Bees in the Fertilisation of Papilionaceous Flowers, and on the Crossing of Kidney Beans." *Gardeners' Chronicle and Agricultural Gazette* 46 (13 November): 828–829.

Darwin, C. R. 1860a. "Fertilisation of British Orchids by Insect Agency." *Gardeners' Chronicle and Agricultural Gazette* 23 (19 June): 528.

Darwin, C. R. 1860b. "Irritability of *Drosera*." *Gardeners' Chronicle and Agricultural Gazette* 38 (22 September): 853.

Darwin, C. R. 1861. "Fertilisation of British Orchids by Insect Agency." *Gardeners' Chronicle and Agricultural Gazette* 6 (9 February): 122.

Darwin, C. R. 1862a. *On the Various Contrivances by which British and Foreign Orchids Are Fertilised by Insects*. London: John Murray.

Darwin, C. R. 1862b. "On the Three Remarkable Sexual Forms of *Catasetum tridentatum*, an Orchid in the Possession of the Linnean Society." [Read 3 April] *Proceedings of the Linnean Society of London (Botany)* 6: 151–157.

Darwin, C. R. 1862c. "On the Two Forms, or Dimorphic Condition, in the Species of *Primula*, and on Their Remarkable Sexual Relations." [Read 21 November 1861] *Journal of the Proceedings of the Linnean Society of London (Botany)* 6: 77–96.

Darwin, C. R. 1863a. "On the Existence of Two Forms, and on Their Reciprocal Sexual Relation, in Several Species of the Genus *Linum*." [Read 5 February 1863] *Journal of the Proceedings of the Linnean Society (Botany)* 7: 69–83.

Darwin, C. R. 1863b. "Fertilisation of Orchids." *Journal of Horticulture and Cottage*

Gardener (31 March): 237.

Darwin, C. R. 1864. "On the Sexual Relations of the Three Forms of *Lythrum salicaria.*" [Read 16 June 1864] *Journal of the Linnean Society of London (Botany)* 8: 169–196.

Darwin, C. R. 1865. "On the Movements and Habits of Climbing Plants." [Read 2 Feb.] *Journal of the Linnean Society of London (Botany)* 9: 1–118.

Darwin, C. R. 1867. "Queries about Expression." Charles Darwin's *Queries about Expression,* edited by R. B. Freeman and P. J. Gautrey. *Bulletin of the British Museum of Natural History* (historical series) 4 (1972): 205–219.

Darwin, C. R. 1869. The Formation of Mould by Worms. *Gardener's Chronicle and Agricultural Gazette* 20 (15 May): 530.

Darwin, C. R. 1871. *The Descent of Man, and Selection in Relation to Sex.* 2 vol. London: John Murray.

Darwin, C. R. 1872. *On the Expression of the Emotions in Man and Animals.* London: John Murray.

Darwin, C. R. 1875a. *Insectivorous Plants.* London: John Murray.

Darwin, C. R. 1875b. *The Movements and Habits of Climbing Plants.* 2nd ed. London: John Murray.

Darwin, C. R. 1876. *The Effects of Cross and Self Fertilisation in the Vegetable Kingdom.* London: John Murray.

Darwin, C. R. 1877a. *On the Various Contrivances by which British and Foreign Orchids are Fertilised by Insects.* 2nd ed. London: John Murray.

Darwin, C. R. 1877b. *The Different Forms of Flowers on Plants of the Same Species.* London: John Murray.

Darwin, C. R. 1878. "Transplantation of Shells." *Nature* 18 (30 May): 120–121. Darwin, C. R. 1880. *The Power of Movement in Plants.* London: John Murray.

Darwin, C. R. 1881. *The Formation of Vegetable Mould, through the Actions of Worms, with Observations on Their Habits.* London: John Murray.

Darwin, C. R. 1882. "On the Dispersal of Freshwater Bivalves." *Nature* 25 (6 April): 529–530.

Darwin, C. R. 1986. *The Different Forms of Flowers on Plants of the Same Species.* Facsimile of the 1888 edition, with a foreword by Herbert G. Baker. Chicago: University of Chicago Press.

Darwin, E. 1803. *The Temple of Nature, Or, The Origin of Society*. London: J. Johnson.

Darwin, F. 1880. "Experiments on the Nutrition of *Drosera rotundifolia*." *Journal of the Linnean Society. Botany.* 17: 17–32.

Darwin, F., ed. 1887. *Life and Letters of Charles Darwin, With an Autobiographical Chapter*. 3 vols. London: John Murray.

Darwin, F. 1903. The Statolith-Theory of Geotropism. *Proceedings of the Royal Society of London* 71: 362–373.

Darwin, F. 1904. On the Perception of the Force of Gravity by Plants. *Nature* 70: 466–473.

Darwin, F. and A. C. Seward, eds. 1903. *More Letters of Charles Darwin: A Record of His Work in a Series of Hitherto Unpublished Letters.* 2 vols. London: John Murray.

Darwin, H. 1901. On the Small Vertical Movements of a Stone Laid on the Surface of the Ground. *Proceedings of the Royal Society of London* 68: 253–261.

Darwin, L. 1929. Memories of Down House. *The Nineteenth Century* 106: 118–123.

Desmond, A. 1989. *The Politics of Evolution: Morphology, Medicine, and Reform in Radical London*. Chicago: Chicago University Press.

Desmond, A., and J. Moore. 1991. *Darwin: The Life of a Tormented Evolutionist*. New York: Warner Books.

Dobbs, D. 2005. *Reef Madness: Charles Darwin, Alexander Agassiz, and the Meaning of Coral.* New York: Pantheon Books.

Edens-Meier, R., and P. Bernhardt, eds. 2014. *Darwin's Orchids: Then and Now.* Chicago: University of Chicago Press.

Ellison, A. M., and N. J. Gotelli. 2001. "Evolutionary Ecology of Carnivorous Plants." *Trends in Ecology and Evolution* 16: 623–629.

Evans, A. C. 1947. "A Method of Studying the Burrowing Activities of Earthworms." *Annals and Magazine of Natural History* 14: 643–650.

Evans, L. T. 1984. "Darwin's Use of the Analogy between Artificial and Natural Selection." *Journal of the History of Biology* 17 (1): 113–140.

Feller, C., G. G. Brown, E. Blanchart, P. Deleporte, and S. S. Chernyanskii. 2003. "Charles Darwin, Earthworms and the Natural Sciences: Various Lessons from Past to Future." *Agriculture, Ecosystems & Environment* 99: 29–49.

Fish, D. T. 1869. "A Chapter on Worms." *Gardeners' Chronicle and Agricultural*

Gazette 20 (17 April): 417–418.

Fitzroy, R. 1839. *Proceedings of the Second Expedition, 1831–1836, Under the Command of Captain Robert Fitz-Roy, R.N.* Vol. 2 of Philip Parker King, Robert Fitzroy, and Charles Darwin, *Narrative of the Surveying Voyages of His Majesty's Ships* Adventure *and* Beagle*: Between the Years 1826 and 1836, Describing Their Examination of the Southern Shores of South America, and the* Beagle'*s Circumnavigation of the Globe.* 3 vol. London: Henry Colburn.

Forbes, E. 1846. "On the Connexion between the Distribution of the Existing Fauna and Flora of the British Isles, and the Geological Changes which Have Affected Their Area, Especially During the Epoch of the Northern Drift." *Memoirs of the Geological Survey of Great Britain, and of the Museum of Economic Geology in London* 1: 336–432.

Frank, R. G. Jr. 1988. "The Telltale Heart: Physiological Instruments, Graphic Methods, and Clinical Hopes." In *The Investigative Enterprise: Experimental Physiology in Nineteenth-Century Medicine*, edited by W. Coleman and F. L. Holmes, pp. 211–290. Berkeley: University of California Press.

Free, J. B. 1965. "The Ability of Bumblebees and Honeybees to Pollinate Red Clover." *Journal of Applied Ecology* 2: 289–294.

Freeman, R. B. 1968. "Charles Darwin on the Routes of Male Humble Bees." *Bulletin of the British Museum (Natural History), Historical Series* 3 (6): 179–188.

Freeman, R. B. 1978. *Charles Darwin: A Companion*. Folkestone, UK: Dawson and Archon.

Freeman, R. B., and P. J. Gautrey. 1969. "Darwin's *Questions about the Breeding of Animals*, with a Note on *Queries about Expression*." *Journal of the Society for the Bibliography of Natural History* 5 (3): 220–225.

Fries, E. M. 1850. "A Monograph of the *Hieracia*; Being an Abstract of Prof. Fries's '*Symbolae ad Historiam Hieraciorum*,' Translated and Abridged." *Botanical Gazette* 2: 85–92, 185–188, 203–219.

Gibson, T. C., and D. M. Waller. 2009. "Evolving Darwin's 'Most Wonderful' Plant: Ecological Steps to a Snap-Trap." *New Phytologist* 183: 575–587.

Gildenhuys, P. 2004. "Darwin, Herschel, and the Role of Analogy in Darwin's *Origin*." *Studies in History and Philosophy of Biological and Biomedical Sciences* 35: 593–611.

Gould, S. J. 1985. "Geoffroy and the Homeobox." *Natural History* 94 (11): 12–23.

Goulson, D. 2009. *Bumblebees: Behaviour, Ecology, and Conservation.* 2nd ed. Oxford: Oxford University Press.

Gray, A. 1858. "Note on the Coiling of Tendrils." *Proceedings of the American Academy of Arts and Sciences* 4 (May 1857–May 1860): 98–99.

Gray, A. 1861. *Natural Selection Not Inconsistent with Natural Theology. A Free Examination of Darwin's Treatise on the Origin of Species, and of Its American Reviewers.* Boston & London.

le Guyader, H. 2004. *Étienne Geoffroy Saint-Hilaire 1772–1844: A Visionary Naturalist.* Translated by M. Grene. Chicago and London: University of Chicago Press.

Kohn, D., G. Murrell, J. Parker, and M. Whitehorn. 2005. "What Henslow Taught Darwin: How a Herbarium Helped to Lay the Foundations of Evolutionary Thinking." *Nature* 436: 643–645.

Hague, J. D. 1884. "A Reminiscence of Mr Darwin." *Harper's New Monthly Magazine* 69: 760–761.

Hales, T. C. 2000. "Cannonballs and Honeycombs." *Notices of the American Mathematical Society* 47 (4): 440–449

Hanson, I., J. Djohari, J., Orr, P. Furphy, C. Hodgson, G. Cox, and G. Broadbridge. 2009. "New Observations on the Interactions between Evidence and the Upper Horizons of the Soil." In *Criminal and Environmental Soil Forensics*, edited by K. Ritz, L. Dawson, and D. Miller, 239–251. New York: Springer.

Hector, A., and R. Hooper. 2002. "Darwin and the First Ecological Experiment." *Science* 295: 639–640.

Hepburn, H. R., C. W. W. Pirk, and O. Duangphakdee. 2014. *Honey Bee Nests: Composition, Structure, Function.* Berlin: Springer.

Herbert, S. 2005. *Charles Darwin, Geologist.* Ithaca, NY: Cornell University Press.

Holmes, R. 2008. *The Age of Wonder: How the Romantic Generation Discovered the Beauty and Terror of Science.* New York: Pantheon.

Hooker, J. D. 1853. *Introductory Essay to the Flora of New Zealand.* London: Lovell Reeve.

Hutchinson, G. E. 1959. "Homage to Santa Rosalia, or Why Are There So Many Kinds of Animals?" *American Naturalist* 93: 145–159.

Johnson, D. L. 2002. "Darwin Would Be Proud: Bioturbation, Dynamic Denudation, and the Power of Theory in Science." *Geoarchaeology* 17 (1): 7–40.

Keith, A. 1942. "A Postscript to Darwin's *Formation of Vegetable Mould through the Action of Worms*." *Nature* 149: 716–720.

Keynes, R. L., ed. 1988. *Charles Darwin's* Beagle *Diary*. Cambridge: Cambridge University Press.

Keynes, R. L. (ed.). 2000. *Charles Darwin's Zoology Notes & Specimen Lists from H.M.S.* Beagle. Cambridge: Cambridge University Press.

Kingsley, C. 1855. *Glaucus; or the Wonders of the Shore*. Cambridge: Macmillan and Co.

Kirby, W. 1852. *On the Power, Wisdom, and Goodness of God as Manifested in the Creation of Animals, and in Their History, Habits, and Instincts*. New edition. Edited by Thomas Rymer Jones. 2 vols. London: Henry G. Bohn.

Knight, T. A. 1799. "An Account of Some Experiments on the Fecundation of Vegetables." *Philosophical Transactions of the Royal Society* 89: 195–204.

Knight, T. A. 1806. "On the Direction of the Radicle and Germen During the Vegetation of Seeds." *Philosophical Transactions of the Royal Society of London* 96: 99–108.

Kohn, D. 1985. "Darwin's Principle of Divergence as Internal Dialogue." In *The Darwinian Heritage* edited by D. Kohn, 245–257. Princeton, NJ: Princeton University Press.

Kritsky, G. 1991. "Darwin's Madagascan Hawk Moth Prediction." *American Entomologist* 37: 206–209.

Kullenberg, B. 1961. "Studies in *Ophrys* Pollination." *Zoologiska Bidrag Uppsala* 34: 1–340.

Lankester, E. R. 1896. "[Recollections of] Charles Robert Darwin." *Library of the World's Best Literature Ancient and Modern*, vol. 2, edited by C. D. Warner, 4385–4393. New York: R. S. Peale & J. A. Hill.

Lankester, E. R. 1913. *Science From an Easy Chair; a Second Series*. New York: H. Holt and Co.

Lamarck, J.-P. 1809. *Philosophie zoologique, ou exposition des considérations relatives de l'histoire des animaux*. Paris.

Lamarck, J.-P. 1815–1822. *Histoire des animaux sans vertèbres*. Paris.

Li, J., M. A. Webster, M. C. Smith, and P. M. Gilmartin. 2011. "Floral Hetero morphy in

Primula vulgaris: Progress towards Isolation and Characterization of the *S* Locus." *Annals of Botany* 108: 715–726.

Lindley, J. 1846. *The Vegetable Kingdom, or, The Structure, Classification, and Uses of Plants, Illustrated Upon the Natural System*. London: Bradbury and Evans.

Litchfield, H. E., ed. 1915. *Emma Darwin: A Century of Family Letters, 1792–1896*. 2 vols. London: John Murray.

Liu, K.-W., Z.-J. Liu, L. Huang, L.-Q. Li, L.-J. Chen, and G.-D. Tang. 2006. "Self-Fertilization Strategy in an Orchid." *Nature* 441: 945–946. Livingstone, D. N. 1984. *Darwin's Forgotten Defenders: The Encounter between Evangelical Theology and Evolutionary Thought*. Vancouver: Regent College Publishing.

Love, A. C. 2002. "Darwin and Cirripedia Prior to 1846: Exploring the Origins of the Barnacle Research." *Journal of the History of Biology* 35: 251–289. Loy, J. D., and K. M. Loy. 2010. *Emma Darwin: A Victorian Life*. Gainesville: University Press of Florida.

Lubbock, J. 1875. *On British Wild Flowers Considered in Relation to Insects*. London: Macmillan and Co.

Lyell, C. 1830–1833. *Principles of Geology*. 3 vols. London: John Murray. McLauchlin, I. 2009. "Charles Darwin's Lawn Plot Experiment." *The London Naturalist* 88: 107–113.

Meysman, F. J. R., J. J. Middelburg, and C. H. R. Heip. 2006. "Bioturbation: A Fresh Look at Darwin's Last Idea." *Trends in Ecology and Evolution* 21 (12): 688–695.

Millett, J. R., I. Jones, and S. Waldron. 2003. "The Contribution of Insect Prey to the Total Nitrogen Content of Sundews (*Drosera* spp.) Determined *in situ* by Stable Isotope Analysis." *New Phytologist* 158: 527–534. Milne-Edwards, H. 1851. *Introduction á la zoologie générale*. Paris: Victor Masson. Mitra, O., M. A. Callaham Jr., M. L. Smith, and J. E. Yack. 2009. "Grunting for Worms: Seismic Vibrations Cause *Diplocardia* Earthworms to Emerge from the Soil." *Biology Letters* 5: 16–19.

Moore, J. 2009. *Darwin's Sacred Cause: How a Hatred of Slavery Shaped Darwin's Views on Human Evolution*. Boston: Houghton Mifflin Harcourt. Mori, A., D. A. Grasso, and F. Le Moli. 2000. "Raiding and Foraging Behavior of the Blood-Red Ant, *Formica sanguinea* Latr. (Hymenoptera, Formicidae)." *Journal of Insect Behavior* 13 (3): 421–438.

Müller. H. 1873. *Die Befruchtung der Blüten durch Insekten und die gegenseitigen.* Leipzig: Engelmann.

Müller, H. 1883. *The Fertilisation of Flowers.* Translated by D. W. Thompson. London: Macmillan.

Nelson, G. 1978. "From Candolle to Croizat: Comments on the History of Biogeography." *Journal of the History of Biology* 11 (2): 269–305.

Oldroyd, B. P. and S. C. Pratt. 2015. "Comb Architecture of the Eusocial Bees Arises from Simple Rules Used During Cell Building." *Advances in Insect Physiology* 49: 101–121.

Pasnau, R. O. 1990. "Darwin's Illness: A Biophychosocial Perspective." *Psychosomatics* 31: 121–128.

Pattison, A. 2009. *The Darwins of Shrewsbury.* Stroud, UK: The History Press.

Pauly, D. 2007. *Darwin's Fishes: An Encyclopedia of Ichthyology, Ecology, and Evolution.* Cambridge: Cambridge University Press.

Pearn, A. 2014. "The Teacher Taught? What Charles Darwin Owed to John Lubbock." *Notes and Records: The Royal Society Journal of the History of Science* 68: 7–19.

Poppinga, S., S. Hartmeyer, R. Seidel, and T. Masseller. 2012. "Catapulting Tentacles in a Sticky Carnivorous Plant." *PLoS One* 7 (9): e45735.

de Queiroz, A. 2005. "The Resurrection of Oceanic Dispersal in Historical Biogeography." *Trends in Ecology and Evolution* 20: 68–73.

de Queiroz, A. 2014. *The Monkey's Voyage: How Improbable Journeys Shaped the History of Life.* New York: Basic Books.

Reed, E. S. 1982. "Darwin's Earthworms: A Case Study in Evolutionary Psychology." *Behaviorism* 10: 165–185.

Reverat, G. 1960. *Period Piece: A Cambridge Childhood.* London: Faber & Faber.

Rice, B. A. 2006. *Growing Carnivorous Plants.* Portland, OR: Timber Press.

Rivadavia, F., K. Kondo, M. Kato, and M. Hasebe. 2003. "Phylogeny of the Sundews, *Drosera* (Droseraceae), Based on Chloroplast RBC*L* and Nuclear 18S Ribosomal DNA Sequences." *American Journal of Botany* 90: 123–130.

Roberts, M. 1996. "Darwin at Llanymynech: The Evolution of a Geologist." *British Journal for the History of Science* 29: 469–478.

Roberts, M. 2001. "Just before the *Beagle*: Charles Darwin's Geological Fieldwork in

Wales, Summer 1831." *Endeavour* 25: 33–37.

Rudwick, M. J. S. 1974. "Darwin and Glen Roy: A 'Great Failure' in Scientific Method? " *Studies in the History and Philosophy of Science* 5: 97–185.

Ruricola. 1841. "Humble-Bees." *The Gardeners' Chronicle* 34 (24 July): 485.

Ruse, M. 1975. "Charles Darwin and Artificial Selection." *Journal of the History of Ideas* 36: 339–350.

Ruskin, J. 1906. *The Complete Works of John Ruskin*. Library edition. Edited by E. T. Cook and A. Wedderburn. London: George Allen New York: Longmans, Green, and Co.

Schomburgk, R. 1837. "On the Identity of Three Supposed Genera of Orchidaceous Epiphytes, in a Letter to A. B. Lambert." *Transactions of the Linnean Society of London* 17: 551–552.

Schweber, S. S. 1980. "Darwin and the Political Economists: Divergence of Character." *Journal of the History of Biology* 13: 195–289.

Sebastian, P., H. Schaeffer, and S. S. Renner. 2010. "Darwin's Galapagos Gourd: Providing New Insights 175 Years After His Visit." *Journal of Biogeography* 37: 975–980.

Sebright, J. S. 1809. *The Art of Improving the Breeds of Domestic Animals, in a Letter Addressed to the Right Hon. Sir Joseph Banks, K.B.* London: John Harding.

Secord, J. A. 1981. "Nature's Fancy: Charles Darwin and the Breeding of Pigeons." *Isis* 72: 163–186.

Shepard, O., 1961. *The Heart of Thoreau's Journals*. New York: Dover Publications.

Sinclair, G. 1826. "On Cultivating a Collection of Grasses in Pleasure-Grounds or Flower-Gardens [and on the Utility of Studying the Gramineae]." *The Gardener's Magazine and Register of Rural & Domestic Improvement* [*Loudon's Gardener's Magazine*] 1: 26–29, 112–116.

Slack, N. G. 2010. *G. Evelyn Hutchinson and the Invention of Modern Ecology*. New Haven, CT: Yale University Press.

Sloan, P. R. 1985. "Darwin's Invertebrate Program, 1826–1836: Preconditions for Transformism." In *The Darwinian Heritage*, edited by D. Kohn, 71–120. Princeton, NJ: Princeton University Press and Nova Pacifica.

Sloan, P. R., 1992. *The Hunterian Lectures in Comparative Anatomy, May and June 1837*. Chicago: University of Chicago Press and London: Natural History Museum Publications.

Smith, F. 1854. "Essay on the Genera and Species of British Formicidae." [Read 4 December 1854] *Transactions of the Entomological Society of London*, n.s. 3 (1854–1856): 95–135.

Smith, F. P., G. F. Nixon, A. V. Conway, J. C. King, S. D. Rosen, H. J. Roberts, A. V. Conway, A. J. Pelosi, and D. Adler. 1990. "Darwin's Illness." *Lancet* 336: 1139–1140.

Stauffer, R. C. 1960. "Ecology in the Long Manuscript Version of Darwin's 'Ori- gin of Species' and Linnaeus' 'Oeconomy of Nature.'" *Proceedings of the American Philosophical Society* 104 (2): 235–241.

Stauffer, R. C., 1975. *Charles Darwin's Natural Selection; Being the Second Part of his Big Species Book Written From 1856 to 1858*. Cambridge: Cambridge University Press.

Stott, R. 2003. *Darwin and the Barnacle*. London: Faber and Faber.

Tegetmeier, W. B. 1859. "On the Formation of the Cells of Bees." *Report of the 28th meeting of the British Association for the Advancement of Science, held at Leeds September 1858.* 28: 132–133.

Thierry, B. 2010. "Darwin as a Student of Behavior." *Comptes Rendus Biologies* 333: 188–196.

Thompson, J. V. 1830. "On the Cirripedes or Barnacles; Demonstrating their Deceptive Character; the Extraordinary Metamorphosis They Undergo, and the Class of Animals to which They Indisputably Belong." In *Zoological Researches, and Illustrations; or, Natural History of Nondescript or Imperfectly Known Animals, in a Series of Memoirs, Illustrated by Numerous Figures*, vol. 1, Pt 1, 1828–1830, edited by J. V. Thompson, 69–82, plates IX–X. Cork.

Thoreau, H. D. 1906. *The Writings of Henry David Thoreau (Walden edition)*. Boston: Houghton, Mifflin and Co.

Thoreau, H. D. 1993. *Faith in a Seed: The Dispersion of Seeds and Other Late Natural History Writings*. Edited by B. P. Dean. Washington DC: Island Press.

Tóth, L. F. 1964. What the Bees Know and What They Do Not Know. *Bulletin of the American Mathematical Society* 70: 468–481.

Uglow, J. 2002. *The Lunar Men: The Friends Who Made the Future*. London: Faber and Faber.

Wallace, A. R. 1863. "Remarks on the Rev. S. Haughton's Paper on the Bee's Cell, and on the Origin of Species." *Annals and Magazine of Natural History* 12 (3rd series): 303–309.

Wallace, A. R. 1867. Creation by Law [Review of *The Reign of Law* by the Duke of Argyll, 1867]. *Quarterly Journal of Science* 4: 471–488.

Ward, A. 2016. "Evolution and Creation Debates." In *A Companion to the History of American Science*, edited by G. M Montgomery and M. A. Largent. Chichester: John Wiley & Sons.

Wasserthal, L. T. 1997. "The Pollinators of the Malagasy Star Orchids *Angraecum sesquipedale, A. sororium* and *A. compactum* and the Evolution of Extremely Long Spurs by Pollinator Shift." *Botanica Acta* 110: 343–359.

Waterhouse, G. R. 1835. "Bees." *Penny Cyclopaedia of the Society for the Diffusion of Useful Knowledge* 4: 149–156.

Wedgwood, B. and H. Wedgwood. 1980. *The Wedgwood Circle 1730–1897*. Don Mills, Ontario: Collier Macmillan Canada, Ltd.

Wedgwood, L. 1868. "Worms." *Gardeners' Chronicle and Agricultural Gazette* 19 (28 March): 324.

Westwood, J. O. 1835. "On the Supposed Existence of Metamorphosis in the Crustacea." *Philosophical Transactions of the Royal Society* 125: 312.

Whewell, W. 1840. *The Philosophy of the Inductive Sciences, Founded Upon Their History*. 2 vols. London: John W. Parker.

Wilkinson, J. 1820. *Remarks on the Improvement of Cattle, etc. In a Letter to Sir John Saunders Sebright Bart. M.D.* 3rd ed. Nottingham: H. Barnett.

Williams, N. 2005. "Darwin's Meadow Revisited." *Current Biology* 15: R480–481.

Wilson, L. G., 1970. *Sir Charles Lyell's Scientific Journals on the Species Question*. New Haven, CT: Yale University Press.

Winsor, M. P. 1969. "Barnacle Larvae in the Nineteenth Century: A Case Study in Taxonomic Theory." *Journal of the History of Medicine and Allied Sciences* 24 (3): 294–309.

van Wyhe, J. 2009. *Charles Darwin's Shorter Publications, 1829–1883*. Cambridge: Cambridge University Press.

Yeates, G. W., and H. van der Meulen. 1995. "Burial of Soil-Surface Artifacts in the Presence of Lumbricid Earthworms." *Biology and Fertility of Soils* 19: 73–74.